RADTOUREN IN BRANDENBURG

Die 30 schönsten Routen

Mit Stadtspaziergängen zu allen größeren Orten

Enno Wiese

TRESCHER VERLAG

1. Auflage 2022

Trescher Verlag
Reinhardtstr. 9
10117 Berlin
www.trescher-verlag.de

ISBN 978-3-89794-579-1

Herausgegeben von Bernd Schwenkros und
Detlev von Oppeln

Reihenentwurf und Gesamtgestaltung:
Bernd Chill
Gestaltung, Satz, Bildbearbeitung:
Martina Gerber, Bernd Chill
Lektorat: Hinnerk Dreppenstedt
Stadtpläne und Karten: Dorit Hahnewald,
Martin Kapp, Bernd Chill, Ulla Nickl
unter Verwendung von Daten von
©OpenStreetMap-Mitwirkende/
www.openstreetmap.org
Umschlagkarte unter Verwendung von Daten
von maps4news.com/©HERE

Gedruckt auf chlorfrei gebleichtem Papier

Printed in Germany

Alle Angaben in diesem Reiseführer wurden sorgfältig recherchiert und überprüft. Dennoch können Entwicklungen vor Ort dazu führen, dass einzelne Informationen nicht mehr aktuell sind. Gerne nehmen wir dazu Ihre Hinweise und Anregungen entgegen. Bitte schreiben Sie an **post@trescher-verlag.de.**

Titel: Bei Werder
Vordere Klappe: Im Spreewald

RADFAHREN IN BRANDENBURG

TOUREN

ANHANG

ANHANG

Auf dem Havelradweg zwischen Oranienburg und Fürstenberg

Vorwort

Seit einigen Jahren schwingen sich immer mehr Frauen und Männer jeden Alters auf den Sattel, und das aus purer Lust an der Radelei. Gemeint ist damit nicht die steigende Zahl durchtrainierter Rennradfahrerinnen und Radfahrer, die auf leichten Carbonflitzern ihrem eigenen Rekord hinterherjagen. Vielmehr geht es hier um die Singles, Familien oder Gruppen, die am Wochenende einen Ausflug per Rad unternehmen, und auch um die Älteren, die unter der Woche ihre neue Freiheit von der Arbeit auf den Radpisten genießen. Dazu gesellen sich zwischen Frühjahr und Herbst die Touristen, die ihren Urlaub auf dem Rad verbringen. Es ist mittlerweile ganz gut was los auf Deutschlands Fahrradwegen.

Für diese Spaß-an-der-Freud-Radler bietet dieses Buch 30 Touren, mit denen man Landschaft und Geschichte Brandenburgs im wörtlichen und besten Sinne erfahren kann. Nutzer der Regionalbahn erleben Brandenburg nur als Netz kleiner Kreise um Bahnhöfe und Innenstädte. Es fehlt das Dazwischen – die Landschaft. Und es fehlen die Dörfer, die fernab der Bahnstationen liegen. Autofahrern ergeht es nicht viel besser, obwohl sie jede Kleinstadt und jedes Dorf erreichen können. Sie nutzen meist nur die Bundes- und Umgehungsstraßen und erleben auf ihrer Hin- und Rückfahrt die Landschaft als Bild hinter Glas.

Ganz anders wir Fahrradfahrer: Wir genießen Landschaft mit allen Sinnen und erfahren so eine Stadt, ein Dorf oder eine Sehenswürdigkeit eingebettet in seine Umgebung. Zum Beispiel besuchen wir Kloster Chorin und radeln danach durch die Wälder, in denen vor 800 Jahren fernab der Zivilisation die Zisterziensermönche ihr Kloster angelegt haben. Erst mit dieser ›Wald-Erfahrung‹ wird unser Bild vom Kloster Chorin komplett. Oder wir radeln in der Prignitz entlang des Flüsschens Stepenitz und erkunden dann im Schloss Wolfshagen die Lebenswelt des Landadels, der entlang der Stepenitz einst herrschte. Ganz nebenbei ergibt sich dann von Tour zu Tour ein zunehmend deutlicheres Bild von Brandenburg und seiner Geschichte.

Für Puristen, denen dieses ›Brandenburg kennenlernen‹ zu viel ist und die möglichst ungestört auf einer guten Asphaltpiste vor sich hin radeln möchten, bietet dieses Buch darüber hinaus Bahntrassen-Radwege wie ›Spur der Steine‹ und ›Stille Pauline‹. Dazu kommen die Routen auf den Deichen der Havel und der Schwarzen Elster sowie die Pisten des Flaeming-Skate, auf dem es durch Felder und Wiesen geht. Kein Stress, kein Lärm, die gleichförmige Bewegung – Radfahren hat auch etwas von Meditation.

Wem das Gesagte als Motivation, nun doch endlich mal aufs Rad zu steigen, noch nicht reicht: Fahrradfahren ist hervorragendes Ausdauertraining, stärkt Herz und Kreislauf und trainiert die Muskulatur der Beine, des Rückens, der Arme sowie die von Schultern und Nacken. Und das, ohne die Gelenke zu belasten. Und außerdem verbrennen Radler je nach Fahrstil zwischen 300 und 800 Kilokalorien pro Stunde. Damit ist das Fahrrad das angesagte Trainingsgerät, um abzunehmen und gesund zu bleiben.

Es gib also viele Gründe, Brandenburg mit dem Fahrrad zu erkunden. Na, dann los!

Enno Wiese im Sommer 2022

Wasser und das Grün der Bäume prägen weite Teile des Landes Brandenburg und sorgen für attraktive Freizeitmöglichkeiten. Gut ausgebaute Fahrradwege erschließen sämtliche Regionen des Landes, führen zu allen Naturschönheiten und baulichen Schätzen. Auf vielen Kilometern verlaufen sie entlang von Kanälen, Flüssen und Seen.

RADFAHREN IN BRANDENBURG

Viele Rastplätze wie der in Mildenberg liegen idyllisch

Zur Konzeption dieses Buches

Jeder hat seine eigene Art, eine Fahrradtour zu planen, auch der Autor dieses Buches. Daher hier einige Bemerkungen zur Art und Weise, wie dieser Radreiseführer aufgebaut ist und wie man ihn nutzen kann.

Wir stellen das Land Brandenburg in 30 Radtouren vor und versuchen dabei, die wichtigsten Landschaften und die – geschichtlich – interessantesten Städte und Orte zu präsentieren. Natürlich kann ein solches Buch nicht vollständig sein. Es fehlen aus Platzgründen zum Beispiel Städte wie Beeskow und Storkow. Und wir stellen das für die Landesgeschichte so wichtige Kloster Lehnin nicht vor. Der Grund ist einfach: Es gibt in dieser Region keine gut ausgebauten Radwege abseits der Autopisten.

Die Texte wurden so geschrieben, dass sie vor der Tour gut lesbar sind. Zugleich aber ist das Buch auch als Tourbegleiter gedacht. Die Streckenanweisungen sind im Text kursiv hervorgehoben, die Sehenswürdigkeiten gefettet, sodass die wichtigsten Informationen leicht zu finden sind.

Länge der Touren

Die hier vorgestellten Touren sind zwischen 30 und 70 Kilometer lang. Es werden aber – wo möglich – nach 20 und 40 Kilometern Regionalbahnhöfe angegeben, an denen man die Tour unterbrechen und von wo aus man nach Hause fahren kann. So kann jeder die Ausfahrt den individuellen Wünschen und dem jeweiligen Fitnesslevel anpassen und, je nach Wunsch, die Tour an einem anderen Tag wieder aufnehmen. Das Buch bietet also deutlich mehr als 30 Tagestouren.

So gelangt man bequem nach Berlin zurück

E-Bike-tauglich

E-Bika-Ladestation in Kolzenburg

Die hier präsentierten Routen sind für jeden Radfahrer mit einem normalen City- oder Trekkingrad zu bewältigen. Da immer mehr Fahrerinnen und Fahrer auf E-Bikes unterwegs sind, wurden die Wege so gewählt, dass sie auch mit den schwereren E-Bikes gefahren werden können. Strecken über Sandpisten, die sich im Sommer in Sandlöcher verwandeln, wurden bei der Auswahl nicht berücksichtigt, ebenso wenig wie Touren, auf denen Hindernisse wie Treppen an Bahnhöfen oder Brücken warten. Sollten solche Hindernisse in einer Tour vorkommen, ist das vermerkt und es werden Umgehungsmöglichkeiten angeboten. Als ›uneingeschränkt E-Bike-tauglich‹ gilt hier eine Tour nur ohne diese Hindernisse. ›Bedingt tauglich‹ sind Touren, bei denen Hindernisse auftauchen, aber Umgehungsmöglichkeiten bestehen. Diese werden hier benannt.

Entspannte Radtouren sollen möglichst über Asphaltpisten führen. Zugleich sollen sie so weit wie möglich vom störenden Kraftfahrzeugverkehr entfernt verlaufen. Das sind zwei Werte, die leicht in Konflikt miteinander geraten, denn gut asphaltierte Fahrradwege finden sich zumeist an Bundes- oder Landesstraßen. Die aber sind laut. Daher werden in diesem Buch die Touren über ausgebaute Radrouten geführt. So lernen wir auch Teile zum Beispiel des Oder-Neiße-Radweges, des Havelradweges oder der Gänsetour in der Prignitz kennen. Um die wichtigen Sehenswürdigkeiten entlang der Routen zu erreichen, verlassen wir dann diese ausgezeichneten Fahrradwege. Bisweilen lassen sich daher kurze Fahrten über gut verdichtete Sandpisten oder auch auf Landesstraße nicht vermeiden.

Tourbeschreibung

Zum Anfang jeder der 30 Tourenbeschreibungen wird die Route in einem Info-Kasten kurz vorgestellt. Mit einer Liste der Orte, die wir passieren, wird der Verlauf der Tour skizziert. Unter dem Stichwort ›Wegequalität‹ wird die Strecke vor allem nach Art des Belags und der Nähe zum Kraftfahrzeugverkehr gekennzeichnet. Unter dem Stichwort ›Kurzcharakteristik‹ stellen wir die Besonderheiten und Highlights der Tour in wenigen Sätzen vor.

In der Tourbeschreibung selbst finden sich dann Blöcke mit präzisen Routenangaben und die Erläuterungen und Hintergrundinformationen zu den Schönheiten in Landschaft und Ortschaften. Zu den wichtigsten der größeren Städte, die wir besuchen, gibt es jeweils einen kurzen Stadtrundgang. Liegt der Bahnhof zu weit außerhalb oder ist wie in Eisenhüttenstadt oder Wittenberge die Stadt zu weitläufig, dann bieten wir eine Stadtrundfahrt an.

Verirren unmöglich: Wegweiser im Fläming

Karten

Am besten schaut man sich die Route vor dem Start der Tour zu Hause auf einer Karte an. Hierfür eignet sich am Computer beispielsweise www.openstreetmap.de/karte.html. Diese Karte kann jeder kostenfrei im Internet nutzen. Das weit verbreitete Google Maps ist deutlich unpräziser und zeigt viele kleine Wege nicht. Natürlich kann man auch eine herkömmliche Straßenkarte nutzen. Die sollte aber zumindest im Maßstab 1:50 000 sein. Karten im Maßstab 1:75000 sind wenig detailliert und sparen zumeist kleine Wege und Straßen aus, die für Fahrradtouren wichtig sind. Wer mit diesen Karten plant, radelt dann oft an einer Bundes- oder Landesstraße.

Radeln nach Zahlen

Wo möglich, sind in diesem Führer die Knoten des Orientierungssystems ›Radeln nach Zahlen‹ als Wegmarke angegeben. Immer mehr Regionen in Brandenburg bauen dieses denkbar einfache Orientierungssystem auf. Wie funktioniert das? An entscheidenden Kreuzungen der Radstrecken stehen Hinweisschilder, die die Nummer des Knotens angeben, an dem wir uns gerade befinden. Dazu kommen Richtungs- und Entfernungsangaben sowie die Nummern der Knoten, die man erreicht, folgt man einer der Richtungsangaben. Eine Karte am Pfosten des Hinweisschildes, auf der die umliegenden Knoten verzeichnet sind, erleichtert die Orientierung.

Ist die Region komplett durch Knotenpunkte erschlossen, braucht man im Grunde nur die Nummern der Knoten, die man abradeln möchte. Diese kann man sich auf den Planungskarten der Tourismusverbände heraussuchen, die man im Netz findet. Havelland, Prignitz, Barnim, Oberhavel und Ruppiner Seenland, Lausitzer Seenland und Oberspreewald-Lausitz bieten aktuell dieses Knotenpunktsystem an.

Navigation

Am besten überlässt man die Navigation während der Tour einer App. Dafür braucht man nur ein Handy, einen Kopfhörer und eine Navi-App auf dem Handy. Auf der Website des Trescher Verlages (www.trescher-verlag.de) finden Sie eine GPS-Datei zu jeder Tour. Die können Sie sich kostenfrei herunterladen. Welche Navi-App Sie dann benutzen, um die GPS-Datei darzustellen, ist Ihnen überlassen. Am weitesten verbreitet ist heute die App Komoot.

Vor der Tour

Woran sollte ich vor dem Start der Tour gedacht haben? Was sollte ich bei der Ausfahrt dabeihaben? Damit die Fahrradtour rundum stressfrei wird, muss man sich ein bisschen auf den Ausflug vorbereiten. Es ist schon ein Unterschied, ob man mal eben drei bis sechs Kilometer auf dem Rad fährt oder 30 bis 60 Kilometer radeln will.

Fahrradkontrolle

Ein prüfender Blick auf das Fahrrad vor Antritt der Fahrt kann nicht schaden. Sind die Bremsen in Ordnung? Das lässt sich einfach per Bremstest überprüfen. Haben die Reifen genügend Luft? Auf dem Mantel jedes Reifens finden sich Herstellerangaben zum empfohlenen Reifendruck in Bar. In der Regel sind bei City- und Trekkingrädern und auch bei E-Bikes drei bis vier Bar Luftdruck genau richtig. Bei zu niedrigem Luftdruck ist der Laufwiderstand der Reifen höher und

In Hofläden lässt sich unterwegs der Proviant auffüllen

kann der Reifen beschädigt werden, bei zu hohem Luftdruck verliert der Reifen seine federnden Eigenschaften. Jeder Buckel auf der Fahrbahn wird dann direkt als Schlag an den Fahrer weitergegeben.

Im Frühjahr und Herbst kommt man am Ende einer Fahrt schon mal in die Dämmerung. Also: Funktioniert die Lichtanlage? Gerade ein gut sichtbares Rücklicht, idealerweise mit Standlichtfunktion, kann Schlimmes verhindern.

Ersatzschlauch, Werkzeug, Luftpumpe

Was muss ich mitnehmen? Was mache ich, wenn ich eine Reifenpanne habe? Bei längeren Touren in eher einsamen Gegenden sind ein Ersatzschlauch und entsprechendes Werkzeug ratsam, um den Schlauch wechseln zu können. Also Schlüssel mitnehmen, um Vorder- oder Hinterrad ausbauen zu können. Reifenheber aus Plastik helfen, den Mantel über die Felge zu ziehen, ohne den Schlauch zu beschädigen. Sogenanntes ›Montage Fluid‹, das man auf die Mantelflanken aufträgt, macht für rund zehn Minuten den Mantel geschmeidiger, sodass man ihn sehr viel leichter über die Felge bekommt. Und man braucht natürlich eine Luftpumpe. Es gibt diverse Miniluftpumpen, die problemlos in eine Satteltasche oder einen Rucksack passen. Es kann aber ganz schön dauern, damit einen Reifen aufzupumpen.

Satteltasche oder Rucksack?

Sinnvoll ist ein Behälter, um wichtige Ersatzteile, Werkzeuge und Karte sowie die Verpflegung zu verstauen. Heute fahren die meisten Radler mit einer Satteltasche, die sich per Klickverschluss sicher am Gepäckträger befestigen lässt. Es gibt aber auch Fahrradfahrer, die einen Rucksack bevorzugen. Der sollte nicht mit ganzer Breite auf dem Rücken aufliegen, sondern neben und zwischen den Auflagebahnen Raum zwischen Rücken und Rucksack lassen. So ist eine Luftzirkulation möglich und wird unnötiges Schwitzen verhindert.

Karte

Es ist erstaunlich, wie oft man in abgelegenen Gegenden Radfahrer trifft, die weder Navi noch Karte dabeihaben. Eine Karte der Region, in der man radeln will, im Maßstab 1: 50 000 ist sinnvoll. Navigiert man mit dem Handy, sollte man in der App die Karte der Tour, die man fährt, heruntergeladen haben. Ansonsten hat man irgendwo im Nirgendwo schnell mal keinen Empfang und damit auch keine Kartenansicht per Internetverbindung. GPS dagegen funktioniert überall, sodass die Position auf einer Karte im Handy angezeigt werden kann.

Ist das Handy aufgeladen, damit man während der Fahrt navigieren und im Notfall Hilfe organisieren kann? Ein Blick auf das Telefon reicht, um das festzustellen. Ganz sicher geht, wer eine Powerbank dabeihat, diesen kleinen transportablen Akku, mit dem man das Handy auflädt.

Kleidung

Bisweilen hat man bei Radfahrern, die einem begegnen, den Eindruck, dass sie vom Sofa aufgestanden sind, sich genau in diesen Kleidungsstücken aufs Rad gesetzt haben und losgefahren sind. Das geht zwar irgendwie, macht aber letztendlich wenig Spaß. Andererseits will man vor Beginn einer Tour nicht einige hundert Euro ausgeben, um die richtige Funktionskleidung einzukaufen. Worauf soll man in Sachen Kleidung achten? Wichtig ist vernünftiges Schuhwerk mit einer stabilen Sohle. Das können auch Sandalen sein. Die Kraftübertragung geht vom Fuß über die Sohle auf die Pedale. Hauptsache, der Fuß ist stabil in den Schuh eingebunden.

Einer der zahlreichen gut ausgeschilderten Radwege im Land

Hosen, T-Shirt und Jacken sollten nicht zu eng sitzen. Schließlich muss man beim Pedalieren die Beine anziehen und fährt leicht nach vorn gebeugt. Im Sommer ist ein Funktions-T-Shirt nicht schlecht. Das sorgt dafür, dass man nicht unnötig schwitzt und saugt sich vor allem nicht mit Schweiß voll. T-Shirts aus Baumwolle sind dagegen die absoluten Spaßbremsen: Im Nu ist man pitschnass, und man bleibt es auch für längere Zeit. Ein Funktions-T-Shirt kann sich jeder leisten. Man sollte aber nicht auf billige Angebote schielen, sondern in einem Outdoor-Laden einkaufen. Ansonsten tut es auch ein luftiges Oberhemd.

Je weiter man die Fahrradsaison in das Frühjahr und in den Herbst ausdehnt, desto komplizierter wird die Kleidungsfrage. Das Problem beim Fahrradfahren bei kalten Temperaturen ist nicht, sich dick anzuziehen. Die Kunst besteht vielmehr darin, sich so anzuziehen, dass man nicht friert, aber auch nicht schwitzt, obwohl man in die Pedale tritt. Gegen eisige Finger im Handschuh helfen dünne Unterhandschuhe aus Merinowolle, kalte Füße lassen sich durch dünne Socken aus Merinowolle zusätzlich unter der Wollsocke vermeiden. Gegen kalte Zehen sollte man eine Lage Toilettenpapier zwischen dünner Socke und dicker Socke um die Zehen wickeln.

Die Wetterprognosen sind mittlerweile im Zeitbereich von 24 Stunden relativ verlässlich. Leider gibt es aber immer wieder unklare Wetterlagen, bei denen hier die Sonne scheint, 20 Kilometer weiter aber auch mal ein Schauer runterkommt. Dafür ist eine Regenjacke genau richtig, die sich gut zusammenrollen lässt, sodass sie in jede Satteltasche passt. Eine solche Regenjacke lässt sich abends, wenn es etwas zu kühl wird, auch als Windstopper einsetzten.

Verpflegung

Obst, echte Müsliriegel und vor allem Nüsse wirken Wunder bei Hunger, Frust oder Müdigkeit. Wenig sinnvoll sind die Zuckerbomben, die heute mit den Bezeichnungen ›Natur‹ oder ›Korn‹ im Namen als angebliche Gesundheitsriegel in den Regalen von Lebensmittelgeschäften liegen. Das sind Süßigkeiten. Und wir wollen doch eigentlich etwas für die Gesundheit tun.

Radfahrland Brandenburg – ein Steg am Abhang, wo der Platz für einen Radweg neben der Straße Richtung Ferch nicht reicht

Im Sommer ist es wichtig, den Flüssigkeitsverlust auszugleichen. Sinnvoll ist hier einfaches Mineralwasser, ein Liter in der Flasche am Flaschenhalter des Rades, ein Liter im Gepäck. Das sollte reichen. An ganz heißen Tagen oder Strecken, die viele Kilometer durch einsame Gegenden führen, kann ein dritter Liter nicht schaden.

Radfahrland Brandenburg

Ganze 30 Jahre hat der Schriftsteller Theodor Fontane zwischen 1859 und 1889 die Mark Brandenburg zu Fuß, per Kutsche und mit dem Boot durchstreift. Das Ergebnis war das fünfbändige Werk ›Wanderungen durch die Mark Brandenburg‹, mit dem er dieser Landschaft und seinen Menschen ein bleibendes Denkmal setzte. Mehr noch, mit seinen Beschreibungen hob er die Schönheit der Mark Brandenburg erst in das Bewusstsein seiner Zeitgenossen. Er schärfte den Blick für die kulturhistorische Bedeutung von Persönlichkeiten, mittelalterlichen Städten, Schlössern und auch Legenden, die ihm erzählt wurden.

Ob Fontane seine Wanderungen wohl per Fahrrad unternommen hätte, wären nicht erst 1888 der Luftreifen von John Boyd Dunlop erfunden worden? Wir wissen es nicht. Vermutlich hätten Kopfsteinpflaster und tiefe Sandwege ihn seinerzeit davon abgehalten. Wir aber haben heute die Möglichkeit, das Land Brandenburg auf formidablen Radwegen zu erkunden. Ein gut ausgebautes Netz von S- und Regionalbahnen bringt uns in 30 bis 60 Minuten an den Rand des Ballungsraumes Berlin. Von hier aus geht es stressfrei, oft auch auf regionalen Radrouten zu den wichtigsten Sehenswürdigkeiten des Landes.

Radfahren liegt im Trend. Der Fahrrad-Monitor 2021, den das Bundesministeriums für Verkehr hat erstellen lassen, kommt für Deutschland zu dem Ergebnis, dass das Rad im »Verkehrsmittelvergleich das höchste Wachstumspotenzial« aufweist. Und das »41 Prozent der Menschen im Alter zwischen 14 und 69 Jahren häufiger Rad fahren« wollen.

Rund 2000 Kilometer Radwege entlang von Bundes- und Landesstraßen gibt es in Brandenburg. Damit sind knapp ein Viertel dieser Hauptverkehrsstraßen für Fahrradfahrer ausgebaut. Dazu kommen noch die Radwege an über elf Prozent der Kreisstraßen. Seit 2010 habe man 147 Millionen Euro für den Neubau von Radwegen ausgegeben, allein 2020 seien es knapp 18 Millionen Euro gewesen, hört man aus Potsdam. Auf den ersten Blick sind das beeindruckende Zahlen. Viel zu wenig, findet jedoch der Allgemeine Deutsche Fahrrad Club (ADFC). Er verweist darauf, dass in Brandenburg der Anteil der per Fahrrad zurückgelegten Strecken zurückgegangen sei. ADFC und Grüne fordern angesichts der gestiegenen Zahl von Unfällen mit Beteiligung von Radfahrern einen besseren Ausbau der Radverkehrsinfrastruktur für den Radfahralltag.

Zunehmend im Fokus der öffentlichen Diskussion steht ›Radfahren als Freizeitaktivität‹. Laut Tourismus-Marketing Brandenburg GmbH gibt es 7000 Kilometer ausgebaute Radwege in Brandenburg. Das Tourismusnetzwerk Brandenburg geht von 29 Radfernwegen und über 30 regionalen Routen aus, die Auflistung ›Radrouten in Brandenburg‹ auf wikipedia bringt es auf 34 regionale und überregionale Radrouten im Land. Dazu kommen neun ausgebaute Radwege auf ehemaligen Bahntrassen. Wie immer die aktuellen Zahlen genau lauten, eines ist klar: In Brandenburg gibt es neben den Radwegen für den Alltag ein vielfältiges Angebot von Radpisten, die zu einer Radtour am Wochenende oder im Urlaub einladen.

Am bekanntesten und am stärksten frequentiert sind die Flussradwege an Elbe, Oder und Spree. Genauso wichtig sind der Radweg Berlin–Usedom und der Radweg Berlin–Kopenhagen, die den Norden des Landes durchqueren. Unter Radwanderern sehr bekannt ist der Europaradweg 1, der von Rabenstein im Hohen Fläming bis Küstrin-Kietz an der Oder über Brandenburger Gebiet verläuft.

Zu diesen Fernradwegen gesellen sich regionale Radwege. Hier ist zuallererst die Tour Brandenburg mit ihren 1111 Kilometern zu nennen. Sie berührt nicht nur die 31 Städte mit historischem Stadtkern, sondern auch Naturparks, Biosphärenreservate und den Nationalpark Unteres Odertal. Dabei kreuzt die Tour Brandenburg eine Vielzahl von regionalen Radwegen und nutzt oftmals ein Teilstück dieser Strecken. Wer die 1111 Kilometer abgeradelt ist, kennt das Land. Beliebt ist neben der Tour Brandenburg der Havelradweg, der über 371 Kilometer von der Quelle bei Ankershagen (Mecklenburg-Vorpommern) bis zur Mündung in die Elbe bei Gnevsdorf führt. Weniger bekannt sind der Radweg an der Schwarzen Elster im Süden des Landes und der DahmeRadweg.

Einzelne Regionen versuchen durch Themenradwege zu punkten. Ob Fontane Radweg im Nordwesten des Landes, Gurken-Radweg im Spreewald oder Niederlausitzer Bergbautour – an den Stationen dieser Routen finden sich Informationen zur Bedeutung des jeweiligen Haltepunktes für das Thema der Tour. Eine gute Möglichkeit, das Land besser kennenzulernen, ist ein Radeln auf diesen Strecken.

Viele dieser ausgebauten Radrouten werden in diesem Buch berührt oder erscheinen mit ihren spannendsten Passagen als Tour. Der Grund dafür ist einfach: Es handelt sich bei den überregionalen und regionalen Radrouten um die am besten ausgebauten Radwege, die in die interessantesten Städte und schönsten Regionen des Landes führen.

Naturraum

Brandenburg ist dünn besiedelt. Es ist mit 30 000 Quadratkilometern das fünftgrößte Bundesland, hat aber nur 2,5 Millionen Einwohner. Das sind 85 Menschen pro Quadratkilometer. Damit ist Brandenburg nur etwas dichter besiedelt als Mecklenburg-Vorpommern. Von den 2,5 Millionen Brandenburgerinnen und Brandenburgern leben rund 900 000 im sogenannten Speckgürtel um Berlin. Verbindet man auf der Landkarte die Städte Oranienburg, Bernau, Strausberg, Fürstenwalde, Zossen, Beelitz, Werder und Nauen zu einem Kreis, dann hat man ungefähr dieses hochverdichtete Berliner Umland gekennzeichnet. Jenseits dieser Grenze, im sogenannten weiteren Metropolraum, für den das berlinerische Jottwede (›janz weit draußen‹) gilt, leben nur 1,6 Millionen Menschen – Tendenz fallend. Das sind gerade noch 61 Einwohner pro Quadratkilometer – gute Voraussetzungen für Radler, die ruhige Pisten lieben.

Brandenburg ist aber nicht nur moderner Metropolraum mit sich langsam entvölkernder Peripherie. In dieser aus der Soziologie stammenden Betrachtungsweise geht die landschaftliche Dimension verloren. Brandenburg ist auch vielfältiger Naturraum, der von den Menschen zu einem Mosaik unterschiedlichster Landschaften ausgebaut wurde.

Brandenburg liegt im Norddeutschen Tiefland. Von den Flüssen Elbe im Westen und Oder/Neiße im Osten, der Mecklenburgischen Seenplatte im Norden und dem Sächsischen Altmoränenland im Süden eingefasst, weist die Mark ein überraschend vielfältiges Landschaftsrelief auf. Prägend dafür war vor allem die letzte Eiszeit, die Weichsel-Kaltzeit. Sie dauerte von 115 000 bis ungefähr 11600 Jahre vor unserer Zeitrechnung.

Während dieser Weichsel-Kaltzeit schoben Gletscher an ihrer Stirnseite große Mengen Gesteinsblöcke und Kies sowie Sande vor sich her und setzten sie am Ende des Eisvorstoßes auf Brandenburger Gebiet als sogenannte Endmoräne ab. Wer in der Uckermark nördlich von Templin oder zwischen Chorin und Joachimsthal unterwegs ist, fährt hier über solche Endmoränenzüge und kann das lebhafte Landschaftsbild bestaunen. Vor den Endmoränen entstanden durch die Sedimente im Schmelzwasser, die sich ablagerten, leicht geneigte, unfruchtbare Sanderflächen, die wie die Schorfheide heute von Kiefernwäldern bedeckt sind.

Als drittes Element prägten sich in der Eiszeit die Urstromtäler aus. Diese Niederungen entstanden, als das Schmelzwasser der Gletscher Richtung Nordsee abfloss. Von Süd nach Nord sind das auf Brandenburger Gebiet: das Baruther, das Berliner und das Eberswalder Urstromtal. Im Baruther Urstromtal radeln wir durch den Spreewald, im Berliner Urstromtal folgen wir dem Lauf der Spree bei Fürstenwalde, und im Eberswalder Urstromtal fahren wir von Niederfinow bis Liebenwalde am Finowkanal. Das Berliner und das Eberswalder

Mitunter liegen originelle Lokale am Weg

Weiter Himmel, dünn besiedelt: die Uckermark

Urstromtal vereinigen sich westlich von Berlin in der großen Niederung des Havel- und Luchlandes, aus dem nur einzelne kleinere Hochflächen, die sogenannten Ländchen, hervorragen.

Als Grundmoränen werden die Gebiete bezeichnet, die von den Gletschern der Eiszeit überfahren wurden. Sie präsentieren sich heute als sanft gewellte Landschaften mit relativ fruchtbaren, sandig-lehmigen Böden, auf denen oftmals Ackerbau betrieben wird, so zum Beispiel im Teltow oder auch um Löwenberg.

Auch das Gewässernetz in Brandenburg ist aus dem eiszeitlichen Geschehen hervorgegangen. Da, wo sich unter dem Gletscher das Schmelzwasser Abflussbahnen suchte, kam es zur Bildung von langen, tiefen Rinnen. In diesen Einschnitten finden sich heute Seen oder Seenketten, die durch Flüsse oder Fließe miteinander verbunden sind. Beste Beispiele sind hier der Ruppiner See, an dem wir bei Neuruppin fahren, oder auch Ober- und Unteruckersee, an dem wir von Prenzlau bis Zollchow radeln.

Für zumeist kleinere Seen und Tümpel sorgten die sogenannten Toteisblöcke. Darunter versteht man große Eisblöcke, die den Kontakt zum Gletscher verloren hatten und am Ende der Eiszeit von Sand umschlossen und bedeckt wurden. Nach dem Abschmelzen des Eises entwickelten sich hier kleine Seen und Tümpel. Auf diese Art sind die Sölle entstanden, die wir in Äckern als runde oder ovale grüne Inseln entdecken. In der Uckermark, zu Beginn der Tour von Tantow nach Schwedt, werden wir viele dieser Sölle sehen.

Nur zwei Gebiete in Brandenburg wurde nicht durch die Weichsel-Kaltzeit geprägt: die Prignitz im Westen des Landes und der südliche Landrücken, der sich vom Fläming bis in die Niederlausitz hinzieht. Hier handelt es sich um sogenannte Altmoränengebiete, die von den Eismassen der Weichsel-Kaltzeit nicht mehr erreicht wurden. Diese Landschaften waren sehr viel länger als das übrige Brandenburg der Erosion ausgesetzt. Da die schützende Vegetation fehlte, schliff der Wind die Höhen zu sanften Hügeln ab, Seen wurden zugeweht. Das Gewässernetz beschränkt sich auf wenige Bäche und Flüsse.

Diese wenigen Stichworte zur eiszeitlichen Prägung des Landes sollten nicht dazu verleiten, jeden Hügel, den man hinaufradelt, gleich zur Endmoräne zu erklären. Da sowohl das eiszeitliche Geschehen als auch die nachfolgenden Veränderungen des Naturraumes durch Wind und Wetter sehr komplexe Prozesse sind, kann man mit solchen Schnellschüssen nur danebenliegen. Stattdessen sollte man auf die erläuternden Tafeln am Rand der Radwege achten, die die Entstehung der Landschaftsformen vor Ort erläutern, so zum Beispiel am Kleinen Rummelsberg auf der Tour von Chorin nach Angermünde.

Landschaften

Bei den Bezeichnungen für brandenburgische Landschaften herrscht ein kunterbuntes Durcheinander von geografischen Landschaftsnamen und den Namen historisch gewachsener Regionen. So bezeichnet ›Uckermark‹ eine historische Region, der Begriff ›Schorfheide‹ aber nur das riesige Waldgebiet im Norden des Landes, das über Jahrhunderte Jagdgebiet der brandenburgischen Herrscher war. Völlige Verwirrung tritt ein durch Bezeichnungen wie ›Ruppiner Seenland‹ oder ›Dahme-Seenland‹, die ihre Wurzeln im Tourismus-Marketing haben. Dazu kommen noch Ausdrücke wie ›Biosphärenreservat Schorfheide-Chorin‹, die verschiedene Regionen zu Schutzgebieten zusammenfassen. Trotz dieses Wirrwarrs ist es sinnvoll, zumindest die wichtigsten Landschaften des Landes Brandenburg zu kennen.

Am bekanntesten ist das **Havelland**. An drei Seiten wird es von der Havel umschlossen, im Norden bildet der Fluss Rhin die Grenze. Die feuchte Niederung, die sich im Zusammentreffen von Berliner und Eberswalder Urstromtal entwickelt hat, wurde in jahrhundertelanger, mühsamer Arbeit durch Kanäle

Lieblich zeigt sich die Spree bei Fürstenwalde

entwässert und dann besiedelt. Die Nauener Platte, die Ländchen Nennhausen, Friesack und Rhinow sowie das Land Schollene erheben sich aus dieser Niederung. Heute findet sich an der Unteren Havel ein bedeutendes Feuchtgebiet, in dem im Frühjahr und Herbst unzählige Zugvögel wie Kraniche und Gänse rasten. Wichtige Städte im Havelland sind Potsdam, Brandenburg an der Havel und Rathenow, die sich an Havelübergängen entwickelt haben. Zentraler liegen Orte wie Rhinow, Nauen und Friesack. Der heutige Landkreis Havelland umfasst nur den Kern des Havellandes.

Südlich des Havellandes erstreckt sich die **Zauche**. Sie umfasst eine Reihe von höher gelegenen Flächen zwischen dem Nuthetal im Osten und der Stadt Brandenburg im Westen. Im Süden reicht die Zauche bis Beelitz, im Norden bis an die Havel. Der Name Zauche ist heute nur noch wenig gebräuchlich, bezeichnet aber eines der ersten Gebiete unter der Herrschaft deutscher Markgrafen. Die stifteten Kloster Lehnin in der Zauche und bestimmten es als ihre Grablege.

An die Zauche grenzt östlich die Hochfläche des **Teltow**, der im Norden bis in das Stadtgebiet von Berlin reicht. Als flachwellige Grundmoränenlandschaft bietet der Teltow Böden, die für Acker- und Gartenbau geeignet sind. Die wichtigsten Orte sind Teltow, Ludwigsfelde, Zossen und Mittenwalde.

Im Süden grenzen Zauche und Teltow an den **Fläming**, der von Kolonisten besiedelt wurde, die ursprünglich aus den Niederlanden stammten (Flamen). Unterschieden wird zwischen dem Hohen Fläming, der von einem großen Waldgebiet mit Rodungsinseln bedeckt ist, und dem Niederen Fläming, auf dem Acker- und Wiesenflächen dominieren. Aber auch hier finden sich hügelige Waldstücke auf trockenen, sandigen Böden. Im gesamten Fläming hat die Saaleeiszeit Endmoränenzüge abgesetzt. Touristisch attraktiv ist der Naturpark Hoher Fläming mit Bad Belzig als Mittelpunktstadt. Im Niederen Fläming dominieren die Städte Luckenwalde und Jüterbog.

Immer wieder liegen bauliche Schätze am Wegesrand wie hier das Schloss in Altranft

Weiter nach Osten schließt sich die **Niederlausitz** mit den Gebieten des ehemaligen Braunkohletagebaus an. Hier wird heute in den vormaligen Abbaugebieten eine künstliche Seenlandschaft geschaffen. Mittelpunkt der Niederlausitz ist Cottbus, regionale Bedeutung haben Senftenberg und Finsterwalde. Bekanntestes Gebiet der Niederlausitz ist der **Spreewald**. Diese sumpfige Spreeniederung wurde von den Menschen in eine landwirtschaftlich genutzte Kulturlandschaft umgewandelt. Heute dominiert hier der Tourismus. Typische Spreewaldstädte sind Lübben und Lübbenau sowie Burg.

Der **Barnim** und das Land **Lebus** bilden nördlich und östlich von Berlin eine Hochfläche. Sie wird im Süden vom Berliner Urstromtal und im Westen von der Havelniederung begrenzt. Im Norden reicht der Barnim bis ans Eberswalder Urstromtal, im Osten bildet das Odertal die Grenze. Zerschnitten wird diese Hochfläche unter anderem von der tiefen Buckower Rinne, die den Barnim vom Land Lebus trennt. Von Bad Freienwalde im Nordosten bis südlich von Strausberg durchzieht den Hohen Barnim ein Endmoränenzug, der für ein sehr bewegtes Landschaftsrelief sorgt. Südlich von Bad Freienwalde können Abhänge schon mal 100 Meter in die Tiefe gehen. Nur die Städte Bernau und Strausberg haben im dünn besiedelten Barnim mehr als 10 000 Einwohner.

Ein eigenständiger Kulturraum am Rand des Barnim ist das **Odertal**. Aus dem sumpfig-unwegsamen Flusstal mit vielen Alt- und Nebenarmen wurde durch Regulierung, Eindeichung und Entwässerung eine fruchtbare Niederung – das knapp 60 Kilometer lange und bis 20 Kilometer breite Oderbruch, das sich von Frankfurt (Oder) bis Bad Freienwalde hinzieht.

Zunehmender Beliebtheit erfreut sich die **Uckermark**, in der sich viele Berliner Zweitwohnsitze zugelegt haben oder Kurzurlaube verbringen. Im Süden reicht die Region bis zum Eberswalder Urstromtal, im Osten bis ans Odertal. Im Westen erstreckt sich die Uckermark bis an die Oberhavel und im Norden bis an die Landesgrenze zu Mecklenburg-Vorpommern. Die landwirtschaftlich geprägte Uckermark ist heute eine Vorzeigeregion in Sachen ökologischer Landbau. Ein Grund für die Beliebtheit der Region sind die vielen Seen, die die Eiszeit in der hügeligen Grund- und Endmoränenlandschaft hinterlassen hat. Wald dominiert dagegen den südlichen Teil der Uckermark, der heute zur Schorfheide gerechnet wird. Die Nordostgrenze der Uckermark bildet der Nationalpark Unteres Odertal, ein Auennationalpark, der sich auf polnischer Seite fortsetzt. Die Hauptstadt der Uckermark war und ist Prenzlau. Dazu kommen ganz unterschiedliche Städte wie die Fachwerkstadt Angermünde, Lychen, die sozialistische Aufbaustadt Schwedt und Templin mit der fast vollständig erhaltenen mittelalterlichen Stadtmauer.

Westlich der Uckermark schließt sich das **Ruppiner Land** an, das einst von den Grafen von Lindow-Ruppin beherrscht wurde und dann einen eigenständigen Kreis in der Mark Brandenburg bildete. Hauptort ist Neuruppin, die Musterstadt der Aufklärung. Am bekanntesten sind daneben die Städte Rheinsberg mit dem Schloss des Kronprinzen Friedrich sowie Gransee, das mit seiner historischen Innenstadt Besucher anlockt. Das Rheinsberger Becken zeigt mit den umschließenden Endmoränen ein bewegtes Landschaftsbild, das durch eine Vielzahl kleiner Seen weiter aufgewertet wird. Aus gutem Grund wird das Waldgebiet um die große Seenrinne von Rheinsberg bis Neuruppin Ruppiner Schweiz genannt.

Die **Prignitz** bildet den westlichen Abschluss Brandenburgs und erstreckt sich von der Dosse im Osten bis an die Elbe im Westen. Eine großflächige Landschaft, die durch ihre besondere Geschichte ein regionales Selbstbewusstsein bewahrt hat. Hier herrschten die Gans Edlen Herren zu Putlitz und der Bischof von Havelberg, bevor sich die brandenburgischen Markgrafen Stück für Stück die Region aneigneten. Traditionelles Verwaltungszentrum der Prignitz ist Perleberg. Wittstock, bis ins 16. Jahrhundert Residenz der Bischöfe von Havelberg, ist bis heute zusammen mit Wittenberge, der Industriestadt an der Elbe, die größte Stadt der Region. Dazu kommen die alten Handels- und Hansestädte Pritzwalk, Kyritz und Havelberg.

Brandenburgische Geschichte

Brandenburg ist ein Gefüge aus historischen Regionen, die in der brandenburgisch-preußischen Geschichte einen gemeinsamen Weg gingen. Die Wiedervereinigung bescherte dem Land Brandenburg eine unverhoffte Wiederkehr, nachdem es zu DDR-Zeiten in die Bezirke Potsdam, Frankfurt (Oder) und Cottbus aufgeteilt worden war.

Die Anfänge

Die Geschichte des Landes Brandenburg beginnt nicht erst mit der deutschen Besiedlung der Region zwischen Elbe und Oder ab der Mitte des 12. Jahrhunderts. Archäologen fanden unter deutschen Burgen und Herrschaftssitzen die Spuren slawischer Siedlungen und Wehranlagen, etwa in Brandenburg an der Havel und in Spandau bei Berlin. Aus der geschichtlichen Überlieferung wissen wir, dass eine ganze Reihe slawischer Stämme im Gebiet des heutigen Brandenburg ansässig war. Darunter war der Stamm der Heveller, der im Havelgebiet lebte und dessen Hauptburg auf der heutigen Dominsel in Stadt Brandenburg lag. Immer noch gibt es mit den Sorben in der Niederlausitz eine slawische Minderheit im Land.

Das Jahr 1157 gilt als das Geburtsjahr des Landes Brandenburg. Albrecht der Bär, Markgraf der Nordmark aus dem Geschlecht der Askanier, eroberte in diesem Jahr die Hauptburg der Heveller. Schon 1150 hatte er diese Burg und damit die Herrschaft in der Region von dem letzten slawischen Fürsten geerbt, dem bereits getauften Pribislaw-Heinrich, und die Burg übernommen. Da ihm slawische Fürsten Burg und Herrschaft streitig machten, musste Albrecht mithilfe deutscher Herren sein Erbe sichern. Er nahm 1157 die Burg endgültig in Besitz und gab am 3. Oktober 1157 eine erste Urkunde, in der er sich als Markgraf von Brandenburg bezeichnete. ›Mark‹ bedeutet dabei eine Grenzregion, in der der Markgraf (Grenzgraf) zur Sicherung eigenständig Befestigungen anlegen und den Heerbann aufbieten durfte. Heute wissen wir, dass der folgende Prozess des Ausbaues des sehr dünn besiedelten Landes zwischen Elbe und Oder weitgehend friedlich verlief. Sogenannte Lokatoren wurden vom Landesherrn beauftragt, Siedler in den Regionen westlich der Elbe zu werben. Die rodeten unter Leitung der Lokatoren den Wald und legten Dörfer sowie Marktorte an. Die Slawen gingen in der deutschen Bevölkerung auf. Bis ins Jahr 1300 wurden so rund 2500 deutsche Siedlungen mit etwa 200 000 Einwohnern geschaffen.

Die Markgrafen und andere Herren riefen die Mönchorden der Zisterzienser – Klöster Lehnin, Zinna, Chorin, Doberlug – und der Prämonstratenser – Domstifte Brandenburg, Havelberg – ins Land.. Die Zisterzienser waren für ihre Leistungen in Sachen Kolonisation bekannt. Die Prämonstratenser waren dagegen stärker in der Seelsorge tätig. Auf jeden Fall aber entstanden im Land durch die Klöster Zentren des Wissens.

Verwaltet wurde die Mark Brandenburg vom Adel, der die Güter vom Landesherrn als erbliches Lehn erhielt. Im Gegenzug hatte der Adel im Falle der Landesverteidigung ein Aufgebot zu stellen. In den freien Städten sorgten die Ratsversammlungen für die Verwaltung. Neben den unfreien Bauern, die den Gutsherrn Dienste schuldig waren, gab es im Land Brandenburg, bedingt durch die Siedlungsgeschichte, eine größere Zahl freier Bauern.

Die Hohenzollern

Eine Zäsur in der brandenburgischen Geschichte ist der Tod des letzten askanischen Markgrafen Waldemar im Jahre 1319. Er starb, erst 28 Jahre alt, ohne Erben. Der deutsche König vergab daraufhin die Markgrafschaft als Lehen erst an Adlige aus dem Haus Wittelsbach, dann an das Haus Luxemburg. Unter diesen landesfernen Herrschern versank die Mark Brandenburg in eine Zeit der Wirren. Das Raubrittertum griff um sich, die Handelswege wurden zunehmend unsicher. 1411 setzte der deutsche König Sigismund den Burggrafen Friedrich VI. von Nürnberg aus dem Haus Hohenzollern als Statthalter in der Mark ein. Friedrich befriedete die Mark, erhielt sie 1415 zum erblichen Lehen und wurde als Friedrich I. Kurfürst von Brandenburg. Das war der Beginn der Herrschaft der Hohenzollern in einer armen, an der Ostgrenze des deutschen Reiches gelegen Markgrafschaft.

Friedrich II. bezog 1451 ein neuerrichtetes Schloss in Berlin, nachdem er den Widerstand der Doppelstadt Berlin-Cölln gegen einen fürstlichen Bau innerhalb der Stadtmauern gebrochen hatte. Berlin wurde zur Residenzstadt. Brandenburg an der Havel blieb Rechtsvorort der Mark, in dem strittige Rechtsfragen endgültig entschieden wurden. Und es war weiterhin als Sitz des Bischofs von Brandenburg geistliches Zentrum des Landes. Daneben standen die kleineren Bistümer Havelberg und Lebus. Die Klöster Lehnin und Chorin verloren durch die Residenz in Berlin ihre Funktion als Grablege der brandenburgischen Herrscher, blieben aber geistig-geistliche Zentren. Mächtig waren die Handelsstädte Berlin-Cölln, Brandenburg, Frankfurt (Oder) und Prenzlau.

Markgraf Joachim II. (1505–1571), Bildnis von Lucas Cranach d. J.

Der ›Große Kurfürst‹ um 1677

Zwei Ereignisse prägten das Land und die Menschen in Brandenburg zutiefst: die Reformation und der Dreißigjährige Krieg von 1618 bis 1648. Am 1. November 1539 trat Kurfürst Joachim II. zum lutherischen Glauben über. Zuvor hatten Städte und Adelsvertreter evangelische Prediger gefordert. Brandenburg wurde lutherisch und blieb es auch, als Kurfürst Johann Sigismund 1613 zum Calvinismus übertrat. Der Dreißigjährige Krieg, in dem Deutschland zum Schlachtfeld europäischer Söldnerheere wurde, wütete auch auf brandenburgischem Gebiet. Ganze Landstriche wurden entvölkert, die Städte verfielen. Von diesem Rückschlag erholte sich das Land erst nach vielen Jahrzehnten wieder. Vor allem aber prägte die Erfahrung der Ohnmacht während der Kriegszeit zutiefst die Mentalität brandenburgisch-preußischer Führungsschichten.

Wiederaufstieg

Kurfürst Friedrich Wilhelm war ein Glücksfall für das Land. Geboren 1620 in Berlin, wurde er in den fortschrittlichen Niederlanden ausgebildet. Schon als 20-Jähriger übernahm er 1640 die Herrschaft. Er heiratete Luise Henriette von Oranien und brachte Niederländer ins Land. Nicht nur im Ortsnamen Oranienburg finden sich heute Spuren dieser Verbindung zu den Niederlanden. In seiner fast 50-jährigen Regierungszeit baute Friedrich Wilhelm Brandenburg wieder auf. Die Fördermaßnahmen kamen vor allem der Residenzlandschaft um Berlin zugute. Manufakturen wurden gegründet, durch das Edikt von Potsdam (1685) wurden Glaubensflüchtlinge aus der Schweiz, Württemberg, Sachsen und Böhmen nach Brandenburg eingeladen. Vor allem aber kamen über 20000 französische Hugenotten, die fortschrittliche Handwerkstechniken und Kulturpflanzen wie Spargel, Blumenkohl und Tabak mit ins Land brachten. Diese Zuwanderer eröffneten ihre Manufakturen auch in den größeren Städten der Region. Die Uckermark etwa wurde durch die Hugenotten zum Tabakanbaugebiet. Rund 100 neue Siedlungen entstanden.

Auf Initiative des Großen Kurfürsten Friedrich Wilhelm wurde unter Leitung des Niederländers Philip de Chiese der Kanal zwischen Oder und Spree angelegt, der heute Friedrich-Wilhelm-Kanal genannt wird. Friedrich der Große ließ den Finowkanal zwischen Oder und Havel bauen, der das Finowtal zu einer Region früher Industrialisierung machte. Und er ließ ab 1747 die Oder begradigen und den Oderbruch durch ein Bewässerungssystem trockenlegen. 32500 Hektar fruchtbares Ackerland wurden so gewonnen, 50 Dörfer angelegt.

Industrialisierung

Das 19. Jahrhundert war auch für das Land Brandenburg eine Zeit radikalen Wandels. Durch den Sieg Preußens und seiner Verbündeten über Napoleon 1815 und die daraus resultierende Friedensordnung kamen die vormals sächsischen Städte Senftenberg, Baruth, Finsterwalde, Dahme, Jüterbog, Belzig und die Region Niederlausitz an Brandenburg. Tiefgreifender für das Alltagsleben auf dem Lande aber war die Bauernbefreiung. 1810 wurde formal die Gutsuntertänigkeit aufgehoben und damit die Bauern von allen Diensten für die Gutsbesitzer befreit. Tatsächlich aber mussten sich die Bauern durch Geldzahlungen, die oftmals

Ausstellung über den Agrarreformer Daniel Albrecht Thaer in Möglin

die Hälfte des Wertes ihrer Bauernstellen erreichten, von den Dienstpflichten freikaufen. Die Zahl der Bauernstellen sank dadurch erheblich, der Anteil der Kleinbauernstellen für Landarbeiter stieg auf 60 Prozent.

Gleichzeitig hielt der wissenschaftlich-technische Fortschritt Einzug in die Landwirtschaft. Albrecht Daniel Thaer propagierte auf seinem Mustergut in Möglin die Fruchtwechselwirtschaft. Erste Erfolge mit künstlichem Dünger ließen die Erträge in der Landwirtschaft stark ansteigen – eine wichtige Voraussetzung für die Industrialisierung. Die Einwohnerzahl Brandenburgs verdoppelte sich durch natürliches Wachstum von 1871 bis 1910, die des Großraumes Berlin aber schnellte durch Zuwanderung in die Höhe und erreichte schon 1913 die Vier-Millionen-Marke.

Von dem Boom des Ballungsraumes Berlin profitierte auch das Land Brandenburg, das zunehmend zu einer Agrar-Industrie-Region wurde. In der Niederlausitz wurden die Braunkohlevorkommen abgebaut, an den neu ausgebauten Großschifffahrtswegen siedelten sich wie zum Beispiel in Eberswalde und in Stadt Brandenburg Industrieunternehmen an. Die Firma Pintsch zog von Berlin nach Fürstenwalde (Spree), Rathenow wurde zur Wiege der optischen Industrie.

DDR-Zeit

Tiefe Wunden hinterließen die Kampfhandlungen am Ende des Zweiten Weltkrieges in den Städten des Landes. Prenzlau war zu 90 Prozent, Frankfurt (Oder) zu 65 und Rathenow zu 60 Prozent zerstört, um nur einige Beispiele zu nennen. Hunderttausende Flüchtlinge, die aus den deutschen Ostgebieten vertrieben worden waren, wurden in Brandenburg angesiedelt. Unter der Parole ›Junkerland in

Bauernhand‹ wurden Grundbesitzer mit mehr als 100 Hektar Boden enteignet. Das Land wurde an über 200 000 Landarbeiter und landlose Bauern verteilt, darunter viele Flüchtlinge. Aber schon ab 1952 begann die Zwangskollektivierung der Landwirtschaft, die bis 1960 über 80 Prozent der landwirtschaftlichen Nutzfläche in die Hand der 19 000 LPGs brachte. Viele Bauern, darunter auch neu angesiedelte Flüchtlinge, verließen das Land Richtung Westen.

Gleichzeitig formte die Industriepolitik der SED das Land um. Das ehemalige Fürstenberg (Oder) wurde zum Standort des Eisenhüttenkombinats Ost und heißt heute Eisenhüttenstadt. Brandenburg an der Havel wurde per Beschluss zum Stahlstandort, in Schwedt an der Oder entstand ab 1959 das Zentrum der Petrochemie. Die Region Cottbus wurde zum Zentrum der Energieerzeugung, in Rathenow die optische Industrie soweit ausgebaut, dass sie ganz Osteuropa beliefern konnte.

Bundesland Brandenburg

Die Industrie brach mit der Wiedervereinigung 1990 zu erheblichen Teilen zusammen, obwohl durch staatliche Förderung die industriellen Kerne in Schwedt, Eisenhüttenstadt, Stadt Brandenburg und Schwarzheide bei Senftenberg gesichert werden konnten. Neue Wachstumskerne entstanden in den Folgejahren im Berliner Umland und entlang der Autobahn A10. Das Bundesland Brandenburg wurde am 3. Oktober 1990 durch die Zusammenlegung der Bezirke Cottbus, Frankfurt (Oder) und Potsdam neu gegründet.

Während heute um Berlin die Einwohnerzahlen steigen, sinken sie im weiteren Metropolraum. Der Landkreis Uckermark hatte 1995 rund 160 000 Einwohner, heute sind es noch 120 000. Da hilft aller Zuzug aus Berlin nichts. Der Landkreis Prignitz verlor im gleichen Zeitraum über ein Fünftel seiner Einwohner. Diese weitgehend landwirtschaftlich oder auch forstwirtschaftlich genutzten Regionen setzten heute auf einen Mix von ökologischer Landwirtschaft und Tourismus.

Verherrlichung der Zwangskollektivierung auf einer DDR-Briefmarke von 1987

Mit dem Fahrrad geht es nicht nur durch Natur und Stadt, sondern auch zu außergewöhnlichen Kulturlandschaften wie den Seenlandschaften der ehemaligen Tonkuhlen oder auch der Braunkohleabbaugebiete.

TOUREN

Am Finowkanal bei Marienwerder

Wo alles begann ...

Tour 1: Von Potsdam nach Brandenburg (Havel)

Verlauf: Potsdam–Golm–Werder–Phöben–Schmergow–Deetz–Götzer Berge–Gollwitz–Neuschmerzke–Brandenburg (Havel).
Länge: 54 km.
Alternativen: bis Bhf. Werder: 13 km; bis Bhf. Götz: 43 km.
Start: Hbf. Potsdam. Fahrstuhl: ja, Einkauf: Bio-Supermarkt in der Bahnhofspassage.
Ziel: Hbf. Brandenburg (Havel). Fahrstuhl: nein; Einkauf: Bäcker und Eckert im Bahnhofsgebäude; Aldi, Geschwister-Scholl-Str. 30; Mo–Sa 7–21 Uhr (500 m entfernt).
Anfahrt: ab Bhf. Friedrichstraße S7, alle 10 Min., Fahrzeit 38 Min; RE1, alle 30 Min., Fahrzeit 29 Min.
Rückfahrt: ab Hbf. Brandenburg (Havel) RE1, alle 30 Min., Fahrzeit 54 Min.
E-Bike: bedingt tauglich. Der Fahrstuhl im Hbf. Brandenburg hat nur Rollstuhlgröße. Wer sein E-Bike nicht tragen kann, sollte die Tour am Hbf. Brandenburg starten. Die Züge aus Berlin kommen auf Gleis 1 an, von dem man ungehindert auf die Straße gelangt.
Tipp: In der Havelniederung kann es heftig winden. Bei starkem Westwind ab Brandenburg (Havel) fahren.
Radeln nach Zahlen: ab Werder 15–16–17–18.
Wegequalität: Einen großen Teil der Strecke fahren wir fernab vom Autoverkehr auf gut asphaltierten, separaten Radwegen an der Havel (24 km). In der Regel sehr ruhig sind auch die wenig befahrenen Nebenstraßen (11 km). Weitere 12 Kilometer fahren wir auf asphaltierten Radwegen an Straßen, rund 5 Kilometer davon leider an der B1. Wirklich nervig ist aber nur der eine Kilometer auf der Landesstraße in Phöben, auf dem der Radweg fehlt. Aber es gibt hier eine Geschwindigkeitsbeschränkung für Kraftfahrzeuge und schmale Bürgersteige, auf die man ausweichen kann. Die 110 Meter Kopfsteinpflaster in Potsdam sind nicht erwähnenswert.
Kurzcharakteristik: Von der Residenzstadt Potsdam fahren wir nach Brandenburg, in dem auf der Dominsel die Geschichte des Landes begann. Aber bei dieser Tour geht es vor allem um die Landschaft an der Mittleren Havel, die langsam wieder zu dem wird, was sie einst war: Lebensraum und Brutrevier für unzählige Wasservögel. Teil dieser Landschaft sind heute auch die Zeugnisse der Ziegeleien, die wie in Deetz verwunschene Teichlandschaften hinterlassen haben. Lange Strecken radeln wir auf diesem Teilstück des Havelradweges auf dem Deich.

▶ *Potsdam Hbf., Ausgang Babelsberger Str.–links Babelsberger Str.–rechts Lange Brücke/Breite Str.–rechts halten Friedrich-Ebert-Str.–links Charlottenstr.–rechts Schopenhauerstr.–links durch Brandenburger Tor über Luisenplatz–halbrechts Allee nach Sanssouci–Grünes Gitter, Eingang Park Sanssouci/Am Grünen Gitter–links Ökonomieweg–vorbei am Neuen Palais–links, vorbei am Besucherzentrum–scharf rechts Am Neuen Palais–links Lindenallee*

▶ Karte S. 36/37

Radfahren in **Potsdam** ist keine Freude. Die Innenstadt ist als Flächendenkmal geschützt und bietet daher oft nur Kopfsteinpflaster – Radwege Fehlanzeige! Daher sollte man Potsdam zu Fuß erkunden. Wir bleiben bei unserer Tour mit dem Rad am Rande der Innenstadt.

Schon vom Ausgang des Bahnhofs aus sehen wir die Havel, diesen merkwürdigen Fluss, der rund 300 Kilometer durch

Brandenburg fließt, dessen Quelle und Mündung aber nur 94 Kilometer Luftlinie auseinanderliegen. In früheren Zeiten war die Havel als Verkehrsweg die Lebensader des Landes. Heute liefert sie landschaftliche Highlights und beste Wohnlagen. ›Wo alles begann...‹ – damit ist dieser Fluss gemeint, aber auch unser Ziel, die Stadt Brandenburg (Havel). Denn auf der Dominsel in Brandenburg nahm um das Jahr 1150 die Geschichte des Landes ihren Ausgang.

Wir starten und fahren über die Lange Brücke vorbei am **Landtag** des Landes Brandenburg. Die Fassade des Gebäudes ähnelt dem barocken Stadtschloss der Hohenzollern, dessen Ruine 1960 gesprengt wurde. Auf dem Weg durch die **Charlottenstraße** sollte man immer wieder bewusst die Häuserfronten betrachten. In kaum einer anderen Straße Potsdams findet sich ein so heiter barockes Bild durch den Fassadenschmuck. Schade, dass die Straße den Durchgangsverkehr aufnehmen muss. Das **Brandenburger Tor**, an dem wir Richtung Schloss Sanssouci abbiegen, zeigt die Form eines römischen Triumphbogens. Kein Wunder, galt es zur Bauzeit 1771 in Preußen doch immer noch den Sieg im Siebenjährigen Krieg (1756–1763) zu feiern.

Das schöne **Grüne Gitter** von 1854 mit den vergoldeten Initialen König Friedrich Wilhelm IV. gibt den Weg frei in den Park Sanssouci. Nur auf der Straße ›Am Grünen Gitter‹ und auf dem Ökonomieweg ist im Park Rad fahren erlaubt.

Ecke Ökonomieweg fällt unser Blick auf die Gesamtanlage des **Schlosses Sanssouci**. Ab 1745 ließ Friedrich der Große den Weinberg terrassieren und das Schloss ›Ohne Sorge‹ (Sans Souci) bauen. So wollte der junge Friedrich leben: Hoch oben auf dem Plateau inmitten einer Parklandschaft. Dafür nahm er einen schwerwiegenden Architekturfehler in Kauf. Friedrich bestand darauf, ohne störende Stufen durch die Fenstertüren seines ›Sans Souci‹ auf die Terrasse treten zu können. Das Ergebnis: Das Sommerschloss war fußkalt. Und es versinkt – von unserem Standort aus gesehen – im Boden.

Die Parkseite des Brandenburger Tores

Eine Fanfaronade, eine kleine Prahlerei, nannte Friedrich der Große das **Neues Palais** am Westende des Parks Sanssouci, das er ab 1763 bauen ließ. Das riesige Schloss besitzt 970 kostbar eingerichtete Zimmer, zwei Festsäle und ein Theater und ist über und über mit Plastiken geschmückt. Der Potsdamer Architekt Heinrich Ludwig Manger sprach 1789 von einem ›sonderbaren Steinklumpen‹, auf dessen Balustrade gleichsam Jahrmarkt mit Puppen gehalten werde. Was er nicht sagte: Der Protzbau diente nur einem Zweck. Er sollte beweisen, dass Preußen auch nach dem Ende des Siebenjährigen Krieges gut bei Kasse war. Ein Schlossbau als PR-Aktion!

Zum Neuen Palais gehören auch die **Communs**, die beiden Bauten mit den geschwungenen Treppen hinter dem Schloss, die durch eine Kolonnade miteinander verbunden sind. Hier waren die Küchen und die Räume für das Personal untergebracht.

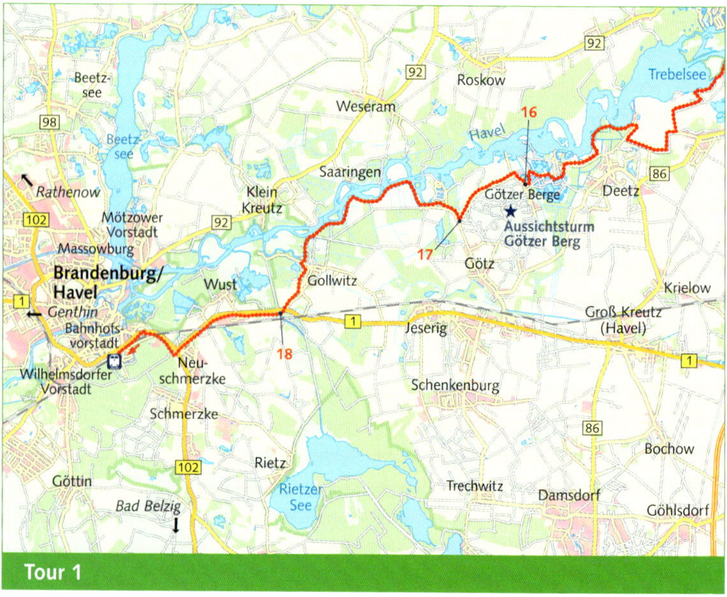

► *Lindenallee–links Kuhfortdamm–rechts Am Urnenfeld–links Reiherbergstr.–hinter Unterführung 2. links Weinmeisterstr.–rechts halten Geiselbergstr.–an Bushaltestelle links Golmer Damm–links Am Zernsee/Galliner Damm–Havelbrücke–Radweg an der Bahn–rechts Adolf-Damaschke-Str./Kesselgrundstr.–rechts Phöbener Str.–Kreisel 3. Ausfahrt, Phöbener Str. (L 90)/Phöbener Ch./Phöbener Chausseestr./Hauptstr.–rechts Fährstr./Phöbener Havelweg–Reitanlage Pappelhof*

Barocke Schlösser demonstrieren den Machtanspruch des Herrschers im Raum. So verlängert die Lindenallee – auf der wir jetzt fahren – die Hauptachse des Parks Sanssouci um gute zwei Kilometer Richtung Westen, bis zum Ortsteil **Golm**. Hier hat sich in den vergangenen Jahren mit dem ›Potsdam Science Park‹ ein wichtiger Standort für Forschung und Lehre mit rund 2700 Beschäftigten und 9000 Studierenden entwickelt. Neben der Uni Potsdam forschen in Golm diverse Frauenhofer- und Max-Planck-Institute. Erst am **Schloss Golm**, einer neubarocken Villa von 1914, haben wir das Gefühl, in der Havelniederung angekommen zu sein. Ab 1929 suchten hier am Großen Zernsee die Reichen und Schönen Berlins Ruhe und Entspannung. So begrüßte die Hausherrin Niuta von Bottlenberg Ufa-Stars wie Marlene Dietrich und Marika Rökk. Cora von Bottlenberg, eine Enkelin der ersten Gastgeberin, hat das Schloss wieder zu einem Hotel und Restaurant entwickelt. Gleich neben dem Eingang zum Schlossgelände findet sich ein Pfad, der zu einer der wenigen Stellen führt, an denen das Ufer des Großen Zernsees erreichbar ist – ein guter Ort für eine kurze Rast.

Wir fahren weiter durch das **Golmer Luch,** einer vermoorten Niederung im Westen und Süden des Ortes. Die feuchten Wiesen links und rechts, die von Entwässerungsgräben durchzogen werden,

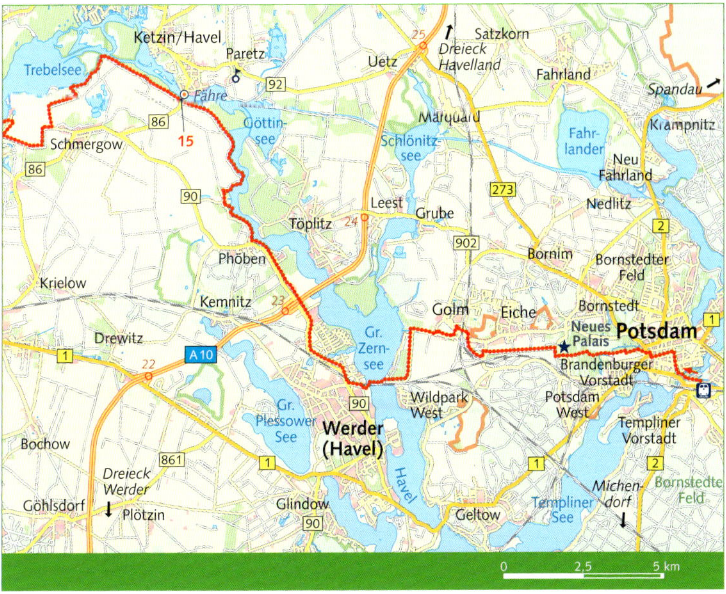

wurden weitgehend trockengelegt. Sie bieten aber trotzdem vielen Singvögeln eine Heimat. Schon 1927 wurde das Golmer Luch zu einem der ersten Naturschutzgebiete in Deutschland erklärt. Heute wird es in Bereichen renaturiert. So säumen Bäume, die von rankenden Gewächsen umschlungen sind, wie bizarre Wesen unseren Weg zur Fahrradbrücke nach Werder, die uns über die Havel bringt.

Die Silhouette der Inselstadt **Werder** schauen wir uns am besten von dem Steg in der Havel gleich hinter der Brücke an. Stolz erhebt sich der 50 Meter hohe Turm der protestantischen Heilig-Geist-Kirche auf der Insel in der hier rund 1,5 Kilometer breiten Havel. Rechts daneben sehen wir den Turm der katholischen Kirche Maria Meeresstern.

Aus dieser Inselstadt entwickelte sich auf slawischen Wurzeln das heute 26 000 Einwohner zählende Werder, das berühmt ist für sein Obst, seinen Obstwein und das einwöchige Baumblütenfest. Zeugnis der Industriegeschichte des Ortes ist die **Vulkanfiberfabrik** von 1918, in die das Restaurant ›Filterhaus‹ und die Marina Vulkan Werk eingezogen sind. Für die Zukunft der Stadt steht aber wohl eher das schnöde Parkhaus ein Stück weiter. Werder, die Stadt am Wasser, wird zusehends zur Wohnstadt für Familien, die rund 40 Minuten Fahrzeit zum Hauptbahnhof Berlin und damit zum Job nicht scheuen. Hier am Bahnhof Werder haben wir nach 13 Kilometern Radelei die Möglichkeit nach Berlin zurückzufahren. Die Züge verkehren alle 30 Minuten.

Wir setzen die Tour fort und müssen jetzt fünf Kilometer auf Fuß- oder Radwegen an der L 90 hinter uns bringen. Dann aber verabschieden wir uns auf den Haveldeich. Für eine Rast auf dieser Strecke bieten sich der Fischerhof Berner und auch Timos Restaurant ein Stück weiter die Phöbener Chausseestraße hinunter an.

Perfekter Asphalt, schöne Landschaft: der Radweg auf dem Haveldeich

An der Ortseinfahrt **Phöben** sehen wir links den Höhenzug mit dem über 80 Meter hohen Phöbener Wachtelberg. Er wird seit 1996 wieder als Weinberg genutzt. Damit ist eine Tradition zurückgekehrt, die schon im 14. Jahrhundert von den Lehniner Mönchen begonnen wurde. Rund 3800 Weinstöcke finden sich auf dem einen Hektar großen Gelände, dessen Ernte in Werder gekeltert wird. Der Abschluss des Ortes gehört wie schon der Anfang den Pferden. Der Pappelhof bietet Pferdeunterkunft, Reit- und Dressuranlagen.

▶ *Reitanlage Pappelhof–weiter Asphaltweg an der Havel (›Havelradweg‹) Hinweise nach Brandenburg folgen–vorbei an Schmergow/Deetz/durch Götzer Berge–Gollwitz, links Havelufer/Schlossallee–rechts Schlossallee–rechts* B 1*–rechts Potsdamer Str.–Hbf. Brandenburg (Havel)*

Für uns auf dem Fahrrad bedeutet das Ortsende Phöben den Anfang des sorgenfreien Radelns. Wir steuern geradewegs auf die Havel zu und fahren dann auf dem flachen Deich des Flusses. Links leben mittlerweile das ganze Jahr über Graugänse. Rechts sehen wir die Havel oder einen ihrer Nebenarme – so genau weiß man das manchmal nicht. Auf jeden Fall passieren wir immer wieder Schilf (Röhricht) oder auch ufernahe Baumgruppen. Dieser Bewuchs macht vergessen, dass die Havel als Bundeswasserstraße und im Namen des Hochwasserschutzes ständig weiter ausgebaut wurde. Was auf den ersten Blick als intakte Naturlandschaft erscheint, entpuppt sich daher bei näherem Hinsehen als Landschaft, der die Eingriffe des Menschen schwere Schäden zuge-

▲ Karte S. 36/37

fügt haben. Die Absenkung des Grundwasserspiegels mit dem Ziel der Ertragssteigerung hat die über Jahrhunderte gewachsenen Niedermoore austrocknen lassen. Der Boden verwandelte sich so in unfruchtbaren Sand.

Nachdem aufgrund fehlender finanzieller Mittel 2010 die Idee eines Naturparks Mittlere Havel aufgegeben worden war, mussten andere Weg des Naturschutzes beschritten werden. Der NaturSchutzFond Brandenburg kaufte und verwaltet seitdem mit Hilfe ihrer Tochter, der Flächenagentur Brandenburg, Teile der Schmergower Wiesen, die um die Zufahrt zum Fähranlegers Ketzin liegen. Der Grundwasserspiegel in diesem Gebiet wurde wieder angehoben. Senken, Hecken und Gehölzinseln wurden angelegt oder aufgewertet, um Lebensraum für Kleingetier zu schaffen. Diese Flächen wurden dann einem landwirtschaftlichen Betrieb zur extensiven Nutzung überlassen. Finanziert wurden diese Maßnahmen mit Geldern, die als Ausgleichszahlungen für die Naturzerstörung beim Ausbau des Sacrow-Paretzer Kanals fällig wurden. Die Wiesenpartien verwandeln sich heute wieder im Herbst, Winter und Frühjahr in Wasserflächen. Soweit zum Naturschutz an der Mittleren Havel, der oftmals vergessen wird angesichts des größten Renaturierungsprojektes in Europa an der Unteren Havel (→ S. 65).

In **Ketzin** erwartet uns die Motorfähre ›Charlotte‹. Sie ist zwischen Werder und Brandenburg (Havel) die einzige Möglichkeit, den Fluss zu überqueren. Nur lohnt Ketzin, die Kleinstadt mit rund 6500 Einwohnern, kaum einen Besuch. Für Fans der Königin Luise ist allerdings das **Schloss Paretz** ein ›Muss‹. Rund 2,5 Kilometer sind es vom Fähranleger Ketzin zu dem Schloss.

Vom Fähranleger Ketzin radeln wir drei Kilometer bis Schmergow, wo wir am **Rastplatz Hafen Trebelsee** einen Moment verweilen. Der Trebelsee, die seenartige Ausbuchtung der Havel, ist bei durchziehenden Gänsen ein beliebter Schlafsee. Das kleine Hafenbecken am Ufer diente den Schiffen, die die Backsteine aus den Schmergower Ziegeleien Richtung Berlin transportierten, als Anlegeplatz.

Nasse Wiese in der Nähe des Anlegers Fähre Ketzin

Touren

Badestelle bei Deetz

Die Straße **Steege**, an der wir weiterfahren, wurden 1886 mit Ziegelsteinen befestigt, die als Fehlbrand durch die Qualitätskontrolle gefallen waren. Heute steht sie als Zeugnis der Ziegeleikultur unter Denkmalschutz. Wir fahren um den 26 Meter hohen Trebelberg und sehen gleich nach der Abfahrt vom Hang das Hinweisschild Eiscafé und Restaurant Sans Souci. Die Gaststätte liegt, links ab in den Ziegeleiweg, rund 400 Meter entfernt.

Wir fahren weiter um die Bauschuttdeponie Deetz, die 1974 für Bauschutt aus West-Berlin angelegt wurde. Vor lauter Efeu im Zaun und dem vielen (sprichwörtlichen) Gras, das über die Aufschüttung gewachsen ist, kann man diesen Schuttplatz kaum erkennen. Hinter der Deponie geht es wieder auf dem Deich an der Havel entlang. Rechts sehen wir die **Havel-Badestelle Deetz**. Sie ist beliebt, weil sie einen sehr sanften Einstieg in den Fluss bietet. Schiffer aber fürchten diese Untiefe, die sogenannten Deetzer Ablage.

▲Karte S. 36/37

Weiter geht es über die Fischerstraße und die Straße Zur Ziegelei. Damit sind zwei wichtige Erwerbsmöglichkeiten um 1900 hier in der Region genannt. An erster Stelle stand die Landwirtschaft, dann aber folgten Fischerei und Ziegelei. Wer mehr über diese Arbeits- und Lebenswelt auf dem Dorf sowie über die Geschichte der Ziegeleien erfahren möchte, besuche das **Heimatmuseum Deetz**. Eingerichtet wurde es in einer Villa, die um 1890 für den Großbauern und Besitzer einer Ziegelei namens Voigt gebaut wurde. Wie man sieht, liefen seine Geschäfte nicht schlecht.

Weiter geht es auf der Straße Zur Ziegelei zu den **Deetzer Erdlöchern**, an deren Rand sich Ferienhaussiedlungen entwickelt haben. Schon vor diesen Ferienhäusern müssen wir uns links halten. Das Hinweisschild zum Havelstübchen, einer beliebten Radlergaststätte, ist gar nicht zu übersehen. Dann aber geht es in die verwunschene Welt aus Teichen und von Schlingpflanzen überwucherten

Bäumen. Nur ein schmaler Landstreifen trennt Tonstich von Tonstich, dazu ein Kanal, auf dem die Ziegel an die Havel und weiter nach Berlin transportiert wurden. Immerhin sieben Ziegeleien gab es um 1850 hier im Ort. Heute sind die Deetz Erdlöcher ein Anglerparadies.

Auch auf dem Gebiet der Gemeinde Götzer Berge gab es weitere Ziegeleien, aber nur in Havelnähe und nicht um den eiszeitlich entstandenen, 109 Meter hohen **Götzer Berg**. Schon bei der Fahrt aus der Niederung sehen wir den 42 Meter hohen **Aussichtsturm Götzer Berge**. Ein schmaler Weg links ab vor dem Gebäude Bergstraße 5 bringt uns zu dem Turm mit seiner Aussichtsplattform in 27 Metern Höhe. Von dort eröffnet sich ein fantastischer Blick über die Havellandschaft, der den etwas mühsamen Aufstieg mehr als lohnt. Ansonsten ist Götzer Berge ein stiller Ort, ein bisschen am Ende der Welt und vielleicht darum so entspannend.

Kurz hinter Götzer Berge sehen wir ein Hinweisschild Richtung Götz. Von hier sind es noch rund drei Kilometer bis zur Bahnstation Götz auf der Strecke Brandenburg-Berlin. Die Züge halten hier allerdings nur stündlich.

Wir biegen an der Kreuzung rechts ab, um die letzten 16 Kilometer bis Brandenburg an der Havel zu radeln, und treffen alsbald wieder auf die Havel, der wir bis Gollwitz folgen. Sumpfig-moorige Gebiete wie der Kossäthenbruch, der Große Bruch oder der Kirchbruch bei Gollwitz bieten hier zusammen mit den Nebenarmen der Havel Lebensraum und gut geschützte Brutgebiete für diverse Wasservögel.

Beim Dorf **Gollwitz** verlassen wir die Havel und fahren auf der Schlossallee Richtung Brandenburg. Schon auf dem Radweg entlang der B 1 sehen wir den Kirchturm der St. Katharinenkirche in der Brandenburger Neustadt – eine Kirche als Landmarke. Den Turm des Doms Brandenburg aber sehen wir von hier aus nicht. Dabei begann mit der Eroberung der slawischen Burg auf der Dominsel die Geschichte des Landes Brandenburg (→ Stadtrundgang Brandenburg an der Havel, S. 42).

Tour 1

Schloss- und Gartenrestaurant Gut Schloss Golm, Am Zernsee 1, Potsdam, Tel. 0331/500521; Do–So 13–21 Uhr. www.gutschlossgolm.de

Fischer Berner, Phöbener Chaussee 5 A, Werder, Tel. 03327/43446; tägl. 8–18 Uhr. Hofladen und Imbiss. Leckerer geräucherter Fisch, unmittelbar am Havelufer, leider stört der Lärm der nahen Autobahn A 10 etwas.
www.raeucherfisch-werder.de

Timos Restaurant, Phöbener Chausseestr. 30b, Werder, Tel. 0176/56883031; Frühstücksbuffet 7.30–9, Sa/So 7.30–10 Uhr, Restaurant Di–Fr 17–22, Sa/So 12–22 Uhr.
www.timosrestaurant.xyz

Sans Souci Schmergow, Ziegeleiweg 17, Groß Kreutz, Tel. 033207/32594; Sommer Mo–So 11–20, So 11–18 Uhr, Winter Mi–So 16–18 Uhr.

Havelstübchen Restaurant und Café, Zur Ziegelei 11, Groß Kreutz, Tel. 033207/545565; tägl. 11–20, Mo 11–17 Uhr. Restaurant und Café mit tägl. frisch zubereiteten Speisen, Kaffee und Kuchen, Biergarten.
https://havelstuebchen.business.site

Schloss Paretz, Parkring 1, Paretz, Tel. 033233/73611; April–Okt. Di–So 10–17.30 Uhr, Nov.–März Sa/So 10–16 Uhr; 6/5 Euro.

Heimatmuseum Deetz, Alte Dorfstr. 1, Groß Kreutz/OT Deetz, Tel. 033207/32099; Öffnung nach Vereinbarung.

Touren

Brandenburg an der Havel – ein Stadtrundgang

Das historische Brandenburg an der Havel gliedert sich in Dominsel, Altstadt und Neustadt. Ein Rundgang durch diese drei Viertel dauert ohne Aufenthalte etwa eine Stunde und bedeutet vier Kilometer Fußweg. Angesichts dieser Strecke einfach auf das Rad zu steigen, ist leider keine Option: Kopfsteinpflaster, enge Bürgersteige und Straßenbahnschienen verbieten eine Rundfahrt per Rad.
Wir starten in der Neustadt, die bereits um 1190 gegründet wurde. Am besten schließt man die Fahrräder am Neustädtischen Markt an. Zwar wurde das Neustädtische Rathaus im Zweiten Weltkrieg zerstört und finden sich hier einige neue Geschäftsbauten, aber die **St. Katharinenkirche** ist nur wenige Meter entfernt. Diese gotische Kirche von 1381 ist neben dem Dom das Highlight in der Brandenburger Innenstadt. Wie keine andere Kirche der Stadt versinnbildlicht sie die Grundidee der Gotik, das lichtdurchflutete Gotteshaus. Der berühmte Stettiner Baumeister Hinrich Brunsberg schuf mit dem reichen Maßwerk im Giebel der Marienkapelle (Nordseite) eine beispielhafte Ausschmückung mit den Mitteln des gebrannten Ziegelsteins.
Wir gehen über die **Hauptstraße**, die Einkaufsmeile der 72 000-Einwohner-Stadt, und über die neu errichtete **Jahrtausendbrücke** in die Ritterstraße mit dem **Stadtmuseum**. Hier werden wechselnde Ausstellungen geboten. Über die Plauener Straße gelangen wir dann zum Altstädtischen Markt. Das **Altstädtische Rathaus** aus dem 15. Jahrhundert demonstriert mit Stufengiebel und hoch aufragendem Turm sowie reichhaltigem Maßwerk den Stolz der Bürgerstadt. Vor dem Rathaus hält der **Roland**, der Behüter der städtischen Freiheit, Wache. Die Statue wurde 1474 geschaffen und stand bis 1945 am Neustädtischen Markt. Die Bürgerkirche der Altstadt Brandenburg ist **St. Gott-**

Der Altstädtische Markt mit Rathaus und Roland

In jüngerer Zeit hat sich die Stadt wieder zum Wasser geöffnet

hardt. Obwohl das Kirchenschiff deutlich später als die Katharinenkirche entstand, wirkt es schwerer, dunkler, altertümlich. Den dritten Schwerpunkt der Stadt markiert die Dominsel mit dem **Dom St. Peter und Paul**. 1165 wurde mit dem Bau des Domes begonnen, der das erste geistlich-geistige Zentrum der Mark Brandenburg darstellte. Das Gotteshaus zeigt sich innen als romanische Saalkirche mit gerundeten Arkadenbögen. Darüber erheben sich die Fenster des Mittelschiffs (Obergaden) und ein gotisches Kreuzrippengewölbe. So ist der Raumeindruck unten eher gedrungen, öffnet sich aber zu einem gotisch-lichten Gewölbe. Rätselhaft ist bis heute die Funktion der Hallenkrypta unter dem erhöhten Chor. In der Krypta finden sich einige interessante Säulenkapitelle. Das **Dommuseum Brandenburg** zeigt neben Zeugnissen der Bistumsgeschichte und sakralen Kunstwerken seine europaweit bedeutende Sammlung liturgischer Textilien, darunter das Hungertuch von 1290.

Um den **Burghof** gruppieren sich die Kurien, die Wohnhäuser der Stiftsherren, die aus dem 18. und 19. Jahrhundert stammen. Schon 1507 hatten die Mitglieder des Domkapitels das gemeinsame Leben im Kloster aufgegeben.

Über die Domlinden und den Mühlendamm geht es zurück zum Neustädtischen Markt.

Brandenburg an der Havel

Restaurant Remise, Burghof 2, Brandenburg (Havel), Tel. 03381/7943120; tägl. 12–21 Uhr. Restaurant und Café auf dem Burghof.

Coffee Corner Brandenburg, Steinstr./Ecke Hauptstr., Brandenburg (Havel), Tel. 03381/315288; Mo–Fr 7.30–18, Sa 8.30–18, So 9.30–18 Uhr. www.coffeecorner-brandenburg.de

Stadtmuseum Brandenburg im Frey-Haus, Ritterstr. 96, Brandenburg (Havel), Tel. 03381/584501; Di–So 13–17 Uhr; 3/1,50 Euro. Sonderausstellungen zur jüngeren Stadtgeschichte, ständige Ausstellung zur Spielzeugtradition in der Stadt. Weitere Ausstellungen im Gotischen Haus und im Steintorturm. https://stadtmuseum.stadt-brandenburg.de

Dommuseum Brandenburg, Burghof 10, Brandenburg (Havel), Tel. 03381/2112223; April–Okt. Mo–Sa 10–17, So 11.30–17 Uhr, Nov.–März Mo–Sa 11–16, So 12–16 Uhr; 5/3 Euro. www.dom-brandenburg.de

Die Landschaft der Havelländischen Maler

Tour 2: Von Potsdam nach Potsdam

Verlauf: Potsdam–Templin–Caputh–Ferch–Petzow–Geltow–Potsdam.
Länge: 32 km.
Alternativen: bis Bhf. Caputh-Schwielowsee: 9 km; bis Bhf. Caputh-Geltow: 23 km.
Start/Ziel: Hbf. Potsdam, Fahrstuhl: ja; Einkauf: Bio-Supermarkt in der Bahnhofspassage.
Anfahrt: ab Bhf. Friedrichstr., S7, alle 10 Min., Fahrzeit 45 Min.
Rückfahrt: ab Hbf. Potsdam, S7, alle 10 Min., Fahrzeit 45 Min.
E-Bike: uneingeschränkt tauglich.
Wegequalität: Wir fahren vornehmlich auf gut asphaltierten oder gut gepflasterten straßenbegleitenden Radwegen (17 km). Zum Glück sind große Teile dieser Radwege zwischen Caputh und Baumgartenbrück sehr weit von der Fahrbahn abgesetzt, sodass der Pkw-Verkehr nicht stört. Zwischen Baumgartenbrück und Potsdam fahren wir 5 Kilometer auf separaten Radwegen oder sehr wenig befahrenen Nebenstraßen. Etwas nervig ist die enge Ortsdurchfahrt in Caputh (2,5 km), bei der wir auf der Fahrbahn radeln müssen. Hier ist aber die Geschwindigkeit für Kraftfahrzeuge begrenzt.
Kurzcharakteristik: Der legendäre Freizeitwert der Seenlandschaft um Potsdam – auf dieser Tour können wir ihn erleben. Und das vor allem im zweiten Teil der Tour am Westufer von Templiner See und Schwielowsee, die beide von der Havel durchflossen werden. Hier finden sich Badestellen und jede Menge Möglichkeiten, am Wasser zu sitzen. In die Geschichte der Berlin-Potsdamer Residenzlandschaft führt ein Besuch im frühbarocken Schloss Caputh, romantisch dagegen zeigen sich Schloss und Park Petzow. Kunstinteressierte besuchen das Museum der Havelländischen Malerkolonie in Ferch.

▶ *Bahnhofsvorplatz–rechts Friedrich-Engels-Str.–über B 2/Leipziger Str.–rechts Templiner Str./Potsdamer Str./Lindenstr./Str. der Einheit–rechts Straße der Einheit–links Weinbergstr.–rechts Schwielowseestr./K 6909–Ferch, rechts halten Fercher Uferweg/Seeweg/Fercher Uferpromenade–links Weg zur Fercher Str.–rechts Fercher Str.–rechts durch Lenné-Park Schloss Petzow–links Zelterstr.–Schinkel-Kirche Petzow*

Wir verlassen den Hauptbahnhof Potsdam durch den Ausgang ›Friedrich-Engels-Straße‹ und halten uns rechts Richtung ›blu Sport- und Freizeitbad‹, das wir jenseits der Heinrich-Mann-Allee sehen. So gelangen wir auf die Leipziger Straße, an der in der alten **Potsdamer Speicherstadt** ein komplett neues Wohnviertel entstanden ist, das ›Havel Quartier Potsdam‹ mit über 300 Miet- und Eigentumswohnungen. Dazu kommen im nördlichen Bereich Gewerbeflächen und ein Hotel unmittelbar an der Heinrich-Mann-Allee. Hier kann es aufgrund der Bauarbeiten veränderte Verkehrsführungen geben.

▲ Karte S. 45

Wer dieses Viertel besichtigen möchte, biegt rechts in die Straße Altstadtblick. Ausgangspunkt dieses Stadtquartiers waren mehrere historische Getreidespeicher und Lagerhäuser aus der Mitte des 19. Jahrhunderts. Kaum zu übersehen aufgrund seines gedrungenen Turms im normannischen Stil ist der **Persius-Speicher**, der 1688 als Kornmagazin angelegt wurde. Ludwig Persius baute ihn 1843 zum Getreidespeicher des Proviantamtes um und ergänzte ihn durch einen Mehlspeicher und Verwaltungsgebäude. Heute sind dort Wohnungen eingerichtet. Der sogenannte **Schinkelspeicher** ist gut an der viergeschossigen Backsteinarchitektur zu erkennen, die von einem weißen Obergeschoss abgeschlossen wird. Wir fahren weiter zwischen Brauhausberg links und der Havel rechts in die Templiner Vorstadt. Das **Chausseehaus** (Templiner Straße 30) an der Ecke Leipziger Straße ist eine Rarität. Um 1804 wurde das Wohnhaus mit dem auffälligen Fries mit Kandelabern und Palmetten errichtet. Auch heute noch zieht es durch das barocke Rosa der Fassade die Blicke auf sich. Gebaut wurde es als Dienstsitz des Chausseewärters, der die neue, künstlich angelegte Straße, die Chaussee, beaufsichtigte und die Gebühr für die Nutzung einzog.

Gut, dass bisher niemand auf die Idee gekommen ist, auch auf Fahrradwege eine Gebühr zu erheben. Die wäre auf der Strecke, die wir vor uns haben, sicherlich ziemlich hoch. Der Grund: Die eiszeitlichen Setz- und Stauchmoränen reichen auf dieser Seite des Templiner Sees und des Schwielowsees bis unmittelbar an das Ufer, zu dem sie mit steilen Hängen abfallen. Für Straßen und Fahrradwege bleibt da nur wenig Platz. Trotzdem wurde hier ein Radweg gebaut, der für kurze Strecken sogar über Holzstege geführt werden musste.

Am Ausgang der Templiner Vorstadt lädt uns ein auffälliges Backsteintor zu einem Besuch auf der Halbinsel **Hermanns-**

Tour 2

werder ein. Die Gebäude der Stiftung, die Hermann Hoffbauer gemeinsam mit seiner Ehefrau Clara 1901 ins Leben rief, sind erhalten. Schwerpunkte der Stiftungsarbeit sind Erziehung und Ausbildung in pflegerischen Berufen. Vom Ufer der Halbinsel, die früher Tornow hieß, geht eine Fähre zum Kiewitt am Westufer des Templiner Sees.

Weiter Richtung Caputh kommen wir an den **Eisenbahndamm**, der in den 1950er Jahren auf einer Länge von fast 1200 Metern aufgeschüttet wurde, um den Berliner Außenring zu schließen. Nur ein 140 Meter langer Durchlass, über den sich eine Brücke spannt, blieb für den Schiffsverkehr. Fahrradfahrer dürfen den Damm und die Eisenbahnbrücke nutzen, so sie ihr Rad schieben.

Das Hinweisschild **Waldbad Templin**, das wir zu unserer Rechten passieren, ist gar nicht zu übersehen. Es bietet einen schön gelegenen Badestrand mit Angeboten für Kinder sowie FKK. Gegenüber befinden sich die Braumanufaktur Potsdam und die Ausflugsgaststätte Forsthaus Templin, wo Bier-Klassiker wie die Potsdamer Stange aus der hauseigenen Brauanlage angeboten werden.

Wer nach Waldbad und Forsthaus jetzt das Dorf Templin sucht, bemüht sich vergebens. Das lag auf der Halbinsel, die heute vom Waldbad und umliegenden Bauten eingenommen wird, ist aber schon im Mittelalter wüst gefallen. Namen sind langlebig.

In **Caputh** geht der erste Weg zum **Schloss Caputh**, das Denkmal frühbarocker Kunst und Lebenskultur, das der Große Kurfürst Friedrich Wilhelm 1671 für seine Gattin Dorothea kaufte und ausbauen ließ. Nur an der Havelseite zeigt der Schlossbau in kräftigem Ocker seine ganze Schönheit. Einladend geleiten die beiden geschwungenen Treppenaufgänge die Gäste, die per Schiff angekommen sind, in den aus der Gebäudefront hervortretenden Gartensalon gleich neben dem Festsaal. Sehenswert ist im Innern der Fliesensaal, den König Friedrich Wilhelm I. um 1720 im Souterrain ausbauen ließ. Rund 7500 blau-weiße niederländische Fayencefliesen schmücken die Wände des Speisesaals für Jagdgesellschaften. Stuck und Deckengemälde aus der Zeit um 1680 sind im Schloss original erhalten.

Das Kavalierhaus Caputh im Schlosspark, das sich weitgehend auf Events konzen-

Die Dorfkirche in Caputh

▲ Karte S. 45

triert, bietet sonntags einen Brunch und anschließend Kaffee und Kuchen an.

Schon auf dem Weg zum Schloss sind wir an der **Dorfkirche Caputh** vorbeigefahren. Sie scheint viel zu groß für das kleine Dorf und eher zum Schlossensemble als zur Dorfgemeinschaft zu gehören. Die Verwendung von gelbem Klinker und der frei stehende Glockenturm (Campanile) verraten den höfischen Geschmack des Königs Friedrich Wilhelm IV. Bis 1853 baute der Schinkel-Nachfolger Friedrich August Stüler das Gotteshaus. Gleich daneben befindet sich das **Bürgerhaus** mit Touristeninformation und vor allem der Ausstellung ›Einsteins Sommeridyll‹. Der geniale Physiker, der die Relativitätstheorie formulierte, ließ sich in Caputh 1929 ein Holzhaus mit Blick auf den See bauen, das er bis 1932 gemeinsam mit seiner Ehefrau Elsa und deren beiden Kindern bewohnte. Übrigens behauptete Einstein in Bezug auf die Relativitätstheorie: »Mir ist es eingefallen, während ich Fahrrad fuhr.«

Caputher Bauern mussten sich in alter Zeit ihr Heu und Viehfutter bei Drewitz südöstlich von Potsdam holen, so klein war die Feldmark des Dorfes. Fischereirechte besaß der Ort ebenfalls nicht. Also wurde Caputh zum Dorf der Schiffer. 1898 hatte der Schifferverein 183 Mitglieder, in der Spitze sollen es 317 gewesen sein. Ob die Kapitäne der **Caputher Fähre**, die seit 1853 Caputh mit Geltow verbindet, Mitglieder des Vereins waren, dürfte fraglich sein. Ganze 60 Meter misst die Engstelle zwischen Templiner See und Schwielowsee, genannt das Caputher Gemünde. Seit 1998 fährt die Tussy II. hier über das Wasser. Tussy I., Baujahr 1942, hat ausgedient und kann auf der Geltower Seite besichtigt werden. Wer über das Caputher Gemünde setzt und dann die Fahrt um den Templiner See fortsetzt, ist nach etwa

Eine Pause am Schwielowsee bei Ferch

19 Kilometern wieder beim Hauptbahnhof Potsdam.

Dem Treiben auf der Fähre kann man in Ruhe von der **Gaststätte Fährhaus** unmittelbar am Caputher Gemünde zuschauen. Entlang des Wasserlaufs hat die Gemeinde eine **Uferpromenade** ausgebaut. Hier finden sich Cafés und Restaurants, darunter ›Haveltreff‹ und ›Portofino‹. Wer Ergänzung für das Picknick braucht, ist bei ›Lechler Fischerei‹ an der Straße der Einheit richtig.

Wir kommen zum Bahnübergang mit dem **Bahnhof Caputh-Schwielowsee**, von dem wochentags stündlich die RB 23 zum Hauptbahnhof Potsdam fährt. Am Wochenende wird der Bahnhof nur alle 90 Minuten bedient. Wundern Sie sich nicht über das ›Schwielowsee‹ in dem Bahnhofsnamen. Die Gemeinden Caputh, Ferch und Geltow schlossen sich 2002 zusammen und übernahmen den Namen des Schwielowsees als Ortsbezeichnung.

Wir fahren jetzt über drei Kilometer entlang des Schwielowsees, bis uns das Schild ›Malerdorf Ferch–Herzlich Willkommen‹ empfängt. Der kleine Ort, der Jahrhunderte von der Forstwirtschaft lebte, wurde um 1900 durch die besseren Verkehrsverbindungen zum Ferienort, der nicht nur von Malern entdeckt wurde.

Touren

Das moderne Kongresszentrum am Reinholf-Mohr-Ufer in Potsdam

Kurz vor dem Beginn der Fercher Wiesen weist ein Schild am Uferweg auf das **Museum der Havelländischen Malerkolonie** hin. Wir müssen die Treppe hinauf, können dabei aber das Fahrrad mitnehmen. 2002 gründete sich in Ferch der Förderverein Havelländische Malerkolonie e. V. Er renovierte bis 2008 das Kossätenhaus aus der zweiten Hälfte des 18. Jahrhunderts und richtete dort das Museum ein. Die bekanntesten Maler sind Karl Hagemeister und Carl Schuch, die nur zeitweilig in Ferch arbeiteten. Hier am Schwielowsee etablierte sich anders als zum Beispiel in Worpswede keine feste Künstlergruppe. Aber als verbindendes Glied der Maler gab es das Motiv der märkischen Landschaft und den regen geistigen Austausch der hier malenden Individualisten. Der Förderverein hat den Kunstpfad Ferch erarbeitet. Mit Hilfe eines Flyers kann man das Dorf entlang der Wirkungsstätten der Maler kennenlernen.
Ganz in der Nähe des Museums lohnt die **Fischerkirche Ferch** (Beelitzer Straße 3) einen Besuch. In dieser Fachwerkkirche aus der zweiten Hälfte des 17. Jahrhunderts hat sich die Ausstattung der Bauzeit erhalten. Eine Besonderheit sind die Totenbretter oder auch Kronenbretter, die von den Angehörigen unverheirateter Verstorbener wie Kinder und Jugendliche an der Empore angebracht wurden. An Gedenktagen werden diese Totenbretter mit Blumen geschmückt. Dieser Brauch war einst in der gesamten Mark Brandenburg verbreitet.
An der Dorfstraße 7–13 finden sich **Fachwerkbauten** aus dem 17. Jahrhundert, in denen einst Fischer lebten. Im Dreißigjährigen Krieg (1618–1648) wurde Ferch vermutlich komplett zerstört, angeblich lebte nur noch eine Frau in dem Ort. Die erhaltenen Fachwerkbauten stammen aus der Phase des Wiederaufbaues nach dieser Katastrophe.
Die nächste Station unserer Tour kündigt sich durch zwei runde Torpfeiler an, die mit ihren Hüten aus Reet wie Pilze aussehen. Sie bilden das Schilftürmetor, den Eingang zum **Lenné-Park Petzow**. Wir radeln durch die Anlage und können sofort verstehen, wieso in diesem Gutshauspark Märchenfilme gedreht wurden: ein Haussee nur wenige Schritte vom Schwielowsee gelegen, dazu eine Bogenbrücke, ein Fischerhaus (1818) sowie ein Waschhaus (1819) und nicht zu vergessen das **Gutshaus Petzow** von 1820 mit seinen zinnengeschmückten Türmen im normannischen Stil, wie so oft in Brandenburg Schloss genannt. Die

▸ Karte S. 45

Parklandschaft wurde von Peter Joseph Lenné gestaltet, das Gutshaus nach Plänen Schinkels erbaut. Bis zu Enteignung nach 1945 waren Gut und Herrenhaus Petzow im Besitz der Familie von Kaehne, die unter anderem mehrere Ziegeleien am nahen Glindower See besaß. Das Herrenhaus wurde in den vergangenen Jahren samt Anbauten in Eigentumswohnungen aufgeteilt, der Park ist aber öffentlich zugänglich. Das war nicht immer so: »Du dämlicher Hund liegst blutend im Wald. / Ein preußischer Adliger machte dich kalt. / Zitternd stand dein Junge dabei–/ Mensch, du warst Nummer 103! / Wälz dich im Dreck–aber mach keine Szene. /Auf Dich schoss nicht schlecht waidgerecht / Kaehne. /...«

Die Schießwut des Herrn von Kaehne angesichts ungebetener Gäste in seinem Park war legendär, führte zu gerichtlicher Verurteilung und eben zu diesem Gedicht von Kurt Tucholsky, das am 9. März 1922 in der ›Weltbühne‹ erschien.

Durch die **Zelterstraße**, die Herrenhaus und Kirche verbindet und die noch etwas vom dörflichen Leben in Petzow erahnen lässt, geht es zur Fercher Straße, die uns zurück auf die Potsdamer Insel bringen wird. Vorher aber lohnt ein kurzer Blick auf die **Schinkelkirche** (Fercher Straße 52), zu der wir ein kleines Stück hochradeln müssen. 1842 wurde sie in Abstimmung mit König Friedrich-Wilhelm IV. auf dem Grelleberg in malerischer Lage mit freistehendem Turm errichtet. Die Kirche wurde 1994 entweiht und wird seitdem als Veranstaltungszentrum genutzt, der Turm kann bestiegen werden.

Touren

► *Schinkel-Kirche Petzow–links Fercher Str./Am Schwielowsee–rechts Berliner Ch. (B 1)–hinter Baumgartenbrücke scharf rechts hinunter zum Seeufer–links Baumgartenbrück–links Caputher Ch.–rechts Am Petzinsee/Am See–durch Unterführung An der Pirschheide–rechts halten Uferweg An der Pirschheide–rechts halten Reinhold-Mohr-Ufer/Georg-Klingenberg-Ufer–über Schafgrabenbrücke–unmittelbar hinter Seglerverein rechts Uferweg–links halten Auf dem Kiewitt–rechts Zeppelinstr.–rechts Breite Str.–links Babelsberger Str.–Hbf. Potsdam*

Vorbei geht es am Sanddorngarten Petzow mit Hofladen und dem bekannten Wellness-Hotel Resort Schwielowsee zur Baumgartenbrücke. Schon 1676 wurde hier eine hölzerne Brücke gebaut, die als Zollstation gute Einnahmen brachte. Ab 1748 ist die **Gaststätte Baumgartenbrück** bezeugt. Hier aß schon Jacob Grimm, einer der Märchen-Brüder, und natürlich war Fontane auch vor Ort und schrieb ein kurzes, liebevolles Porträt. Heute gibt es hier Küche der Region. Bis Potsdam fahren wir jetzt auf Uferwegen, immer wieder auch durch Camping- und Ferienhausanlagen. Es lohnt sich, ab und zu einen Blick über den Templiner See schweifen zu lassen: Wir sehen die bewaldeten Abhänge, die bei Caputh fast an das Ufer des Templiner Sees reichen, dann Hermannswerder und schließlich Gebäude der Templiner Vorstadt.

Im Gegensatz zur Ostseite des Sees ließ das Westufer, an dem wir jetzt fahren, Platz für größere Bauten. So kaufte Graf Zeppelin hier ein Gelände und baute bis 1912 die größte Luftschiffhalle Deutschlands. Gemäß Versailler Vertrag musste sie nach dem Ersten Weltkrieg abgerissen werden. Ab 1927 richtete die Stadt Potsdam an der gleichen Stelle den **Sportpark Luftschiffhafen** ein. Heute sind das Kongresshotel Potsdam und das Business Center Luftschiffhafen dazugekommen.

Schon 1925 wurde das expressionistisch angehauchte **Regattahaus** (Am Luftschiffhafen 2) nach Plänen des Architekten Reinhold Mohr errichtet. Das obere Stockwerk des sich nach oben hin verjüngenden Gebäudes wurde als Gaststätte oder bei Wettkämpfen als Organisationszentrale genutzt. Die Straße Auf dem Kiewitt bringt uns durch die **Hochhäuser an der Neustädter Buch**. Sie sollten in den 1980er Jahren beweisen, dass im neuen Staat Wohnen an der Havelbucht kein Privileg mehr ist.

Durch den minarettartigen Turm und den maurischen Baustil ist das **Dampfmaschinenhaus** (Breite Straße 28) nicht zu übersehen. Heute berührt es uns merkwürdig, einem technischen Zweckbau diese Gestalt zu geben. 1842 ging hier eine Dampfmaschine mit über 80 PS in Betrieb. Und die sorgte dafür, dass endlich die Fontäne im Brunnen vor dem Schloss Sanssouci in die Höhe schoss. Friedrich der Große hatte Unsummen dafür ausgegeben, die Wasserversorgung für die Fontäne bauen zu lassen, aber ohne Erfolg. Über die Breite Straße, vorbei am Turm der Garnisonkirche, der bis 2022 wieder aufgebaut wurde, geht es zurück zum Hauptbahnhof Potsdam.

Tour 2

Braumanufaktur Forsthaus Templin, Templiner Str. 102, Potsdam, Tel. 033209/217979; Do–So 11–21 Uhr. Deftiges vom Brot mit Griebenschmalz bis zu Wildgulasch.
www.braumanufaktur.de

Kavalierhaus Caputh, Lindenstr. 60, Schwielowsee, Tel. 033209/84630; So 11–15 Bruch, ab 15 Uhr Kaffee und Kuchen.
www.kavalierhaus-caputh.de

Fährhaus Caputh, Straße der Einheit 88, Schwielowsee, 033209/70203; tägl. ab 12 Uhr. Bürgerliche Küche zwischen Schnitzel und Forelle blau und dazu der berühmte Blechkuchen.
www.faehrhaus-caputh.de

Restaurant Haveltreff, Weinbergstr. 4, Schwielowsee, Tel. 033209/780; Di–Sa 16–22 Uhr. Schöner Garten.
www.haveltreff.de

Restaurant Portofino, Weinbergstr. 2, Schwielowsee, Tel. 033209/21656; Di–So 12–21 Uhr.
www.portofinocaputh.de

Lechler Fischerei mit Hofladen, Str. der Einheit 80, Schwielowsee, Tel. 033209/21829; Di–So 11–18 Uhr. Räucherfisch. www.lechler-bootsstände.de

Sanddorngarten Hofladen und Café, Fercher Str. 60, Werder, Tel. 03327/46910; tägl. 10–18 Uhr. Leckeres aus Saurem.
www.sanddorn-garten-petzow.de

Gaststätte Baumgartenbrück, Baumgartenbrück 4–5, Schwielowsee, Tel. 03327/55211; Do–So 12–23 Uhr, Winter 12–20 Uhr. Regionale Küche.
www.baumgartenbrueck.de

Schloss Caputh, Str. der Einheit 2, Schwielowsee, Tel. 033209/70345; Mai–Okt. Di–So 10–17.30 Uhr, Nov.–März Sa/So 10–16, April Sa/So 10–17.30 Uhr; 6/5 Euro. www.spsg.de

Bürgerhaus Caputh, Str. der Einheit 3, Schwielowsee, Tel. 033209/217772; April–Okt. Di–So 11–17, Nov.–März Sa/So 11–17 Uhr.

Museum der Havelländischen Malerkolonie, Beelitzer Str. 1, Schwielowsee, Tel. 033209/21025; Mai–Okt. Do–So 11–17 Uhr, Nov.–April Sa/So 11–17 Uhr; 3 Euro.
www.havellaendische-malerkolonie.de

Schinkel-Kirche Petzow, Fercher Str. 52, Werder; März–Okt. Sa/So 11–18 Uhr, Nov.–März Sa/So 13–17 Uhr.

Waldbad Templin, Templiner Str. 110, Potsdam, Tel. 0331/6619837; Juni–Sept tägl. 9–20 Uhr; 4,90/3 Euro.
www.swp-potsdam.de

Karte S. 45

Potsdam – ein Stadtrundgang

Das historische Potsdam teilt sich in die Innenstadt und den umgebenden Kranz der Preußenschlösser im Park Sanssouci, dem Neuen Garten und Park Babelsberg. Obwohl mehr als ein Drittel der Gebäude der Innenstadt beim verheerenden Bombenangriff am 14. April 1945 zerstört wurden, ist das historische Potsdam auch heute ein Kleinod.

Wir schließen unsere Fahrräder am **Alten Markt** an. 1990 war dieses alte Zentrum der Residenzstadt nicht mehr als Stadtplatz zu erkennen. Zwar war die **St. Nikolaikirche** von 1837 mit ihrer Kuppel wiederaufgebaut, an der Westseite des Platzes standen das **Alte Rathaus,** heute Potsdam Museum, und das **Knobelsdorff-Haus** gleich nebenan. Aber das war es dann auch, kein Landtag in der Fassade des Stadtschlosses der Hohenzollern, kein Fortunaportal als festlicher Zugang zum Schlosshof und vor allem kein **Palais Barberini**, das heute den Alten Markt Richtung Havel abschließt und als Ausstellungshaus zu einer festen Größe in der Berlin-Potsdamer Museumslandschaft geworden ist. All das wurde in den vergangenen Jahren mit historisierenden Fassaden neu errichtet. Das Barberini verdankt Potsdam dem Mäzen und Kunstsammler Hasso Plattner. Aktuell entsteht westlich der Nikolaikirche ein neues Stadtviertel, das die alten Straßenverläufe und historischen Bauhöhen der alten Potsdamer Mitte aufnimmt – eine neu-alte Mitte entwickelt sich.

Der **Marstall**, heute Filmmuseum Potsdam, hat den Bombenhagel 1945 überstanden, ebenso die Gebäude um den Neuen Markt mit dem **Kutschstall**, in dem das Haus der Brandenburgisch-Preußischen Geschichte Ausstellungen bietet. Interessant das Haus **Am Neuen Markt 5**. Das Original war 1755 nach dem Vorbild des Palast Thiene in Vicenza errichtet worden und wurde als einziges Gebäude am Platz im Krieg zerstört. Ab 1999 wurde es als mehrgeschossiger Neubau mit Glasfront und vorgehängter historisierender Fassade ergänzt.

Über die Seifertstraße geht es an den **Kanal**, der einst die Innenstadt von Havel zu Havel durchfloss. Heute ist hier die Andeutung eines Kanals neu entstanden. Auf der Neuen Ladenbergbrücke überqueren wir den Kanal und gehen durch die Wilhelm-Staab-Straße vor bis zur Charlottenstraße. Auf diesem Weg sehen wir die barocken Fassaden der zweistöckigen Gebäude, die Potsdam so einzigartig machen. Jede Hausfassade musste bis ins 19. Jahrhundert vom Hof genehmigt werden. So entstand ein einheitliches Stadtbild trotz stetig wechselnder Ausschmückung der einzelnen Gebäude. An der **Charlottenstraße** haben wir die Grenze der ersten Stadterweiterung bis

Das Ate Rathaus mit seiner auffällig vergoldeten Atlasfigur

Touren

Das Havelufer mit dem Palais Barberini ist wieder sehenswert

1724 erreicht. Auf der Jägerstraße durchqueren wir bis zur Hegelallee den Bereich der zweiten Stadterweiterung bis 1745. Wir kreuzen dabei die **Brandenburger Straße**, die schon zu DDR-Zeiten in eine Fußgängerzone umgewandelt wurde. Heute ist sie Einkaufsstraße und Promeniermeile der Stadt. Die **Gutenbergstraße** ist dem gegenüber deutlich ruhiger. Typisch sind hier die zweigeschossigen Wohnhäuser mit den Dachgauben.

Die **Hegelallee** bildet auch heute noch die Grenze der dicht bebauten historischen Innenstadt zu dem umgebenden Villenviertel. Die Promenade entlang der Hegelallee zeichnet den Verlauf der alten Stadtmauer nach. So kommen wir, nachdem wir rechts abgebogen sind, nach wenigen Metern zum **Nauener Tor**, das nach einer Skizze Friedrich des Großen 1755 als Stadttor entstand. Erstaunlich für die Mitte des 18. Jahrhunderts sind die neugotischen Formen, die Friedrich an dem Bauwerk sehen wollte. Zwischen Nauener Tor und Hebbelstraße, beidseits der Mittelstraße, findet sich das berühmte **Holländische Viertel**. Ab 1734 ließ König Friedrich Wilhelm I. den niederländischen Baumeister Jan Boumann die 134 Ziegelsteinhäuser im holländischen Stil bauen, um Handwerker aus den Niederlanden in die Stadt zu ziehen. Über die belebte Friedrich-Ebert-Straße kehren wir zum Alten Markt zurück.

Potsdam

Genusswerkstatt Potsdam, Breite Str. 1a, Potsdam, Tel. 0331/74037707; Di–So 10–22 Uhr.
www.genusswerkstatt-potsdam.de

Kaffeerösterei Junick, Lindenstr. 57, Potsdam, Tel. 0331/2011789; tägl. 10–18 Uhr. Kaffee und Kuchen, Speisen.
www.kaffeeroesterei-potsdam.de

Potsdam Museum, Am Alten Markt 9, Potsdam, Tel. 0331/2896868; Di–So 12–18 Uhr; ständige Ausstellung Eintritt frei, Sonderausstellungen 5/3 Euro.
www.potsdam-museum.de

Museum Barberini, Humboldtstr. 5–6, Potsdam, Tel. 0331/236014499; Mi–Mo 10–19 Uhr, erster Do im Monat 10–21 Uhr; 16 Euro, Sa/So 18 Euro. Wechselnde Ausstellungen und Sammlung Hasso Plattner.
www.museum-barberini.de

Filmmuseum Potsdam, Breite Str. 1 A, Potsdam, Tel. 0331/2718112; Di–So 10–18 Uhr, ständige Ausstellung 5/4 Euro.
www.filmmuseum-potsdam.de

Haus der Brandenburgisch-Preußischen Geschichte, Am Neuen Markt 9, Potsdam, Tel. 0331/6208550; Di–So 11–18, Do 11–20 Uhr; 7/4 Euro.
www.hbpg.de

Kleine Fluchten

Tour 3: An der Havel nach Potsdam

Verlauf: Grunewald–Spandau–Gatow–Kladow–Sacrow–Krampnitz–Neu Fahrland–Potsdam.
Länge: 39 km.
Alternativen: bis Anleger Kladow: 17 km.
Start: S-Bhf. Grunewald; Fahrstuhl: ja; Einkauf: Bäcker im Bahnhof, Rewe-Markt, Auerbachstr. 12 (150 m entfernt).
Ziel: Hbf. Potsdam; Fahrstuhl: ja; Einkauf: Bio-Supermarkt in der Bahnhofspassage.
Anfahrt: ab Bhf. Friedrichstraße, S7, alle 10 Min., So alle 20 Min., Fahrzeit 18 Min.
Rückfahrt: ab Hbf. Potsdam, S7, alle 10 Min., Fahrzeit 38 Min.
E-Bike: uneingeschränkt tauglich.
Wegequalität: Unsere Tour führt fast zur Hälfte (17 km) über gut befahrbare, separate Radwege, die zumeist asphaltiert sind. Dazu kommen 15 Kilometer auf wenig befahrenen Nebenstraßen, die überwiegend (12 km) gut asphaltiert sind. Auf gepflasterten Radwegen fahren wir 6 Kilometer. Etwas nervig sind die 700 Meter, die wir kurz vor Potsdam auf einem nur optisch abgetrennten Radweg auf der B 2 fahren müssen. Eine rund 500 Meter lange Steigung ist vor Krampnitz zu bewältigen.
Kurzcharakteristik: Die kleine Flucht ins Grüne nach einer nur kurzen Fahrt mit der S-Bahn – manchmal hat man sie nötig. Vom Berliner Bahnhof Grunewald geht es nach wenigen Metern ab in den Wald: tschüss Autoverkehr, tschüss Stress. Schon nach wenigen Kilometern sind wir an der Havel, der wir bis Potsdam folgen. Spätestens an der Havelbucht in Krampnitz fühlt man sich wie im Urlaub. Gut durchgelüftet geht es mit der S-Bahn ab Potsdam wieder nach Berlin.

► *S-Bhf. Grunewald–über Eichkampstr. auf Schmetterlingsplatz–halb links Schildhornweg–rechts Alte Spandauer Poststr.–rechts Am Postfenn–links Heerstr.–links Alt-Pichelsdorf–rechts Bocksfeldstr.–links Große Promenade–rechts Strandpromenade–links Scharfe Lanke/Dr.-Kleusberg-Promenade–links Rothenbücherweg–rechts Bardeyweg–links Pfirsichweg–links Gatower Str./Alt-Gatow/Kladower Damm–Bushaltestelle Am Graben*

Es muss ja nicht immer Nationalpark Unteres Odertal oder die Niederlausitz sein, die man nur erreichen kann, wenn man eine Anfahrt per Zug von über einer Stunde in Kauf nimmt. Eine tolle Landschaft gibt es auch um den Großen Wannsee, der Berlin und Potsdam verbindet.

Wer also keine Lust auf eine lange Anfahrt hat, kann auch in Berlin starten. Der **Bahnhof Grunewald** stellte ab 1879 das Tor zum seinerzeit neuen Villenvorort Grunewald im Berliner Westen dar. Heute ist er für uns der Startpunkt zu einer Radtour an der Havel. Wir schieben die Räder durch das Bahnhofsgebäude zur Eichkampstraße. Die überqueren wir und gelangen auf den großen Sandplatz neben der Gaststätte Waldmeister. Um die Havel zu erreichen, müssen wir erst mal den Grunewald durchqueren. Das klingt schwierig, ist es aber nicht: Wir halten uns halb links und fahren auf den Schildhornweg. Der ist leicht zu erkennen. Er ist der breiteste Weg, beiderseits mit Alleebäumen bepflanzt und mit schwarzem Schotter abgestreut. Auf diesem Schildhornweg fahren wir rund zwei Kilometer. An der Kreuzung, an der

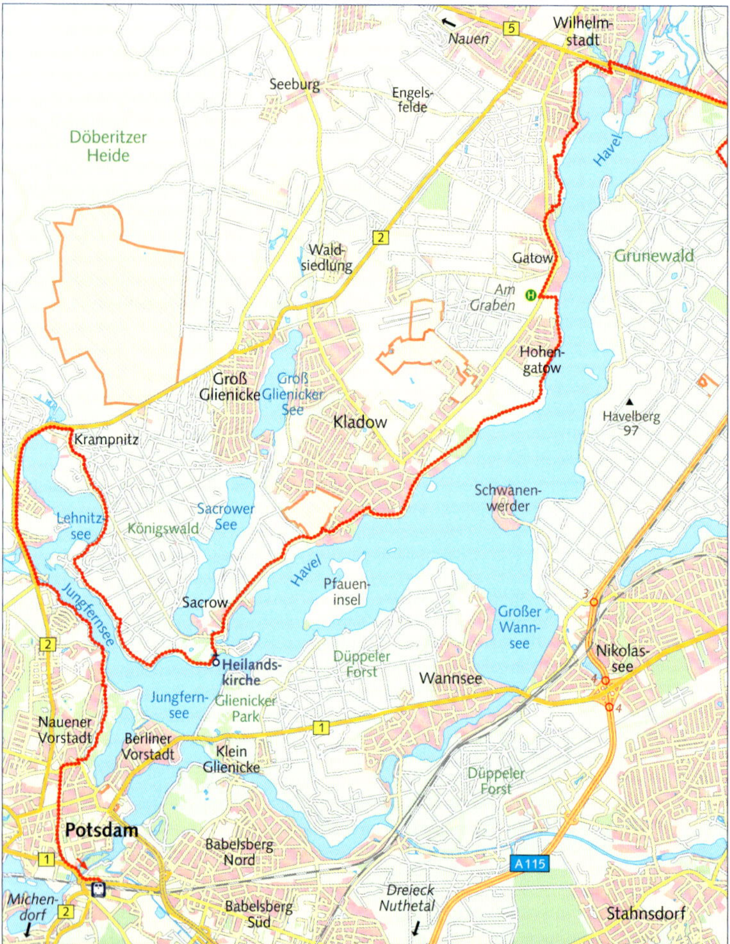

Tour 3

auf einem hohen Posten eine Karte des Grunewalds hängt, biegen wir rechts in die Alte Spandauer Poststraße ab. Der folgen wir bis zur Straße Am Postfenn. Jetzt biegen wir rechts ab – und das war's schon mit der Durchquerung des Grunewalds. Wer unsicher wird: Man trifft im Grunewald alle Nase lang Spaziergänger, die man nach dem Weg Richtung Postfenn oder Wannsee fragen kann.

Der **Forst Grunewald** gehört erst seit 1915 zu Berlin. Die Stadt kaufte seinerzeit dem Land Preußen das Waldgebiet ab, um die Waldspekulation und die folgende Zerstörung der stadtnahen Erholungsflächen zu verhindern. ›Im Grunewald ist Holzauktion...‹: Dieser Gassenhauer aus der Zeit um 1890 spiegelt das massenhafte Abholzen in dem Forst in jener Zeit wider. Für die Rettung des Gru-

newalds per Kauf war auch schon damals der Druck der Öffentlichkeit notwendig. Zwei Berliner Zeitungen sammelten 1904 insgesamt 30 000 Unterschriften gegen die Umweltzerstörung.

Auf unserem Weg durch den Grunewald erlaubt uns das **Naturschutzgebiet Sandgrube** im Jagen 86 einen Blick in den Untergrund. Wir sehen in dem ehemaligen Sandabbaugebiet feinsten Schmelzwassersand ohne eine Deckschicht aus fruchtbarem Boden (Geschiebemergel). Wer das **Naturschutzzentrum Ökowerk** besuchen möchte, orientiert sich an der Kreuzung mit der Bauminsel nach rechts. Von der Bauminsel sieht man schon den Abgang zum Teufelssee, an dem das Zentrum liegt. Das Ökowerk wurde 1985 auf dem Gelände des Wasserwerks Grunewald von 1873 eröffnet. Ziel ist die Vermittlung von Umweltwissen. Dafür wurden auf dem Gelände eine Teichlandschaft und eine Vielzahl von Themengärten entwickelt. Im Ökowerk bietet ein Bistro Kaffee, Säfte und Vollwertkost.

Auf der Alten Spandauer Poststraße passieren wir das **Naturschutzgebiet Teufelsfenn und Postfenn**. Die beiden Kesselmoore werden heute wieder mit Wasser versorgt, nachdem sie durch Grundwasserabsenkung trockengefallen waren. Daher dominieren jetzt hier Birken, Pappeln und Traubenkirschen. Ansonsten besteht über die Hälfte des Grunewalds aus Kiefern. Wir verlassen über die Alte Spandauer Poststraße das Waldgebiet und fahren auf der Straße Am Postfenn zur Heerstraße.

Die Heerstraße, eine der großen Ausfallstraßen Berlins, bietet uns zum Glück eine separate, asphaltierte Fahrbahn, die von Anliegern und von Fahrradfahrern genutzt wird. So kommen wir ohne Probleme zur Stößenseebrücke und weiter zur Freybrücke, die uns nach Pichelsdorf und Spandau führt. Von den Brücken haben wir einen guten Blick auf die vielen Bootsstege und Anlagen der Segel- und Rudervereine hier an Stößensee und Pichelssee.

An der Straße Scharfe Lanke das gleiche Bild: Spandauer Jacht-Club, Akademischer Segler-Verein, Ruder-Union Arkona Berlin und dazwischen Schiffsausrüster oder auch einzelne Wohnhäuser. Zum Ende, kurz vor der Grenze zu Gatow, passieren wir die **Marina Lanke**, eine ehemalige Werft, die ab 1965 zum Jachthafen und ab 1990 zur Marina ausgebaut wurde. Achtung: Fußgänger sind hier an der Tagesordnung und bevorrechtigt. Dieses gilt für den gesamten Weg entlang der Havel. Wir passieren das Ortsschild **Gatow**, das gerne auch als Dorf in der Großstadt bezeichnet wird, weil die meisten der knapp 3500 Einwohner in Einfamilienhäusern leben. Hier am Havelufer aber sehen wir nur Wochenendhäuschen und die **Villa Lemm** (Rothenbücherweg 2–4), die uns zwingt, für eine Weile das Havelufer zu verlassen. Auf dem 24 000 Quadratmeter großen Anwesen errichtete der Unternehmer Otto Lemm 1908 eine Villa im englischen Landhausstil, nachdem er mit der Herstellung von Schuhcreme und Metallputzmitteln reich geworden war. Von 1945 bis 1990 residierte hier der britische Stadtkommandant, Queen Elisabeth war mehrfach zu Gast. Der Flugplatz Gatow war Teil des britischen Sektors in Berlin. Also landete die Queen ganz in der Nähe.

Gut 1,5 Kilometer radeln wir jetzt an der Straße Alt-Gatow entlang. Wir passieren dabei die **Dorfkirche Gatow** (Alt-Gatow 32), die uns durch ihre Lage daran erinnert, dass sowohl in Gatow als auch in Kladow die Bauerndörfer oberhalb der Havelhänge angelegt wurden. Erst Villenbauten ab 1900 und Wochenendhäuschen wurden am Hang oder unmittelbar am Ufer errichtet.

▶ *Bushaltestelle Am Graben–links über Kladower Damm, links Weg durch Kleingartenkolonie–rechts Uferweg/Breitehornweg/Kladower Damm/Ernst-Liesegang-Ufer/Weg am Ufer–links Imchenallee–links Sakrower Kirchweg–links Sakrower Landstr./Kladower Str./Krampnitzer Str.–links in Park Sacrow–Heilandskirche am Havelufer*

Zurück an der Havel passieren wir die Badestelle Breitenhorn, die durch eine Wasserrettungsstelle gesichert wird. Wo Gatow endet, beginnt **Kladow**, das ebenfalls zum Berliner Bezirk Spandau gehört. Kladow ist mit seinen 14 000 Einwohnern deutlich größer als Gatow, wird aber auch zu den besseren Stadtteilen Berlins gerechnet.

Das Hinweisschild **Gut Neukladow** kündigt uns einen besonderen Rastplatz an. Mit bestem Ausblick auf die 15 Meter niedriger gelegene Havelaue können wir hier frühstücken, essen oder auch Kaffee trinken. Das Gutshaus wurde um 1800 erbaut. Geprägt wurde es aber erst von dem Kunsthistoriker Dr. Johannes Guthmann. Der ließ 1909 nicht nur die halbrunde Veranda und den Dreiecksgiebel auf der Parkseite anbauen. Er sorgte auch dafür, dass das Tal und die Hänge um das Plateau, auf dem das Gutshaus steht, zum Landschaftspark umgestaltet wurden. Der Talgrund zeigt den Verlauf eines alten Havelarms an. In den kommenden Jahren soll in dem Gutshaus ein Museum eingerichtet werden, die Gastronomie wird in ein Gebäude im Park umziehen.

Wir fahren zurück zum Weg am Havelufer und dann rechts ab. Aber Vorsicht: Wir verlassen das Gelände des Guts durch ein schmales Tor in einer Begrenzungsmauer. Hier gibt es möglicherweise Gegenverkehr auf dem Radweg!

In der **Imchenallee** künden großzügige Villen, deren Grundstücke bis an die Havel reichen, den Ort Kladow an. Hier, mit Blick auf den Großen Wannsee, bauten nach 1900 betuchte Berliner ihre Landsitze. So errichtete der Hofrat Wilhelm Oeding die **Villa Oeding** (Imchenallee 60), in der Hans Albers zeitweise wohnte. Da das Havelufer im Bereich der heutigen Imchenallee ständig

▶ Karte S. 54/55

Das ehemalige Wasserwerk am Teufelssee, heute ›Ökowerk‹

durch Überschwemmungen bedroht war, ließ der Bauerngutbesitzer Ernst Schütze das Ufer hier aufschütten – mit Müll aus Charlottenburg und Wilmersdorf, der per Lastkahn herangeschafft wurde. Karriere in der Naherholung machte Kladow zu Mauerzeiten, als die Fahrt mit der Fähre F 10 über den Großen Wannsee und der Spaziergang am **Kladower Promenadenhafen** mit anschließendem Kaffeetrinken zum West-Berliner Freizeitvergnügen wurde. Wo sollte man auch sonst hinfahren? Die Fährverbindung Kladow–Berlin-Wannsee gibt es schon seit 1892. Und auch heute kann – wer müde ist – mit der Fähre zum Tarif des öffentlichen Nahverkehrs in gut 20 Minuten ans andere Ufer des Wannsees übersetzen. Von dort sind es nur wenige Meter zum S-Bahnhof Wannsee. 60 Stellplätze für Fahrräder sind auf der Fähre vorhanden. Rundfahrten sind nicht gestattet. Die Fähre fährt stündlich, im Sommer bis 21 Uhr, im Winter bis 19 Uhr.

Ein Beispiel großbürgerlichen Lebensstils am Wannseeufer ist der **Landhausgarten Dr. Max Fraenkel**. Um zum Torhaus zu gelangen, müssen wir ein kurzes Stück links in den Lüdickeweg hineinfahren. Seit 2016 ist die fast drei Hektar große Anlage, die der Bankier Dr. Max Fraenkel ab 1927 von dem Gartenarchitekten Prof. Erwin Barth anlegen ließ, wieder für die Öffentlichkeit zugänglich. Drei Millionen Euro kostete den Bezirk die Wiederherstellung des Gartens mit Teichanlage, Rosen-, Obst- und Gemüsegarten. Das Wohnhaus war leider bereits in den 1960er Jahren abgerissen worden. Erhalten blieben der Pferdestall und eine Garage, in denen heute das Besucherzentrum und das Sommercafé untergebracht sind.

Gleich hinter dem Ort Kladow entdecken wir das Schild ›Ortsende Berlin‹. Tatsächlich reicht der Bezirk Spandau und damit das Berliner Stadtgebiet bis hierher, und bis hierher erstreckte sich bis 1990 West-Berlin. Jenseits dieser Grenze beginnt Potsdam und begann bis 1990 die DDR.

Durch diese Grenze unterschied sich das Schicksal des Ortes **Sacrow** grundlegend von dem der West-Berliner Vororte Gatow und Kladow. Sacrow lag im Grenzbereich, war Sperrbezirk und nur per Passierschein zu erreichen. So hat Sacrow mit seinen 145 Einwohnern den Charme einer vergangenen Zeit am Wannsee bewahrt. Die Hälfte der Grundstücke liegt am Wasser, sei es an der Havel, sei es am Sacrower See. Besetzt sind diese mit einzelnen Villen wie dem **Haus Perlis** (Kladower Straße 12) von 1929 im Stil des Neuen Bauens. Vielen ist das Gebäude als Haus der Familie Kupfer in der ARD-TV-Serie ›Weissensee‹ bekannt. Dazu kommen Einfamilienhäuser sowie ältere Wohngebäude der Landarbeiter und Schiffer, die im Ort lebten. Das Ganze ist vom **Naturschutzgebiet Sacrower See**

Zauberhafte Lage: die Sacrower Heilandskirche

▲ Karte S. 54/55

und Königswald umgeben, das schon 1942 geschaffen wurde. Eine Möglichkeit für eine Rast bietet das Restaurant zum Sacrower See, in dem man schön draußen sitzen kann.
Schon von der Kladower Straße aus sehen wir inmitten des Grün der Parklandschaft die beige Fassade des **Schlosses Sacrow** (Krampnitzer Straße 33), das Friedrich Wilhelm IV. 1840 kaufte und umbauen ließ. Das Schloss ist nur zu Veranstaltungen und Ausstellungen geöffnet.
Den Königswald an der Havel und um den Sacrower See kaufte Friedrich Wilhelm IV. 1840 gleich mit. Vor allem aber ließ er 1844 unmittelbar am Ufer der Havel seinen Architekten Ludwig Persius die **Heilandskirche** errichten. Während der deutschen Teilung lagen Schloss und Kirche im Grenzstreifen. Die Hinterlandmauer wurde auf der Parkseite an der Heilandskirche vorbeigeführt, die damit in das Niemandsland rückte. Auf dem Parkgelände wurde eine Trainingsstelle für Grenzhunde eingerichtet.
Glauben Sie nicht den Geschichten, die die Heilandskirche zur Schifferkirche erklären. Das Gotteshaus wurde einzig mit Sicht auf seine Lage in der Berlin-Potsdamer-Schlösserlandschaft hier errichtet. Es ging nur um das schöne Bild der Kirche am Wasser, geht man auf dem Weg zwischen Pfaueninsel und Schloss Glienicke auf dem gegenüberliegenden Ufer.

▶ *Heilandskirche–rechts Hauptweg am Havelufers–links halten Straße nach Sacrow–links Radweg an B2–links Uferweg am Jungfernsee–halb links Bertinistr.–links in Neuen Garten, Ökonomieweg–links Am Neuen Garten–gleich rechts Alleestr.–links Friedrich-Ebert-Str.–links halten Breite Str./Lange Brücke–links Babelsberger Str.–Hbf. Potsdam*

Wir verlassen den Park, in dem wir einfach dem Weg am Havelufer folgen. Vorbei geht es auf dem gut verdichteten Sandweg an den Havelausbuchtungen, die hier nacheinander die Namen Jungfernsee, Lehnitzsee und Krampnitzsee tragen. Wald, Wasser, Luft und Sand – aus diesen vier Elementen besteht unsere Welt auf den folgenden sechs Kilometern. Wie sandig diese Gegend ist, zeigt die Raststelle, die wir am Strand der Havel entdecken. Schnappen Sie sich ruhig eine der Gießkannen, die hier auffordernd an einem Pfahl hängen, und gönnen sie den Bäumen im Umfeld etwas Havelwasser.
Nach weiteren drei Kilometern auf dem Waldweg treffen wir wieder auf unsere Asphaltpiste, die wir am Park Sacrow verlassen haben. Nach einer kräftigen Steigung von bis zu sieben Prozent, die man durchaus auch hochlaufen kann, geht es ohne zu treten hinunter in den Ort **Krampnitz**. Hier bietet sich ein herrlicher Ausblick auf die Bucht des Krampnitzsees, an der zumeist Pferde des örtlichen Reiterhofs grasen – ein Bild wie aus einem Urlaub. Nur wenige Hundert Meter weiter landen wir dann wieder in der Realität. Gut sieben Kilometer sind es noch zum Potsdamer Hauptbahnhof, und 3,5 Kilometer davon müssen wir jetzt an der B 2 Richtung Potsdam radeln.
Wir fahren über die **Nedlitzer Nordbrücke**, von der aus wir einen guten Überblick über das **Gutshaus Nedlitz** haben, das Ludwig Persius Mitte des 19. Jahrhunderts im normannischen Burgenstil ausgebaut hat. Bis 2020 wurde das Gutshaus mit Turm und Eckbekrönung saniert. Mit den umliegenden Bauten wurde es zu einer Wohnanlage mit mehr als

Touren

Die Alte Meierei in Potsdam, ein beliebtes Ausflugslokal

200 Wohnungen entwickelt. Preußens Arkadien als attraktive Wohnlage und – ein Stück weiter am Jungfernsee – als Kulisse für Zukunftstechnologie. Denn weithin sichtbar kommt uns das Logo der Softwareschmiede SAP entgegen, des europaweit größten börsennotierten Softwareunternehmens. Das **SAP Innovation Center** wurde bis 2013 hier errichtet. Mittlerweile entstand neben dieser Ideenwerkstatt ein **Think Campus** mit über 10 000 Quadratmetern Bürofläche, in die unter anderem zwei private Universitäten eingezogen sind. Daneben leuchten weiß die Villen und Reihenhäuser eines neuen Nobel-Viertels am Jungfernsee.

Vorbei an der **Villa Jacobs** (Bertiniweg 2), mit der Ludwig Persius 1835 erstmals eine Potsdamer Turmvilla errichtete, geht es über einen schmalen Sandweg zum **Schiffsgrenzübergang Nedlitz**, der Teil der deutsch-deutschen Grenze bis 1990 war. Erhalten wurde an der Landspitze der Postenturm. Von hier hat man einen schönen Blick auf das Casino des Schlosses Glienicke.

Nach wenigen Metern kommen wir zum Neuen Garten, den wir auf dem Ökonomieweg durchqueren. Hier ist Fahrradfahren erlaubt. Im Neuen Garten warten das Schloss Cecilienhof, Ort der Potsdamer Konferenz 1945, und das Marmorpalais auf Besucher.

Wir aber fahren über die Friedrich-Ebert-Straße zum Hauptbahnhof Potsdam.

Tour 3

Gutshaus Neukladow, Neukladower Allee 9–12, Berlin, Tel. 030/36413892; tägl. 12–17 Uhr. Frisch zubereitete Gerichte, Kaffee und Kuchen.
www.gutshausneukladow.de

Sommercafé Landhausgarten Dr. Fraenkel, Lüdickeweg 1, Berlin; Garten Mo–Do 7.30–14, Fr–So 10–18 Uhr, Café Fr–So 10–18 Uhr. Änderung der Öffnungszeiten möglich.

Restaurant zum Sacrower See, Weinmeisterweg 1, Potsdam; Mo, Do–So 12–20 Uhr. Von der Soljanka bis zur halben Ente mit Klößen. Schöne Plätze zum Draußensitzen.
www.restaurant-sacrow.de

Alte Meierei, Im Neuen Garten 10, Potsdam, Tel. 0331/7043211; Mi–So 12–20, Fr/Sa 12–22 Uhr. Brauerei, Restaurant und Biergarten.
www.meierei-potsdam.de

Naturschutzzentrum Ökowerk, Teufelsseechaussee 22, Berlin, Tel. 030/3000050; 16. März–15. Okt. Mi–Fr 10–18, Sa/So 12–18 Uhr, 16. Okt.–15. März Mi–Fr 10–16, Sa/So 11–16 Uhr; Bistro im Ökowerk Fr–So 12–18 Uhr, Winter 11–16 Uhr. www.oekowerk.de

Landhausgarten Dr. Max Fraenkel, Lüdickeweg 1, Berlin; Garten Fr–So 10–18 Uhr.

▶ Karte S. 54/55

An der Unteren Havel

Tour 4: Von Rathenow nach Havelberg

Verlauf: Rathenow–Steckelsdorf–Göttlin–Grütz–Neu-Schollene–Schollene–Neumolkenberg–Molkenberg–Warnau–Garz–Kuhlhausen–Jederitz–Havelberg–Glöwen.
Länge: 62 km.
Start: Hbf. Berlin, Fahrstuhl: ja, Einkauf: ja.
Ziel: Bhf. Glöwen, Fahrstuhl: nicht nötig, Einkauf: nein.
Anfahrt: ab Hbf. Berlin, RE 4, stdl., Fahrzeit 1 Std.
Rückfahrt: ab Bhf. Glöwen, RE 2, stdl., Fahrzeit 1:16 Std.
Tipp: Es gibt zwischen Rathenow und Havelberg keine Möglichkeit, einen Bahnhof anzusteuern. Im Sommer sollte man also genügend Wasser dabei haben – und Badekleidung: Wir kommen an mehreren schönen Badestellen an der Havel vorbei. Ein Fernrohr ist auch nicht schlecht, um die Beobachtungstürme an der Havelniederung zu nutzen.
E-Bike: uneingeschränkt tauglich.
Wegequalität: Auf unserer Tour radeln wir 18 Kilometer auf separaten Radwegen in und am Rand der Havelniederung. Dazu kommen noch einmal rund 11 Kilometer auf sehr wenig befahrenen Nebenstraße. Rund 24 Kilometer fahren wir auf zumeist asphaltierten Radwegen: sieben Kilometer durch Rathenow, sieben Kilometer vor Havelberg, an der wenig befahrenen L 2, und weitere Kilometer auf einem sehr gut abgesetzten Radweg von Havelberg nach Glöwen. Nervig sind nur die rund 1,4 Kilometer, die wir auf Landesstraßen fahren müssen, um die Orte Steckelsdorf und Schollene zu passieren. Zum Glück gelten hier Geschwindigkeitsbegrenzungen für Kraftfahrzeuge.
Kurzcharakteristik: Ab in die Natur. Wir fahren auf diesem Teilstück des Havelradweges in der Unteren Havelniederung und erleben so Europas größtes zusammenhängendes Feuchtgebiet im Binnenland, ein wichtiger Rast- und Futterplatz für Kraniche, Gänse und viele andere Vogelarten.
Zu Beginn der Tour radeln wir erst mal durch trockene, bewaldete Talsandbereiche am Westufer der Havel. Weiter geht es durch Wald auf den Endmoränen bei Schollene. Erst hinter Molkenberg wird es dann norddeutsch – platt und feucht. Niederungsland erwartet uns mit Vorflutern und Entwässerungsgräben. Die Inselstadt Havelberg und vor allem den Dom auf dem Sporn hoch über der Stadt sollte man sich nicht entgehen lassen.

▶ *Rathenow Bahnhofsvorplatz–links Dunckerpl.–rechts Friedrich-Ebert-Ring–links Berliner Str./Steinstr./Schwedendamm/Genthiner Str.–Kreisel L 96, 1. Ausfahrt Hauptstr. (L 96)–Steckelsdorf, rechts Hauptstr., Weg nach Göttlin/Steckelsdorfer Str./Göttliner Dorfstr./An der Havel/separater Radweg/geradeaus Dravisweg/ Grützer Dorfstr.–Dorfplatz Grütz*

Wir fahren durch die Stadt Rathenow (→ Stadtrundgang S. 77) auf Radwegen, die in kurzen Teilstücken nur optisch von der Fahrbahn abgetrennt sind. Die vier Brücken, die wir auf diesem Weg überqueren müssen, demonstrieren eindrucksvoll die Bedeutung der Havel für die Entwicklung der Stadt. Schon 1288 werden in Rathenow ein Mühlenstau und ein Stadtgraben erwähnt, Mitte des 16. Jahrhunderts wurde eine erste Schleuse gebaut. Auf unserem Weg passieren wir

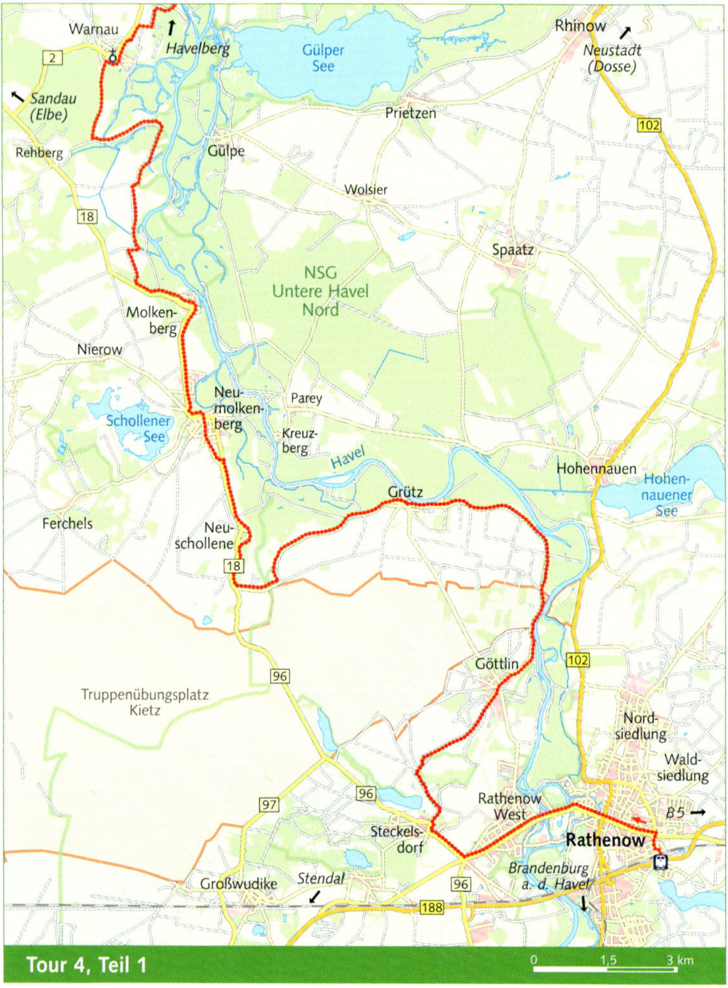

hinter der Brücke über die Rathenower Havel rechts ein altes Mühlengebäude, das heute zum **Optikpark Rathenow** gehört. Zur Landesgartenschau 2006 ausgebaut, ist der Optikpark seit 2007 eine Attraktion für die Besucher der Stadt. Weiter geht es über die Steckelsdorfer Arche und den Hauptschleusenkanal, der bis 1901 mit der Hauptschleuse Rathenow angelegt wurde. Die alte Stadtschleuse konnte die größeren Binnenschiffe nicht mehr aufnehmen.

Wir radeln durch das Wohngebiet Rathenow West und biegen am Kreisel Genthiner Straße rechts ab. Direkt am Abzweig befindet sich ein technisches Denkmal, das drei unterschiedliche Formen **preußischer Meilensteine** präsentiert. Wir fahren durch Ackerland, sehen aber links und vorne am Horizont Erhe-

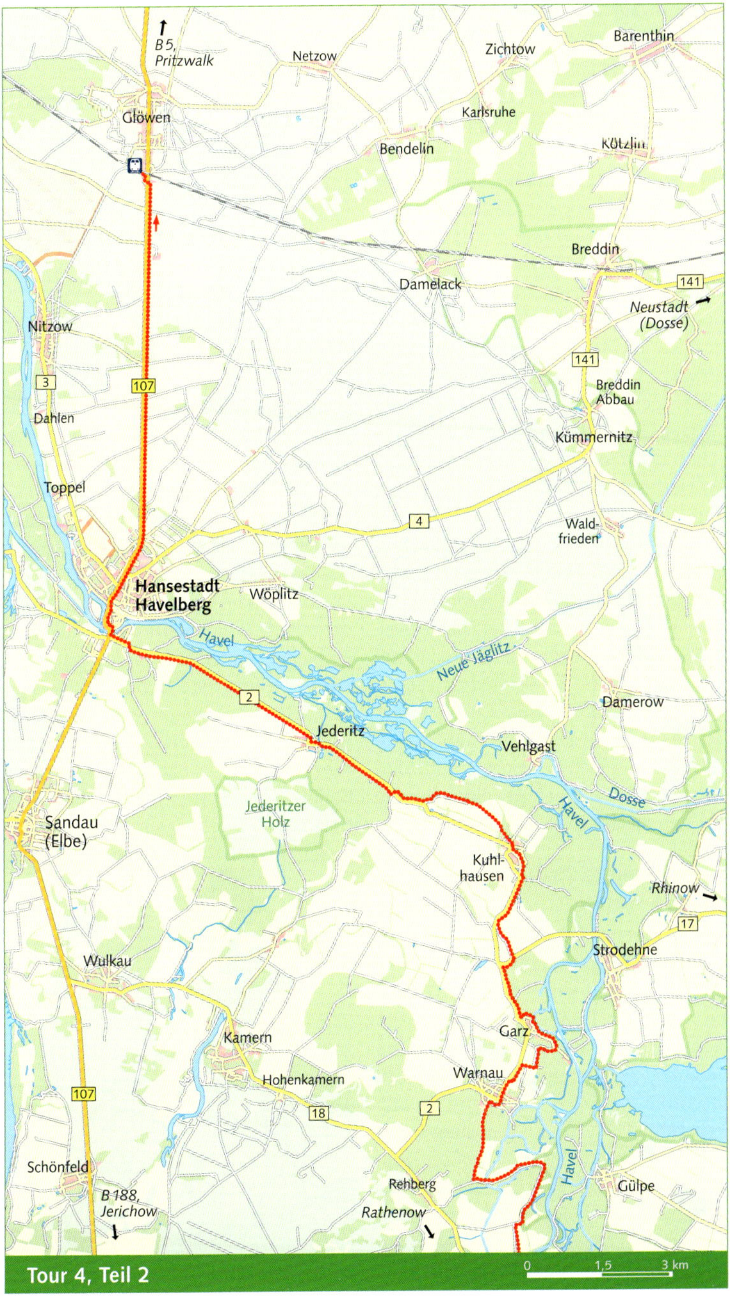
B 5,
Pritzwalk
Netzow
Zichtow
Barenthin
Glöwen
Karlsruhe
Bendelin
Kötzlin
Breddin
Damelack
141
Neustadt
(Dosse)
Nitzow
141
3
107
Breddin
Abbau
Dahlen
Kümmernitz
Toppel
4
Wald-
frieden
Hansestadt
Havelberg
Wöplitz
Havel
Neue Jäglitz
2
Damerow
Jederitz
Vehlgast
Dosse
Havel
Jederitzer
Holz
Sandau
(Elbe)
Kuhl-
hausen
Rhinow
17
Strodehne
Wulkau
Kamern
Garz
Hohenkamern
Warnau
107
18
2
Havel
Schönfeld
Gülpe
B 188,
Jerichow
Rehberg
Rathenow
0
1,5
3 km
Tour 4, Teil 2

bungen und Kuppen. Dort wartet das Ländchen Schollene mit seinen Endmoränen und Sandflächen, die heute mit Kiefern bewachsen sind, auf uns. Ein paar Steigungen werden wir da radeln müssen. Erst einmal aber fahren wir durch die sehr enge Ortsdurchfahrt Steckelsdorf, in der zum Glück die Geschwindigkeit für Kraftfahrzeuge auf 30 Stundenkilometer beschränkt ist. Beinahe übersieht man hinter einem Vorfahrtsschild den Hinweis ›Göttlin 3,8 Kilometer‹, an dem wir rechts abbiegen. Es geht leicht abwärts. Die Wohngebäude des Bauernhofes rechts liegen noch auf höherem Terrain. Die Wirtschaftsgebäude reichen schon bis an die Havelniederung, in der im Herbst und Winter das Wasser auf den Wiesen steht.

Schon wenige hundert Meter weiter geht es wieder sanft hinauf. Der Boden wird sandiger, ist mit Laub- und Nadelholz bewachsen. Wer gedacht hat, das Havelland sei nichts als eine platte, fruchtbare Flussaue, hat die Sanderflächen vergessen. Göttlin, Grütz, Neu-Schollene und Schollene – sie alle liegen am Rande solcher Sandflächen, leicht erhöht und daher schon vor der Havelregulierung vor den alljährlichen Havelhochwassern geschützt.

Der **Biwakplatz Göttlin** lädt mit einer schönen Naturbadestelle zu einer Rast ein. Danach wird es ernst. ›Achtung Militärischer Sicherheitsbereich‹ verkündet ein rotumrandetes Schild. Aber keine Angst, im Begleittext gestattet der Kommandant/die Kommandantin die Nutzung des Verbindungsweges Göttlin–Grütz, natürlich auf eigene Gefahr. Wir fahren weiter am östlichen Rand des 90 Quadratkilometer großen Truppenübungsplatzes Klietz. Rechts von uns verschwindet die Havel in einer weiten Schleife in der Niederung. Erstmals sehen wir größere zusammenhängende Wiesenflächen, auf denen Rinder weiden. Heuballen warten nach der Mahd auf ihren Abtransport, Störche suche nach Futter. Der **Beobachtungsturm Grütz** fordert uns auf, uns diese Niederungslandschaft genauer anzuschauen.

Das Dorf **Grütz** kündigt sich mit einer Ferienhaussiedlung links am Hang an. Wir passieren den **Biwakplatz** des Ortes, der aber für Badegäste nur einen kleinen Sandstrand bereithält. Dafür ist der Rastplatz gut ausgebaut. Die Grützer Dorfstraße bringt uns auf einen ungewöhnlich großen Dorfplatz. Der Grund für die großzügige Freifläche: 1802 brannte das gesamte Dorf ab, bis 1806 wurde es in veränderter Form mit eben diesem großen Dorfplatz wiederaufgebaut. Schautafeln informieren über die Ergebnisse archäologischer Grabungen im Bereich des Dorfplatzes.

Die **Dorfkirche Grütz** bietet zwei Besonderheiten, eine Bauernmalerei auf dem einfachen Kanzelaltar, aber vor allem einige bleiverglaste Rundbogenfenster, deren Renaissancemotive als Kopien der Fenster der Pfarrkirche Saint-Martin in Montmorency bei Paris gelten und dem Berliner Glaskünstler Gottfried Heinersdorff zugeschrieben werden.

Beobachtungsturm vor Grütz

▸ Karte S. 62/63

▶ *Dorfplatz Grütz–rechts Schollener Weg/Fahrradstraße–rechts halten Asphaltpiste–rechts Radweg an L 18–rechts Neu-Schollene–rechts L 18–links Feldstr.–links Havelberger Str. (L 18)–rechts Molkenberger Str. (L 18)–links Molkenberg (L 18)–rechts Weg durch Havelniederung (Schildern folgen)–Warnau, geradeaus Gartenstr.–rechts Alte Lindenstr. (L 2) Kirche Warnau*

Hinter Grütz sehen wir ein Schild, das den Weg zum **Nadelwehr an der Schleuse Grütz** weist. Nur noch etwa zehn dieser Nadelwehre gibt es in Deutschland. Das in Grütz wurde jüngst restauriert.

Eine Infotafel des NABU am Rand des Weges weist auf den Anschluss des Grützer Vorfluters an die Havel hin. Damit sind wir beim wichtigsten Thema der Region: die Renaturierung der Unteren Havel. Durchgeführt wird sie vom Bund für Naturschutz (NABU), finanziert von den Ländern Brandenburg und Sachsen-Anhalt und vor allem vom Bundesamt für Naturschutz. Seit 2005 wurde geplant, seit 2009 mit konkreten Maßnahmen begonnen. 25 Millionen Euro wurden aufgewendet, um entlang der Unteren Havel Uferdeckwerk zu entfernen, die Ufer von Steinen zu befreien, 15 Altarme der Havel wieder anzuschließen und 89 Hektar Auenwald neu anzupflanzen. Es handelt sich um nichts weniger als das größte Flussrenaturierungsprojekt Europas. Ziel der Maßnahmen ist es, die Untere Havel als Lebensraum für etwa 1100 vom Aussterben bedrohte Tierarten zu erhalten.

Wir haben uns wieder vom Lauf der Havel entfernt, fahren aufwärts und stoßen erneut an den Truppenübungsplatz Klietz. Vor allem aber passieren wir die Grenze zu Sachsen-Anhalt. Für uns ändert sich wenig: Wir wechseln vom brandenburgischen Naturpark Westhavelland in das Biosphärenreservat Mittelelbe (Sachsen-Anhalt). Was im Landkreis Stendal das Landschaftsschutzgebiet Untere Havel, heißt auf Brandenburger Seite im schönsten EU-Deutsch FFH-Gebiet Untere Havel/Gülper See, wobei FFH für Flora-Fauna-Habitat (Pflanzen-Tierwelt-Lebensraum) steht.

Hinter Neu-Schollene haben wir die Möglichkeit, auf den 2019 neu errichteten **Beobachtungsturm bei Neu-Schollene** zu steigen, der den Blick auf Feuchtwiesen freigibt, die im Winter überflutet werden. Rund 200 Meter Sandweg müssen wir bis zu dem Aussichtspunkt fahren. Der Autolärm, der bei bestimmten Windrichtungen von der L 18 herüberkommt, macht deutlich, wie eng hier Natur und Zivilisation verzahnt sind.

Über die Feldstraße fahren wir in den Ort **Schollene** hinein. Obwohl heute nur 1200 Einwohner groß, konnte Schollene als Burgort und Adelssitz dem umgebenden Landstrich seinen Namen geben. Das **Schloss Schollene**, dessen Park einst bis an den Grützer Vorfluter reichte, wurde 1752 im Stil des Rokoko erbaut. Die Einfahrt befindet sich unmittelbar neben dem Hinweisschild zum Senioren-Wohnpark. Schollene versucht als Erholungsort Profil zu gewinnen. Dabei helfen der Schollener See und das gleichnamige Naturschutzgebiet. Der Flachwassersee, umschlossen von Röhricht, Grauweiden, Lorbeerweiden und Erlen, dient vielen Wasservögeln als Lebensraum. Und auf dem Grund des Sees findet sich eine Kostbarkeit: Pelose – ein Schlamm, dem aufgrund des hohen Anteils an abgestorbenen Grün- und Kieselalgen heilende Wirkungen bei Entzündungen zugeschrieben wird. In der August-Bebel-Straße findet sich nicht nur der Gasthof Mühlenbergbrauerei, sondern auch die **Museumsscheune Schollene**, ein Heimatmuseum.

Garz, Kirche und Kirchstraße

Nächste Station unserer Tour ist **Molkenberg**, das auf einer kleinen Talsandinsel in der Havelniederung angelegt wurde. Hinweisschilder fordern uns auf, rechts ab zum Hafen Molkenberg und dem Restaurantschiff Klapperstorch zu fahren. Einige Meter weiter findet sich aber auch ein schöner Platz mit Badestelle an der Havel, an dem man gut rasten kann. Kurz hinter Molkenberg ist Schluss mit der Radelei an der Landesstraße. Der Radweg endet und wir biegen auf einen Weg durch die landwirtschaftlich genutzte Havelniederung ab. Wir müssen nur dem Plattenweg folgen, um auf dem Havelradweg zu bleiben. Ab und an ist der Hinweis ›Havelradweg‹ auf dem Beton der Fahrbahn zu lesen. Deiche, Entwässerungsgräben und Wehre zeugen von der mühsamen Arbeit der Menschen an der Havel, die sich hier in den Hauptstrom und die Gülper Havel teil.

»Die **Untere Havelniederung** bildet das größte zusammenhängende Feuchtgebiet im Binnenland Mitteleuropas aus.« Konkret bedeutet dieser Satz von der NABU-Website, dass hier eine Vielzahl von Wasserflächen bestehen, ob Fluss, See oder Feuchtwiese. Sie bieten ideale Lebens- und Brutbedingungen für Wasservögel und einen dringend benötigten Rast- und Futterplatz für rund 90 000 Zugvögel wie Kraniche oder die nordischen Bläss- und Saatgänse. Im Herbst auf dem Weg in den Süden und im Frühjahr auf dem Rückweg, ruhen sich die Tiere hier aus und fressen sich Nahrungsreserven an. Rund 1500 Quadratkilometer große ist die Untere Havelniederung, rund 60 davon sind als Naturschutzgebiet ausgewiesen.

Weiter geht es zum Ort **Warnau**, der sich mit dem weithin sichtbaren Kirchturm der **Dorfkirche Warnau** ankündigt. 1841 wurde diese klassizistische Kirche nach einem Dorfbrand auf dem höchsten Punkt des Ortes angelegt. Kurz hinter der Kirche zweigt von der Alten Lindenstraße der Havelweg ab. Hier findet man das Restaurant Fischerstube mit schöner Terrasse

▶ *Kirche Warnau–links Alte Lindenstr. (L 2)–rechts separater Radweg (Hinweis Havelradweg beachten)–Garz, links halten Schleusenstr.–rechts Deichstr.–rechts Alte Kirchstr.–rechts halten Radweg Am Wehl (L 2)–rechts auf L 17–links separater Radweg–geradeaus Havelberger Str. (L 2)–rechts Am Karpfenteich/Neue Str./ Ringstr.–rechts Havelberger Str. (L 2)–rechts Am Deich–links Fischerberg–weiter Radweg an L 2/Dorfstr./Rathenower Str./rechts B 107/Uferstr./Vor dem Steintor/ Pritzwalker Str./B 107/links Am Bahnhof–Bhf. Glöwen*

▶ Karte S. 62/63

Der Ort **Garz** beeindruckt in der Deichstraße durch auffallend einheitliche, eingeschossige Häuser aus Ziegelstein. An der Alten Kirchstraße folgen dann prächtige Wohnhäuser mit angrenzenden Wirtschaftsgebäuden. Garz ist 1897 weitgehend abgebrannt. Von den Versicherungsgeldern bauten die Bauern des

Ortes elf Drei- und Vierseithöfe in rotem Backstein im Halbkreis um die Kirche an der Havel. Wer in erster oder zweite Reihe bauen durfte, wurde per Los entschieden. Von der Straße aus sieht man die Vorderhäuser mit ihren repräsentativen Fassaden, dahinter dann die Scheunen, die an den Grundstücksgrenzen nebeneinander errichtet wurden und nur durch schmale Gassen voneinander getrennt sind.

Die **Fachwerkkirche Garz** (Alte Kirchstr. 3–4) von 1688 ist vom Dorfbrand verschont geblieben. Jüngst wurde sie aufwendig restauriert, und so ist sie mit ihrer außergewöhnlichen achteckigen Form ein Schmuckstück des Dorfes. Die Friedhofsmauer grenzt an den **Hafen Garz**, der heute als Wasserwanderrastplatz dient. Wer einen der Bauernhöfe besuchen möchte, kann in den **Havelhöfen** vorbeischauen. Hier ist neben Ferienwohnungen und Veranstaltungsräumen eine Radlerpension eingerichtet.

Wir sehen von unserem Weg weiter Richtung Kuhlhausen immer wieder Reihen von **Kopfweiden**, deren Ruten in früheren Zeiten zum Flechten, aber auch zusammen mit Lehm als Baumaterial für Hauswände genutzt wurden. Am Havelufer bei Kuhlhausen hat der NABU 2014 im Zuge der Havelrenaturierung rund 11 000 solcher Weidenbäume (Silberweide, Fahlweiden) und Weidenbüsche (Mandelweide, Korbweide) gepflanzt. Weiden können wochenlang im Wasser stehen und sind, weil sehr biegsam, unempfindlich gegen Eisgang.

Die **Dorfkirche Kuhlhausen** (Ringstraße) überrascht mit klassizistischen Formen. Sie wurde bis 1830 errichtet, nachdem der Vorgängerbau baufällig geworden war. Gebaut wurde nach einem Idealentwurf von Karl Friedrich Schinkel eine

Kopfweiden bei Kuhlhausen

Hallenkirche mit drei rundbogigen Eingängen und Giebeldreieck.

Hinter Kuhlhausen lädt ein Vogelbeobachtungsturm ein, sich das Treiben auf der Kette von Wasserflächen im Wiesenland genauer anzuschauen. Unsere Aufmerksamkeit aber gilt schon einem der schönsten Architekturbilder der Region: Mächtig erhebt sich der Dom mit seinem imposanten Westwerk hoch über die Stadt Havelberg.

Angelegt wurde **Havelberg** um 1150 als Bürgerstadt auf einer Halbinsel in der Havel. Demgegenüber hatte auf dem Sporn über der Stadt der Bischof von Havelberg das Sagen und baute hier nach 1147 den **Dom St. Marien zu Havelberg.** Dabei handelt es sich um eine romanische Basilika, in der sich – eine Seltenheit in protestantischem Gebiet – der kunstvolle Lettner mit 14 Skulpturen und 20 Reliefs aus der Zeit um 1400 erhalten hat. Dazu kommen Sandsteinleuchter (um 1300), Triumphkreuzgruppe (um 1280) und ein Chorgestühl (um 1300), um nur einige Kostbarkeiten im Gotteshaus zu nennen.

In der alten Klosteranlage am Dom zeigt das **Prignitz-Museum** seine Sammlung sakraler Kunst sowie Zeugnisse der Regional- und Stadtgeschichte.

Wer noch mehr Wissen möchte zur Havelrenaturierung, zum Flusssystem Elbe-Havel und seiner Auenlandschaft ist im **Haus der Flüsse** richtig, dem Informationszentrum des Biosphärenreservates Mittelelbe.

Das BILDERbuchCafé bietet sich für eine Rast in Havelberg an. Weiter geht es dann vorbei an der **St. Annen- und Gertraudenkapelle** (Vor dem Steintor) aus dem 15. Jahrhundert zum Bahnhof Glöwen.

Tour 4

Gasthof Mühlenbergbrauerei, August-Bebel-Str. 13, Schollene, Tel. 039327/93800; Di–Sa 15–24, So 10–18 Uhr. Die kleine Gasthofbrauerei im Elb-Havel-Land.

Restaurantschiff Klapperstorch, Am Hafen Molkenberg, Schollene, Tel. 036259/5630; Do–Sa 10–22, Sa/So 10–20 Uhr. Fischspezialitäten, aber auch frisch gebackene Kuchen. Knapp 50 Plätze auf dem Oberdeck laden zum Draußensitzen ein.

Restaurant Fischerstube, Havelweg 7, Havelberg/OT Warnau, Tel. 039382/7377; Mi–Fr 11–14 u. 17–20, Sa/So 11–20 Uhr. In der fünften Generation betreibt Familie Schulze in Warnau die Fischerei. www.fischerstube-warnau.de

Optikpark Rathenow, Schwedendamm 1, Rathenow, Tel. 03385/49850; Mitte April–Ende Okt. 9–18 Uhr; 5/2,50 Euro. www.optikpark-rathenow.de

Museumsscheune Schollene, August-Bebel-Str. 13, Schollene; April–Sept. 13.30–15.30 Uhr; 1/0,50 Euro.

Havelhöfe, Alte Kirchstr. 5–6, Havelberg, Tel. 039382/417588. www.havelhoefe.de

Dom St. Marien zu Havelberg, Havelberg, Tel. 01522/7661989; April–Okt. Di–Sa 10–17, So 12–17 Uhr, Nov.–März 10–16 bzw. 12–16 Uhr. https://havelberg-dom.de

Prignitz-Museum am Dom Havelberg, Domplatz 3, Havelberg, Tel. 039387/21422; Di–So 10–17 Uhr; 4/2 Euro. www.prignitz-museum.de

Haus der Flüsse, Elbstr. 2, Havelberg, Tel. 039387/609976; tägl. 9–17 Uhr, Nov.–April Mo geschlossen. www.haus-der-fluesse.de

Biwakplatz Göttlin, An der Havel 6, Rathenow/OT Göttlin.

Biwakplatz Grütz, Grützer Dorfstr. 12–13, Rathenow/OT Grütz.

Karte S. 62/63

Havelberg – ein Stadtrundgang

Bei dem Kopfsteinpflaster in der Inselstadt Havelberg macht Fahrradfahren keinen Spaß und bei einem Durchmesser der Stadt von nur 400 Metern auch keinen Sinn. Also schließen wir die Räder zum Beispiel am Marktplatz an.

Die Havel und der künstlich angelegte Stadtkanal boten Schutz, sodass eine Stadtmauer nicht gebaut werden musste. Sie setzen aber dem Wachstum der Stadt auch enge Grenzen. Havelberg entwickelte sich mit der deutschen Besiedlung ab 1150 unabhängig vom Dombezirk. Eine Handelsstadt, die an der Fernstraße Magdeburg–Ostseeküste lag und gleichzeitig als Hafen auf dem wichtigen Havel-Elbe-Wasserweg diente. Holz und Getreide aus der Region wurden von hieraus nach Hamburg verschifft.

Das **Rathaus** (Markt 1) stammt aus dem Jahr 1854 und zeigt mit einfachen Fensterverdachungen und kräftigem Kranzgesims klassizistische Züge. Nur ein kurzes Stück weiter die Kirchstraße hinunter die **Stadtpfarrkirche St. Laurentius**, eine Hallenkirche aus der Zeit nach 1300. Stolz erhebt sich der 46 Meter hohen Kirchturm mit barocker Haube über die Stadt. Marktplatz, Rathaus und Kirche liegen auf dem höchsten Punkt der Altstadtinsel. Der Durchgangsverkehr ging im Mittelalter durch die **Lange Straße** vom Sandauer Tor zum Steintor. In dieser Straße wohnten die Fernhändler und Gewandschneider (Tuchhändler). Erhalten hat sich aus dem 17. Jahrhundert das Haus **Lange Straße 12**, das älteste Haus der Stadt. Große Teile der Stadt wurden bei einer Feuersbrunst 1870 zerstört.

An die Geschichte des Salzmonopols in Preußen erinnert der **Salzmarkt**. Ab 1651 durfte im Land nur Salz aus der Stadt Halle gehandelt werden. Per Schiff kam das seiner Zeit auch zum Konservieren

Kleinstadtidylle in Havelbergs Zentrum

genutzte Salz in Havelberg an und wurde von hier aus weiterverteilt.

Aus dem Mittelalter, genauer aus der Zeit um 1400, stammt das **Beguinenhaus** (Müllertor 5), ein rechteckiger Backsteinbau mit hohen spitzbogigen Fensternischen. Es diente erst als Kapelle des Hospitals am Sandauer Tor, dann als Wohnhaus, deren Bewohnerinnen (Beguinen) zur Krankenpflege und zur Leichenbettung verpflichtet waren. Über dem Portal ein Relief, das die Geißelung und die Kreuzigung Christi darstellt. Es ist Anfang des 15. Jahrhunderts entstanden.

Von der Uferpromenade **Havelvorland** hat man einen guten Blick auf den heutige Werftstandort Havelberg. Kaum zu glauben, aber Brandenburg, gemeinhin als Streusandbüchse des Reiches verspottet, versuchte um 1700 Seemacht zu werden. 15 seetüchtige Schiffe wurden hier in Havelberg in der Kurfürstlichen Werft, später Königlichen Seeschiffswerft gebaut. Über die Domstraße geht es zurück zum Marktplatz.

Havelberg

Das BILDERbuchCafé, Markt 7, Havelberg, Tel. 039387/592555; Mi–So 9–18 Uhr. Kaffee, Kuchen, kleine schmackhafte Gerichte. www.dasbilderbuchcafe.de

Malerische Lage, berühmter Dom: Havelberg

Durch das Havelland

Tour 5: Von Rathenow nach Nauen

Verlauf: Rathenow–Stechow–Kotzen–Kriele–Senzke–Pessin–Paulinenaue–Bienenfarm–Marienhof–Ribbeck–Berge–Lietzow–Nauen
Länge: 51 km.
Alternative: bis Bhf. Paulinenaue: 34 km.
Start: Bhf. Rathenow, Fahrstuhl: ja; Einkauf: Bäcker neben Bahnhofsgebäude, Netto Markt, Bammer Landstr. 2, 500 m entfernt.
Ziel: Bhf. Nauen, Fahrstuhl: ja; Einkauf: Penny, Dammstr. 24, 400 m entfernt.
Anfahrt: ab Hbf. Berlin, RE 4, stdl., Fahrzeit 60 Min.
Rückfahrt: Bhf. Nauen, RE 2, RB 10, stdl., Fahrzeit 40 Min.
E-Bike: uneingeschränkt tauglich.
Radeln nach Zahlen: Knoten 34–94–93–95–90–14.
Wegequalität: Wir fahren rund 25 km, also etwa die Hälfte der Strecke auf separaten Radwegen, die zumeist asphaltiert sind. Dazu kommen noch einmal 19 Kilometer auf wenig befahrenen Nebenstraße. Auf straßenbegleitenden Radwegen fahren wir rund fünf Kilometer, und das vor allem in Rathenow und in Nauen. Nervig sind nur die 250 Meter auf der Ferchesaer Straße in Stechow und die 300 Meter an der B 273 in Nauen.
Kurzcharakteristik: Diese Tour führt durch das Havelland, wobei das Wort ›Land‹ hier großgeschrieben wird. Nicht die Havel, die im weiten Bogen die Region umfließt, ist hier das Thema. Vielmehr geht es in das Luchland, das Herz des Havellandes. Zweimal kreuzen wird den Großen Havelländischen Hauptkanal, das Rückgrat einer Vielzahl von Gräben und Kanälen, die hier zur Entwässerung angelegt wurden. Am Horizont sind die Ländchen auszumachen, wie die höher gelegene Flächen genannt werden. Ausgangspunkt der Tour ist die Havelstadt Rathenow, die Wiege der optischen Industrie in Deutschland. Ziel ist die Kleinstadt Nauen mit ihrer historischen Altstadt, die schon im Speckgürtel Berlins liegt.

▶ *Bhf. Rathenow–links Dunckerplatz–rechts Friedrich-Ebert-Ring–rechts Bammer Landstr.–links Stechower Landstr.–links separater Radweg Richtung Stechow/Alter Stadtweg–Knoten 34, links Ferchesarer Str.–rechts Ferchsarer Str./Friedensstr./über B 188 auf separaten Radweg–Ortseinfahrt Kotzen*

Der **Rathenower Bahnhof** zeigt gleich zu Beginn der Radtour eine Spezialität der Havelstadt: den Rathenower Ziegel. Diese ›roten Rathenower‹ lobte schon Fontane in seinen Wanderungen durch die Mark Brandenburg. 1870 wurde das Empfangsgebäude mit Stufengiebel errichtet. 1913 folgte der sogenannte **Kaiserbahnhof** gleich daneben, eine separate Wartehalle aus Holz im norwegischen Drachenstil. Eingerichtet wurde sie für die Kaisertochter Victoria Luise und ihren Gatten, der in Rathenow als Offizier diente. Rathenow nennt sich ›Stadt der Optik‹. Dementsprechend begrüßt uns auf dem Bahnhofsvorplatz die **Büste Johann Heinrich August Dunckers**, Sohn der Stadt und Vater der Optischen Industrie. Wir radeln auf der linken Seite der Bammer Landstraße und haben es so einfacher, uns am Kreisel der B 188 in den Havellandradweg einzufädeln. Wir nehmen am Kreisel einfach links die erste Ausfahrt, fahren einige Meter entlang

Touren

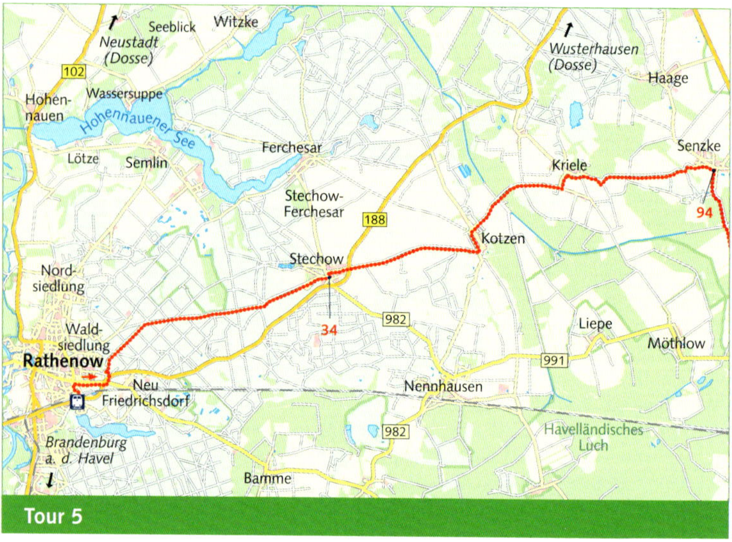

der Stechower Landstraße (B 188) und folgen dann dem gepflasterten Radweg links in das kleine Waldstück. Nach rund 500 Metern führt uns der Radweg rechts ab unter der ehemaligen Trasse der Brandenburgischen Städtebahn hindurch. Vorbei am Sportplatz Rathenow Ost fahren wir in den **Rathenower Stadtforst**. Ab jetzt können wir der Ausschilderung ›Havellandradweg‹ folgen.

Auf schnurgerader Piste geht es durch das Waldgebiet, das noch heute zu mehr als der Hälfte aus Nadelwald besteht, vornehmlich Kiefern. Das soll sich ändern, wie eine Infotafel am Ausgang des Forstes aufzeigt. Laubbäume werden nachgepflanzt, um einen Mischwald zu entwickeln, der widerstandsfähiger gegen Klimaerwärmung und Schädlinge ist. Seit 2000 läuft diese Aktion. Kurz vor dem Dorf Stechow öffnet sich der Wald zu Wiesen und Äckern.

Über den Ort **Stechow** gibt es nicht viel zu berichten. Das **Gutshaus Stechow** (Ferchesarer Straße 1) von 1850 wurde ab 2010 saniert und ist in Einzelwohnungen aufgeteilt. Eindrucksvoller ist das schön sanierte Pfarrhaus (Friedensstraße 12) von 1779 gegenüber der Dorfkirche aus dem 15. Jahrhundert. Weiter geht es knapp vier Kilometer durch das Ländchen Nennhausen, einem erhöhten, leicht welligen Landstrich, in dem vornehmlich Ackerbau betrieben wird. Liebhaber von Alleen mit alten knorrigen Bäumen kommen hier auf ihre Kosten.

▶ *Ortseinfahrt Kotzen–links Gartenstr./Krieler Weg/separaten Radweg–Kriele, links Bahnhofstr.–rechts Hauptstr./Krieler Landweg–Senzke, rechts Schlossstr.–Knoten 94, rechts Luchweg/separater Radweg–Knoten 93, links Str. der Jugend*

Wer das Ortsschild **Kotzen** sieht, hat ausgesprochenes Glück. Das wird nämlich ständig von Trophäenjägern geklaut. Die Einwohner mögen den Namen ihres Dorfes. Im Zuge der Gebietsreform 2003 hätten sie einen neuen wählen können.

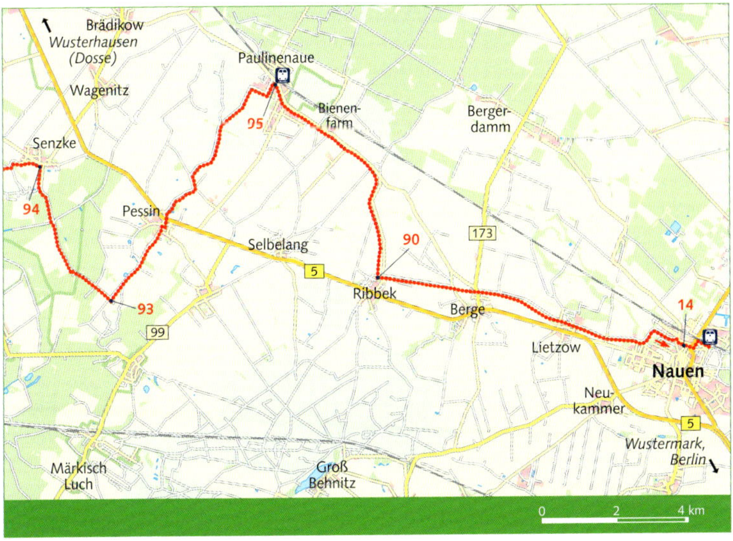

Aber die Kotzener wollten keinen anderen. Der Ortsname kommt aus dem Slawischen und bedeutet so etwas wie ›Ort, wo haarige Pflanzen wachsen‹.

In der Niederung, die wir jetzt auf unserem Weg nach Kriele durchfahren, spürt man vom Herbst bis in den späten Frühling die Feuchtigkeit des Bodens. Deutliches Indiz, dass wir uns auf ehemals sumpfigem Gelände befinden, ist der **Große Havelländische Hauptkanal**, den wir überqueren. Auf einer Länge von 58 Kilometern durchfließt er als Rückgrat der Entwässerungsgräben das **Havelländische Luch**. Rund 30 000 Hektar groß ist diese ehemals vermoorte Niederung im Herzen des Havellandes. Die sogenannten Ländchen, leicht höher gelegene Bereiche, ragen wie Inseln aus dieser Niederung hervor. Eine Verbindung von Ort zu Ort war früher nur über Dämme möglich. Ab 1718 ließ König Friedrich Wilhelm I. dieses Gebiet entwässern, indem er den Großen Havelländischen Hauptkanal vermutlich unter Ausnutzung bestehender Wasserläufe graben ließ. Sein Ziel: Durch Entwässerung Weideland für die Milchwirtschaft und Ackerland gewinnen. Nachdem zu DDR-Zeiten vor allem die Ertragssteigerung der Landwirtschaft im Vordergrund stand, werden seit 1990 in Winter und Frühjahr 200 bis 300 Hektar des Luchs überschwemmt, bis zu 1500 Hektar werden vernässt. So erhalten Zugvögel wie Gänse und Kraniche Fress- und Schlafplätze.

In **Kriele** kommen Liebhaber alter Kirchen auf ihre Kosten. Die **Dorfkirche Kriele** gilt als älteste noch erhaltene Backsteinkirche der Region. Sie wird auf das Jahr 1375 datiert. Wer sich wundert, dass wir durch eine Bahnhofsstraße fahren: Der Weg führte früher zur Station der Kleinbahn, die von 1900 bis 1961 zwischen Rathenow und Paulinenaue verkehrte und ›Stille Pauline‹ genannt wurde.

Weiter fahren wir auf dem alten Krieler Landweg zwischen Alleebäumen Richtung Senzke, links und rechts erstreckt sich Grün- und Ackerland. Am Horizont erscheinen die Anhöhen des bis zu 30 Meter höher gelegenen Ländchens Friesack. Bei dem Namen ›Friesack‹ muss die Familie von Bredow genannt werden. »Die Putlitz die Öllsten. Die Rochows die Stölzsten. Die Itzenplitz die Schwersten. Die Bredows die Mehrsten.« Dieser Vers über einige der alten märkischen Adelsfamilien bringt es auf den Punkt: Im Lande Friesack und nicht nur da, Bredows aller Orten. In vielen Orten der Region finden sich Spuren der Familie von Bredow, so auch in **Senzke**. Schon die Einfahrt in den Ort zeigt ein typisch märkisches Bild: Links die Kirche, hier von 1857, ein Stück weiter der hohe Schornstein der ehemaligen Brennerei des Gutes. Gegenüber dann das große zweigeschossige **Gutshaus** mit Giebeldreieck und Säulenportikus. Es wurde 1874 für den Herrn von Bredow errichtet. Heute befindet es sich im Besitz eines Musikers. Zu diesem märkischen Bild gehört nach 1945 auch der mehrgeschossige Plattenbau aus der DDR-Zeit ein Stück weiter die Straße hinunter. Es sind Gebäude, die so gar nicht in die Landschaft passen, deren Wohnungen aber noch heute durchaus begehrt sind. An der Einfahrt zum Luchweg erinnert das **Fintelmannhaus**, ein Fachwerkbau aus der Zeit um 1710, an die berühmte Hofgärtnerfamilie Fintelmann, die in Berlin und Potsdam wirkte. Ihren Ausgang nahm deren Geschichte hier in Senzke mit Joachim Heinrich Fintelmann, herrschaftlicher Gärtner bei der Familie von Bredow. Das Haus ist saniert und wird für Ausstellungen geöffnet.

Über den Luchweg, vorbei am Park des Gutshauses, geht es wieder hinab in die Niederung. Erneut kreuzen wir den Großen Havelländischen Hauptkanal, der hier durch Wiesen fließt, auf denen monatelang Wasser steht – das ideale Gebiet für Kraniche. Etwa 5000 dieser majestätischen Zugvögel überwintern mittlerweile im Rhin-Havel-Luch. Ihre Zahl steigt im März auf bis zu 20 000 an, wenn Kranichschwärme auf ihrem Heimflug aus dem Süden hier Rast machen. Bis zu 100 000 Kraniche werden im Oktober und November gezählt. Für einige Wochen bleiben die Vögel hier, um sich Reserven für ihren Flug nach Spanien oder Nordafrika anzufressen. An den Schwahbergen lädt der ›Große Stuhl‹ als Hochsitz ein, sich in Ruhe diese Niederungslandschaft genauer anzuschauen.

► *Straße der Jugend–rechts Dorfstr.–links halten Straße der Jugend–über B 5/ Friedhofsweg/separater Radweg–Paulinenaue, rechts Unter den Eichen–links Prof. Mitscherlich-Allee–rechts Bahnhofstr./Bienenfarmer Weg–rechts Marienhof–Ribbeck, Knoten 90–rechts separater Radweg/über L 173/über Luchweg–Nauen, rechts Hertefelder Str.–links Dammstr. (B 273)–rechts Bahnhof Nauen*

Über die ›Straße der Jugend‹ fahren wir in das Dorf **Pessin** ein, den 28 Meter hohen Westturm der **Dorfkirche** fest im Blick. Sie gilt als älteste Dorfkirche im Westhavelland. Der vordere, westliche Teil des Kirchenschiffs geht auf die Zeit um 1300 zurück. Die hölzernen Lauben wurden angesetzt, als das breitere Ostteil im 18. Jahrhundert angebaut wurde.

▲ Karte S. 72/73

Pessin wartet mit einer Rarität auf. Gleich neben der Kirche entdecken wir hinter dem Gehölz das Fachwerk des **Herrenhauses**, das im Stil der Renaissance im 17. Jahrhundert errichtet wurde. Die Anbauten stammen aus dem 18. Jahrhundert. Die Geschichte des Ortes ist eng mit der Familie von Knoblauch verknüpft, immerhin sieben der acht Rittergüter im Pessin des 17. Jahrhunderts gehörten den von Knoblauchs. Die Erbteilung hatte hier zu sehr kleinen ›Rittergütern‹ geführt, die die Besitzer kaum ernähren konnten.

Noch in Pessin kreuzen wir die B5, die alte Verbindungsstraße Berlin–Hamburg, angelegt als Chaussee 1830. Über den Friedhofsweg kommen wir wieder in offenes Ackerland, bis wir vor Paulinenaue in den Wald auf der Pessiner Heide einfahren.

Der Ort **Paulinenaue** entstand um 1830 und machte aber erst Karriere, als er 1847 Station auf der Bahnstrecke Berlin–Hamburg wurde. 1880 kam die Strecke Paulinenaue–Neuruppin hinzu, 1900 die Kreisbahn nach Rathenow. Paulinenaue war damit Bahnknotenpunkt. Gab es zuvor im Ort einen Gutshof und ein paar Wohnhäuser, siedelten sich jetzt Eisenbahner an sowie Gartenbaubetriebe, die für den Berliner Markt produzierten. Das **Bahnhofsgebäude** von 1847, das nach und nach erweitert wurde, steht heute unter Denkmalschutz und gehört der Gemeinde, die es viele Jahre Investoren anbot.

Ab Bahnhof Paulinenaue müssen wir rund einen Kilometer auf einem straßenbegleitenden Radweg, dann drei Kilometer auf der K6329 fahren. Ein Trost, wir radeln parallel zur B5, die den Durchgangsverkehr aufnimmt. So haben wir weitgehend unsere Ruhe. Wer eine Pause braucht – auf dem **Oldtimer-Flugplatz Bienenfarm** wartet auf Besuche nicht nur ein Hangar mit bis zu 20 historischen Flugzeugen, die der Quax-Verein hier präsentiert, sondern auch eine Gaststätte.

Am Abzweig Marienhof haben wir die Fahrt auf der Kreisstraße hinter uns. Jetzt geht es nur noch über gut asphaltierte Wirtschaftswege und eine Fahrradstraße bis Nauen. Der **Marienhof**, ein ehemaliges Vorwerk des Gutes Ribbeck, wird heute als Kinderbauernhof geführt. Weiter geht es zum Dorf **Ribbeck** und damit zum bekanntesten Bewohner des Havellandes. »Herr Ribbeck auf Ribbeck im Havelland, ein Birnbaum in seinem Garten stand!«, dichtete Theodor Fontane 1889 und setzte damit Hans-Georg von Ribbeck ein Denkmal als gütigem alten Herren, der sogar bis über den Tod

Das Fintelmannhaus in Senzke

Der Große Havelländische Hauptkanal

hinaus die Kinder des Ortes mit süßen Birnen versorgte.

Erhalten ist vom **Gutshof Ribbeck** die **Alte Brennerei**, gar nicht zu übersehen aufgrund ihres hohen Schornsteins. Betrieben wird sie heute als Veranstaltungsraum von der Familie von Ribbeck, der seit 1990 wieder zwei Wohnhäuser im Ort gehören. Gut und Gutshaus wurden nach 1945 enteignet, obwohl der letzte Gutsherr Hans von Ribbeck als bekennender Monarchist und NS-Gegner April 1945 im KZ Sachsenhausen ermordet worden war. Im **Alten Waschhaus** befindet sich heute ein Hofladen, in der **Alten Schule** ein Café. Das **Schloss** (Gutshaus) von 1893 wird nach aufwendiger Sanierung als Museum, Veranstaltungsort, Restaurant, Parkcafé und Hofladen betrieben. Eigentümer ist der Landkreis Havelland.

Und nun zum Birnbaum – wobei das heute eine ziemlich komplizierte Geschichte ist. 1911 warf ein Sturm den historischen Birnbaum neben der Kirche um, sein Stumpf wird heute in der Dorfkirche verwahrt. 1970 wurde ein Birnbaum nachgepflanzt, der aber nicht genügend Früchte trug. April 2000 folgte der dritte Birnbaum. Aber damit nicht genug: Um das Schloss wurden 16 Birnbäume gepflanzt, jeder aus einem anderen Bundesland – der Deutsche Birnengarten war entstanden. Initiatoren waren ein Landrat und ein Journalist. Und zu guter Letzt pachtete 2006 ein rühriger Unternehmer den Birnenbaumgarten an der Brennerei und pflanzte dort 24 Birnbäume, an denen 14 Sorten Birnen reifen.

Der Radweg nach Nauen führt uns entlang der **Nauener Platte**, einer Hochfläche, die von der Landesregierung als Windeignungsgebiet ausgewiesen wurde. Bis 2017 wurden fast 200 Windräder bis hin nach Ketzin an der Havel errichtet. Dass wir am Rande einer Hochfläche radeln, sieht man auf den ersten Blick, schauen wir rund zwei Kilometer hinter Ribbeck rechts hinauf zur Dorfkirche des Ortes **Berge**. Gut 20 Meter höher als unser Radweg liegt dieser Ort auf der Nauener Platte.

Vorbei am Dorf Lietzow nähern wir uns der Stadt Nauen. Über die Hertefelder Straße und ein kurzes Stück an der Dammstraße (B 273) geht es zum Bahnhof.

▶ Karte S. 72/73

Tour 5

Flugplatz Bienenfarm, Lindholzfarm 1, Paulinenaue, Tel. 033237/88280; Fr–So 11–21 Uhr. Gaststube und Biergarten. Tagesgerichte, Kaffee, Kuchen. www.flugplatz-bienenfarm.de

Café Alte Schule Ribbeck, Am Birnbaum 3, Ribbeck, Tel. 033237/85458; tägl. 10–17 Uhr, Okt.–März 10–16 Uhr. Leckerer Kuchen. www.alteschule-ribbeck.de

Fintelmannhaus, Schlossstr. 20, Mühlenberg/OT Senzke, Tel. 033238/159022.

Schloss Ribbeck, Theodor-Fontane-Str. 10, Neuen/OT Ribbeck, Tel. 033237/85900; Mi–So 11–16 Uhr, 6/4 Euro. Museum mit Schwerpunkten Fontane, Gründerzeit und Havelland. www.schlossribbeck.de

Rathenow – ein Stadtrundgang

Es sind rund 1,5 Kilometer vom Bahnhof bis zur Altstadt Rathenow – zu weit, um zu laufen. Also fahren wir mit dem Fahrrad bis zum Schleusenplatz am Rande des historischen Stadtkerns. Auf dem Weg können wir uns ein erstes Bild von Rathenow verschaffen.

Schon am Bahnhof verrät uns die **Büste von Johann Heinrich August Duncker** etwas über die Wirtschaft der Stadt. 1801 eröffnete Duncker in Rathenow die ›Königlich privilegierte optische Industrie-Anstalt‹, nachdem er eine Vielschleifmaschine erfunden hatte. Mit der konnten bis zu zehn Gläser gleichzeitig bearbeitet werden und das von angelernten Kräften. Rund 1300 Beschäftigte arbeiten heute in den 24 Unternehmen aus dem Bereich Optik in Rathenow, darunter die Fielmann AG.

Berühmt war Rathenow auch für die ›Roten Rathenower‹, die im Umland produzierten Ziegelsteine mit dem kräftigen Rotton. Ein Eisengehalt des Tons von bis zu acht Prozent war für die intensive Färbung verantwortlich. Ein gutes Beispiel dafür ist das **Landratsamt** (Platz der Freiheit 1) von 1895. Passend zum Ziegelbauwerk sind die neogotischen Formen an Eingang und Giebeln.

Auf der Berliner Straße fahren wir durch das zu DDR-Zeiten aufgebaute Zentrum der Stadt. Rathenow hat es zum Ende des Zweiten Weltkrieges gebeutelt, vom 25. April bis zum 4 Mai 1945 wurde hier erbittert um den Havelübergang gekämpft. Am Ende der Kämpfe lagen 90 Prozent der Gebäude im Stadtzentrum in Schutt und Asche.

So zeigt heute die **Berliner Straße** Plattenbauten aus den späten 1980er Jahren (Nr. 61–66) und die typischen Viergeschosser aus der ersten Phase des Wiederaufbaus der Stadt von 1948 bis 1962. Bedeutendstes Bauwerk dieser Zeit ist das **Kulturforum** (Märkischer Platz 3), das bis 1958 als Kulturhaus Johannes R. Becher entstand. Es ist ein schönes Beispiel für den Nationalstil der 1950er Jahre in der DDR, der sich klassizistischer Formen wie dem Säulen-Portikus bediente. Heute ist hier auf rund 400 Quadratmetern das Optik-Industrie-Museum-Rathenow untergebracht. Dazu kommen Theatersaal, Veranstaltungs- und Ausstellungsräume.

Das alte Rathenow beginnt schon auf dem Schleusenplatz mit dem barocken **Denkmal des Großen Kurfürsten Friedrich Wilhelm** von 1738. Die **Stadtschleu-**

Das Kulturhaus mit leicht rätselhafter Inschrift

An der Stadtschleuse

se Rathenow** wurde 1732 gebaut und dann immer wieder modernisiert, heute dient sie nur noch der Sportschifffahrt. Der Weg entlang des Stadtkanals (Am Alten Hafen) bietet ein schönes Panorama der Altstadt mit der **Kirche St. Marien-Andreas** (Kirchplatz 10). Seitdem der Kirchturm 2001 wiederhergestellt wurde, sieht man ihr zumindest äußerlich die Kriegszerstörung nicht mehr an. Gleich daneben befinden sich das **Geburtshaus von Johann Heinrich August Duncker** (Kirchplatz 12) und die beiden heute ältesten Gebäude der Stadt: das **Küsterhaus** (Kirchplatz 6) und ein Wohnhaus (Kirchplatz 5). Beide stammen aus dem 16. Jahrhundert. Nicht weit entfernt findet sich die **Touristeninformation** (Freier Hof 5).

Auf dem Weg zurück zu den Fahrrädern können wir noch einen Blick auf den **Platz der Jugend** werfen – Bauhaus in Rathenow: flache Dächer, klare, einfache Formen und markant aus der Fassade hervorgehobene Treppenhäuser. Der erste Bürgermeister Rathenows nach 1945, Paul Szillat, kannte den Architekten des Neuen Bauens Otto Haesler. Der hatte bis 1931 die **Wohnsiedlung Friedrich-Ebert-Ring** errichtet, durch die wir am Bahnhof gefahren sind. Nach 1945 holte er Otto Haesler für den Wiederaufbau nach Rathenow. Nach dessen Plänen entstanden 133 Wohneinheiten und 3 Gewerbeeinheiten. Nach der Vorgabe des staatlich verordneten Nationalstils wären solche Bauten nicht mehr möglich gewesen.

Rathenow

Café Altstadt, Kirchgang 17, Rathenow, Tel. 01522/3282547; Mi–So 13–17.30 Uhr. Kaffee und Kuchen oder Waffeln mit Blick auf den Rathenower Stadtkanal.

Zum Alten Hafen, Am Alten Hafen 1, Rathenow, Tel. 03385/4992727; Do 17.30–22, Fr/Sa 11.30–22, So 11.40–17 Uhr. Kleine und große Speisen wie Hafen-Burger oder auch gebratenes Karpfenfilet. www.zum-alten-hafen.de

Optik Industrie Museum Rathenow, Märkischer Platz 3, Rathenow, Tel. 03385/519040; Di–So 11–17 Uhr; 3/1,50 Euro. Stadtgeschichte, J.H.A. Duncker und optische Geräte. www.oimr.de

An der Havel in den Norden

Tour 6: Von Oranienburg nach Fürstenberg (Havel)

Verlauf: Oranienburg–Bernöwe–Liebenwalde–Heidchen–Bischofswerder Schleuse–Krewelin–Zehdenick–Ziegeleipark Mildenberg–Marienthal–Zabelsdorf–Wentow–Dannenwalde–Bredereiche–Himmelpfort–Ravensbrück–Fürstenberg (Havel)
Länge: 79 km.
Alternativen: bis Bhf. Zehdenick: 38 km; bis Bhf. Dannenwalde: 59 km.
Start: Bhf. Oranienburg, Fahrstuhl: ja; Einkauf: Eckert, Bäcker im Bahnhofsgebäude; Rewe Lehnitzstr. 85 (rd. 500 m vom Abzweig Dr.-Heinrich-Byk-Str.).
Ziel: Bhf.: Fürstenberg.
Fahrstuhl: Nein; Treppenschienen vorhanden; Einkauf: Shop und Café Ahoi im Bahnhofsgebäude.
Anfahrt: ab Bhf. Friedrichstr. S 1, alle 20 Min., Fahrzeit 45 Min.
Rückfahrt: ab Bhf. Fürstenberg (Havel), RE 5, stdl., Fahrzeit 55 Min.
E-Bike: Nur bedingt geeignet. Im Bhf. Fürstenberg muss man, um die Bahnsteige 2 und 3 (Züge nach Berlin) zu erreichen, über Treppen durch eine Unterführung gehen. Treppenschienen sind vorhanden. Wer sein E-Bike nicht tragen kann, sollte nur bis Dannenwalde fahren.
Radeln nach Zahlen: 56-64-65-66-75-74-97-83-96-95-94-93-92-28-29-55-54-53-52-51.
Wegequalität: Wir fahren über 30 Kilometer auf separaten, asphaltierten Radwegen. Dazu kommen noch einmal gut 28 Kilometer auf wenig befahrenen, asphaltierten Nebenstraßen. Straßenbegleitende Radwege stehen mit über 10 Kilometern zu Buche. Zumeist sind das Ortsdurchfahrten wie in Liebenwalde, Zehdenick und Dannenwalde. Nervig sind einzig die rund 600 Meter im Stadtverkehr auf der Schleusen- und der Mühlenstraße in Zehdenick. Die rund 100 Meter Kopfsteinpflaster am Kloster Himmelpfort fallen nicht ins Gewicht.
Kurzcharakteristik: Wir radeln von Oranienburg bis Liebenwalde durch ein ausgedehntes Waldgebiet am Rande der Havelniederung. Erst hinter Liebenwalde fahren wir dann in die Havelniederung ein. Hier passieren wir die alte Havelstadt Zehdenick. Auf verschlungenen Wegen geht es durch die ehemaligen Tonstiche der einst größten Ziegeleiregion Europas zum Ziegeleipark Mildenberg. Erst hinter Wentow verlassen wir wieder die Niederung der Havel, um über Bredereiche zum Klosterdorf Himmelpfort und weiter nach Fürstenberg (Havel) zu kommen. Bis Himmelpfort haben wir dabei einige Steigungen zu bewältigen.

► *Bhf. Oranienburg–links Stralsunder Str.–links Dr.-Heinrich-Byk-Str./Knoten 56, Heidelberger Str.–rechts Wörthstr.–links Radweg Lehnitzsee–Knoten 64, über B 273, Radweg Oder-Havel-Kanal–Knoten 65, rechts über Grabowseebrücke, Malzer Weg–Knoten 66, links Alte Poststr./Bernöwer Str./Wittenberger Str./Bernöwer Str.–links Berliner Ch. (L 21)/Berliner Str. (L 21)–Knoten 74, links Ernst-Thälmann-Str./Marktplatz Liebenwalde*

Wir starten am Bahnhof Oranienburg und erreichen schon nach wenigen Minuten den Lehnitzsee, Oranienburgs stadtnahen Erholungsort. Am Knoten 64 überqueren wir die B 273. Die Brücke rechts können wir nutzen, um uns kurz den **Oder-Havel-Kanal** und die **Lehnitzschleuse** anzuschauen. Der 54 Kilometer lange Oder-Havel-Kanal wurde bis 1914 zwischen der ›Alten Oder‹ bei Niederfinow und Oranienburg als Verbindung zwischen den Flüssen Oder und Havel gebaut. An der Lehnitzschleuse werden die Frachtschiffe und Sportboote um 5,65 Meter abgesenkt oder gehoben. In Betrieb ist die Schleuse Lehnitz II von 1940, gut zu erkennen an dem hohen Hubtor. Ausgebaut wurde diese zweite Lehnitzschleuse, weil ein kurzes Stück den Oder-Havel-Kanal hinauf 1941 eine Großziegelei mit Hafenbecken für den Bau der NS-Reichshauptstadt Germania errichtet wurde. An das Leid der Häftlinge aus dem KZ Sachsenhausen, die hier arbeiten mussten, erinnert der **Gedenkort KZ-Außenlager Klinkerwerk** (An der Lehnitzschleuse), der sich auf der anderen Seite des Kanals befindet.

Wir radeln weiter Richtung Norden auf der Westseite des Oder-Havel-Kanals mit seinem langweiligen, weil befestigten Ufern. Dabei sind wir auf dem Havelradweg. Die Havel aber mäandert rund zwei Kilometer weiter westlich lustig vor sich hin, umgeben von einem Naturschutzgebiet.

Wir überqueren auf der Grabowseebrücke den Oder-Havel-Kanal und fahren dann links ab auf die Alte Poststraße, die uns durch ein Waldgebiet bringt. Sandige Böden lassen hier nur Forstwirtschaft zu. Vorbei geht es am Wohnplatz Bernöwe, in dem uns ein Hinweisschild in die Gaststätte Zum Flößer einlädt. Nach gut zehn Kilometern ist die Kiefernholz-Frischluftkur erst mal zu Ende. Wir radeln an der L21 zum Stadthafen Liebenwalde, der am Anfang des Finowkanals ausgebaut wurde. Zu dem Hafenbetrieb gehören 32 Bootsanlegeplätze und ein Bistro.

Die Stadt **Liebenwalde** war Verwaltungsmittelpunkt, wirtschaftliche Bedeutung erlangte sie nur kurz mit der Blüte des Finowkanals ab 1746. Trotzdem überrascht uns die 4500-Einwohner-Stadt mit einer großen **Stadtkirche** von 1835, an deren Pläne Karl Friedrich Schinkel mitgearbeitet hat. Dazu kommt noch das formidable **Rathaus** von 1879, das zugleich auch als Amtsgericht erbaut wurde. So haben wir heute das Vergnügen, in dem alten Gefängnisanbau die Sammlung des **Heimatmuseums Liebenwalde** zu betrachten. Nur wenige Meter weiter findet sich das Liebenwalder Hofcafé.

Die Lehnitzschleuse am Oder-Havel-Kanal

▶ Karte S. 81/82

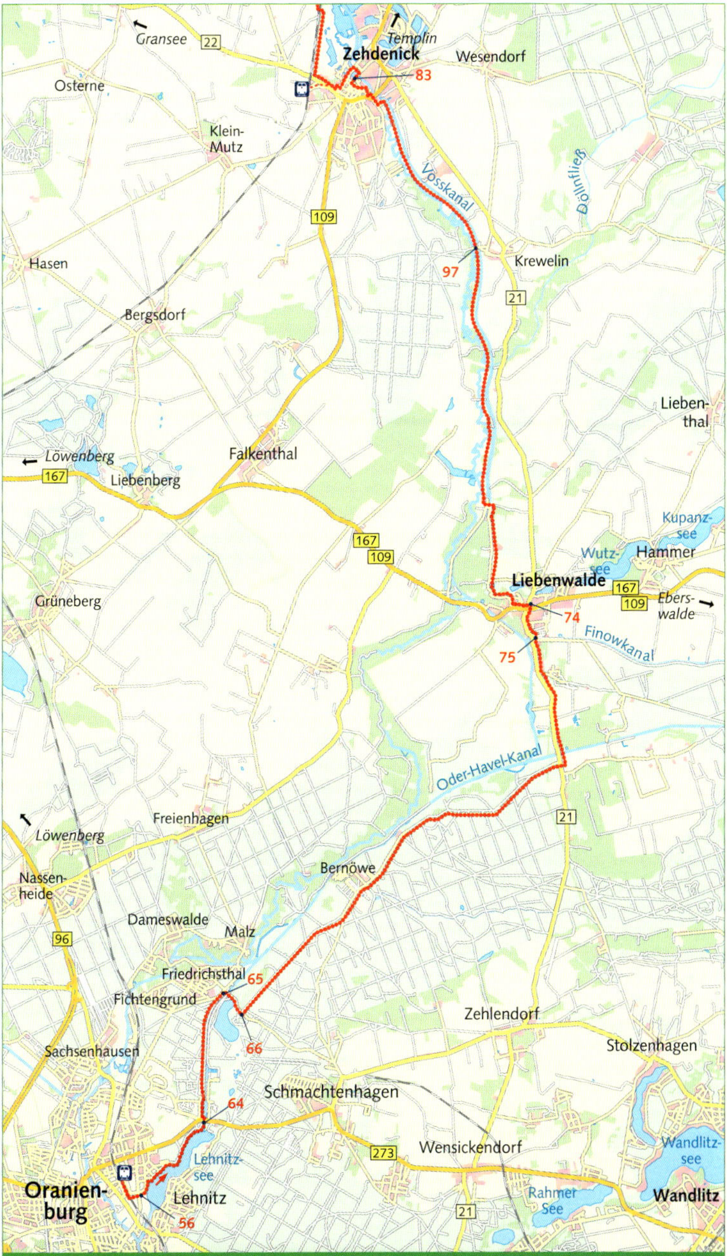
Gransee
22
Templin
Zehdenick
Wesendorf
83
Osterne
Klein-
Mutz
Vosskanal
Döllnfließ
109
Hasen
97
Krewelin
21
Bergsdorf
Lieben-
thal
Löwenberg
167
Liebenberg
Falkenthal
Kupanz-
see
167
109
Wutz-
see
Hammer
Liebenwalde
167
109
Ebers-
walde
Grüneberg
74
Finowkanal
75
Oder-Havel-Kanal
Freienhagen
21
Löwenberg
Nassen-
heide
Bernöwe
Dameswalde
Malz
96
Friedrichsthal
65
Fichtengrund
Zehlendorf
66
Sachsenhausen
Stolzenhagen
Schmachtenhagen
64
273
Wensickendorf
Wandlitz-
see
Lehnitz-
see
Oranien-
burg
Lehnitz
Rahmer
See
21
Wandlitz
56
0
2
4 km

Tour 6, Teil 1

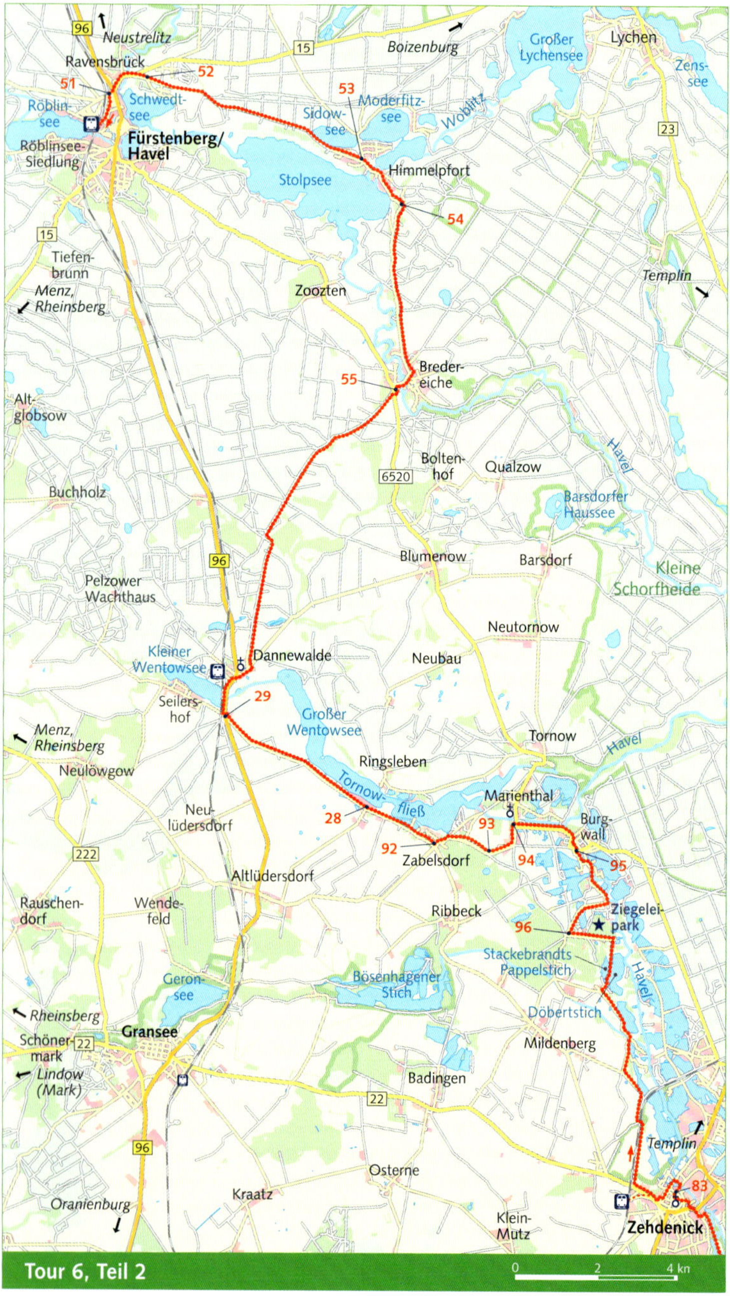
Neustrelitz
Ravensbrück
Boizenburg
Großer Lychensee
Lychen
Zens-see
Röblin-see
Schwedt-see
Fürstenberg/Havel
Röblinsee-Siedlung
Sidow-see
Moderfitz-see
Woblitz
Himmelpfort
Stolpsee
Tiefen-brunn
Menz, Rheinsberg
Zoozten
Templin
Breder-eiche
Alt-globsow
Bolten-hof
Qualzow
Havel
Buchholz
Barsdorfer Haussee
Blumenow
Barsdorf
Kleine Schorfheide
Pelzower Wachthaus
Neutornow
Kleiner Wentowsee
Dannewalde
Neubau
Seilers-hof
Großer Wentowsee
Menz, Rheinsberg
Neulöwgow
Ringsleben
Tornow
Tornow-fließ
Neu-lüdersdorf
Marienthal
Burg-wall
Zabelsdorf
Altlüdersdorf
Ribbeck
Ziegelei-park
Rauschen-dorf
Wende-feld
Stackebrandts Pappelstich
Geron-see
Bösenhagener Stich
Döbertstich
Rheinsberg
Gransee
Schöner-mark
Mildenberg
Lindow (Mark)
Badingen
Templin
Osterne
Kraatz
Oranienburg
Klein-Mutz
Zehdenick

Tour 6, Teil 2

▶ *Marktplatz Liebenwalde–rechts Breite Str./Rudolf-Breitscheid-Str./Bischofswerder Weg–links Schleuse Bischofswerder–rechts Weg am Voßkanal–links Freiarche–rechts Parkstr./Clara-Zetkin-Str.–rechts Karl-Liebknecht-Pl.–links Verlängerte Klosterstr./Klosterstr.–rechts Berliner Str.–über Hastbrücke–links Havelweg–links Schleusenstr./Mühlenstr.–rechts Herrenstr.–links Fischerstr.–rechts Bahnhofstr. (L 22)–Abzweig Bhf. Zehdenick*

Gleich hinter der Stadtkirche biegen wir rechts ab auf die Breite Straße. Obwohl immer noch keine Havel in Sicht ist, stellt sich hier langsam Niederungsfeeling ein. 1882 wurde der **Voßkanal** gegraben, auf den wir an der Schleuse Bischofswerder treffen. Die 14 Kilometer lange, künstliche Wasserstraße sollte den Havelkähnen und Flößen die Untiefen und Windungen der ›Schnelle Havel‹ ersparen, die nur ein kleines Stück weiter westlich weitgehend naturbelassen fließt. Um 1880 waren das jährlich immerhin 2800 Binnenschiffe und noch einmal genauso viele Flöße.

Angenehm von Bäumen beschattet, radeln wir vor uns hin und freuen uns an den breiten Schilfzonen, die sich beiderseits des nur noch von Sportbooten genutzten Voßkanals entwickelt haben. Kurz vor Zehdenick fahren wir auf der Wehr Freiarche über die **Schnelle Havel** mit ihren dicht bewachsenen, geschwungenen Uferpartien. Hier bekommt man noch einen Eindruck von einem naturnahen Fluss, der nicht zum Industriekanal ausgebaut wurde. Nicht vergessen sollte man, kurz neben der Brücke an das Havelufer hinunter zu gehen. Nur hier kann man die alte **Bogenbrücke** aus gelbem Klinker von 1882 bewundern. Davon gibt es auch nicht mehr so viele.

Entlang des Stadtparks nähern wir uns dem Zentrum Zehdenicks. Schon von Weitem sehen wir die Mauer und den Giebel des **Klosters Zehdenick**. Das Zisterzienser-Nonnenkloster wurde 1250 gestiftet und mit der Reformation 1541 in ein adliges Frauenstift umgewandelt. Auf dem Karl-Liebknecht-Platz stehen wir vor der **Klosterscheune**, die heute als Veranstaltungsraum und Klostergalerie genutzt wird. Vom Klosterhof geht es durch eine Tür in den ehemaligen Ostflügel der Klosteranlage, der als Dormitorium (Schlafsaal) genutzt wurde. Schon seit 1638 ist dieser Ostflügel Ruine, und trotzdem beeindrucken auch heute noch die aus behauenem Feldstein aufgeschichteten, massiven Mauern. Im Nordflügel ist der **Kreuzgang** mit Kreuzrippengewölbe erhalten, das auf ausdrucksstarken Kapitellen aufsetzt. Hier finden sich auch Tafeln mit Informationen zum Kloster.

Vorbei an der **Stadtkirche Zehdenick** (Am Kirchplatz 10) und dem **Rathaus** (Am Mark 11) von 1803 geht es über die Hastbrücke und den Havelweg zur **Schleuse Zehdenick** samt Marina mit Liegeplätzen für Sportboote. Hier bietet das Restaurant und Café da Vinci schöne Plätze am Wasser.

Das Rathaus im Zentrum von Liebenwalde

Touren

An die Zeit der Ziegelschiffe erinnert das Turbinenhaus am ersten Durchlass der **Schleuse**. Mithilfe einer Turbine wurde hier Energie gewonnen, mit der bereits ab 1905 über 100 elektrisch angetriebene Binnenschiffe Ziegel nach Berlin transportierten. Ein Akkumulatorenwerk, eine Reederei und einige Ziegeleibesitzer hatten sich zusammengeschlossen, um erst eine Studiengesellschaft und dann den Transport per Elektro-Schiff aufzubauen – Zehdenick war ganz vorne in Sachen grüne Energie.

Nach einer kurzen Fahrt durch die Innenstadt und dann auf der Bahnhofstraße (L 22) verlassen wir Zehdenick. Wer die Tour hier nach gut 37 Kilometern beenden möchte, biegt links auf die Eisenbahnstraße ab. Nach rund 200 Metern hat man den Bahnhof erreicht.

▶ *Abzweig Bahnhof Zehdenick–links Klausdamm–rechts Schwarzer Weg–links über Bahnschienen, weiter Schwarzer Weg–rechts Am Welsengraben/Siedlung 1–rechts Siedlung 1/Sandweg zwischen Stackebrandts Pappelstich und Döbertstich/Ziegelei/Ziegeleipark Mildenberg–rechts Ziegelei–Knoten 96, rechts weiter Ziegelei/Marienthaler Str.–weiter Marienthaler Str. (K 6520)/Burgwaller Str.–Knoten 94, links Marienthaler Dorfstr./Chaussee Ausbau/Zabelsdorfer Dorfstr.–Knoten 92, Kreisel 1. Ausfahrt Wentower Str./Zabelsdorfer Str.–rechts Fürstenberger Str. (B 96)–Kirche Dannenwalde*

Mit dem Schwarzen Weg beginnt die Fahrradstraße, die uns durch das Gebiet der Tonstiche zum Ziegeleipark Mildenberg bringt. Die Strecke gehört zum Radweg Berlin–Kopenhagen und zum Havelradweg und ist dementsprechend gut ausgebaut und gut ausgeschildert. Wir bleiben zunächst am westlichen Rand der **Tonstiche**. Dann aber fahren wir mitten durch die Kulturlandschaft aus Seen, Ziegeleiruinen und Wohnhäusern der hier einst Beschäftigten.

Im Jahr 1888 wurde eiszeitlicher Bänderton beim Bau einer Eisenbahnbrücke gefunden. Innerhalb weniger Jahren entstand hier eines der größten zusammenhängenden Ziegeleigebiete Europas. Die boomende Metropole Berlin, bestens zu erreichen über die Havel, hatte unersättlichen Hunger nach Ziegelsteinen. Allein 1910 wurden 625 Millionen Mauerziegel nach Berlin verschifft, die zuvor in 57 Hoffmannschen Ringöfen gebrannt worden waren. Zu DDR-Zeiten ging durch die Plattenbauweise der Bedarf an Ziegeln rapide zurück. Die Wiedervereinigung bedeutete dann das Aus für die Ziegeleien.

▶ Karte S. 81/82

Nach rund sechs Kilometern Fahrt durch diese einzigartige Kulturlandschaft, erreichen wir den **Ziegeleipark Mildenberg** (Ziegelei 10). Bahnhof und Hafenanlage erzählen vom Transport der Ziegel. Zwei Ringöfen dienen als Ausstellungsräume. Gleich daneben die ehemalige **Zieglerkaserne**. Bis zu 5000 Ziegler arbeiteten in dem Revier nördlich von Zehdenick. Viele davon Wanderarbeiter, die in solchen Kasernen leben mussten.

Die **Marina Alter Hafen** dient heute der Sportschifffahrt. Hier ist das Restaurant Alter Hafen mit schönen Sitzplätzen am Hafenbecken eingerichtet, eine kostenfreie E-Ladestation für Fahrräder ist vorhanden.

Erst um das Dorf **Wentow** tritt nach der Ziegeleiregion die Landwirtschaft mit großen Ackerflächen wieder in den Vordergrund. Einige hundert Meter hinter dem Herrenhaus Wentow, das sich heute im Privatbesitz befindet, weist ein Schild ›Zum Wentowsee‹ auf eine

Im Ziegeleipark Mildenberg

Badestelle in dem vier Kilometer langen See hin. Mit dem Ortsausgang fahren wir in das Waldgebiet ein, das sich bis Fürstenberg (Havel) und noch weiter in den Norden des Neustrelitzer Kleinseenlandes hinzieht. Das Gelände wird wellig bis hügelig.

Kurz nachdem wir auf die Fürstenberger Straße (B 96) abgebogen sind, entdecken wir neben dem Radweg das **Denkmal für Königin Luise**. Ein einfaches Postament, umhüllt von Eisengussplatten und bekrönt von einer Schale. An dieser Stelle machte der Trauerzug mit den sterblichen Überresten der am 19. Juli 1810 in Schloss Hohenzieritz verstorbenen Königin Luise halt. Hier verlief die Grenze zwischen Mecklenburg-Strelitz und Brandenburg, dementsprechend wechselte die Eskorte.

Nach annähernd 60 Kilometern haben wir uns eine kräftige Mahlzeit verdient. Dafür bietet sich Richard's Wild in Dannenwalde an. Wer trotz der Stärkung lieber den Heimweg per Bahn antreten möchte, hat auf dem **Umweltbahnhof Dannenwalde** (Bahnhofsweg 8), die Möglichkeit dazu. Zwar hält hier nur alle zwei Stunden der RE5, aber das ist mehr, als man 1995 zu hoffen wagte. Im Mai 1995 wurde die Bahnstation Dannenwalde geschlossen, Anwohnerproteste und eine ›Große Koalition für einen kleinen Bahnhof‹ sorgten jedoch für ein Umdenken bei der Bahn, und ab Juni 1996 wurde der Bahnbetrieb wieder aufgenommen.

Das Zentrum von Dannenwalde bilden die achteckige **Fachwerkkirche** von 1821, die heute als Radfahr- und Wanderkirche täglich geöffnet ist, und das **Herrenhaus** aus dem Ende des 17. Jahrhunderts gleich gegenüber. Es wurde immer wieder umgebaut.

▶ *Kirche Dannenwalde-rechts Blumenower Str.-links Pozerner Weg/Dannenwalder Weg-Knoten 55, über K6520 An der Freiheit-rechts halten Schleusenstr.-links Dorfstr./Himmelpforter Weg-Knoten 54, links halten Stolpseestr.-links Klosterstr.-Knoten 53, halb links Fürstenberger Str./Himmelpforter Landstr./Ravensbrücker Dorfstr.-links halten Ravensbrücker Dorfstr. (L 15)/über B96 Gelderner Str./Luisenstr.-Bhf. Fürstenberg (Havel).*

Schleuse Himmelpfort

An der Kirche Dannenwalde verabschieden wir uns von der B 96 und fahren auf einem ruhigen Weg weiter durch das Waldgebiet. Wir lassen die Erhebungen mit Höhen bis zu 95 Metern links liegen und bleiben auf dem Niveau von rund 50 Metern. Dabei passieren wir ein einsam gelegenes **Fachwerkhaus** von 1820 und kommen nach gut vier Kilometern im Dorf **Bredereiche** an. Hier begegnen wir wieder der Havel, an der sich in Hafennähe ein Biwakplatz für eine Rast anbietet. Die erste Schleuse wurde in Bredereiche 1737 gebaut und machte das Dorf zum Schifferort. Diese Tradition endete erst 1990. Vorbei an der **Fachwerkkirche** von 1689 und der Gaststätte Bootshaus Bredereiche verlassen wir das Dorf. Bis Himmelpfort haben wir jetzt einen asphaltierten Radweg, der deutlich von der Straße abgesetzt ist. Zum Glück, denn wir haben hier in dem Endmoränenzug, der die Landschaft des Neustrelitzer Kleinseenlandes im Süden abschließt, einige Steigungen zu bewältigen.

Vorbei geht es an der **Schwedeneiche**, die 600 Jahre alt sein soll. Vielleicht wurde sie ja schon um 1400 von den Mönchen aus Himmelpfort gepflanzt. Das **Kloster Himmelpfort** erreichen wir, nachdem wir die Schleuse Himmelpfort passiert haben. Das alte Wirtschaftsgebäude des Klosters, Brauhaus genannt, stammt aus dem späten 14. Jahrhundert. 2010 zerstörte eine Brandstiftung das Gebäude bis auf die Umfassungsmauern. Im Jahr 1299 stiftete Markgraf Albrecht III. dieses Zisterzienserkloster. Von der Kirche aus der Zeit nach 1300 ist nur der Ostteil (Vierung und Chor) erhalten. 1663 wurde hier eine Pfarrkirche eingebaut, indem eine Wand eingezogen wurde, die das Gotteshaus gegen den ruinösen Westteil abschließt.

Kloster Himmelpfort konnte nie an die Bedeutung seines Mutterklosters Lehnin anschließen. Zu dünn besiedelt war der Landstrich, zudem umkämpft als Grenzregion zwischen Mecklenburg und Brandenburg – das anfangs reich ausgestattete Kloster entwickelte sich nur schleppend. 1541 wurde es im Zuge der Reformation aufgelöst. Bekannt ist Himmelpfort heute hauptsächlich durch das Weihnachtspostamt, um das sich die touristischen Angebote gruppieren. Wer noch Zeit hat: kurz hinter der Einfahrt in die Fürstenberger Straße führt ein Weg links hinunter zu einer **Badestelle am Stolpsee**.

Wir aber radeln weiter auf einer guten Asphaltpiste gen Fürstenberg. Links sehen wir nach etwa vier Kilometern erste Gebäude des Konzentrationslagers Ravensbrück. Auch das gehört zur Geschichte der Region. An den Häusern der SS-Wachmannschaften führt die ›Straße der Nationen‹ zur **Mahn- und Gedenkstätte Ravensbrück**. Das Areal des KZ wurde bis 1990 von der Roten Armee anderweitig genutzt. Erst 1993 übernahm die Stiftung Brandenburgische Gedenkstätten den gesamten Komplex und richtete die Gedenkstätte ein.

▸ Karte S. 81/82

Vorbei am **Panzer**, der an die Befreiung des KZ Ravensbrück durch die Rote Armee erinnert, und der **Müttergruppe** von Fritz Cremer, die das Leid der Frauen und Kinder im Lager eindrucksvoll aufzeigt, geht es nach Fürstenberg.

Über die Gelderner Straße und die Luisenstraße erreichen wir den Bahnhof Fürstenberg (Havel). Das Bahnhofscafé Ahoi sei hier empfohlen. Man bekommt einen hervorragenden Kaffee und kann sich mit Proviant für die Rückreise eindecken.

Tour 6

Gasthof Biergarten am Lehnitzsee, Bernauer Str. 147, Oranienburg, Tel. 0163/9047895; Ende April-Okt. Do, Fr ab 14, Sa/So ab 11 Uhr.

Imbiss und Sauna Friedrichsthal Alte Fähre, Malzer Chaussee 196, Oranienburg, Tel. 03301/804573. Biergarten und Imbiss, Speisen von deftig bis leicht an Tischen mit Blick auf den Kanal.

Gasthof Zum Flößer, Hechtweg 16, Oranienburg, Tel. 033053/902662; Do–Di 12–22 Uhr, Winter Fr–So 12–20 Uhr. Biergarten in einem Wochenendhaus-Wohngebiet in der Nähe des Oder-Havel-Kanals.

Hafenbistro Stadthafen Liebenwalde, Berliner Str. 44, Liebenwalde, Tel. 033054/900044; tägl. 9–18 Uhr. Schöne Plätze draußen.
www.stadthafen-liebenwalde.de

Liebenwalder Hofcafé, Havelstr. 1a, Liebenwalde, Tel. 033054/90772; Do–Di 11–18 Uhr. Kaffee und Kuchen sowie Touristeninformation, dazu auch Gästezimmer.

Restaurant da Vinci, Schleusenstr. 20, Zehdenick, Tel. 03307/4998652; tägl. 11.30–22 Uhr, im Winter Mo Ruhetag. Pasta, Pizza, Eis, Cappuccino am Hafen.
www.restaurantdavincizehdenick.de

Freihafen Mildenberg (früher Wallapoint), Am Welsengraben 5, Zehdenick/OT Mildenberg, Tel. 0175/7916779; Imbiss Fr ab 15 Uhr, Sa/So; Kanuverleih in den Sommerferien tägl., ansonsten Mi–So. Plätze am Wasser.
www.freihafen-mildenberg.de

Alter Hafen, Ziegelei 11 b, Zehdenick/OT Mildenberg, Tel. 03307/301870; April–Juni, Sept./Okt. Mo–Fr 17–22, Sa/So 11.30–22 Uhr; Juli/Aug. Mo–Fr 13–22, Sa/So 11.30–22 Uhr; Nov.–März Do/Fr 17–22, Sa 11.30–22, So 11.30–16 Uhr. Pause auf dem Ziegeleigelände.

Richard's Wild, Fürstenberger Str. 2, Gransee/Dannenwalde, Tel. 033085/509933; Mai–Sept. tägl. 9–17 Uhr, Okt.–April Mi–So 9–17 Uhr. Mo/Di kein Mittagstisch. Wildspezialitäten im Hofladen und als Imbiss. www.richards-wild.de

Gaststätte Bootshaus Bredereiche, Dorfstr. 8, Fürstenberg/OT Bredereiche, Tel. 033087/52310. 25 Sitzplätze an der Havel.
www.bootshaus-bandelow.de

Ahoi Café und Shop, Bahnhofstr. 31, Fürstenberg/Havel, Tel. 033093/169935; tägl. 8–17, Sa/So 9–17 Uhr. Sehr guter Kaffee im ehemaligen Wartebereich der Klasse 1 im Bahnhof Fürstenberg.

Museum im Knast, Marktplatz 20, Liebenwalde, Tel. 033054/80555; Di–So 10–16 Uhr, 2/0,50 Euro. Ein bisschen Gefängnisatmosphäre ist geblieben. Dazu Ausstellung zu Schifffahrt, Heidekrautbahn, Stadtgeschichte und Handwerk.
www. museum-im-knast.de

Klosterscheune Zehdenick, Am Kloster 1, Zehdenick, Tel. 03307/310777; Mi–So 13–17 Uhr. Wechselnde Ausstellungen.
www.klosterscheune-zehdenick.de

Ziegeleipark, Ziegelei 10, Zehndenick/OT Mildenberg, Tel. 03307/310410; März–Okt. tägl. 10–18 Uhr; 8/4 Euro. Ausstellungen zum Thema Ziegelherstellung, Ziegelei. www.ziegeleipark.de

Mahn- und Gedenkstätte Ravensbrück, Straße der Nationen, Ravensbrück, Tel. 033093/6080; Außengelände tägl. 9–20 Uhr, Hauptausstellung Di–So 10–16.30 Uhr. Geschichte des Frauen-KZ.
www.ravensbrueck-sbg.de

Fontaneland

Tour 7: Von Rheinsberg nach Paulinenaue

Verlauf: Rheinsberg–Linow–Zühlen–Braunsberg–Boltenmühle–Försterei Rottstiel–Stendenitz–Molchow–Neumühle–Neuruppin–Treskow–Buskow–Langen–Dammkrug–Fehrbellin–Lobeofsund–Eichberge–Paulinenaue.
Länge: 66 km.
Alternative: bis Neuruppin, Bhf. Rheinsberger Tor: 32 km.
Start: Bhf. Gesundbrunnen, Fahrstuhl: ja; Einkauf: ja.
Ziel: Bhf. Rheinsberg, Fahrstuhl: nicht notwendig; Einkauf: Lidl, Berliner Str. 41 (200 m entfernt).
Anfahrt: ab Bhf. Gesundbrunnen, RE 5 bis Löwenberg, dann RB 54, alle zwei Stunden, Fahrzeit 1:32 Std.
Rückfahrt: ab Bhf. Paulinenaue, RE 2, stdl., Fahrzeit 45 Min.
E-Bike: bedingt tauglich. An der Boltenmühle sollte man mit einem E-Bike nicht die Piste unmittelbar am Ufer des Tornowsees nehmen, sondern hochfahren auf den Weg durch den Wald und dann rechts Richtung Försterei Rottstiel abbiegen.
Radeln nach Zahlen: 80-81-84-83-75-02-01-04-05-20-22-23.
Wegequalität: Wir fahren fast 30 Kilometer auf separaten, gut asphaltierten Radwegen, dazu 4 Kilometer auf gut verdichteten, einsamen Sandpisten und noch einmal rund 20 Kilometer auf ruhigen, wenig bis sehr wenig befahrenen Nebenstraßen. Das sind zusammen genommen über 50 Kilometer, um in Ruhe die so unterschiedlichen Landschaften von Ruppiner Schweiz und Niederung des Havellandes zu erleben. Die 3 Kilometer auf Radwegen entlang von Straßen und die 2 Kilometer auf Landestraßen wie zum Beispiel in der Ortsdurchfahrt Rheinsberg oder im Dorf Langen fallen da kaum ins Gewicht.
Kurzcharakteristik: Das barocke Schloss Rheinsberg am Grienericksee und die romantisch am Tornowsee gelegene Boltenmühle kennen viele. Neuruppin, das ab 1787 als Stadt der Aufklärung wieder aufgebaut wurde, gilt es zu entdecken. Die pure Lust am Fahrradfahren bietet dann die Bahntrasse Stille Pauline, die uns durch das Luchland, das Herz des Havellandes, nach Paulinenaue bringt.

▶ *Bhf. Rheinsberg–links Berliner Str. (B 122)–rechts Paulshorster Str.–links Schlossstr. (L 15)–Knoten 80, links Mühlenstr. (L 15)/Parkstr. (L 15)–rechts Radweg Dorf Zechlin–Knoten 84, links ins Dorf Linow–rechts Chausseestr. (L 15)–links Dorfstr.–Zühlen, links halten Steege–links Zühlener Dorfstr.–rechts K 6813–Knoten 83, Braunsberg, rechts Dorfstr.–Braunsberger Höfe*

Am Rheinsberger Bahnhof ist Endstation. Das war nicht immer so; bis 1945 fuhr der Zug hier weiter zum Flecken Dorf Zechlin. Aber das ist Geschichte. Also steigen wir am Bahnhof Rheinsberg aus, der 1899 eröffnet wurde. Das Bahnhofsgebäude steht aufgrund seiner Bedeutung für die Stadtentwicklung unter Denkmalschutz. Ein Bahnanschluss, das hieß damals und heißt heute: Rheinsberg ist für Touristen gut zu erreichen. Und die sind überlebenswichtig für die knapp 4300 Einwohner zählende Landstadt. Auf die 8000 Einwohner, die in der Statistik angeben werden, kommt Rheinsberg nur durch die Eingemeindung einer Vielzahl von Dörfern im Umland.

▲ Karte S. 89/90

Flecken Zechlin
Dorf Zechlin, Flecken Zechlin
15
Linow
Wesenberg
Rheinsberg
80
84
81
6812
16
122
Rheinsberger Rhin
Zühlen
Neu-glienicke
Binen-walde
Gühlen-Glienicke
Brauns-berg
L 19, Lindow (Mark)
83
6813
Schwanow
Bolten-mühle
76
Tornow-see
6811
Zermützel-see
Zermützel
Rheinsberger Rhin
Zippels-förde
Tezten-see
Krangen
122
Molchow
75
6810
18
Molchow-see
Storbeck
Klaus-heide
Gühlen
2
Alt Ruppin
Gildenhall
167
Kränzlin
1
Wittstock (Dosse)
Neuruppin
Nietwerder
Wulkow
Bechlin
Bütow
Löwenberg, B 96
A24
22
167
Wuthenow
16
Neustadt (Dosse)
167
Dreieck Havelland
Rhin
Lichten-berg
Radens-leben
164
Gnewikow
Treskow
0
1,5
3 km

Tour 7, Teil 1

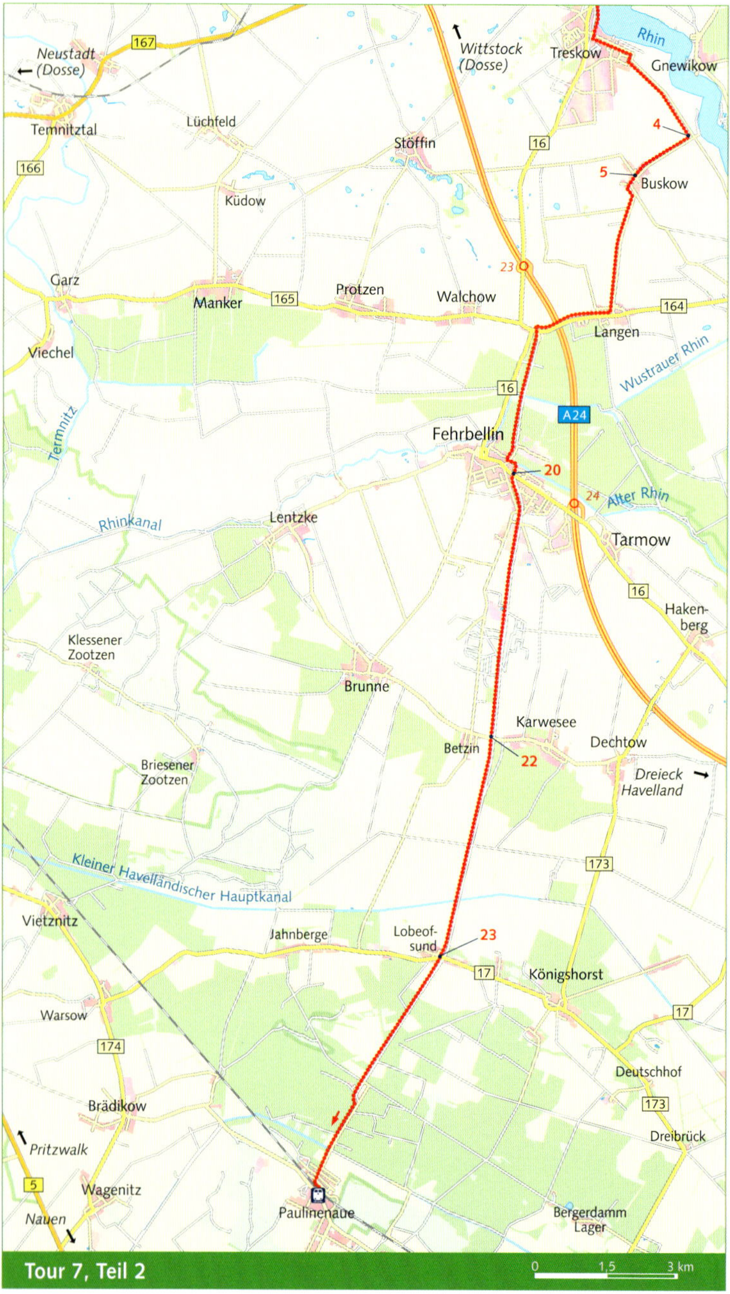

Neustadt (Dosse)
167
Temnitztal
166
Lüchfeld
Küdow
Stöffin
Wittstock (Dosse)
Treskow
Rhin
Gnewikow
16
4
5
Buskow
23
Garz
Manker
165
Protzen
Walchow
164
Langen
Viechel
Wustrauer Rhin
16
A24
Termnitz
Fehrbellin
20
24
Alter Rhin
Rhinkanal
Lentzke
Tarmow
16
Haken-berg
Klessener Zootzen
Brunne
Karwesee
Betzin
22
Dechtow
Dreieck Havelland
Briesener Zootzen
173
Kleiner Havelländischer Hauptkanal
Vietznitz
Jahnberge
Lobeof-sund
23
17
Königshorst
17
Warsow
174
Deutschhof
Brädikow
173
Dreibrück
Pritzwalk
5
Wagenitz
Nauen
Paulinenaue
Bergerdamm Lager
0
1,5
3 km

Tour 7, Teil 2

Entlang einiger schöner Villen erreichen wir die Schloßstraße, von der links und rechts schnurgerade die **Lange Straße** abgeht. Rheinsberg brannte 1740 ab und wurde auf rechteckigem Straßenraster wiederaufgebaut. Die Lange Straße markiert die Grenze dieser Planstadt. Ein schönes Beispiel für ein Bürgerhaus aus der Wiederaufbauphase ist das **Fachwerkhaus Lange Straße 40**.

Die **Stadtkirche St. Laurentius** zeigt eine Ausstattung aus der Zeit der Spätrenaissance. Hochaltar, Kanzel und Schalldeckel sowie Epitaph für Achim von Bredow und Anna von Arnim stammen aus dem 16. Jahrhundert. Unmittelbar neben dem Gotteshaus zeigt das **Keramikmuseum Rheinsberg** Objekte aus der 260-jährigen Tradition der Keramikmanufaktur. 1762 wurde die als Fayence-Manufaktur gegründet. Präsentiert werden aber auch Arbeiten des Museumsbetreibers und international bekannten Porzellankünstlers Hendrik Schink. Rheinsberg hat sich mit dem alljährlichen Töpfermarkt am zweiten Wochenende im Oktober zur Keramikstadt gemausert. Sehenswert ist auch das Keramikhaus Rheinsberg in der Rhinstraße. Wer jetzt schon Hunger hat: an der Ecke Mühlenstraße findet sich Imbiss und Gaststätte Fleischerei Endler.

Der **Triangelplatz** vermittelt zwischen Stadt und Schlossbereich. Hier steht die **Postmeilensäule** von 1765, ein Obelisk mit der stattlichen Höhe von zehn Metern. Eingefasst wird der Triangelplatz von der B 122 und der L 15, die am Wochenende reichlich Lärm garantieren. Darunter leidet der **Ratskeller** mit seinen Sitzplätzen am Markt.

Das barocke Schloss Rheinsberg am Grienericksee lohnt schon für sich die Reise hierher in den Nordzipfel des Landes Brandenburg. Begrüßt werden wir am Zugang zum Schlossareal von der **Standfigur des Kronprinzen Friedrich**. Mal nicht ist Friedrich der Große als alter König mit Krückstock und Dreispitz zu sehen, sondern als kraftstrotzender junger Mann. Gottlieb Elster schuf dieses Standbild 1903.

Der Gang durch das **Schloss Rheinsberg** hinunter zum See kostet keinen Eintritt. Neben dem Marstall finden sich Bügel, um das Rad anzuschließen. Eine Brücke bringt uns über den Wassergraben zum Durchgang im Mittelbau und weiter in den Innenhof des Schlosses. Auf dem

Das berühmte Schloss Rheinsberg von der Seeseite

Touren

Portal dieses Zugangs stellen Skulpturen die Rhetorik, die Musik, die Malerei und die Bildhauerkunst dar. Die Botschaft ist klar: Wir betreten einen Musenhof. Die beiden Seitenflügel enden Richtung See in runden Türmen, zwischen denen eine Kolonnade den Hof abschließt und zugleich den Ausblick auf den Grienericksee inszeniert. Der warme, gelbliche Ton des Gebäudes, das kräftige Rot der Dachpartien, das Grün des Barockgartens und das Blau des Sees – ein farbenfrohheiteres Bild.

Im Jahr 1735 erhielt Kronprinz Friedrich Schloss Rheinsberg von seinem Vater König Friedrich Wilhelm I. zum Geschenk. Bis 1740 ließ er seinen künstlerischen Berater Wenzeslaus von Knobelsdorff die Anlage im Stil des Rokoko ausbauen. Dann aber schenkte er nach seiner Thronbesteigung 1740 das Schloss seinem jüngeren Bruder Heinrich. Prinz Heinrich machte bis zum Tod 1802 Schloss Rheinsberg zum Mittelpunkt barocker Festkultur und den Park zugleich zu einer Anklage gegen seinen Bruder. Heinrich wählte als Grabmal eine **Pyramide** mit abgebrochener Spitze – ein Symbol seines unvollendeten Lebens am Gängelband seines Bruders und Königs. Zu entdecken ist die Pyramide im Schlosspark, gleich links hinter der Brücke.

Man kann das Schloss besichtigen oder aber das **Kurt Tucholsky Literaturmuseum** besuchen. Mit seinem ›Bilderbuch für Verliebte‹, das einen Besuch in Rheinsberg schildert, begründete Tucholsky den Rheinsberg-Boom und startete 1912 seine Karriere als Journalist und Erzähler.

Über eine enge Ortsdurchfahrt, die zum Glück für Kraftfahrzeuge auf 30 Stundenkilometer beschränkt ist, verlassen wir Rheinsberg. Wir passieren den Fluss **Rhin**, hier Rheinsberger Rhin genannt, fahren am Rand des Schlossparks mit Zugangstor und Orangerie-Gebäude, bis wir rechts auf die alte Bahntrasse zum Ort Dorf Zechlin abbiegen. Die ist heute zum separaten Radweg mit bester Asphaltpiste ausgebaut. Von jetzt auf gleich sind wir im Wald, hören nur noch von Ferne Autolärm, während wir durch bewegtes Gelände radeln. Der **Kleine Linowsee** bietet eine Badestelle mit breitem Sandstrand, einem Steg und einer Leiter zum Einstieg ins Wasser.

Am Knoten 84 biegen wir links ab ins Dorf Linow. Wir verlassen den Wald und werden jetzt bis hinter Braunsberg durch Wiesen und Äcker fahren – eine Ausnahme hier im Ruppiner Wald- und Seengebiet. Eine Tafel an der **Fachwerkkirche Linow** erinnert daran, dass das Dorf 1691 von fünf Schweizer Kolonistenfamilien neu gegründet wurde. Die Kirche stammt aus dem gleichen Jahr. Weiter geht es nach Zühlen, einem Bauerndorf, und dann nach **Braunsberg**. Der Ort wurde nach Zerstörung im Dreißigjährigen Krieg ab 1699 durch zwölf Familien pfälzischer und französischer Kolonisten neu aufgebaut. Auf dem Vierseithof **Braunsberger Höfe** werden vom Aussterben bedrohte Rassen wie das Deutsche Sattelschwein oder die Coburger Fuchsschafe gezüchtet. Im Hofladen gibt es Produkte aus eigener Produktion und einige regionale Erzeugnisse.

▲ Karte S. 89/90

► *Braunsberger Höfe–rechts Binenwalder Str.–geradeaus auf Waldweg–rechts, Schild Boltenmühle folgen–links, auf Weg am Tornowsee–rechts halten Försterei Rottstiel–links halten Weg am Rottstielfließ–geradeaus, separater Radweg–rechts Neumühler Weg–Knoten 2, rechts Alt Ruppiner Allee (B 167)–links halten, weiter Alt Ruppiner Allee/Str. des Friedens–geradeaus Karl-Marx-Str.–Knoten 1, links Steinstr.–rechts Kommissionsstr.–links Seestr.–An der Seepromenade*

Wie aus dem Märchenbuch: die Boltenmühle

Die Binenwalder Straße bringt uns in eine ruhige, abgelegene Gegend. Wir stoßen auf den Waldweg, der uns zur Boltenmühle führt. Ein Schild suchen wir hier vergebens. Aber der Abzweig ist gut zu finden: Die Binenwalder Straße knickt hier scharf rechts ab. Wir sehen in der Kurve schon rechts den Parkplatz, der zu einer beliebten **Badestelle am Kalksee** gehört. Wir aber fahren hier geradeaus in den Wald.

Der glasklare Kalksee, der vom Grundwasser gespeist wird, eröffnet die Seenkette, die sich bis zum Ruppiner See bei Neuruppin fortsetzt. Tief haben sich die Seen in die Ruppiner Platte eingegraben. Bewaldete, bisweilen steile Abhänge prägen das Bild, dazu die bläulich-grün schimmernden Seen, nicht von ungefähr wird dieser Landstrich auch Ruppiner Schweiz genannt. Hinter dem Hinweisschild ›Boltenmühle‹ geht es stark bergab hinunter zum **Tornowsee**. Die Bremsen des Fahrrades sollten schon in Ordnung sein.

Im Jahr 1992 brannte die **Boltenmühle** von 1718 durch Brandstiftung weitgehend ab. Zum Glück wurde der Neubau nach dem Vorbild der historischen Gebäude ausgeführt. So ist das romantische Bild des Fachwerkbaues vor dem Hintergrund des dichten Laubwaldes auch heute noch erlebbar – obwohl wir nicht mehr auf eine Mühle, sondern auf ein Hotel und Restaurant mit schöner Terrasse schauen.

Das Rivercafé in Molchow

▲ Karte S. 89/90

Benannt ist die Mühle nach Hans Joachim Bolten. Der kaufte 1718 ein Stück Land am Einfluss des Kalkseebachs in den Tornowsee und erhielt die Erlaubnis, hier eine Mühle zu betreiben. 1932 wurde aus der Mühle eine Ausflugsgaststätte mit Übernachtungsmöglichkeiten.

Links ab, vorbei an einem Seitengebäude der Boltenmühle, geht es unmittelbar am Ufer des Tornowsees weiter zum Forsthaus Rottstiel. Der Weg ist relativ schmal. Es sind aber keine nennenswerten Steigungen zu bewältigen. Aber Vorsicht: Hier, unmittelbar am Seeufer, zeigen sich einige Baumwurzeln, die bei feuchtem Wetter rutschig sein können. Im Sommer gilt es zwei, drei Sandlöcher zu überwinden. E-Bike-Fahrer sollten daher besser von der Boltenmühle ein Stück auf den Hang fahren und dann dem Hinweisschild Richtung Neuruppin folgen. Dieser Weg ist geschottert. Wir bleiben in der Nähe des Seeufers und erreichen nach etwa 1,5 Kilometern einen Rastplatz am Tornowsee, von dem aus man ohne Probleme ans Wasser gelangt. Hier kann man sich ein kühles Bad gönnen. Eine weitere Badestelle findet sich in der Nähe des Campingplatzes Rottstielfließ. Die aber ist im Sommer stark besucht.

Weiter geht es vorbei am ehemaligen Forsthaus Rottstiel und dann parallel zum Rottstielfließ, das hier wie ein großer Kanal wirkt. Wer den Zermützelsee sehen möchte, muss halb links dem Wegweiser zum Waldmuseum Försterei Stendenitz folgen. Gleich daneben wartet die Waldschenke Stendenitz auf Gäste.

Wir aber bleiben auf der Asphaltpiste und passieren den langgezogenen **Tetzensee**. Der Knoten 75 weist uns einen Weg in den Ort Molchow. Hier wartet das **River Café**, das gut ausgeschildert ist, mit schöne Sitzplätze am Wasser auf Gäste.

Unser Weg aber führt direkt zur Schleuse Neumühle, an der unsere Fahrt durch das ruhige Waldgebiet endet.
Um nach Neuruppin zu gelangen, müssen wir jetzt zwei Kilometer an der nicht gerade leisen B 167 radeln. Dann erreichen wird den **Bahnhof Neuruppin Rheinsberger Tor**, von dem aus stündlich der RE 6 zum Bahnhof Berlin Gesundbrunnen fährt. Wir haben bisher rund 32 Kilometer zurückgelegt.

Die **Karl-Marx-Straße** ist die Hauptstraße der Neuruppiner Innenstadt. Sehr breit und schnurgerade zieht sie sich dahin, ein Zeugnis des Wiederaufbaues Neuruppins als ›Stadt der Aufklärung‹ (→ Stadtrundgang Neuruppin, S. 97). Wir aber biegen schon nach wenigen Metern in die Steinstraße ab. Weiter über die Kommissionsstraße und die Seestraße kommen wir zur Seepromenade am Ruppiner See.

▶ *An der Seepromenade–links Regattastr.–links über Kastanienwiese–weiter auf Weg am See–rechts Am Schilfsteig–links Sonnenallee/Radweg Fehrbelliner Str./Erich-Dieckhoff-Str.–links Erich-Dieckhoff-Str.–geradeaus Radweg-Knoten 04, rechts, Richtung Buskow/Buskower Dorfstr.–links Buskower Dorfstr.–rechts halten Buskower Dorfstr., Richtung Langen/Buskower Weg–rechts Dorfstr. (L 164)–links auf Radweg Stille Pauline–Bhf. Paulinenaue*

Der **Ruppiner See** ist das große Plus der Stadt Neuruppin. Er ist mit 14 Kilometern der längste See in Brandenburg, erreicht an der breitesten Stelle aber nur 800 Meter – ein typischer Rinnensee. Anfangs brachte der See die Fischerei und die Holzflößerei als Erwerbsquellen in die Stadt. Schon 1790 wurde er über den Ruppiner Kanal mit Oranienburg an der Havel verbunden. Heute steht der Freizeitwert des Sees im Vordergrund. Der Bau des Resorts Mark Brandenburg sowie der Ausbau der Seepromenade läutete diese Einwicklung ein. Wir fahren am Ufer des Ruppiner Sees weiter Richtung Süden und passieren dabei das Café Kontor an der Uferpromenade mit einer schönen Sonnenterrasse.
Ab dem Gewerbegebiet Treskow an der Stadtgrenze geht es weiter auf einem separaten Radweg. Anders als nördlich von Neuruppin sehen wir hier flachwellige, weitläufige Felder, in die einzelne Baumgruppen eingestreut sind. In **Buskow** überrascht der **Bodoni Vielseithof** (Buskower Dorfstraße 21–22), ein ›Salon im Kuhstall‹ für Lesungen und Konzerte.

Schon von Weitem sehen wir den Kirchturm der **Dorfkirche Langen**. Bis 1855 wurde das Gotteshaus in gelbem Sichtziegel mit hohem Turm und Spitzhelm errichtet. Die Gutsbesitzerfamilie von Hagen vergab den Auftrag an den Architekten Friedrich August Stüler, Nachfolger Schinkels in Berlin. In Langen beginnt der **Bahntrassen-Radweg Stille Pauline**. Rund 450 Meter hinter der Brücke über die Autobahn müssen wir links abbiegen, um uns auf die Piste einzufädeln. 2011 wurde der insgesamt 28 Kilometer lange Radweg eingeweiht. 19 Kilometer davon nutzen die ehemalige Trasse der Eisenbahnlinie Paulinenaue–Neuruppin, die 1970 stillgelegt wurde.
Wir sind im Herzen des Havellandes angekommen. Von Dammkrug bis Fehrbellin fahren wir durch das Obere Rhinluch. Hinter Fehrbellin geht es weiter durch das Havelländische Luch bis nach Paulinenaue. Dabei überqueren wir den sehr naturnahen Wustrauer Rhin, dann in Fehrbellin den Alten Rhin. Weiter geht es über den Kleinen Havelländischen Hauptkanal und den **Großen Havellän-**

dischen Hauptkanal kurz vor Paulinenaue. Schon um 1718 begann hier die Arbeit an einem Entwässerungssystem. Mit acht Wehren wird heute mit dem Großen Havelländischen Hauptkanal der Wasserstand im Havelländischen Luch reguliert. Im Winter wird vermehrt Wasser abgegeben, um ein vollständiges Überfluten der Wiesen zu verhindern. Im Sommer wird Wasser zurückgehalten, um ein Austrocknen des Bodens zu vermeiden. Mit diesem Eindruck erreichen wir nur kurze Zeit später den Bahnhof Paulinenaue.

Tour 7

Gasthof und Fleischerei Endler, Mühlenstr. 14, Rheinsberg, Tel. 033931/2079; Fleischerei Mo–Fr 8–18, Sa 8–14 Uhr, Restaurant tägl. ab 11 Uhr, Nov.-Feb. Mo–Do ab 17 Uhr.
www.gasthof-endler.de

Ratskeller Rheinsberg, Markt 1, Rheinsberg, Tel. 033931/2264; tägl. 11.30–22 Uhr. Deutsche Küche mit regionalen Produkten. www.ratskeller-rheinsberg

Boltenmühle, Boltenmühle 1, Gühlen-Glienicke/OT Boltenmühle, Tel. 033929/70500; Restaurant tägl. ab 12 Uhr. Angenehm überschaubare Karte für frisch zubereitetes Essen, bei gutem Wetter Kaffeegarten.
www.boltenmühle.de

Waldschenke Stendenitz, Stendenitz 13, Neuruppin/OT Stendenitz, Tel. 03391/775119; 24. Juni–29. Aug. Do 17.30–21, Fr–So 12–21 Uhr; 30. Aug.–10. Okt. Fr 17.30–21, Sa/So 12–21 Uhr. Frische regionale Küche unmittelbar am Zermützelsee.
www.waldschenke-stendenitz.de

River Café Molchow, Heimburger Weg 1, Neuruppin/OT Molchow, Tel. 03391/7008215; Öffnungszeiten aktuell auf der Website. Café in Wasserlage unmittelbar am Sportboothafen Molchow.
www.river-cafe-molchow.de

Gasthaus Zur Wichmannlinde, Poststr. 17, Neuruppin, Tel. 03391/2310; tägl. 11–21 Uhr. Tische auf dem Gehsteig vor dem Haus. Deutsche Küche.

Banoi, Karl-Marx-Str. 102, Neuruppin, Tel. 03391/650686; tägl. 11–22 Uhr. Im Stadtzentrum asiatische Küche mit Schwerpunkt auf Sushi. www.banoi.de

Café Kontor, Uferpromenade Warzechastr. 19, Neuruppin, Tel. 03391/405542; Mi–So 12–17 Uhr. Kaffeespezialitäten und Torten aus eigener Herstellung, Sonnenterrasse mit 40 Plätzen. www.cafe-kontor.eu

Loc House Fehrbellin, Bahnhofstr. 10, Fehrbellin, Tel. 033932/607117; Di–Do 16.30–22, Fr–So 11.30–22 Uhr. Speisen vom Lavastein Grill, aber auch Pasta, Kurzgebratenes.
www.alter-fehrbelliner-Bahnhof.de

Keramikmuseum Rheinsberg, Kirchplatz 1, Rheinsberg, Tel. 033931/37631; Feb.-Juni Mi–Fr 12–17, Sa 10–17 Uhr, Juli/Aug. Mo, Mi–Sa 10–18, So 12–16 Uhr, Sept.-Dez. Mi–Fr 10–17, Sa 12–16 Uhr; 4/2 Euro.
www.museum-rheinsberg.de

Keramikhaus Rheinsberg, Rhinstr. 1, Rheinsberg, Tel. 0170/5643098; tägl. 10–18 Uhr, Jan.-März 10–17 Uhr. Mehrere Keramikausstellungen.

Schloss Rheinsberg, Schloss Rheinsberg 2, Rheinsberg, Tel. 033931/7260; April–Okt. Di–So 10–17.30 Uhr, Nov.-März Di–So 10–16 Uhr; 10/7 Euro. www.spsg.de

Kurt Tucholsky Literaturmuseum, Schloss 1, Rheinsberg, Tel. 033931/39007; April–Okt. Di–So 10–17.30 Uhr, Nov.–März 10–16 Uhr; 4/3 Euro. Handschriften Tucholskys, persönliche Gegenstände und Kunstwerke, die durch Arbeiten Tucholskys angeregt wurden.
www.tucholsky-museum.de

Braunsberger Höfe, Dorfstr. 26, Braunsberg, Tel. 033929/50968; Hofladen Fr 14–18, Sa 10–12 Uhr. Produkte aus eigener Herstellung und regionale Produkte.
www.braunsberger-hoefe.de

▶ Karte S. 89/90

Neuruppin – ein Stadtrundgang

Breite Straßen im Schachbrettmuster, großzügige Stadtplätze und ein Gymnasium als Mittelpunkt der Stadt – so wurde Neuruppin nach dem Stadtbrand 1787 wiederaufgebaut. Der Präsident der Kurmärkischen Kammer Otto von Voß und der Neuruppiner Magistratsdirektor Daniel Heinrich Noeldechen setzten durch, dass Neuruppin nicht irgendwie, sondern nach vernünftigen Prinzipien neu errichtet wurde. Die Stadtplanung kann als Anwendung der Prinzipien der Aufklärung aus der Zeit Friedrich des Großen angesehen werden. Das gibt es nur einmal in Brandenburg.

Wir fahren auf der Karl-Marx-Straße bis zum ›Schulplatz‹ vor und schließen unsere Fahrräder an. Wir sind auf dem Zentrumsplatz der Stadt und lesen im Dreiecksgiebel des **Alten Gymnasiums** CIVIBUS AEVI FUTURI (Den Bürgern der zukünftigen Zeit). Schon im November 1791 wurde diese Schule eingeweiht, lange vor den Rathaus- und Kirchenneubauten. Durch ihre Größe und vor allem ihre Position im Zentrum der Stadt demonstriert sie die zentrale Bedeutung der Bildung im Konzept der Aufklärung. Gehen wir ein Stück auf der Karl-Marx-Straße zurück, passieren wir die **Löwenapotheke** (Karl-Marx-Str. 84). In diesem Gebäude wurde der Schriftsteller Theodor Fontane als Sohn des Apothekers Louis Henri Fontane geboren. Er besuchte das Alte Gymnasium. Nur wenige Schritte weiter erreichen wir die ehemalige evangelische **Stadtpfarrkirche St. Marien**, die bis 1806 nicht wie mittelalterliche Kirchen in Ost-West-Richtung, sondern ausgerichtet am rationalen Straßengrundriss errichtet wurde. Die Querkirche mit einem ovalen, turmartig überkuppelten Mittelbau dient heute als Veranstaltungsort.

Nur im Bereich Neuer Markt, Siechenstraße und Klosterkirche St. Trinitatis blieb die Stadt 1787 vom Feuer verschont. Daher findet sich in der Siechenstraße die spätgotische **Siechenhauskapelle** von 1490, auf deren Hof das Restaurant Uphus in einem Fachwerkgebäude von 1692 eingezogen ist. Es soll sich um das älteste erhaltene Haus in Neuruppin handeln. Die **Klosterkirche St. Trinitatis** gehörte einst zum Dominikanerkloster, das 1246 gegründet wurde. Die Türme,

Theodor Fontane, der vielleicht berühmteste Neuruppiner

Touren

Preußische Strenge und Harmonie: das Alte Gymnasium

die heute das Wahrzeichen der Stadt Neuruppin sind, wurden allerdings erst bis 1907 aufgesetzt.

Zurück am Schulplatz, wenden wir uns einem weitgehend unbekannten Kapitel der Neuruppiner Geschichte zu: Gustav Kühn machte Neuruppin zur europäischen Hauptstadt des Bilderbogens. Bedruckte große Blätter, die diverse Motive zu Themen wie Herrscher, Geschichte, Landschaften zeigten – diese Bilderbögen waren billig, belehrend und unterhaltsam und hatten durch ihre massenhafte Verbreitung großen Einfluss. Die **Bilderbogenpassage** (Karl-Marx-Str. 34) ist in die ehemalige Druckerei gegenüber vom Alten Gymnasium eingezogen. Teile seiner großen Sammlung von Bilderbögen präsentiert im Obergeschoss das insgesamt sehr interessante **Museum Neuruppin**. Von hier aus sind es nur wenige Schritte bis zum **Tempelgarten Neuruppin.** Die Kaufmannsfamilie Gentz erwarb 1853 dieses Areal vor der Stadtmauer und ließ hier eine Villa, ein Gärtnerhaus und eine Einfriedung im orientalisierenden Stil errichten. Höhepunkt der Anlage aber ist der Apollo-Tempel, der nach Vorstellungen des Kronprinzen Friedrich, des späteren Friedrich des Großen, 1735 von Georg Wenzeslaus von Knobelsdorff gebaut wurde. Wenn man so will, steht hier die Keimzelle der Schlösser Rheinsberg und vor allem Sanssouci in Potsdam.

Neuruppin

Restaurant Uphus, Siechenstr. 4, Neuruppin, Tel. 03391/3469679; Jan.–April Di–Fr ab 17, Sa/So ab 12 Uhr; Mai–Dez. Di–So ab 12 Uhr. Kleine, ausgesuchte Speisekarte.
www.uphus-neuruppin.de

Polly's Eisdiele, Karl-Marx-Str. 82, Neuruppin, Tel. 0162/2737307; Öffnungszeiten auf der Website. Eismanufaktur, die aus natürlichen Zutaten Eissorten zwischen Cappuccino und Zimt herstellt. Schon mal salziges Karamell-Eis probiert?
www.pollyseisdiele.de

Tempelgarten Neuruppin, Präsidentenstr. 64, Neuruppin, Tel. 03391/2122; Garten April–Okt. tägl. 9–20 Uhr, Nov.–März 9–17 Uhr, Restaurant Mi–Sa 10–22, So 10–18 Uhr. Regionale Küche und hausgebackene Kuchen auf der Gartenterrasse
www.tempelgarten.de

Museum Neuruppin, August-Bebel-Str. 14/15, Neuruppin, Tel. 03391/3555100; April–Sept. Mi–Mo 10–17 Uhr, Okt.–März Mo, Mi–Fr 11–16 Uhr, Sa/So 10–16 Uhr; 5/3 Euro. www.museum-neuruppin.de

Durch das Löwenberger Land

Tour 8: Von Gransee nach Oranienburg

Verlauf: Gransee–Meseberg Baumgarten–Keller–Lindow (Mark)–Seebeck Ausbau–Seebeck–Glambeck–Großmutz–Hoppenrade–Löwenberg (Mark)–Liebenberg Fichten–Hertefeld–Malz–Oranienburg.
Länge: 64 km.
Alternativen: bis Bhf. Lindow (Mark): 18 km; bis Bhf. Neulöwenberg: 37 km.
Start: Bhf. Gransee, Fahrstuhl: nicht notwendig, Einkauf: Penny Markt, Templiner Str. 14 (450 m entfernt).
Ziel: Bhf. Oranienburg, Fahrstuhl: ja; Einkauf: Eckert, Bäcker im Bahnhofsgebäude; Rewe Lehnitzstr. 85 (rd. 500 m vom Abzweig Dr.-Heinrich-Byk-Str).
Anfahrt: ab Bhf. Gesundbrunnen, RE5, stdl., Fahrzeit 41 Min.
Rückfahrt: ab Bhf. Oranienburg S1 bis Bhf. Friedrichstr., alle 20 Min., Fahrzeit 44 Min.
E-Bike: uneingeschränkt tauglich.
Radeln nach Zahlen: Knoten 24–41–40–70–15–14–13–09–10–01–02 -03–72–71–65–64–56–57.
Wegequalität: Auf dieser Tour radeln wir über die Hälfte der Strecke (35 km) auf wenig befahrenen Nebenstraßen, auf denen so wenig Verkehr herrscht, dass wir in Ruhe die Landschaft genießen können. Dazu kommen noch einmal 11 Kilometer auf separaten Radwegen, die vor allem vor Liebenberg und vor Malz anfallen und durch Waldgebiete führen. Auf straßenbegleitenden Radwegen fahren wir über 10 Kilometer. Nicht gerade schön, aber erträglich ist die Fahrt auf dem Radweg an der B 167 bei Löwenberg. Nervig sind einzig die 500 Meter auf der L 19 in Lindow und die 900 Meter auf der B 167 hinter Liebenberg. Hier fehlt einfach ein Radweg.
Kurzcharakteristik: Wir starten in der alten märkischen Stadt Gransee und fahren dann durch eine flach gewellte Grundmoränenlandschaft, auf der Ackerbau betrieben wird. Etwas bewegter sind nur die Teilstrecken zwischen Gransee und Meseberg sowie um den Großen Lankesee vor Liebenberg. Von Meseberg bis Keller fahren wir an der Seenkette mit dem Großen Dölchsee und kommen dann durch die Drei-Seen-Stadt Lindow. Badegelegenheiten gibt es also zu Genüge. Eine Besichtigung ist nicht nur in Gransee mit seiner fast vollständig erhaltenen Stadtmauer, sondern auch im Schloss Liebenberg geradezu ein Muss.

▶ Bhf. Gransee–links Am Güterbahnhof–links Templiner Str. (L 22)–über Kreisel, 2. Ausfahrt Rudolf-Breitscheid-Str.–hinter Ruppiner Tor links Südpromenade–hinter Netto rechts Oranienburger Str.–links Oranienburger Str. (L 22)–rechts Meseberger Weg/Zum Dölchsee–Meseberg, Knoten 41

Wir starten unsere Tour in Gransee, der »festesten Stadt im Ruppiner Land« (Theodor Fontane). Der Schriftsteller meinte mit dieser Feststellung den Schutz durch die heute fast vollständig erhaltene Stadtmauer. Das Zehdenicker Tor, durch das wir in die Altstadt einfahren, ist nur noch durch zwei Ziegelsteintürmchen angedeutet. Kurz davor steht ein kleines Gebäude mit dem **Sgraffito Transformatorenhaus** von Eberhard Werner (1956). Es ist ein schönes Zeugnis künstlerischer Arbeit in der DDR, die noch vor dem Diktat des sozialistischen Realismus steht. 2001 wurde die Arbeit restauriert.

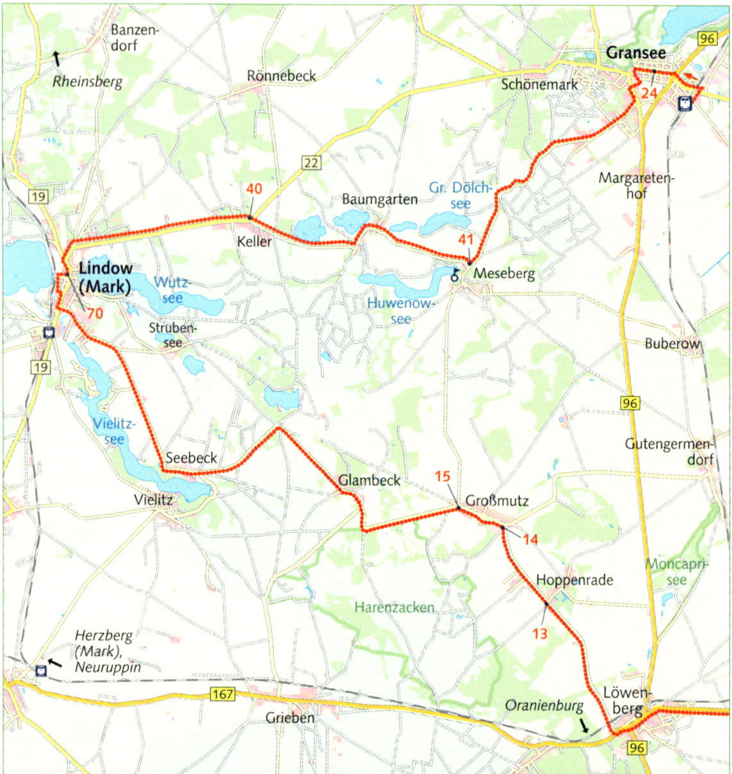

Tour 8, Teil 1

Die Rudolf-Breitscheid-Straße verband seit jeher die beiden Stadttore Gransees, das Zehdenicker Tor (Osten) und das Ruppiner Tor (Westen), und fungiert daher auch heute noch als Hauptstraße des historischen Stadtkerns. Wir fahren vorbei am **Kirchplatz**, auf dem man für einen kurzen Stadtrundgang (→ S. 107) sein Fahrrad anschließen kann. Weiter geht es vorbei am **Schinkelplatz** mit dem Denkmal der Königin Luise. Im Gegensatz zum Zehdenicker Tor ist das **Ruppiner Tor** mit Torturm und Pulverturm erhalten und bereitet uns mit seiner Backsteinarchitektur einen eindrucksvollen Abschied.

Die Wucht der über 1750 Meter langen **Stadtmauer** aus Feldstein erleben wir, biegen wir gleich hinter dem Ruppiner Tor links auf die Südpromenade ab. Gransee war tatsächlich eine feste Stadt – bis zur Erfindung des Schwarzpulvers. Richtung Meseberg radeln wir durch ein Waldgebiet, das die Ausläufer eines Endmoränenzuges bedeckt. Dementsprechend wird es hügeliger. Rechts erstreck sich ein Auwald, der zum Lindower Rhin gerechnet wird. Der entwässert in die Seenkette Großer und Kleiner Dölchsee, Kirchsee und Salchowsee, an der wir gleich entlangfahren. Zu einem kühlenden Bad mag das Hinweisschild ›Dölchsee 0,6 km‹ animieren: Auf einem schmalen

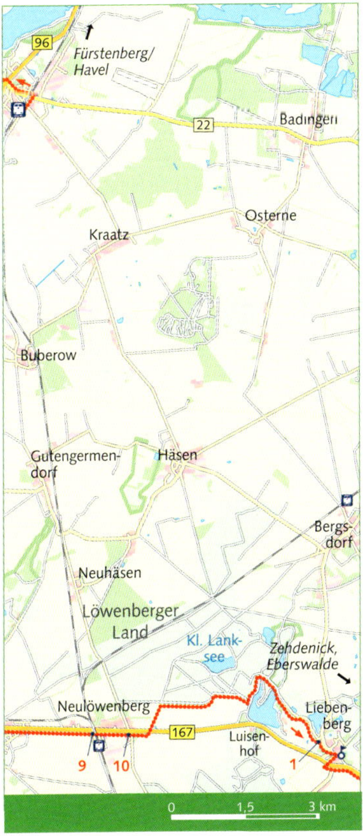

Weg geht es abwärts zu der **Badestelle am Großen Dölchsee** mit Liegewiese.
Bevor wir weiter zum Kleinen Dölchsee radeln, bietet sich ein kurzer Besuch des nur wenige hundert Meter entfernten Mesebergs an. **Schloss Meseberg** wird als Gästehaus der Bundesregierung genutzt, gehört aber der Messerschmitt Stiftung. Bevor wir den Anblick des barocken Schlosses von 1736 genießen, müssen wir uns von einem Schreck erholen: Ein hoher Sicherheitszaun mit Kameras hält uns auf Abstand. Früher reichte – wie wir etwas näher an der Schlossfassade sehen – ein schmiedeeiserner Zaum zwischen Pfeilern.
Ein Dreiecksgiebel auf vier Kolossalsäulen betont die Mitte des zweigeschossigen Schlosses, ansonsten ist es nur zurückhaltend durch Putzspiegel verziert. Erbaut wurde das Herrenhaus von Hermann von Wartensleben. Berühmtheit aber erlangte es erst, als 1774 Prinz Heinrich, der Bruder Friedrich des Großen, das Herrenhaus erwarb und seinem Günstling und Liebhaber Christian Ludwig von Kaphengst schenkte. Eine Wendeltreppe vom Zimmer Heinrichs zum Schlafgemach des Schlossherrn ist erhalten.
Die **Kirche Meseberg** Dorfkirche zu nennen, fällt schwer. Ein hoher neobarocker Westturm mit Zwiebelhaube, dazu ein verputztes Langhaus mit einer Herrschaftsempore und einer Gruft – Schlosskirche wäre wohl eher angebracht. Beeindruckend ist das **Votivbild Ludwig von der Gröben** und seiner Ehefrau Anna samt Kindern. Stolze 17 Nachkommen zählt man auf dem 5,50 Meter breiten und 3,15 Meter hohen Gemälde. Über den Maler und den Anlass der Stiftung des Bildes 1588 gibt es keine Nachrichten. Wer genau hinschaut, entdeckt in den Hauben von drei Jungen, die uns mit auffallend blassen Gesichtern anschauen, schwarze Kreuze, Zeichen dafür, dass diese Kinder im Jahr 1588 bereits verstorben waren.
Das soll es erst mal gewesen sein mit Meseberg. Wir radeln zurück zum Knoten 41.

▶ *Knoten 41–links Meseberger Dorfstr./Meseberger Weg–links Heidestr.–rechts Straße Keller–links halten weiter Keller (L 22)/Granseer Str. (L 22)–Lindow, links Pl. der Einheit (L 19)–geradeaus Str. des Friedens (L 19)–Marktplatz–rechts Seestr.–links August-Fischer-Str.–links Gartenstr.–rechts Mittelstr.–rechts Bahnhofstr. (L 19)–links Ernst-Thälmann-Str.*

Gleich nach dem Abzweig geht es eine Anhöhe hinauf, deren Abhang zum Schloss mit Weinreben bepflanzt ist. Von hier aus sieht man gut, wie der barocke Terrassengarten Schloss und See verbindet. Noch besser lässt sich die Gartenseite des Schlosses Meseberg vom Ufer des **Huwenowsees** aus betrachten. Dafür fährt man nach etwa 300 Metern links auf den Parkplatz und dann weiter den Weg zum See hinunter. Hier erwartet uns ein Steg, ein kleiner Sandstrand und vor allem ein Blick auf Schloss und barocken Terrassengarten.

Kühlung an heißen Tagen versprechen die Kastanienbäume, die unseren Weg bis Baumgarten beschatten. Hinter der **Dorfkirche Baumgarten** von 1704 erwartet uns ein **Hungerturm** der besonderen Art. Eine Umspannstation unmittelbar an der Heidestraße wurde nicht mehr benötigt. Also eröffnete Marlies Schulz in dem Turm einen Imbiss mit Kaffee und selbstgebackenem Kuchen und sonstigen Getränken. Brote, Kartoffelsalat, Würstchen gibt es auch und ein Tagesangebot. Wann ist geöffnet? »Immer, wenn ich da bin!«, sagt Marlies Schulz gut gelaunt und jederzeit für einen Plausch zu haben. Ein Stück weiter sieht man von der Straße eine Badestelle im Salchowsee.

Weiter geht es Richtung **Lindow**, das so seine Last hat mit dem Autoverkehr. Auf einer engen Landverbindung zwischen Wutzsee und Gudelacksee gelegen, führt die L 19 mitten durch den Ort. Man fühl sich nicht gerade wohl, radelt man auf der Straße des Friedens, obwohl hier einige schönes Bauten zu bewundern sind. So das Haus Straße des Friedens Nr. 7 von 1747 und die Nr. 16 von 1803. Das **Rathaus**, Straße des Friedens 20, wurde nach dem Stadtbrand 1803 errichtet und ist ein schönes Beispiel frühklassizistischer Baukunst. Zum Abschluss dann passieren wir die barocke **Stadtpfarrkirche** von 1755.

Lindow liegt schön an den Ufern von Wutzsee und Gudelsacksee. Vom dreieckigen Marktplatz mit Pizzeria Fontane und Lindower Stadtcafé sind es nur wenige Meter bis zum **Wutzsee**, an dem wir die Reste des **Klosters Lindow** anschauen können. Ab 2011 wurde die Reste des Klosters gesichert und saniert. Im 13. Jahrhundert gründeten die Grafen von Arnstein das Kloster, das als evangelisches Stift für unversorgte adlige Damen noch bis in die 1960er Jahre besetzt war. Erhalten sind die Klosterschule aus dem 15. Jahrhundert und das alte Waschhaus. Das Konventgebäude wurde als Ruine gesichert, der Friedhof der Stiftsdamen wird nach und nach wieder hergestellt. Im Zentrum des Stifts steht heute ein ›Garten des Buches‹, der den

Schloss Meseberg, Dorfseite

▶ Karte S. 100/101/103

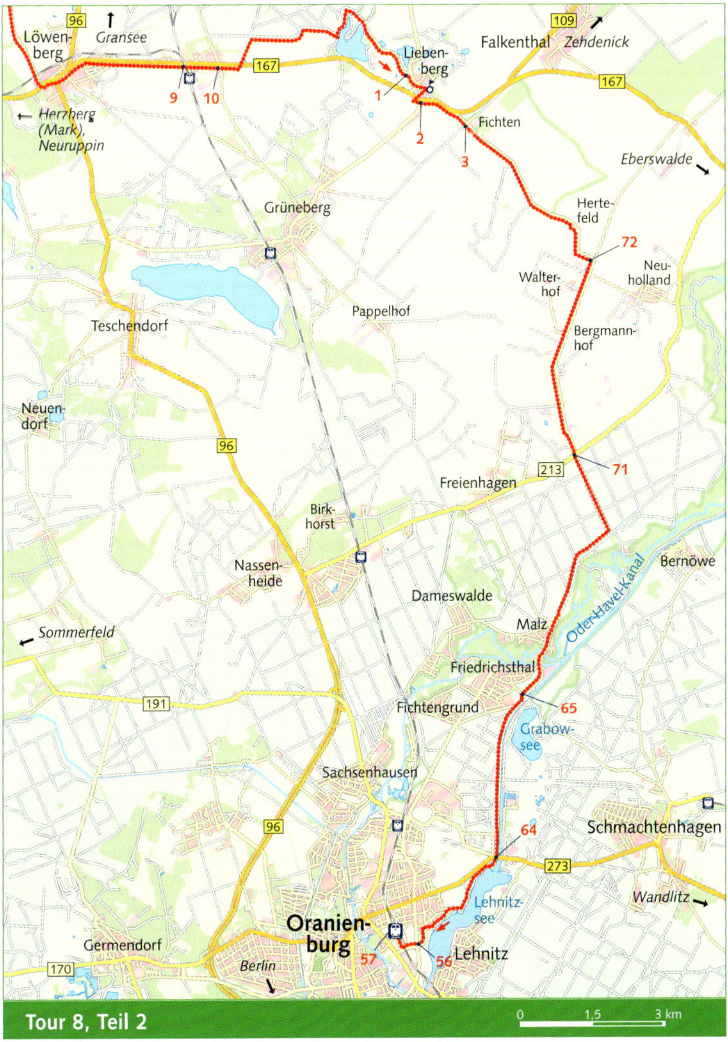

Tour 8, Teil 2

0 1,5 3 km

drei Weltreligionen Judentum, Christentum und Islam und deren friedlichem Zusammenleben gewidmet ist.

Wer es gerne etwas lebhafter hat, fährt über die Seestraße und die August-Fischer-Straße zum **Gudelacksee**. Hier gibt es einen kleinen Hafen, eine Badestelle, die auch Toiletten bietet, und eine Reihe von gastronomischen Angeboten wie das Café Seeperle.

Wir verlassen Lindow über die Straße des Friedens. Fährt man weiter geradeaus auf der Bahnhofstraße, erreicht man nach gut 700 Metern den Bahnhof Lindow (Mark). Von hier fahren aber nur acht Züge täglich Richtung Berlin.

▶ *Ernst-Thälmann-Str./Hauptstr. (K 6803)–links halten Weg nach Baumgarten–rechts halten Richtung Glambeck–Kreisverkehr 2. Ausfahrt Straße Glambeck–geradeaus Griebener Damm/Großmutzer Dorfstr.–rechts Löwenberger Str./Hoppenrader Str.–links auf Karl-Marx-Pl. (B 167)/Friedrich-Ebert-Str. (B 167)–geradeaus Eberswalder Str. (B 167)/Neulöwenberger Str. (B 167)–links auf Radweg/Am Weißen See–rechts Bergsdorfer Str.–Schloss Liebenberg*

Wir fahren hinter Lindow kurz durch ein Waldstück, dann aber öffnet sich das Land in Acker- und Wiesenflächen. Dem Dorf **Seebeck** ist sofort anzusehen, dass es ein Bauerndorf ist. Im Ort gab es aber auch eine Ziegelei, die von 1898 bis 1943 jährlich vier bis fünf Millionen Ziegel herstellte. So heißt das örtliche Veranstaltungshaus dann auch Tonkegelhaus. Vielleicht ist es ja geöffnet und man kann hier, gut 200 Meter vor dem Badestrand am Vielitzsee, eine Pause einlegen.

Das Dorf **Glambeck** schaffte es 2016 in die Schlagzeile bis hin zur Süddeutschen Zeitung in München. Der ›Problemstorch‹ Ronny hackte in Glambeck wütend auf Autodächer und Scheiben ein, um sein Spiegelbild zu vertreiben. Weniger Beachtung fand demgegenüber eine archäologische Grabung, die viel über die Geschichte der Menschen in dieser Region zutage brachte. 2012 wurde in Glambeck beim Verlegen der Trinkwasserleitung ein Friedhof entdeckt, auf dem die letzten Bestattungen Anfang des 14. Jahrhunderts stattgefunden haben. 180 Individuen konnten nachgewiesen werden, deren Skelette einiges über das Alter, die Lebensbedingungen und die Krankheiten dieser mittelalterlichen Menschen verrieten. Es lohnt sich, die Infotafeln neben der Kirche zu lesen. Glambeck liegt auf einer Sandkuppe am Rande einer Niederung, die von dem Fließ Adderlaake durchzogen wird. Die Erlen- und Eschen-Bruchwälder, Sümpfe, Feuchtwiesen und Moore sind als Naturschutzgebiet Harenzacken ausgezeichnet und bilden eine Schutzzone, die vielen Tieren Rückzugsmöglichkeiten bietet. Leider gibt es keinen ausgewiesenen Radweg durch dieses Naturschutzgebiet. So fahren wir weiter bis Großmutz und über die Löwenberger Straße Richtung Hoppenrade. Ein Schild macht uns auf den Apfelhof Wähnert aufmerksam. Rund 300 Meter müssen wir auf der Spurbahn rechts ab radeln, um zu dem Hof zu gelangen. Angeboten werden hier alte Obstsorten und Bio-Gemüse.

Die Dorfkirche in Baumgarten

Im Ort **Hoppenrade** wartet ein alter Gutshof mit einem Speicher mit Feldsteinmauerwerk auf uns. **Schloss Hoppenrade** auf der gegenüberliegenden Straßenseite (Parkstraße 2) wurde 1724 erbaut und befindet sich im Privatbesitz. Auf den ersten Blick wirkt **Löwenberg** wie ein zu groß geratenes Straßendorf. Die B 167 und die B 96 durchziehen als laute Autopisten den Ort. Die **Dorfkirche**, ein langgesteckter Backsteinbau auf Feldsteinquadern aus der Zeit um 1250, liegt unmittelbar an der Kreuzung der

▲ Karte S. 100/101/103

beiden Bundesstraßen. Da fahren wir lieber weiter Richtung Neulöwenberg. Hier treffen wir nach 37 Kilometern auf den Bahnhof Löwenberg (Mark), von dem stündlich die RB 12 nach Oranienburg fährt. Dazu kommt noch der RE 5 nach Berlin Gesundbrunnen.

Wir fahren weiter auf dem Radweg an der B 167. Aber schon nach einem Kilometer biegen wir links auf einen asphaltierten Fahrradweg ab, der entlang des Großen Lankesees und des Weißen Sees verläuft, um Liebenberg zu erreichen. Wie zum Abschied geht es hier nochmals kräftig rauf und runter, bevor wir in die Havelniederung einfahren. Zuvor aber lohnt ein kurzer Besuch im Schloss Liebenberg. Das **Schloss Liebenberg** empfängt uns mit einem massiven Backsteinturm. Davor liegt das langgestreckte, rot angestrichene **Inspektorenhaus**, ein Fachwerkbau von 1698, in dem das Museum für die Guts- und Schlossgeschichte eingerichtet ist. Im Giebel sieht man das Wappen der Freiherren von und zu Hertefeld. Gleich daneben erhebt sich die **Dorfkirche Liebenberg**, deren mächtigen Turm, der 1903 in gotisierenden Formen ergänzt wurde, wir schon von Weitem gesehen haben.

Seit 1652 saßen die von Hertefeld auf Liebenberg. Das **Schloss** wurde ab 1743 erbaut und ab 1875 mit Anbau und Treppenturm ergänzt. Der **Kaiserbrunnen** auf dem Schlosshof war ein Geschenk des Kaisers Wilhelm II. an seinen Freund Fürst Philipp zu Eulenburg und Hertefeld. Womit wir bei der Geschichte wären, die Schloss Liebenberg einen zweifelhaften Ruf eingebracht hat. Der Journalist Maximilian Harden bezichtigte 1906 Philipp Fürst zu Eulenburg und Hertefeld indirekt der Homosexualität. Ein brisanter Vorwurf, war der Adlige doch Gastgeber des Liebenberger Kreises, zu dem auch Kaiser Wilhelm II. gehörte. Mit dem Skandal endete die Freundschaft zwischen Kaiser und Fürst zu Eulenburg. Während der NS-Zeit verkehrte im Schloss Libertas Schulze-Boysen, eine Enkelin Philipp zu Eulenburgs, die gemeinsam mit ihrem Ehemann Harro Schulze-Boysen Mitglied der Widerstandsorganisation Rote Kapelle war. Heute wird Schloss Liebenberg und das dazugehörige Seehaus von der DKB-Stiftung als Hotel und Tagungshaus betrieben.

Die Dorfstraße in Keller

▶ *Schloss Liebenberg–links B 167–rechts Hertefelder Weg–rechts Nassenheider Ch.–über L 213 auf Radweg in den Wald/Malzer Dorfstr./An der Schleuse/Malzer Ch.–links Radweg am Kanal/über B 273/Radweg am Lehnitzsee–rechts Wörthstr.–links Heidelberger Str./Dr.-Heinrich-Byk-Str.–rechts Stralsunder Str.–Bhf. Oranienburg.*

Hinter Schloss Liebenberg fahren wir ein kurzes Stück auf der Bundesstraße, bevor wir vor der Bushaltestelle Liebenberg Fichten rechts ab auf den Hertefelder Weg einbiegen. Wir radeln jetzt durch das **Naturschutzgebiet Liebenberger Bruch** und sind damit in der Havelniederung angekommen. Schnurgerade Entwässerungskanäle durchziehen die Wiesen, auf denen Vieh weidet. Jobst

Badestelle am Lindower See

Gerhard von Hertefeld erwarb um 1650 die Feldmark von Liebenberg, die verwildert war, und dazu das wertlose Havel-Bruchland bei Liebenwalde. Aus dem Klevischen stammend, wusste Hertefeld, was zu tun ist. Er brachte Siedler aus Holland und vom Niederrhein in die Region, die die Sümpfe trockenlegten und zu Weideland für eine Milchwirtschaft entwickelten. Nicht nur der Dorfname ›Neuholland‹ erinnert an diese Kolonisten, auch die Siedlungsstruktur mit Einzelhöfen inmitten von 40 bis 50 Hektar Weideland ähnelt der in einigen Regionen der Niederlande. Walterhof, Bergemannhof, Sperberhof – diese Einzelhöfe haben heute ihre eigenen Bushaltestellen. Durch ein Waldgebiet nähern wir uns der Schnellen Havel. Das Dorf **Malz** wurde durch den Bau des Malzer Kanals zum Schifferdorf. Zeugnis dieser Zeit ist die **Schleuse Malz**, die wir passieren. 1824 und 1874 wurden die Schleusenkammern gebaut, die seit der Eröffnung des Oder-Havel-Kanals 1914 nur noch Denkmalcharakter haben.

Zum Abschluss unserer Tour verpassen wir auf keinen Fall die **Gaststätte Alte Fähre**. Zum gemütlichen Biergarten gelangt, wer bis zur Grabowseebrücke vorfährt und dort runter zum Oder-Havel-Kanal radelt. Dann geht es scharf links unter der Brücke hindurch, und schon steht einem kühlen Getränk nichts mehr im Weg.

Zum S-Bahnhof Oranienburg sind es nur noch gut sieben Kilometer. Wir folgen einfach dem Radweg am Oder-Havel-Kanal und am Lehnitzsee, der uns bis auf wenige hundert Meter an den Bahnhof Oranienburg bringt.

Tour 8

Imbiss am Seehof-Baumgarten, Heidestr. 13a, Baumgarten, Tel. 033083/80397; gucken, ob geöffnet ist; Tagesgerichte um 4 Euro.
www.seehof-baumgarten.de

Ristorante Pizzeria Fontana, Str. des Friedens 33, Lindow, Tel. 033933/900240; tägl. 11–22 Uhr. Klassische Pizzeria.

Lindower Stadtcafé, Str. des Friedens 28, Lindow, Tel. 0162/3225298; tägl. 9–18 Uhr.

Café Süsse Ecke, Str. des Friedens 32, Lindow, 033933/908579; Fr–So 9–18 Uhr, 24. Dez.–Ende März geschlossen. https://süsse-ecke-lindow.de

Seeperle 16, Am Gudelacksee 1a, Lindow, Tel. 033933/983962; Di–So 11.30–21 Uhr.

Tonkegel Seebeck, Hauptstr. 23b, Vielitzsee/OT Seebeck, Tel. 0176/74708514; Fr 18–22, Sa 13–20, So 13–18 Uhr.
www.tonkegel-seebeck.de

Schloss Liebenberg, Parkweg 1a, Löwenberger Land/OT Liebenberg, Tel. 033094/7000. Ausstellung zur Guts- und Schlossgeschichte im Inspektorenhaus.
www.schloss-liebenberg.de

Apfelhof-Wähnert, Gartenweg 1, Löwenberger Land; Hofladen Fr 10–18, Sa 10–16 Uhr. www.apfelhof-waehnert.de

Liebenberger Gutshofladen, Parkweg 4, Löwenberger Land/OT Liebenberg, Tel. 033094/705510; Di–Fr 11–18, Sa/So 10–19 Uhr. Produkte aus der Region.
www.gutshofladen.de

▸ Karte S. 100/101/103

Gransee – ein Stadtrundgang

Gransee hat sich das Aussehen einer planvoll angelegten Landstadt bewahrt, deren Straßenraster nach dem verheerenden Stadtbrand 1711 abgesteckt wurde: schnurgerade Straßen im Schachbrettmuster, an denen sich ein- und zweigeschossige Wohn- und Geschäftshäuser reihen, das Ganze umschlossen von der fast vollständig erhaltenen **Stadtmauer**, die teilweise noch Originalhöhe zeigt. Gebaut wurde sie aus Feld- und Backstein im 14. und 15. Jahrhundert.

Auf der Nord- und der Südpromenade kann man entlang dieser Stadtbefestigung die Innenstadt umrunden. Schon merkwürdig, wie winzig diese mittelalterlichen Städte waren. Ausgang und Endpunkt dieser Wanderung ist der quadratische **Ruppiner Torturm**, der zusammen mit dem runden **Pulverturm** ein Bild der Wehrhaftigkeit abgibt. Es lohnt sich, die reich geschmückte Stadtseite des Torturms mit dem Maßwerk und den Blenden näher zu betrachten. Sie stammt aus dem 15. Jahrhundert. Die Feldseite wurde dagegen um 1900 historisierend rekonstruiert.

Die Innenstadt Gransees entdeckt man am besten bei einem Spaziergang vom Kirchplatz durch die Schulstraße, die Klosterstraße und die Rudolf-Breitscheid-Straße. Und natürlich darf der Schinkel-

Die Stadtseite des Ruppiner Tors

Das Denkmal für die einst sehr verehrte Königin Luise

platz bei unserem kleinen Rundgang nicht fehlen.

Hoch überragen die ungleichen Turmspitzen der **Kirche St. Marien** die Innenstadt. Ein massiver Westriegel, der auf die Zeit um 1220 zurückgeht, trägt diese Türme. Das Kirchenschiff wurde bis 1450 errichtet. Sehr schön sind die Maßwerksarbeiten um die Portale und vor allem der geschmückte Ostgiebel der Kirche. Gegenüber vom Gotteshaus steht das **Rathaus** (Kirchplatz 1), das nach dem Stadtbrand 1711 zurückhaltend in die Straßenfront einfügt wurde. Vom **Franziskanerkloster** (Klosterstraße 4) von 1280 ist nach Reformation und diversen Stadtbränden nur noch der Ostflügel erhalten, der als Schulgebäude genutzt wurde. Heute werden hier wechselnde Ausstellungen gezeigt.

In Sichtweite vom Ruppiner Tor befindet sich das ehemalige St. Spiritus Hospital mit der **Hospitalkirche** (Rudolf-Breitscheid-Straße 44). Nach dem Stadtbrand 1711 wurde das Spital vollkommen neu, die Kirche im Innern neu errichtet. Hier ist jetzt das Heimatmuseum Gransee untergebracht.

Schon aus bürgerlicher Zeit stammt das **Luisendenkmal** auf dem ehemaligen Marktplatz der Stadt, heute Schinkelplatz. Hier wurde der Sarg der Königin Luise auf dem Weg nach Berlin vom 25. auf den 26. Juli 1810 aufgestellt, nachdem die populäre Herrscherin am 19. Juli 1810 in Hohenzieritz verstorben war. Aus Spenden wurde das Denkmal mit Granitsockel, Sarg mit Krone und vor allem mit dem filigranen Baldachin aus Eisen nach einem Entwurf von Karl Friedrich Schinkel errichtet. Bis 1945 hieß der Platz nicht Schinkel-, sondern Luisenplatz.

Gransee

Café und Bücherei Hillebrand, Rudolf-Breitscheid-Str. 39, Gransee, Tel. 01514/ 2315377; Fr–Mo 11–18 Uhr. Selbstgebackener Kuchen und dazu Bücher zum Schmökern.
https://haraldhillebrand.wixsite.com

Gaststätte Huckeduster, Kirchpl. 5, Gransee, Tel. 03306/21539; Sommer Mi–Fr 11–15 und ab 18, Do 11–15, Sa/So 11–16 und ab 18 Uhr; Winter Mi, Fr, Sa/So 11–14 und ab 18, Do 11–14 Uhr. Deutsche Küche.
www.gaststätte-huckeduster-gransee.de

Heimatmuseum der Stadt Gransee, Rudolf-Breitscheid-Str. 44, Gransee, Tel. 03306/21606; Mai–Sept. Do/Fr 10–16.30, Sa/So 10–16 Uhr; Okt.–April Di–Fr 10–16, Sa/So 12–16 Uhr; 2 Euro, Stadttor 1 Euro. Stadtgeschichte im ehemaligen Hospiz.
www.gransee.info

Pilgerzeiten und eine Wasserburg

Tour 9: Von Glöwen nach Glöwen

Verlauf: Bhf. Glöwen–Roddan Quitzöbel–Gnevsdorf–Rühstädt–Bälow–Sandkrug–Klein Lüben–Groß Lüben–Bad Wilsnack–Plattenburg–Groß Leppin–Storbeckshof–Glöwen.
Länge: 55 km.
Alternativen: bis Bad Wilsnack: 38 km.
Start: Bhf. Glöwen, Fahrstuhl: nicht nötig; Einkauf: NP Markt Bahnhofstr. 101a (1 km entfernt).
Ziel: Glöwen; s.o.
Anfahrt: ab Hbf. Berlin, RE 2, stdl., 1:15 Std.
Rückfahrt: ab Bhf. Glöwen, RE 2, stdl., 1:20 Std.
E-Bike: uneingeschränkt tauglich.
Radeln nach Zahlen: 49-47-46-42-43-33-34-44-40-48-45-59-50.
Wegequalität: 12 Kilometer geht es komplett stressfrei über asphaltierte, separate Radwege. Die über 6 Kilometer auf Sandwegen sind kein Problem, auch nicht für E-Bike-Fahrer, da die Pisten gut verdichtet sind. Über 24 Kilometer fahren wir auf sehr ruhigen, asphaltierten oder gepflasterten Nebenstraße. Die Elbtalniederung ist nur dünn besiedelt, sodass die fast 5 Kilometer auf der L 11 zwischen Klein Lüben und Groß Lüben zu verkraften sind. Nervig sind einzig die rund 500 Meter Kopfsteinpflaster in Plattenburg.
Kurzcharakteristik: Dass man im Lande Brandenburg auch in die Elbe spucken kann, wissen viele nicht. Von der Havelmündung fahren wir auf einer Landzunge zwischen Elbe und Gnevsdorfer Vorfluter zum Storchendorf Rühstädt. Weiter geht es zur Wunderblutkirche Bad Wilsnack, einem bedeutenden Wallfahrtsort im Mittelalter. Wir bleiben in der Elbtalniederung und radeln durch ausgedehntes Waldgebiet nach Plattenburg mit der ältesten erhaltenen Wasserburg Norddeutschlands. Der Fluss Karthane sorgt nicht nur für die Fischteiche an der Plattenburg, sondern auch für einige Ackerbauflächen, die wir auf unserem Rückweg nach Glöwen passieren.
Tipp: Wir fahren durch das Elbtal, wo kräftige Nordwestwinde auftreten können. Besser kurz vor der Tour die erwartete Windrichtung und Windstärke prüfen. Eventuell die Fahrtrichtung umkehren, um den Weg an der Elbe von Rühstädt nach Quitzöbel zu radeln.

► *Bhf. Glöwen–rechts Havelberger Str. (B 107)–rechts K 7005 nach Roddan–links Straße nach Quitzöbel/Roddaner Weg–links Wilsnacker Str. (L 10)–rechts Am Brink/Werbener Str.–links Gnevsdorfer Wehr–rechts über Wehranlage Quitzöbel–rechts halten über Schleusenbrücke Quitzöbel auf Weg nach Gnevsdorf–rechts über Wehr Gnevsdorf–links Am Wehr/Gnevsdorfer Dorfstr. (K 7005)/Mäsche–rechts halten Rühstädter Dorfstr.–Knoten 43.*

Die 1700-Seelen-Gemeinde **Glöwen** hat das, was die Stadtväter von Havelberg gerne hätten: eine Station auf der Bahnlinie Berlin–Hamburg. Das **Bahnhofsgebäude** stammt von 1846, dem Jahr, in dem die Bahnstrecke eröffnet wurde. Obwohl saniert, steht das klassizistische Gebäude leer.

Wir fahren ein kurzes Stück an der B 107 Richtung Havelberg, biegen dann rechts auf die K 7005 ab und fühlen uns für einen Moment unwohl: Eine gut ausge-

Touren

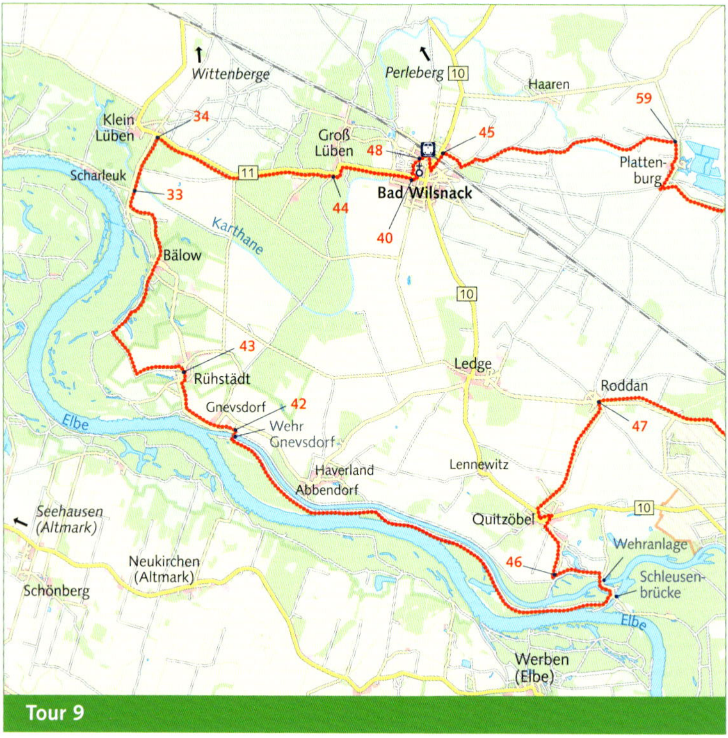

baute Straße bedeutet zumeist starken Pkw-Verkehr. Aber das gilt zum Glück nicht in der Prignitz mit ihren 36 Einwohnern auf den Quadratkilometer. Zum Vergleich: In Potsdam-Mittelmark sind es 84 und in Berlin 4112. Zudem wirkt der **Standortübungsplatz Glöwen** mit seinen 485 Hektar wie ein Schutzschild in Sachen Durchgangsverkehr. Also haben wir zumeist unsere Ruhe auf der K7005.

Auf der linken Seite sehen wir immer wieder Hinweisschilder ›Militärischer Sicherheitsbereich‹ und ansonsten nichts außer Kiefern, Kiefern und nochmals Kiefern. Wir radeln auf dem rund sieben Kilometer breiten Talsandgürtel, der die Elbaue begleitet und zu unfruchtbar für die landwirtschaftliche Nutzung ist.

Das Dorf **Roddan** hat sich die Form eines Rundlings bewahrt. Das Zentrum der Wohnstellen bildet der große Dorfplatz mit der **Fachwerkkirche Roddan** von 1680. Im Jahr 1977 sollte die Kirche abgerissen werden. Seit 2011 hat sie sogar wieder die historische Zwiebelspitze auf dem Turm. Trotzdem macht die **Dorfkirche Quitzöbel**, die wir nach einer Fahrt durch Felder und Wiesen erreichen, mehr her. Die Backsteinkirche mit einem schönen, blendengeschmückten Staffelgiebel auf der Ostseite stammt aus der Zeit um 1500.

In Quitzöbel steckt das Wort ›Quitzow‹ und damit der Name des Adelsgeschlechts, das hier seinen Stammsitz hatte und bis ins 17. Jahrhundert Besitzer des Dorfes war. Die Familie von Quitzow

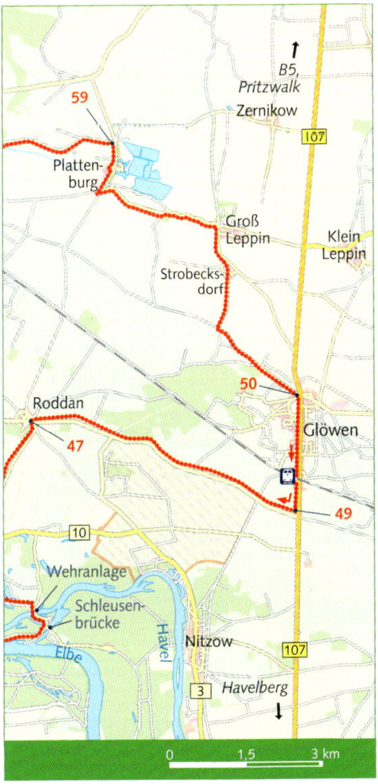

war in Brandenburgs Geschichtsschreibung lange das Synonym für Raubrittertum. Die Brüder Hans und Johann von Quitzow weigerten sich, den Hohenzollern zu huldigen, die 1411 im Auftrag des deutschen Königs in die Mark gekommen waren, um hier für das Ende des Fehdewesens und mehr Sicherheit zu sorgen. Bis 1414 eroberten die Hohenzollern daraufhin die Burgen der Quitzows. Soweit die Fakten. Für alles Weitere gilt: Die Geschichte wird vom Sieger geschrieben, also waren die Quitzows die Bösen und die Hohenzollern die Guten. Das Schloss der Quitzows ist heute im Privatbesitz. Die Fischräucherei Bächer lädt im Ort zu einem Imbiss ein. Weiter geht es auf einer Spurbahn Richtung Gnevsdorfer Vorfluter und damit zur Elbe. Noch in Quitzöbel können wir durch einen kurzen Abstecher am Haus Werbener Straße 33 eine landschaftliche Besonderheit entdecken: **die Binnendüne Quitzöbel**. Immerhin 30 Meter hoch, wurde sie nach der letzten Eiszeit aus feinem Sand aufgeweht. Es ist ein merkwürdiger Anblick in einer Gegend, in der man Wiesen und Entwässerungsgräben erwartet.

Ziemlich überraschend treffen wir dann nach all dem Wald und Sand auf den ersten Schutzdeich des Gnevsdorfer Vorfluters am Zusammenfluss von Havel und Elbe. Der Knoten 46 weist uns den Weg nach Neuwerben. Hier muss man aufpassen. Leicht biegt man rechts Richtung Rühstädt ab und verpasst damit die reizvolle Fahrt auf der Landzunge zwischen Elbe und Gnevsdorfer Vorfluter. Wir radeln also links ab, Richtung Neuwerben, dann über die Wehranlage Quitzöbel, weiter über die Schleusenbrücke Quitzöbel und halten uns vor dem Wehr Neuwerben rechts, um auf der Landzunge zu bleiben.

Der Bau der **Wehrgruppe Quitzöbel** 1937 diente dem Schutz des Havellandes vor Überflutung. Sie verhindert, dass bei Hochwasser das Wasser der Elbe in die deutlich niedriger liegende Havel gedrückt wird. Der Bau des **Gnevsdorfer Vorfluters** war 1954 ein weiterer Schritt in Sachen Hochwasserschutz für die Havelniederung. Durch diesen Kanal wurde die Einmündung der Havel in die Elbe um zehn Kilometer Richtung Hamburg verschoben. Bei einem Gefälle der Elbe von 15 Zentimetern pro Kilometer lag damit auch der Rückstaupunkt, an dem bei Hochwasser das Elbwasser in die Havel fließt, deutlich niedriger.

Auf der Landzunge können wir uns in Ruhe den Unterschied zwischen dem ausgebauten Bett des Gnevsdorfer Vorfluters (rechts) und der in den Uferbereichen na-

Die Ostseite der Kirche Quitzöbel mit Staffelgiebel und Blenden wurde um 1500 errichtet

turnahen Elbe (links) angucken. Vielleicht erblicken wir Gänse am Elbufer, die zuvor vermutlich in den flachen Tümpeln im Deichvorland nach Fressen gesucht haben, oder unter Bäumen ruhende Kühe, die ein bisschen Schatten genießen. Am Wehr Gnevsdorf kann man bis zum Zusammenfluss von Elbe und Gnevsdorfer Vorfluter (Havel) vorfahren, auf halber Strecke gibt es einen schönen Rastplatz. Wir aber biegen rechts ab, radeln über das Wehr und weiter auf der K 7005, die sich vom Elbdeich löst, um Rühstädt zu erreichen. Gleich am Ortseingang bietet sich das Hofcafé und Bistro Zur Alten Mühle für eine Rast an.

Storchendorf Rühstädt – im Sommer sind die Weißstörche, die hier brüten, mit ihrer großen Flügelspannweite am Himmel gar nicht zu übersehen. Unermüdlich bringen sie ihren Jungen Futter aus der umliegenden Niederung von Elbe und Havel. Fast alle Bauernhäusern ziert ein, manchmal sogar zwei Storchennester. 1996 erhielt Rühstädt die Auszeichnung ›Europäisches Storchendorf‹ als Anerkennung des Engagements von Gemeinde und Bürgern in Sachen Nisthilfe und Storchenschutz. Wer mehr über den Weißstorch und die Elbniederung erfahren möchte, besuche das **NABU-Besucherzentrum Rühstädt**. Eine Ausstellung rund um das Thema Storch, dazu mittwochs, freitags und samstags Storchenführungen durch das Dorf, das mit über 30 Brutpaaren als das storchenreichste Deutschlands gilt, werden angeboten.

Die **Dorfkirche Rühstädt** ein Stück weiter an der Rühstädter Dorfstraße stammt im Kern aus der Zeit um 1450, wurde aber um 1733 mit einem Westturm ergänzt. Wer samstags hier vorbeikommt, kann Glück haben und die Kirche ist für Besucher geöffnet. Bemerkenswert ist neben

▶ Karte S. 110/111

dem Altar aus der Zeit um 1400 die Vielzahl von Gedenktafeln und Grabmälern der Familie von Quitzow. Dazu kommen ein prächtiger Sargdeckel für Friedrich Wilhelm von Grumbkow und ein Wandgrab von Thomas Günther von Jagow. Von Quitzow, von Grumbkow, von Jagow – diese Adelsfamilien saßen über die Jahrhunderte auf **Schloss Rühstädt** gleich gegenüber der Kirche. 1782 wurde das Gebäude errichtet, in dem heute ein Hotel Zimmer anbietet. Besichtigt werden kann nur der **Schlosspark** mit dem Obelisken, den Friedrich Wilhelm von Grumbkow 1719 hat aufstellen lassen, um so die Belehnung mit Rühstädt zu feiern. Ein kurzes Stück weiter in den Park hinein findet sich die Familiengrabstätte der von Jagow, die Schloss Rühstädt 1945 verlassen mussten. Das Schloss wurde geplündert, die Wappen am Gebäude und auch am Obelisken abgeschlagen. Den Weg zum Obelisken und der Familiengrabstätte Jagow weist ein Schild am Radweg, kurz nachdem wir am Knoten 43 Richtung Bälow abgebogen sind.

Touren

▶ *Knoten 43–links halten Rühstädter Dorfstr.–links Radweg Richtung Bälow–rechts ab weiter Weg nach Bälow/An der Gärtnerei/Bälower Dorfstr. (K 7005)–Klein Lüben, rechts Bad Wilsnacker Str. (L 11)–Groß Lüben, Dorfstr. (L 11)/Wittenberger Str./Große Str./Wunderblutkirche Bad Wilsnack–zurück, rechts Bahnstr.–scharf rechts Töpferstr.–links Dr.-Wilhelm-Külz-Str. (L 10)–rechts Am Eierberg–links Am Park–rechts halten, Schotterweg nach Plattenburg–rechts Burgstr.–links Zur Plattenburg–rechts Querstr./rechts Perleberger Str. (B 107)–rechts Bhf. Glöwen*

Am Knoten 43, noch in Rühstädt, müssen wir uns entscheiden. Wir können dem Hinweis ›Bad Wilsnack 10,5 km‹ folgen. Auf dieser Strecke sparen wir uns die Fahrt auf der L 10 von Klein Lüben nach Groß Lüben. Um aber noch etwas in der Elbniederung zu bleiben, folgen wir lieber dem Hinweis ›Bälow 3,9 km‹. Vorbei geht es an einer ganzen Reihe von Wasserflächen auf den Wiesen. Ein

Am Zusammenfluss von Elbe und Havel bei Gnevsdorf

Der Zugang zur Kapelle in der Plattenburg

›Haltepunkt Natur‹ informiert über die Auenwildnis Deichvorland Bälow. Im Ort dann wartet das Café Zander auf Gäste. Weiter geht es vorbei am Wohnplatz Sandkrug, der ganz in der Nähe der Elbe liegt. Dementsprechend bietet uns der Knoten 33 an, links auf den Elberadeweg Richtung Wittenberge abzubiegen. Über Scharleuk, Hinzdorf, Schadebeuster und Garsedow geht es nach Wittenberge (→ S. 124). Wir aber fahren geradeaus, weiter Richtung Klein Lüben und überqueren dabei den Fluss Karthane, der bei Wittenberge in die Elbe fließt. Ab Klein Lüben müssen wir dann die vier Kilometer auf der Landesstraße hinter uns bringen. Es herrscht aber wenig Verkehr. Den restlichen Weg bis **Bad Wilsnack** haben wir dann zum Glück einen Radweg. Schon von Weitem sehen wir den Westgiebel der **Wunderblutkirche St. Nikolai** aus der Zeit um 1400, die die umliegenden Wohnbauten hoch überragt. Kaum zu glauben, dass die 2500-Seelen-Stadt Bad Wilsnack im ausgehenden Mittelalter nach einem sogenannten Hostienwunder einer der bedeutendsten Wallfahrtsorte in Nordeuropa war. Die Legende erzählt: Nachdem der Ritter Heinrich von Bülow 1383 den Ort Wilsnack niederbrennen ließ, wurden in der zerstörten Kirche drei Hostien gefunden, die rote Flecken aufwiesen. Die Hostie, der Leib Christi, hatte geblutet – ein Hostien-Wunder. Diese Legende, weitere wundersame Ereignisse im Umfeld der Bluthostie und der Ablassbrief des Papstes Urban VI., der den Wiederaufbau der Kirche finanzieren sollte, machten Bad Wilsnack europaweit bekannt. Erst der lutherische Pfarrer Joachim Ellefeld setzte 1552 der Hostienverehrung ein Ende. Er zerschlug die Monstranz und verbrannte die Hostien. Ellefeld musste das Land verlassen. Geblieben ist die Kirche samt Wunderblutkapelle und Wunderblutschrein aus der Mitte des 15. Jahrhunderts.

Wilsnack wurde 1929 aufgrund der heilsamen Moorbäder zu Bad Wilsnack. Die Solevorkommen unter der Stadt wurden 1997 angebohrt und werden seitdem zum Betrieb eines Thermalbades genutzt. Bad Wilsnack ist Station auf der Bahnlinie Wittenberge–Berlin. Wer also nach 39 Kilometern genug vom Radeln hat, kann hier stündlich Richtung Berlin zurückfahren.

Wir fahren von der Wunderblutkirche gut 100 Meter auf der Großen Straße zurück und biegen dann rechts ab. Über die Bahnstraße verlassen wir Bad Wilsnack und fahren auf dem Waldweg nach Plattenburg. Es fehlen Schilder, aber die geschotterte Piste ist uns Orientierung genug. Das einsam gelegene Forsthaus Plattenburg und die Brücke über den Fluss Karthane, an der jüngst eine Fischtreppe in das seitliche Wehr eingebaut wurde, sind Stationen auf diesem Weg. Am Knoten 59, an dem sich auch der Zugang zum Bestattungswald Plattenburg findet, biegen wir rechts ab. Unmittel-

▸ Karte S. 110/111

bar an der **Plattenburg** müssen wir ein kurzes Stück Kopfsteinpflaster in Kauf nehmen. Durch die Tordurchfahrt im Knappenhaus mit der gotischen Plastik des heiligen Laurentius geht es auf den oberen Burghof. Links sehen wir den verputzten Bischofsflügel und anschließend den in Backstein gehaltenen Wohnflügel. Deutlich abgesetzt sind Kapelle, das Stall- und Speichergebäude sowie das Knappenhaus mit dem Haupttor, die den unteren Burghof einfassen.

Die schon 1319 in einer Urkunde erwähnte Plattenburg diente den Bischöfen von Havelberg als Sommerresidenz. Von 1560 bis 1945 gehörte sie der Familie von Saldern, die um 1685 die weitgehend baufällige Anlage sanierte und viele funktionslos gewordenen Wehranlagen wie Wassergräben und Zugbrücken beseitigen ließ. Eine Besichtigung der Burg ist nur für Gruppen ab zehn Personen und nach Voranmeldung möglich. Der Prignitzer Wasserburg e. V. betreibt in der Burg ein Restaurant, Mehrbettzimmer und ein Doppelzimmer stehen Gästen zur Verfügung. Der Weg vorbei an der Kapelle führt zu den Fischteichen und dem **Imbiss der Fischerei Plattenburg**.

Hinter Plattenburg fahren wir um Groß Leppin und Störbeckhof durch Ackerflächen. Dann geht es wieder durch den Wald, den wir weiter südlich schon zu Beginn unserer Tour kennengelernt haben. Nach rund acht Kilometern erreichen wir den **Bahnhof Glöwen**. Wir müssen erst durch die Unterführung fahren und dann rechts auf das Bahnhofsgelände abbiegen, um zum Gleis 1 zu gelangen, von dem die Züge nach Berlin abgehen.

Touren

Tour 9

Fischräucherei Bächer, Havelberger Str. 17, Legde/Quitzöbel, Tel. 038791/7291; Mo, Mi, Do 10–16, Fr 10–17, Sa 9–11, Di 13–16 Uhr.

Hofcafé und Bistro Zur Alten Mühle, Mäsche 5, Rühstädt, Tel. 0151/64880577; Mai–Okt. Fr–Di, 11–17 Uhr. Ein netter Hof, Kaffeespezialitäten und Kuchen sowie täglich wechselnde Gerichte. www.hofcafe-bistro-rühstädt.de

Café Pension Zum Storchenhof, Rühstädter Dorfstr. 11, Rühstädt, Tel. 038791/6642; Mi–So 12–17 Uhr.

Landgasthof Storchenkrug, Am Schloss 4, Rühstädt, Tel. 038791/829872, Sa/So Mi 8–10 und 17–20, Do/Fr 8–10 und 17–20 Uhr. Schmackhafte deutsche Küche, bei gutem Wetter Plätze draußen. www.storchenkrug-online

Radlercafé in der Pension Ferienhof Zander, Dorfstr. 11, Rühstädt/OT Bälow, Tel. 038791/6752; April–Okt. Kaffee und Kuchen, Ladestation für E-Bikes. www.ferienhof-zander.de

Café Quitzow, Große Str. 3, Bad Wilsnack, Tel. 038791/2341; Fr 11–22, Sa/So ab 14.30 Uhr. Hausgemachte Kuchen.

Burgkeller Plattenburg, Auf der Burg 1, Plattenburg, Tel. 038791/568225; Fr–So 11–21 Uhr; vorher anrufen. www.burgkeller-plattenburg.de

Fischerei Plattenburg, Burgstr. 9, Plattenburg, Tel. 038791/734900; Do–So 8–16 Uhr. Das Restaurant ist aktuell geschlossen, soll aber wieder geöffnet werden – auf der Website informieren. www. fischerei-plattenburg.de

NABU-Besucherzentrum Rühstädt, Neuhaus 9, Rühstädt, Tel. 038791/806555; April–Aug. 10–18 Uhr, Sept./ Okt. 10–16 Uhr, 1,50/0,50 Euro; Führung durch das Storchendorf April–Mitte Aug. Mi, Fr 14, Sa 11 Uhr; 5/2,50 Euro. Infos zum Weißstorch. www.besucherzentrum-ruehstaedt.de

Wunderblutkirche St. Nikolai, An der Nikolaikirche, Bad Wilsnack, Tel. 0174/4568789; Sommer Di 13–16, Mi–Sa 10–16 Uhr, Winter Di–Sa 13–16, So 11–14 Uhr. Spätmittelalterliche Kirche. www.wunderblutkirche.de

Entlang der Stepenitz

Tour 10: Von Wittenberge nach Pritzwalk

Verlauf: Wittenberg–Waldhaus–Weisen–Perleberg–Neue Mühle–Lübzow–Groß Linde–Klein Linde–Kreuzburg–Seddin–Wolfshagen–Helle–Neudorf–Groß Langerwisch–Schönhagen–Pritzwalk.
Länge: 45 km.
Alternativen: ab Perleberg: 34 km.
Steigt man in Wittenberge in den RE6 um, ist man in zehn Minuten in Perleberg. Damit verkürzt sich die Strecke um 11 km.
Start: Bhf. Wittenberge, Fahrstuhl: ja; Einkauf: Netto, Perleberger Str. 117; Mo–Sa 7–21 Uhr (500 Meter entfernt).
Ziel: Bhf. Pritzwalk, Fahrstuhl: nicht nötig; Einkauf: Rewe, Bergstr. 45; Mo–Sa 7–22 Uhr (600 Meter entfernt).
Anfahrt: Bhf. Friedrichstr., RE2, stdl., Fahrzeit 1:36 Std.
Rückfahrt: Bhf. Pritzwalk, RE6 stdl., Fahrzeit 2:15 Std. Bisweilen ist die Strecke RE6 bis Wittenberge, dann RE2 bis Bhf. Berlin Friedrichstraße schneller.
E-Bike: uneingeschränkt tauglich.
Radeln nach Zahlen: 35–31–21–20–61–68–81.
Tipp: Zwischen Wittenberge und Wolfshagen ist die Strecke als Gänsetour ausgeschildert. Da diese Tour hinter Perleberg nur durch sehr kleine Dörfer führt, sollte man Proviant und im Sommer genügend Wasser dabeihaben.
Wegequalität: Wir radeln 28 Kilometer auf asphaltierten oder gepflasterten Nebenstraßen, die hier in der Prignitz sehr ruhig sind. Straßenbegleitende Radwege stehen mit 11 Kilometer zu Buche. Erträglich sind auch die 1,4 Kilometer auf ruhigen Landesstraßen. Nervig sind nur die 200 Meter Kopfsteinpflaster in Umfeld des Schlosses Wolfshagen. Aber da findet sich am Rand ein Sandstreifen.
Charakteristik: Mit Wittenberge und Perleberg besuchen wir zwei Städte, die unterschiedlicher kaum sein können: Wittenberge, die Industriestadt an der Elbe; Perleberg, die mittelalterliche Handelsstadt, die heute Verwaltungssitz ist. Entlang der Stepenitz, deren Niederung als Naturschutzgebiet ausgewiesen ist, geht es durch die Prignitz. Je weiter wir uns von Perleberg entfernen, desto ruhiger wird es. Vorbei am bronzezeitlichen Königsgrab Seddin geht es zum Schloss Wolfshagen, in dem wir der Lebenswelt des Prignitzer Landadels einen Besuch abstatten. Endpunkt unserer Fahrt ist Pritzwalk, einst eine reiche Handelsstadt.

▶ *Bhf. Wittenberge–rechts auf roten Pflasterweg am Parkplatz–rechts Maybachstr.–rechts Hartwigstr.–links Perleberger Ch. (L 11)–rechts halten Weg auf Deich–rechts Heinrich-Heine-Str.–Knoten 35, links Dorfstr.–rechts Chausseestr.–Perleberg, geradeaus Wittenberger Ch. (L 10)–geradeaus Wittenberger Str.–Knoten 21, rechts halten Wittenberger Str.–links Schuhmarkt–geradeaus Krämerstr.–links Kirchplatz*

▲ Karte S. 118/119

Wittenberge ist Bahnknotenpunkt. Das sieht man schon bei der Einfahrt per Zug in die Stadt: Lokschuppen, Werkstätten für den Schienenfahrzeugbau, Gleise und Lagerhäuser. Das riesige, klassizistische **Bahnhofsgebäude** zeigt, dass Wittenberge der wichtigste Eisenbahnknotenpunkt zwischen Hamburg und Berlin war. Heute noch ist die DB Fahrzeuginstandhaltung einer der großen Arbeitgeber der Stadt.

Der Bahnhof liegt am Nordostrand des Ortes, sodass wir schon nach drei Kilometern in **Weisen** ankommen, einem Bauerndorf, das heute Wohnplatz bei Wittenberge ist. Dabei fahren wir das letzte Stück auf dem Deich der Stepenitz, deren Niederung hier in das Elbtal übergeht. Das Fluss Stepnitz, der oberhalb von Putlitz entspringt und auf seinem Weg zur Elbe einen großen Teil der Prignitz-Hochfläche entwässert, ist mit seiner Niederung ein Schwerpunkt dieser Tour. Schon vor dem Knoten 35, der uns den Weg nach Perleberg weist, steht die **Dorfkirche Weisen** von 1746. Turm und Kirchenschiff sind aus Fachwerk, Portal und die Fensterrahmungen aus Sandstein. Hinter Weisen fahren wir in die **Perleberger Heide** ein, einem sandigen Streifen von rund sieben Kilometer Breite, auf dem vor allem Kiefernwälder wachsen. Immer wieder weisen Warnschilder auf der rechten Seite darauf hin, dass das Betreten des Waldes verboten ist: Gefährdungsgebiet durch Kriegsmittelreste, Explosionsgefahr. Hier befand sich ein militärisches Übungsgelände.

Kurz vor Perleberg begegnen wir erstmals dem Fluss Stepenitz mit seinem schilfbewachsenen Ufern. Bevor wir uns aber dem Gewässer widmen, gucken wir uns die Stadt **Perleberg** an. Sie begrüßt uns mit einem leeren Sockel mit Siegerkranz, dramatisch an einem Abhang des Stadtparks inszeniert. Bis 1945 stand hier eine 2,5 Meter hohe Germania, ein **Kriegerdenkmal**, dem Andenken der Gefallenen in den Einigungskriegen 1864, 1866 und 1871 gewidmet. Hinter dem Bahnübergang, den wir einige Meter weiter passieren, können wir links in die Lenzener Straße einbiegen. Hier ist der **Bahnhof Perleberg**, der auch als Ausgangspunkt der Tour dienen kann.

Schon vor der Brücke über die Stepenitz, über die wir die Altstadt von Perleberg betreten, erleben wir eine Überraschung. Am Straßenrand steht gegenüber vom Gebäude Wittenberger Straße 7 ein Aufsteller mit alten Filmplakaten der Ufa. Perleberg als Filmstadt? Tatsächlich wurde in dem Gebäude im Jahr 1937 das **Neue Union-Theater** eröffnet. Stammhaus war das ebenfalls erhaltene Union-Filmtheater in der Wollweberstraße Ecke Uferstraße, das 1912 als eines der ersten Kinos in Brandenburg seine Türen öffnete.

Die Wittenberger Straße endet auf dem **Schuhmarkt**, der heute eher an einen Parkplatz als an einen mittelalterlichen Stadtplatz erinnert. Das **Haus Schuhmarkt 1** ist ein schönes Beispiel für ein Kaufmannshaus aus dem 16. Jahrhundert. Vom Schuhmarkt geht die Straße Mönchort mit dem **Stadt- und Regionalmuseum Perleberg** ab. Gleich gegenüber befindet sich der **Malerwinkel,** eine malerische Gruppe aus den Fachwerkhäusern Mönchort 6 und Kirchplatz 9 sowie dem Turm der Stadtkirche St. Jacobi.

Auf dem **Großen Markt** mit dem Roland, dem Rathaus und der Kirche St. Jacobi können wir unsere Fahrräder anschließen, einen Kaffee nehmen oder auch einen

Das Stadt- und Regionalmuseum Perleberg

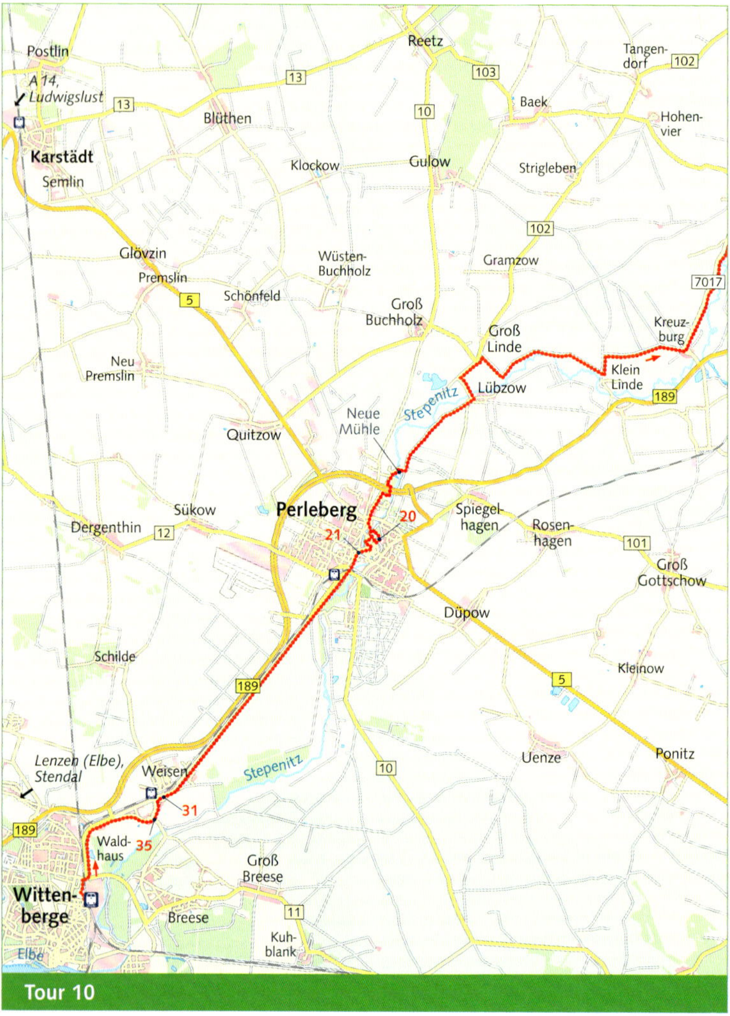

Stadtrundgang beginnen. Wer einfach weiterfahren möchte, sollte zumindest die wunderschöne Gruppe von **Fachwerkhäusern um das Haus Kirchplatz 11** von 1584 mit dem maßwerkartig verzierten Giebel bewundern.

► *Kirchplatz-Großer Markt-rechts Straße Großer Markt-rechts halten Puschkinstr.-links Puschkinstr.-geradeaus über Gummisteg-links Lotte-Lehmann-Promenade-links über Steg-rechts Am Hohen Ende-rechts halten Sophienstr.-rechts ab Sandweg an B 5-durch Unterführung-links weiter Sandweg zur Sophienstr.-rechts Sophienstr.-Neue Mühle*

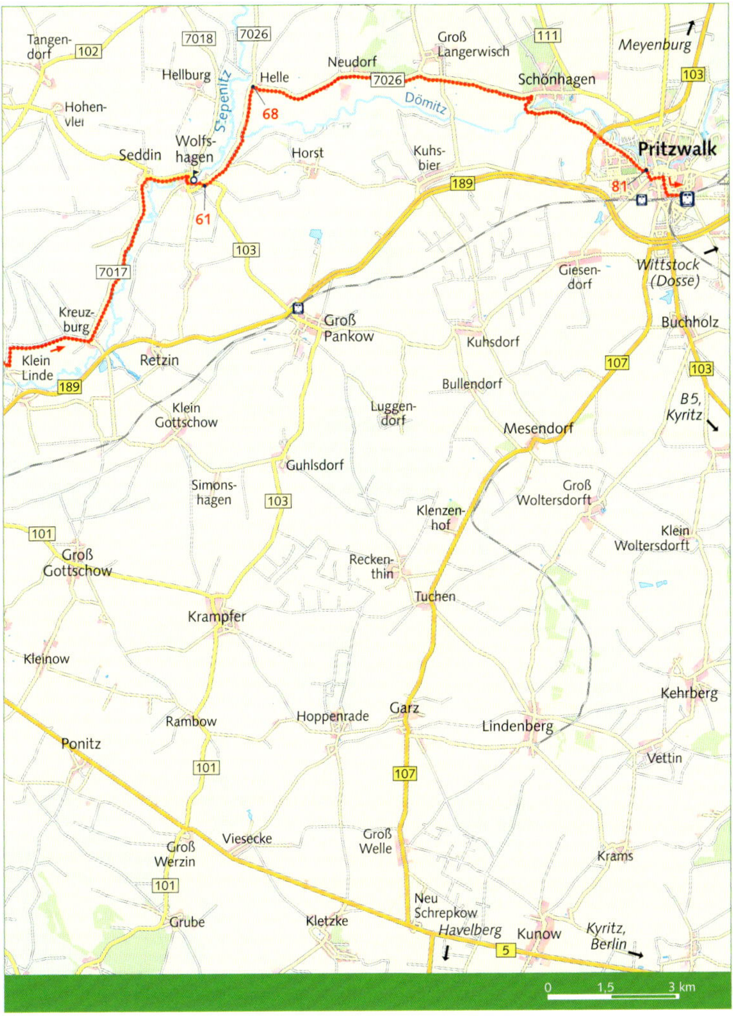

Vom Großen Markt fahren wir in die Puschkinstraße, mit der wir vor dem Ristorante L'italiano links abbiegen. Vorbei geht es am **Wallhaus mit Wachturm** zur Stepenitz. Jenseits des Gummistegs fahren wir ein Stück entlang des Flusses im sogenannten **Hagen**, einer Freifläche, die heute als Feuchtbiotop geschützt ist und als Naherholungsgebiet dient. Einst bot der morastige Hagen der Stadt Schutz vor Angreifern. Über einen weiteren Steg geht es wieder zurück auf die Westseite der Stepenitz, die in diesem Bereich als Waschplatz, später als Pferdetränke genutzt wurde.

Auf der Sophienstraße verlassen wir Perleberg und fahren durch Ackerbauflächen. Für die ganze Strecke an der Ste-

Kraniche nutzen den Schatten

penitz gilt, dass solche Ackerbauflächen auf der fruchtbaren Grundmoränenplatte angelegt wurden. Wald wurde demgegenüber auf Endmoränenzügen und Sanderflächen angepflanzt. In den Niederungen der Fließgewässer wird Grünlandwirtschaft betrieben.

Die **Neue Mühle** wurde mit dem Wasser der Stepenitz angetrieben. Sie steht nicht ohne Grund nördlich der Stadt: Südlich von Perleberg wurde im Mittelalter der Fluss frei von Mühlen gehalten, um den Schiffsverkehr zur Elbe nicht zu behindern.

▶ *Neue Mühle–links Weg durch Wald–Lübzow, geradeaus Dorfstr.–links Dorfstr.–rechts Richtung Groß Linde–rechts Weg zur Stepenitz–links Weg an Stepenitz–links Richtung Kreuzberg–rechts Richtung Kreuzburg–links K 7017, Richtung Seddin–rechts Wolfshagener Str. (L 103)–rechts Putlitzer Str.–Schloss Wolfshagen*

Hinter der Neuen Mühle geht es leicht aufwärts in ein Waldgebiet. Rechts des Weges sehen wir Heidekraut und vor allem Sand, Sand, Sand, auf dem Kiefern wachsen. Wie anders ist das Bild, schauen wir nach links in die **Aue der Stepenitz**, die hier eine Breite von bis zu 300 Metern erreicht. Weiter nördlich misst sie nur wenige Meter. Hat man Glück, ist eines der Wiesengatter offen, sodass man bis zum Fluss vorgehen kann. Die Ufer sind weitgehend naturbelassen und mit Schilf und Röhricht bewachsen, das vielen Tieren einen Lebensraum bietet. Das Wasser ist so sauber, dass seit 1999 versucht wird, im Flusssystem der Stepenitz den Lachs wieder ansässig werden zu lassen. An der Schönhagener Mühle kurz vor Pritzwalk wurden 50 000 Junglachse sowie 10 000 Meerforellen ausgesetzt. 2002 sind 54 Lachse und 35 Meerforellen in das Flusssystem der Stepenitz zurückgekehrt, um hier zu laichen – ein Hoffnungsschimmer.

In **Lübzow** sehen wir von der Straße aus die **Dorfkirche**, die im 14. Jahrhundert gebaut wurde und viele Jahrzehnte mit einer Länge von nur 10,60 Metern die wohl kleinste Kirche der Prignitz war. Im 19. Jahrhundert wurde sie mit behauenem Feldstein nach Osten verlängert. Geht man auf die Nordseite der Kirche, die nicht verputzt ist, erkennt man deutlich diese Baugeschichte an den wechselnden Steinarten. Lübzow hat heute um die 120 Einwohner.

Über eine Stepenitzbrücke verlassen wir für ein kurzes Stück die Niederung. Wir passieren den **Schlatbach**, dem eine zentrale Bedeutung für die Wiederansiedlung von Lachsen und Forellen zukommt. In dem wasserreichen Bach wurden die Wehre durch sogenannte Sohlgleiten ersetzt. Diese treppenartigen Wasserbauwerke ermöglichen es Fischen, trotz des Höhenunterschiedes von gut zwei Metern bachauf- oder bachabwärts zu wandern.

Kurz vor Groß Linde erreichen wir wieder die Niederung mit ihren saftig grünen Wiesen. Wer möchte, kann mit einem Abstecher Klein Linde einen Besuch ab-

▶ Karte S. 118/119

statten. Die **Fachwerkkapelle Klein Linde** von 1736 auf fast quadratischem Grundriss diente als Gruftkapelle den Familien Seebald und von Karstädt. Auf dem Walmdach thront ein Glockentürmchen. Jenseits des kleinen Teiches sehen wir den Gutshof Klein Linde.

Unsere Tour führt uns weiter Richtung Kreuzburg. Aus der Niederung der Stepenitz steigt der Weg um sechs Meter an und geht durch einen Mischwald. Die **Dorfkirche Kreuzburg** mit einem frei stehenden, verbretterten Glockenturm stammt aus dem Jahr 1687. Es fällt auf, dass viele Kirchen in der Prignitz gegen Ende des 17. Jahrhunderts gebaut wurden. Daraus lässt sich herleiten, dass sich nach den Verwüstungen des Dreißigjährigen Krieges (1618–1648) zu dieser Zeit hier wieder Leben regte. Um das Grauen dieses Mordens in der Prignitz zu verdeutlichen, reichen zwei Zahlen: 1618 lebten in Perleberg um 3500 Einwohner, am Ende der Kriegszeit waren es gerade noch 300. Viele Dörfer im Umfeld der Städte, deren Bewohner leichte Beute für die Söldnertruppen waren, wurden vollständig entvölkert.

Ein Schild weist uns den Weg zum **Königsgrab Seddin**. Es liegt einen Kilometer entfernt, lohnt aber den Weg. Lag in dem Hügelgrab tatsächlich ein König? Wohl eher nicht. Aber der Grabhügel aus dem 8. Jahrhundert vor unserer Zeitrechnung (jüngere Bronzezeit) beeindruckt mit 10 Metern Höhe und einem Durchmesser von über 63 Metern. Es war sicher die Grablege eines Privilegierten. Die Grabkammer wurde 1899 bei Steingewinnungsarbeiten entdeckt und gleich darauf von Sachverständigen untersucht. Gefunden wurden die Feuerbestattung eines Mannes und zweier Frauen. Die Bestattung des Mannes war in einer Amphore aus Bronzeblech verwahrt, dazu kamen Grabbeigaben wie ein Schwert. Das Königsgrab von Seddin gehört zu den größten bronzezeitlichen Gräbern in Nordmitteleuropa. Es ordnet sich ein in eine ganze Reihe von Bestattungen im nahen Umfeld, aber auch in der weiteren Region. Schautafeln am Grabhügel informieren ausführlich zu diesem Thema.

Weiter geht es zum Schloss Wolfshagen, vor dem wir mal wieder die Stepenitz überqueren. Schon im 12. Jahrhundert dürften die Gans Edlen Herren zu Putlitz hier eine Wasserburg angelegt haben. Das heutige **Schloss Wolfshagen** wurde bis 1787 als Zweiflügelanlage errichtet. Nach der Sanierung um das Jahr 2000 wurde in dem Gebäude ein **Museum** eingerichtet, das die Lebenswelt des Landadels in einem Gutshaus präsentiert. Eine seltene Gelegenheit, denn die Gutshäuser wurden 1945 in der Regel geplündert, teilweise zerstört, teilweise später umgebaut. Königliche Schlösser wurden saniert, so sie Bombenhagel und SED-Abrisswut der Nachkriegsjahrzehnte überstanden hatten, die Lebenswelt des Landadels aber ging weitgehend unter. Im Obergeschoss findet sich zudem eine Sammlung von Gebrauchsgeschirr und

Die ungewöhnliche Dorfkirche in Kreuzburg

Das Rathaus in Pritzwalk

Blaumalerei aus über 50 Manufakturen. Zur Verfügung gestellt wurde sie von Bernhard von Barsewisch, der als Professor der Medizin nach 1989 in Groß Pankow eine Augen-Tagesklinik aufgebaut hat. Er lebt in dem Gutshaus, in dem seine Mutter Elisabeth, geborene Gans Edle Herrin zu Putlitz, aufgewachsen ist. Die von ihm gegründete Stiftung Schlossmuseum Wolfshagen unterstützte die Sanierung des Schlosses entscheidend und gab viele authentische Exponate aus dem Besitz der Gänse von Putlitz für die Ausstellung zur Lebenswelt des Landadels.

▶ *Schloss Wolfshagen–links Schulweg–Knoten 61, links Pankower Weg (L 103)–links Lindenstr./Weg nach Wolfshagen–Knoten 68, Helle, rechts Alte Dorfstr./Koloniestr. (K 7026)–rechts halten Alte Schule (K 7026)–rechts Mühlenweg Schönhagen/Schönhagener Mühle/Schönhagener Str.–rechts Putlitzer Str.–Kreisel 2. Ausfahrt links, Perleberger Tor/Marktstr.–rechts Marktpl./Mittelstr./Hagenstr.–links Bahnhofstr.–Bhf. Pritzwalk*

Wir passieren auf unserem Weg weiter nach Helle den Fluss Dömnitz, dem wir später noch einmal begegnen werden. Beim Knoten 68 am Ortseingang Helle verlassen wir die Stepenitz, die Richtung Putlitz fließt. Wir fahren Richtung Westen von Helle über Neudorf und Groß Langerwisch sowie Schönhagen nach Pritzwalk.

Das 300-Seelen-Dorf **Helle** gruppiert sich um die Kirche von 1913. Barocke Schwünge in der Dachzone des Langhauses, daneben ein Turm mit einem ›gotisch‹ hohen, spitzen Dach, Fachwerk am Eingang und an den Seiten – Architekt Georg Büttner ließ sich einiges einfallen, um eine Kirche nach Motiven der Region (Heimatstil) zu kreieren. Im Innern ist das Gotteshaus farbenfroh ausgemalt.

Es riecht ziemlich streng, wenn man **Neudorf** passiert. Der Grund: die Schweinemast der Prignitzer Landschwein GmbH.

▶ Karte S. 118/119

Auch im nächsten Ort, **Groß Langerwisch**, werden Schweine gemästet. Der Betrieb sitzt im ehemaligen Gutshaus, das bis 1945 den Edlen zu Putlitz auf Laaske gehörte. Zu DDR-Zeiten wurden hier Merino-Fleischschafe gezüchtet. Auf dem volkseigenen Gut arbeiteten rund 150 Beschäftigte. Heute sind es 12 Mitarbeiter, die die Schweine versorgen. Auf rund 1000 Hektar wird gutsnah das Futter für die Tiere produziert. Richtung Pritzwalk tritt zunehmend der Ackerbau in den Vordergrund.

Kurz vor Schönhagen biegen wir zur **Schönhagener Mühle** ab. Sie wurde vom Wasser der Dömnitz getrieben, der wir hier wieder begegnen. Die Mühle ist seit 2018 Bio-Hotel mit großem Bistrobereich und Hofladen, in dem Ökoprodukte verkauft werden.

Pritzwalk hat als Knotenpunkt von Handelswegen Karriere gemacht und erhielt 1256 Stadtrechte. Es wurde Mitte des 14. Jahrhunderts Mitglied der Hanse und beteiligte sich rege am Ostsee- und Nordseehandel. Mit Pest und Dreißigjährigem Krieg setzte der Niedergang ein. Erst die Tuchproduktion unter anderem der Fabrik Gebrüder Draeger sorgte wieder für Wachstum. Dazu kamen Mühle, Ziegelei, Brennerei und die Lagerbierbrauerei Huth.

Auf dem Marktplatz empfängt uns das **Rathaus** (Marktstraße 39), das nach einem Stadtbrand bis 1826 erbaut wurde. Das einfache klassizistische Gebäude mit zwei Stockwerken fiel deutlich kleiner aus als sein Vorgänger – ein Sinnbild für den Bedeutungsverlust der Stadt Pritzwalk. Denjenigen, die noch etwas Zeit haben, sei der Weg durch die Kirchstraße zur **Stadtkirche St. Nikolai** empfohlen, einer spätgotischen Hallenkirche mit Überresten älteren Feldsteinmauerwerks im Querhaus und am 72 Meter hohen Turm. Sehr schön der Flügelaltar von 1520, der die heilige Anna im Zentrum zeigt. Der Altar ist eine Leihgabe der Kirche Alt Krüssow.

Über die Grünstraße und die Straße Meyenburger Tor gelangt man zur **Museumsfabrik Pritzwalk**, ein Stadt- und Regionalmuseum an einem besonderen Ort. Teile der Brauerei Huth und der Tuchfabrik Draeger wurden zum Ausstellungsort für die Pritzwalker Stadtgeschichte und die Geschichte der Prignitz mit dem Akzent auf Industrie in der ländlichen Region. Das Museumsquartier und die Schwerpunkte der Ausstellung heben das Museum Pritzwalk unter anderen Regionalmuseen deutlich heraus.

Über die Straßen Marktplatz, Mittelstraße, Hagen und schließlich Bahnhofstraße geht es zum Bahnhof Pritzwalk, dem Endpunkt unserer Tour. Hoffentlich kommt der Prignitz-Express Richtung Wittstock bald!

Tour 10

Roland Café, Großer Markt 15, Perleberg, Tel. 03876/5999766; tägl. 9–17 Uhr. Frühstück, Mittagstisch und Kaffee.

Restauant L'italiano, Puschkinstr. 14, Perleberg, Tel. 03876/301284; Mi–Mo 10.30–14.30 und 17.30–23 Uhr. Selbstgemachte Pizza und Nudeln auf der Sonnenterrasse. www.litaliano-perleberg.de

Schlossmuseum Wolfshagen, Putlitzer Str. 16, Groß Pankow/OT Wolfshagen, Tel. 038789/61063; März–Dez. Mi–So 11–17 Uhr, Jan./Feb. Sa/So 11–17 Uhr; 5/4 Euro. Lebenswelt des Landadels. www.schlossmuseum-wolfshagen.de

Stadtkirche St. Nikolai, Kirchstraße, Pritzwalk, Tel. 0173/7417864; offene Kirche Mai–Sept. Di–Fr 16–18, Sa 10–12 Uhr.

Museumsfabrik Pritzwalk, Meyenburger Tor 3a, Pritzwalk, 03395/76081120; Di–Fr 10–17, Sa/So 14–17 Uhr; 5/3 Euro. www.museum-pritzwalk.de

Wittenberge – eine Stadtrundfahrt

Vom Bahnhof Wittenberge bis zur Altstadt und zur Elbe sind es rund zwei Kilometer, zu lang für einen Stadtrundgang. Also nehmen wir die Räder. Für die Stadtrundfahrt kann man mit sechs Kilometern oder mindestens einer Stunde Zeitaufwand rechnen.

Trotz Lage an der Elbe und Stadtrecht schon um 1300 beginnt Wittenberges Blüte erst mit der Industrialisierung im 19. Jahrhundert. Im Jahr 1801 hatte Wittenberge gerade mal 800 Einwohner, das nur zehn Kilometer entfernte Perleberg dagegen bereits 2400 Bewohner. Erst die Inbetriebnahme der Herzschen Ölfabrik (1823), der Bau des Elbehafens (1835) und vor allem die Eröffnung der Eisenbahnlinien Berlin–Hamburg (1846) und Wittenberge–Magdeburg (1851) halfen dem Gewerbe der Stadt auf und brachten Wohlstand. 1876 wurde in Wittenberge eines der größten Ausbesserungswerke der Reichsbahn eröffnet.

Ausdruck der Bedeutung Wittenberges als Eisenbahnknotenpunkt ist das klassizistische **Bahnhofsgebäude** (Am Bahnhof 1) von 1846, das erstaunlicherweise den Zweiten Weltkrieg überstanden hat. Die Dampflokfreunde Salzwedel und der Verein Historischer Lokschuppen Wittenberge unterhalten auf dem Gelände des ehemaligen Betriebswerks Wittenberge ein **Eisenbahnmuseum**. Eindrucksvoll sind die Schlepptenderdampflokomotiven.

Das im Zug der Industrialisierung entstandene, wohlhabende städtische Bürgertum ließ sich ansehnliche Häuser errichten, so 1906 das **Haus der vier Jahreszeiten** (Johannes-Runge-Straße 16) im farbenfrohen floralen Jugendstil. Die Johannes-Runge-Straße führt uns zum Jahnplatz mit der **Bürgerschule** (Johannes-Runge-Straße 40) von 1907. Das breit gelagerte Gebäude zeigt einen Stufengiebel und geschwungene Fenstersprossen – eine gelungene Verbindung von neugotischem Backsteinbau und Jugendstilelementen. Weiter geht es durch die Friedrich-Ebert-

Das Stadtmuseum

Früher die Alte Ölmühle, heute ein Hotel mit Gastronomie

Straße zum **Paul-Lincke-Platz** mit einer **Lincke-Büste.** Der bekannte Berliner Komponist und Orchesterleiter hat in der Stadtpfeiferei Wittenberge seine musikalische Ausbildung erhalten. Die Büste steht vor dem **Kultur- und Festspielhaus** (Paul-Lincke-Platz 1). Der Bau im DDR-Nationalstil, klassizistisch geprägt mit Dreiecksgiebel, Gesims und Halbpfeilern, wurde 1959 eröffnet. Die Platzanlage liegt an der **Bahnstraße**, die Einkaufs- und Flaniermeile Wittenberges. Mit dem Aufblühen der Industriestadt löste die Bahnstraße die Altstadt um den Kirchplatz als Zentrum ab.

Der **Steintorturm** (Am Steintor 2) von 1450 war Teil eines Stadttores und markiert die Grenze der mittelalterlichen Stadt. Er ist das einzige erhaltene Bauwerk des Mittelalters in Wittenberge. Über die Stadtgeschichte informiert das **Stadtmuseum**, das in der **Alten Burg** (Putlitzstraße 2) eingerichtet wurde. Der Fachwerkbau von 1669 diente als Herrenhaus der Familie Gans Edle Herrn von Putlitz. Über die Burgstraße und die Elbstraße geht es zur **Elbpromenade.** Hier erwartet uns das schön sanierte ehemalige **Hauptzollamt** (Bad Wilsnacker Straße 57) von 1850, das heute Wohnzwecken dient. Weiter geht es zur **Alten Ölmühle**, mit der der Unternehmer Salomon Herz den Startschuss für die Industrialisierung in Wittenberge gab.

Heute bietet in der ehemaligen Fabrikantenvilla das Elbe Resort Hotelzimmer. Angeschlossen sind ein Loft Spa auf den Dächern der alten Ölmühle, ein Restaurant, ein Brauhaus und eine Strandbar sowie ein Café im Uferturm. Über die Bad Wilsnacker Straße gelangen wir zum ehemaligen **Singerwerk** (Bad Wilsnacker Straße 48) mit dem berühmten Uhrturm, dem größten Turm dieser Art in Deutschland. 1904 wurde das Werk der amerikanischen Singer Company eröffnet. Bis 1992 wurden hier – zu DDR-Zeiten unter den Namen ›Veritas‹ und ›Naumann‹ – Nähmaschinen produziert.

Über die Bad Wilsnacker Straße, die Zollstraße und die Bahnstraße geht es zurück zum Bahnhof Wittenberge und zum Beginn der Fahrradtour durch die Prignitz.

Wittenberge

Café Mukefuck, Bahnstr. 7, Wittenberge, Tel. 03877/5619818; Mo–Do 8.30–17, Fr 8.30–16.30 Uhr. Café und Mittagstisch.

Ölmühle Wittenberge, Bad Wilsnacker Straße 52, Wittenberge, Tel. 03877/56799425; Mo–Do 17–23, Fr 14–23, Sa/So 11.30–23 Uhr. Brauhaus und Restaurant, dazu im Sommer Café und Strandbar im Uferturm. www.oelmühle-wittenberge.de

Historischer Lokschuppen, Am Bahnhof 6, Wittenberge, Tel. 03877/561230; April–Okt. Sa 10–17 Uhr. Historische Bahnanlagen und Dampflokomotiven, dazu Veranstaltungen. www.dampflok-wittenberge.de

Wald, Wandlitz und eine Gewerkschaftsschule

Tour 11: Von Oranienburg nach Bernau

Verlauf: Oranienburg–Schmachtenhagen–Wensickendorf–Stolzenhagen–Wandlitz-Waldsiedlung–Bernau.
Länge: 39 km.
Alternativen: bis Bhf. Wensickendorf: 14 km; bis Bhf. Wandlitzsee: 22 km.
Start: Bhf. Oranienburg, Fahrstuhl: ja; Einkauf: Eckert, Bäcker im Bahnhofsgebäude; Rewe Lehnitzstr. 85; Mo–Sa 7–22 Uhr.
Ziel: Bhf. Bernau, Fahrstuhl: ja; Einkauf: Bahnhofspassage, Börnicker Chaussee 1 (200 m entfernt).
Anfahrt: ab Bhf. Friedrichstraße S 1, alle 20 Min., Fahrtzeit: 45 Min.
Rückfahrt: Bhf. Bernau S 2, alle 20 Min., Fahrzeit 35 Min.
E-Bike: nur bedingt geeignet, da teilweise Sandpiste.
Radeln nach Zahlen: 57–56–64–67–1–57–54–2–58–28–29–33–65–64–63–61.
Wegequalität: Wir fahren gut 12 Kilometer auf asphaltierten, wenige befahrenen Nebenstraßen. Dazu kommen nochmals über 10 Kilometer asphaltierte und gepflasterte straßenbegleitende Radwege – entspanntes Radeln. Eine Herausforderung sind die knapp 4 Kilometer auf einer Spurbahn mit Betonplatten hinter Schmachtenhagen. Das ist der Preis für die Fahrt quer durch die Felder.
Kurzcharakteristik: Von der Havelstadt Oranienburg geht es in den Westbarnim mit seinen Kiefernwäldern und den ausgedehnten Acker- und Wiesenflächen nördlich von Wensickendorf. Der Stolzenhagener See, der Wandlitzsee und der Liepnitzsee bieten uns nicht nur Badestellen, sondern sorgen auch für ein abwechslungsreiches Landschaftsbild. Ort der Zeitgeschichte ist die Waldsiedlung Wandlitz, in der es sich die SED-Elite bis 1990 gut gehen ließ. Architekturgeschichte dagegen zeigt bei Bernau die Bundesschule des Allgemeinen Deutschen Gewerkschaftsbundes im feinsten Bauhausstil.

▸ *Bhf. Oranienburg–links Stralsunder Str.–links Dr.-Heinrich-Byk-Str./Knoten 56, Heidelberger Str.–rechts Wörthstr.–links auf Weg am Lehnitzsee–Knoten 64, rechts auf B 273 über Oder-Havel-Kanal–links auf Schwarzer Weg–rechts Malzer Weg–rechts halten Malzer Weg -Knoten 67, links Bauernmarktch. (L 29)–rechts über Gelände ehem. Bauernmarkt–links Im Schmachtenhagener Felde–rechts Im Wensickendorfer Felde–links Hauptstr. (B 273)–Bhf. Wensickendorf*

Wir fahren durch das Gewerbegebiet südlich des **Bahnhofs Oranienburg** zum Ufer des Lehnitzsees. Vorbei geht es an der Produktionsstätte des japanischen Pharmazie-Konzerns Takeda, einer der drei großen Unternehmen der Stadt. Schon am See entdecken wir unmittelbar hinter dem Jachthafen einen Badestrand. Der **Lehnitzsee** ist die Freizeitanlage der Oranienburger. Badewillige treffen sich hier oder auch in Lehnitz an der Badestelle ›Bolli‹.

▸ Karte S. 128/129

Eine Brücke bringt uns über den Oder-Havel-Kanal. Nur ein kurzes Stück fahren wir dann an der B 273, bis wir links auf den Schwarzen Weg abbiegen. Der Abzweig ist nicht ausgeschildert, trotzdem gut zu erkennen: Dort, wo eine ganze Reihe Bäume zwischen Straße und Radweg tritt, überqueren wir die Bundesstraße und fahren auf den Waldweg. Ein Schild mit einem Hufeisen weist auf den Reitweg hin. Die Piste ist gut verdichtet und zu jeder Jahreszeit befahrbar.

Natur pur – sofern man bei einem Nutzwald mit Kiefern-Monokultur von Natur sprechen kann. Aber der wächst eben hier auf den Sanderflächen am Westrand des Barnim. Ein grausiges Detail stört das Naturidyll empfindlich: In diesem Waldgebiet wurden nach 1990 **Massengräber** entdeckt. Hier wurden Opfer des Speziallagers Sachsenhausen verscharrt, das die Sowjetische Militäradministration von 1945 bis 1950 im ehemaligen KZ unterhielt. Rund 12 000 Gefangene verloren in dem Lager ihr Leben.

Wir überqueren die **Bäke**. Dieser kleine Bach entspringt bei Wensickendorf und fließt in Ost-West-Richtung in den Stintgraben. In den heißen Sommern der vergangenen Jahre trockneten Bäke und Stintgraben für Wochen aus.

Über den Malzer Weg geht es nach **Schmachtenhagen**, das bekannt war für den Oberhavel Bauernmarkt, einem der größten Erzeugermärkte in Brandenburg. 2020 musste der Betreiber Konkurs anmelden. Jetzt soll hier ein Projekt unter dem Titel ›Caravanserei‹ entstehen.

Wir fahren über das Gelände des ehemaligen Bauernmarktes und dann hinter der Bäke, die an dieser Stelle wie ein Graben aussieht, links ab. Ein etwas buckeliger Betonplattenweg bringt uns durch die Wiesen und Äcker, die auf dem Boden mittlerer Güte angelegt sind. Dass auch in dieser fruchtbaren Zone Sanderflächen aufgeweht wurden, zeigen die schmalen, mit Kiefern bewachsenen Streifen.

Wer keine Lust hat auf die Betonbuckelpiste, fährt in Schmachtenhagen an der Einmündung des Malzer Weges einfach rechts auf die Schmachtenhagener Dorfstraße und dann links auf die Wensickendorfer Chaussee. Auf einem Radweg entlang der B 273 geht es hier nach Wensickendorf, wo wir wieder auf die beschriebene Tour treffen.

Mit **Wensickendorf** erreichen wir das letzte Dorf im Landkreises Oberhavel. Stolzenhagen, unser nächstes Ziel, gehört schon zu Wandlitz und damit zum Landkreis Barnim. Vorbei an der **Dorfkirche**, einer Feldsteinkirche aus dem 15. Jahrhundert, gelangen wir zum **Haltepunkt Wensickendorf**, der von der Niederbarnimer Eisenbahn (RB 27) stündlich angefahren wird. Hier gibt es also nach gut 14 Kilometern eine erste Ausstiegsmöglichkeit aus der Tour.

Auf dem Weg nach Wensickendorf

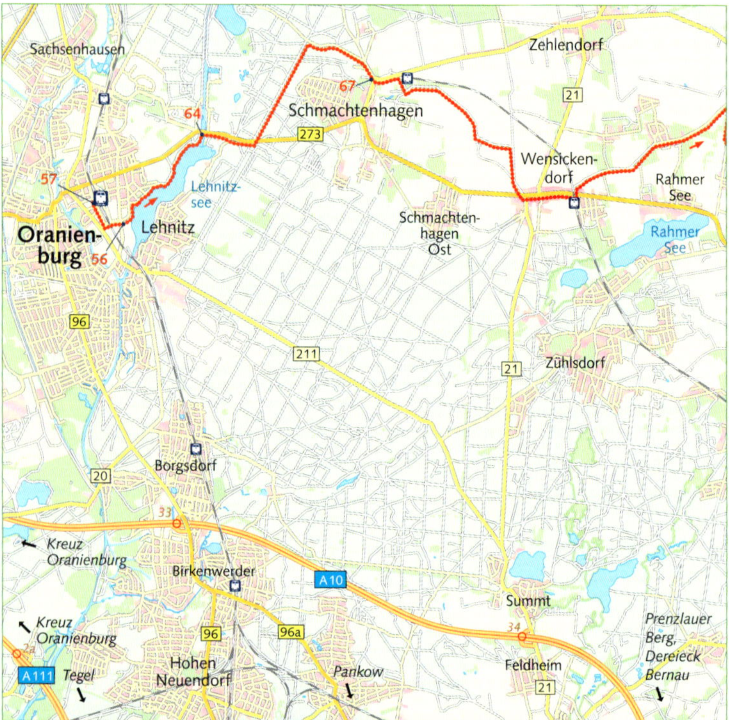

Tour 11

▶ *Bhf. Wensickendorf–links Stolzenhagener Weg/Wensickendorfer Str.–rechts Basdorfer Str.–links auf Seepromenade–links auf Philipp-Müller-Str.–rechts halten August-Bebel-Str.–recht halten Thälmannstr.–rechts halten Weg am Seeufer–links Am Schwalbenberg–rechts Am Schwalbenberg–rechts Am Schwalbenberg–links Platzanlage Strandbad Wandlitz–über Prenzlauer Ch. (L 100) auf Bahnhofsvorplatz Bhf. Wandlitzsee*

Wir biegen gleich hinter der Bahnstation Wensickendorf links auf den Stolzenhagener Weg, der uns durch Wiesen und Ackerland zum Stolzenhagener See bringt. Hier bietet an der Ecke Basdorfer Straße die **Fischerstube Stolzenhagen** nicht nur Fischspezialitäten und frisch geräucherten Fisch, sondern auch eine Badestelle mit Liegewiese und Imbiss.

Seit 1831 ist der **Stolzenhagener See**, ein typisch langgestreckter Rinnensee, in Privatbesitz. So sind dann auch Steg um Steg an der Seepromenade vermietet und durch Zäune verriegelt und verrammelt. An der Südspitze des Sees kann man aber im **Strandbad Stolzenhagen**, das mehrfach für seine gute Wasserqualität und den Zustand der Badestelle ausgezeichnet wurde, ins kühle Nass springen. Oder aber man fährt die knapp 250 Meter weiter bis zum Wandlitzsee und hat hier seine Badestelle – ohne

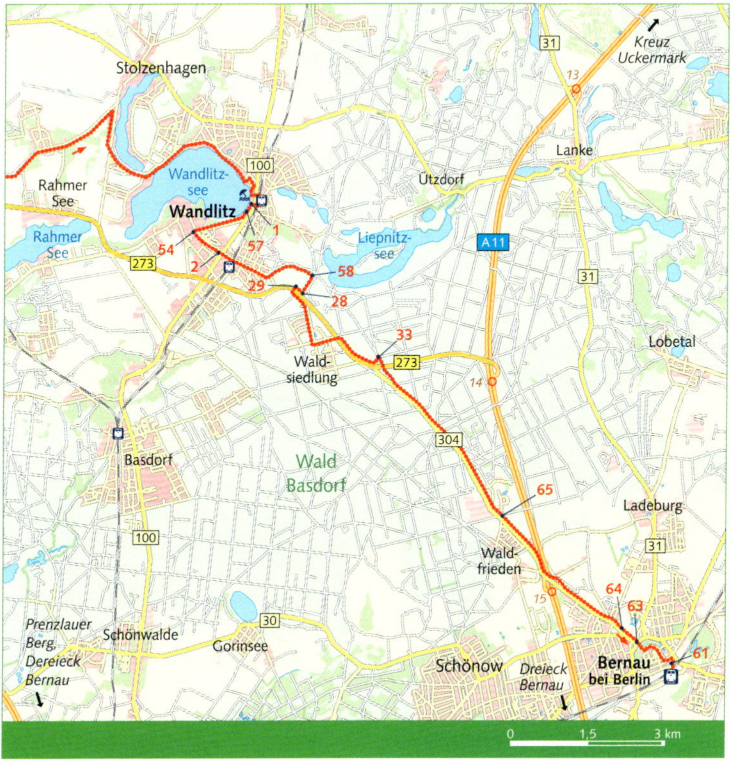

breiten Sandstrand, ohne Service, aber dafür auch ohne Eintritt.

Der **Wandlitzer See** (umgangssprachlich: Wandlitzsee) gehört zu einer Seenkette, die sich vom Biesenthaler Becken im Nordosten bis zu Lubowsee im Südwesten durch die Barnimplatte zieht. Sie prägt das Landschaftsbild und macht diese waldreiche Region zu einem Touristen-Highlight.

Große Teile des Ufers des Wandlitzer Sees sind für die Öffentlichkeit nicht zugänglich, da die Grundstücke bis an das Seeufer reichen. Schon merkwürdig, wie wir auf Straßen, die August Bebel oder dem letzten KPD-Vorsitzenden Ernst Thälmann gewidmet sind, vorbei an alten und neuen Luxusvillen radeln. Zumindest findet sich aber die ein oder andere öffentlich zugängliche Grünanlage am Seeufer.

Auf den ersten Blick sehen wir, dass das **Strandbad Wandlitzsee**, die Platzanlage sowie das **Bahnhofsgebäude Wandlitzsee** etwas weiter links ein Ensemble bilden. Klinkerbauweise und klare, gradlinige Formen im Stil der Neuen Sachlichkeit diesseits und jenseits der Prenzlauer Chaussee sind ein Beispiel moderner Architektur von Wilhelm Wagner aus dem Jahr 1928. Der Architekt hat sich sicher nicht träumen lassen, dass in ferner Zukunft eine nicht abreißende Kette von Kraftfahrzeugen auf einer Landesstraße die Einheit seiner Anlage empfindlich stören würde.

Ab 1905 war der Wandlitzer See für Berliner gut zu erreichen, da auf der Bahnstrecke Berlin-Groß Schönebeck der Bedarfshalt Wandlitzsee eingerichtet wurde. Erste Siedlungsbaugesellschaften kauften den Grund und Boden der Bauern des Dorfes Wandlitz. Das Strandbad Wandlitzsee wurde 1923 eröffnet. Heute betreibt die Gemeinde Wandlitz das Strandbad und zahlt jährlich Pacht für den Steg der Anlage an den Besitzer des Sees. Dabei hatte die Gemeinde bei der Privatisierung des Sees ab 2003 Vorkaufsrecht.

Hier am Bahnhof Wandlitzsee hat man nach rund 22 Kilometern die zweite Möglichkeit, die Tour zu unterbrechen. Stündlich fährt die RB27 zum S-Bahnhof Karow in Berlin, wo man Anschluss an die S2 hat.

▶ *Bahnhofsvorplatz Bhf. Wandlitzsee–links Prenzlauer Ch.–halb rechts Langer Grund–Knoten 54, links Breitscheidstr./Knoten 2 Bernauer Ch.–links Radweg zum Liepnitzsee–Knoten 58 rechts Radweg zur Waldsiedlung–Knoten 28 rechts Wandlitzer Ch. (B273)–Knoten 29 über B273 Lanker Str.–links Waldsiedlung*

Wir fahren ein Stück parallel zum Wandlitzsee und nähern uns dem alten Dorf Wandlitz. Biegen wir am Knoten 54 rechts in die Breitscheidstraße ab, kommen wir zum **Barnim Panorama**. Das Informationszentrum des Naturparks Barnim erzählt die Entwicklung der Kulturlandschaft und präsentiert in einem Schaugarten wichtige Pflanzen der Region. Zusätzlich wurde ein **Museum für Landwirtschaft** eingerichtet, in dem Gerätschaften aus dem Leben der Bauern (-familien) gezeigt werden. Besonders interessante Ausstellungsstücke sind ein originales Dampf-Pflug-Lokomobil und die ersten Lanz-Traktoren von 1924/25.

Wir aber biegen am Knoten 54 links in die Breitscheidstraße ab und passieren dann den Bahnhof Wandlitz, der auch von der RB27 angefahren wird. Bevor wir der DDR Geschichte einen Besuch abstatten, fahren wir durch das Waldgebiet am **Liepnitzsee**. Die Waldsiedlung Wandlitz bezog aus diesem See ihr Trinkwasser. Zugleich befand sich hier eine Badestelle mit schilfgedeckten Häuschen für die Bewohner der SED-Siedlung. Seit 1992 ist hier das öffentliche **Waldbad Liepnitzsee** eingerichtet. Neben Strandbad, Liegewiese und Beachvolleyballplatz gibt es einen Bootsverleih und einen Imbiss vor dem kostenpflichtigen Bereich des Waldbades.

Die Badestelle im Waldbad Liepnitzsee

▶ Karte S. 128/129

Durch einen Durchlass in einer grün angestrichenen Mauer fahren wir von der Lanker Straße in den Sicherheitsring der **Waldsiedlung**. Nur eine fast umgestürzte Straßenlaterne erinnert an die DDR-Zeit. Der Weg heißt heute Kurallee und stimmt schon mal auf die private Brandenburgklinik und das Seniorenzentrum ein, die sich jetzt auf dem Gelände finden. Unser Interesse aber gilt den **Wohnbauten der SED-Elite**, die unter Denkmalschutz gestellt wurden. Im Eichelhäherweg Haus 14 lebte Erich Mielke, im Habichtweg Haus 11 wohnten Erich und Margot Honecker. Wir sehen fast identische Wohnhäuser mit zwei Geschossen und einer Terrasse auf der von der Straße abgewandten Seite – sicher nicht DDR-Standard, aber auch nicht üppig. Luxus für DDR-Verhältnisse gab es im Ladenkombinat der Siedlung, in dem frisches Obst und Gemüse ständig vorgehalten wurde und Westwaren per Katalog bestellt werden konnten. Zur Not fuhr auch schon mal ein Stasi-Mitarbeiter nach West-Berlin, um schnell etwas zu besorgen. Immerhin 650 Bedienstete kümmerten sich rund um die Uhr um die Bewohner der 23 Wohnhäuser. Dazu kamen noch einmal 200 Soldaten und Offiziere, die die Wohnanlage sicherten. Errichtet wurde die Waldstadt ab 1958 als Ersatz für den Majakowskiring in Berlin-Niederschönhausen, in dessen Villen die Politprominenz gewohnt hatte. Der

Erstaunlich bescheiden: das frühere Wohnhaus der Honeckers in der Waldsiedlung

Ring lag der Stasi jedoch zu nah an der Grenze zum ›Klassenfeind‹. Oder war es die eigene Bevölkerung, vor der man nach dem Aufstand am 17. Juni 1953 Angst hatte? Schautafeln informieren über weitere ehemalige Bewohner: Habichtweg 1: Lotte und Walter Ulbricht; Bussardsteig 4: Egon Krenz, der bei seinem Auszug die Badewanne mitnahm. Unter Denkmalschutz steht auch das **gusseiserne Haupttor** mit dem **Wachgebäude**, durch das wir die Anlage verlassen. Kleines Detail am Rande: Die Waldsiedlung liegt nicht in Wandlitz, sondern schon auf dem Gebiet der Stadt **Bernau**. Darauf weist dann auch die Website der Gemeinde Wandlitz hin mit dem Satzanfang ›Die zu Bernau gehörende Waldsiedlung...‹.

► *Waldsiedlung, Brandenburgallee–rechts Wandlitzer Ch. (B 273) ab–am Kreisel links halten, Radweg folgen–Knoten 33, rechts zur Wandlitzer Ch./Oranienburger Str./Mühlenstr.-links Stadtmauerweg–links Hussitenstr.-rechts Bahnhofstr.-rechts Breitscheidstr.-links Bahnhofsvorplatz Bhf. Bernau*

Wir radeln ein ganzes Stück auf einem Radweg an der Wandlitzer Chaussee, der aber von der Autopiste gut abgesetzt ist. Nach gut zwei Kilometern haben wir die Möglichkeit, links in die Hans-Wittwer-Straße abzubiegen, um beste Bauhausarchitektur zu besichtigen. Der Architekt Hans Wittwer, als Lehrer am Bauhaus Dessau tätig, und Hannes Meyer, seit 1928 Nachfolger von Walter Gropius als Leiter der Bauabteilung in Dessau, planten und realisierten bis 1930 die

Bundesschule des Allgemeinen Deutschen Gewerkschaftsbundes. Man muss sich etwas durch die weitläufige Schulanlage kämpfen, bis man zu diesem bedeutenden Architekturdenkmal gelangt. Vorbei geht es am Barnim-Gymnasium Bernau, dann am Oberstufenzentrum 1 Barnim, das im rötlichen Erweiterungsbau von 1952 untergekommen ist. Erst die Gebäude in gelbem Klinker gehören zum Baudenkmal, das heute als UNESCO-Weltkulturerbe anerkannt ist.

Man sollte auch keinen Fall versäumen, zwischen den Lehrerhäusern und der Aula der Bundesschule hindurch zu den Internatshäusern zu gehen. Erst hier sieht man die Schönheit der gereihten Gebäudekörper bis hin zu den Seminarräumen und der Turnhalle. Sehr schön auch die Erschließung des langgestreckten Gebäudes durch den überdachten Glasgang auf der gegenüber liegenden Seite des Bauwerkes. Die Lehrerhäuser sind wie die Internatshäuser additiv gereiht, zur Straße schlicht und verschlossen, zum Garten offen und ins Grün übergehend. Zurzeit wird an einem Besucherzentrum gebaut, Infos zu Führungen finden sich auf der Website. Wir verlassen das Baudenkmal über die Fritz-Heckert-Straße.

Langsam nähern wir uns Bernau, der alten Handelsstadt vor den Toren Berlins. Schon vor den Wallanlagen sehen wir links die **Kapelle des St. Georgen-Hospitals** (Mühlenstraße 20). Stolz präsentiert sie den gotischen Staffelgiebel aus Backstein. Das Gotteshaus stammt aus dem 15. Jahrhundert. Im nicht erhaltenen Hospital wurden Pestkranke gepflegt. Nach Abebben der Seuche konnten hier Reisende oder Alte unterkommen.

Wir fahren durch das neu errichtete Mühlentor, dann entlang der Stadtmauer zum Steintor. Hier verlassen wir die Bernauer Innenstadt und sind nach wenigen hundert Metern beim Bahnhof Bernau angekommen (Stadtrundgang Bernau: → S. 143).

Tour 11

Biergarten am Lehnitzsee, Bernauer Str. 147, Oranienburg, Tel. 0172/2870198; Do, Fr ab 14, Sa/So ab 11 Uhr. www.biergarten-lehnitzsee.de

Fischerstuben Stolzenhagen, Basdorfer Str. 1a, Wandlitz/OT Stolzenhagen, Tel. 033397/67467; Di–So 12–20 Uhr, Badewiese während der Saison tägl. 11–21 Uhr, 3,50/2,50 Euro. www.fischerstube.info

Mister Dinh, Prenzlauer Ch. 167, Wandlitz, Tel. 033397/21562; tägl. 11–22 Uhr. Vietnamesische Küche. www.mister-dinh.de

Kaffee Kätzchen, Prenzlauer Ch. 153, Wandlitz, Tel. 0174/2143573; tägl. 12–18 Uhr, im Herbst/Winter auf der Website nach den aktuellen Öffnungszeiten gucken. www.kaffee-kaetzchen.de

Barnim Panorama, Breitscheidstr. 8–9, Wandlitz, Tel. 033397/360505; tägl. außer Fr 10–18 Uhr; 6/4 Euro. Landschaft und Geschichte des Barnim. www.barnim-panorama.de

Bauhausdenkmal Bundesschule Bernau bei Berlin, Hannes-Meyer-Campus 9, Bernau-Waldfrieden, Tel. 03338/376595; Ausstellung Lehrerhaus So 11–16 Uhr, Führungen werden auf der Website angeboten. www.bauhaus-denkmal-bernau.de

Strandbad Stolzenhagen, Str. am See 90, Wandlitz/OT Stolzenhagen; Mai–Aug. tägl. 10–20 Uhr; 3,50/2 Euro. www.strandbad-stolzenhagen.de

Strandbad Wandlitz, Prenzlauer Ch. 154, Wandlitz, Tel. 033397/360791; Mai–Sept. Mo–Fr 10–19, Sa/So 9–20 Uhr; 3/1 Euro.

Waldbad Liepnitzsee, Lanker Weg 30 B, Wandlitz; Mai–Sept. 10–19 Uhr, 4/3 Euro. www.freibad-bernau.de

▸ Karte S. 128/129

Oranienburg – eine Stadtrundfahrt

Im Grunde hat Oranienburg nicht viel zu bieten, zumindest keine geschlossene Altstadt, die einen Stadtspaziergang lohnt. Kaum eine andere Kleinstadt in Deutschland wurde im Zweiten Weltkrieg so stark bombardiert wie Oranienburg. Der Grund: Das Heinkel-Werk, das ab 1938 Kampfflugzeuge produzierte. Und vor allem die Auerwerke, die in Hitlers Uranprojekt eingebunden waren. Noch heute gibt Oranienburg im Schnitt vier Millionen Euro jährlich aus, um Blindgänger aus der Kriegszeit zu entschärfen. Wir fahren vom Bahnhofsplatz rechts die Stralsunder Straße hinunter, dann links auf den Radweg an der Bernauer Straße (B272). Hier lernen wir schon mal Oranienburgs Einkaufsstraße kennen. Nach rund einem Kilometer erreichen wir **das Schloss Oranienburg** unmittelbar an der Havel. Strahlend weiß steht es da, mit grau abgesetzten Halbpfeilern und Fensterrahmungen im Obergeschoss. Beeindruckend vor allem die vierstöckige Fassade des Hauptgebäudes mit dem Attikageschoss. 1655 wurde das Schloss nach Plänen des niederländischen Baumeisters Gregor Memhardt für die Kurfürstin Louise Henriette errichtet. Um 1700 ließ König Friedrich I. das Schloss seiner Mutter nach dem neuesten französischen Geschmack erweitern und umgestalten. Immerhin war Louise Henriette aus dem Hause Oranien, einem der ältesten Adelsgeschlechter Europas. Sie konnte so zum Nachweis einer vornehmen Herkunft dienen, den die junge Monarchie in Preußen in der Konkurrenz der europäischen Höfe dringend benötigte. Ein Burggraf von Nürnberg als Stammvater der brandenburgischen Linie der Hohenzollern war da keine hinreichende Referenz. Die Dauerausstellung im Schloss präsentiert Kunstwerke wie zum Beispiel prächtige Etageren in der Porzellankammer, Sitzmöbel aus Elfenbein, Wandteppiche, die die Taten des Großen Kurfürsten verherrlichen, sowie Teile des königlichen Prunksilbers.

Bis 2009 wurde der **Schlosspark** mit historischem Teil und neuem Familienpark samt Schlosshafen und Havelpromenade angelegt. Die **Orangerie** aus Mitte des 18. Jahrhunderts wurde saniert und dient als Veranstaltungszentrum.

Wie es sich gehört, steht auf dem Schlossplatz vor dem Zugang zur Residenz ein **Standbild der Kurfürstin Louise Henriette von Oranien** von Wilhelm Wolff aus dem Jahr 1858. Am anderen Ende der Breiten Straße findet sich eine weitere Erinnerung an die Kurfürstin – das **ehemalige Waisenhaus**, das Louise Henriette 1665 gestiftet hat. Über dem Eingang des Backsteinbaues weist das von Löwen gehaltene Oranier-Wappen auf die Herkunft der Kurfürstin hin. Insgesamt zeigt sich der Bau im Stil des niederländischen Frühbarocks. Gleich daneben erhebt sich die **St. Nicolai-Kirche** (1866), für die Friedrich August Stüler die Pläne lieferte. Über die Havelstraße, die ein kleines bisschen Altstadtflair zeigt, und den Louise-Henriette-Steg, auf dem wir die Havel überqueren, geht es zurück zum Bahnhof Oranienburg.

Oranienburg

Schloss Oranienburg, Schlossplatz 1, Oranienburg; April–Okt. Di–So 10–17.30 Uhr, Nov.–März Di–So 10–16 Uhr; 6/5 Euro, Schlosspark 4/2 Euro. www.spsg.de

Caféhaus Plentz, Breite Str. 10, Oranienburg, Tel. 033055/790154; Mo–Fr 6–18, Sa 6–13 Uhr. Bäcker mit Frühstücksteller und Kaffeeausschank.

Louise Henriette auf dem Oranienburger Schlossplatz

Eisvogelland

Tour 12: Durch das Biesenthaler Becken

Verlauf: Bernau-Ladeburg-Lobetal-Langerönner Mühle-Biesenthal-Wehrmühle-Grafenbrückschleuse-Marienwerder-Ruhlsdorf-Zerpenschleuse-Angra Pequena-Liebenwalde-Bernöwe-Friedrichsthal-Oranienburg.
Länge: 63 km.
Alternativen: bis Bhf. Biesenthal: 15 km; bis Bhf. Ruhlsdorf-Zerpenschleuse: 31 km.
Start: Bhf. Bernau, Fahrstuhl: ja; Einkauf: Edeka, Bahnhofspassage Börnicker Ch. 1.
Ziel: Bhf. Oranienburg, Fahrstuhl: ja; Einkauf: Eckert, Bäcker im Bahnhofsgebäude.
Anfahrt: ab Bhf. Friedrichstr. S2, alle 20 Min., Fahrzeit 36 Min.
Rückfahrt: ab Bhf. Oranienburg S1, alle 20 Min., Fahrzeit 44 Min.
E-Bike: uneingeschränkt tauglich.
Wegequalität: Wir fahren überwiegend auf separaten Radwegen, die asphaltiert sind (20 km) oder gut verdichtete Sandpiste zeigen (4 km). 17 Kilometer geht es über wenig befahrene, asphaltierte Nebenstraßen, 5 Kilometer über gepflasterte Nebenstraßen. Dazu kommen noch einmal rund 7 Kilometer straßenbegleitende, asphaltierte Radwege vor allem am Anfang der Tour. Rund 300 Meter Kopfsteinpflaster müssen wir in Biesenthal, gut 500 Meter Kopfstein vor und hinter der Brücke über die A 11 hinnehmen. Das sind aber die einzigen unangenehmen Passagen.
Kurzcharakteristik: Wir starten in Bernau, der alten Handelsstadt nördlich von Berlin. Die Tour führt in eine Landschaft, die es so in Brandenburg kein zweites Mal gibt: das Naturschutzgebiet Biesenthaler Becken. Eine unwirklich schöne Landschaft mit schilfgesäumten Seen, Erlenbrüchen und heute wieder wachsenden Niedermooren. Seine Fortsetzung findet dieses Kleinod nördlich der Stadt Biesenthal im bewaldeten Naturschutzgebiet Finowtal-Pregnitzfließ. Weiter geht es dann auf dem Treidelweg entlang des Finowkanals und des ›Langen Trödel‹ Richtung Liebenwalde. Ein Stück am Oder-Spree-Havelkanal bringt uns nach Oranienburg.
Radeln nach Zahlen: ab Biesenthal 72-73-95-96-97-39-35-75-66-65-64-56-57.

▶ *Bhf. Bernau Vorplatz-links Breitscheidstr.-rechts Alte Goethestr.-rechts An der Stadtmauer/Stadtmauerweg-rechts Parkstr.-links August-Bebel-Str. (L 30)-links Jahnstr. (L 200)-rechts Ladeburger Ch./Rollberg-rechts Kastanienweg-links Feldweg-geradeaus Bernauer Str. (L 31)-Dorfkirche Ladeburg*

Unsere Tour bringt uns vom Bahnhof zum Wahrzeichen Bernaus, dem **Steintor mit dem Hungerturm**. Die Stadtmauer wurde bis spätestens 1340 angelegt. Das Steintor in dieser Befestigung erfüllte nicht nur Wehr-, sondern auch Repräsentationszwecke. Daher wurde es als Haupttor der Stadt im späten 15. Jahrhundert zu einem 18 Meter hohen Turm auf viereckigem Grundriss ausgebaut. Drei Arrestzellen gab es in dem Gemäuer, in dem heute unter anderem die Sammlung mittelalterlicher Waffen des Heimatmuseums Bernau untergebracht ist. Ein Wehrgang führt hinüber zum 22 Meter hohen Hungerturm. Hier waren Verliese für ortsfremde Arrestanten untergebracht.

Durch die ehemaligen Wallanlagen geht der Weg zur Ladeburger Chaussee, einer typischen Ausfallstraße. Nur kurz führen uns Kastanienweg und der Feldweg weg von der viel befahrenen Autopiste. Aber immerhin bekommen wir auf dem

Feldweg einen ersten Eindruck von der Landschaft des Barnim, flachhügelig ist es hier. Aufgrund der Fruchtbarkeit der Böden wird Ackerbau betrieben. **Ladeburg** zeigt sich als altes Straßendorf mit dreieckigem Platz unmittelbar an der Hauptstraße. Hier steht die **Dorfkirche Ladeburg**, deren Feldsteinmauerwerk aus dem 13. Jahrhundert stammt. 1853 wurde der Backsteinturm angebaut.

▶ *Dorfkirche Ladeburg-geradeaus Alte Lanker Str. (L 31)-rechts Biesenthaler Weg/Ladeburger Weg-links Kirschbergweg/An der Schmiede-rechts Am Dorfplatz-rechts Bodelschwinghstr. (K 6005)-links Langerönner Weg durch das Naturschutzgebiet-Knoten 72, geradeaus Berliner Str. (L 294)-Markt Biesenthal.*

Mit dem Abzweig auf den Biesenthaler Weg wird es endlich ruhiger. Einfach immer weiter geradeaus und wir kämen in wenigen Minuten ins Biesenthaler Becken.

Aber der Name **Lobetal** klingt zu vielversprechend, um den Ort links liegen zu lassen. 1905 gründete Pfarrer Friedrich Bodelschwingh auf einem gepachteten Gut eine Arbeiterkolonie. Unter dem Motto ›Arbeiten statt Almosen‹ versuchte er, Arbeitslose aus ihrem Elend zu reißen. Erwachsen ist aus diesem Anfang die Hoffnungstaler Stiftung Lobetal und ein Ort mit rund 700 Einwohnern. Hier finden sich Seniorenwohnstätten, vor allem aber Einrichtungen, die Menschen mit Handicap sinnvolle Arbeit geben. Bekannt ist die Marke ›Lobetaler Bio‹, unter der nicht nur die Biomolkerei produziert, sondern auch die vier Landwirtschaftsbetriebe und der Gartenbau. Wer gleich mal probieren möchte: Im **Milchladen** findet man viele Produkte aus der eigenen Herstellung. Dazu werden Kaffee und Kuchen, zur Mittagszeit Suppe und Aufläufe angeboten.

Erster Anlaufpunkt für Besucher des Ortes ist die **Alte Schmiede**, die seit 1999 vom Verein Lobetaler Bürger zu einer Begegnungs- und Informationsstätte ausgebaut wurde. Hier gibt es Kaffee und Kuchen zu kleinem Preis, dazu Infos zur Region und zum Ort.

Die Alte Schmiede in Lobetal

▸ Karte S. 137/138

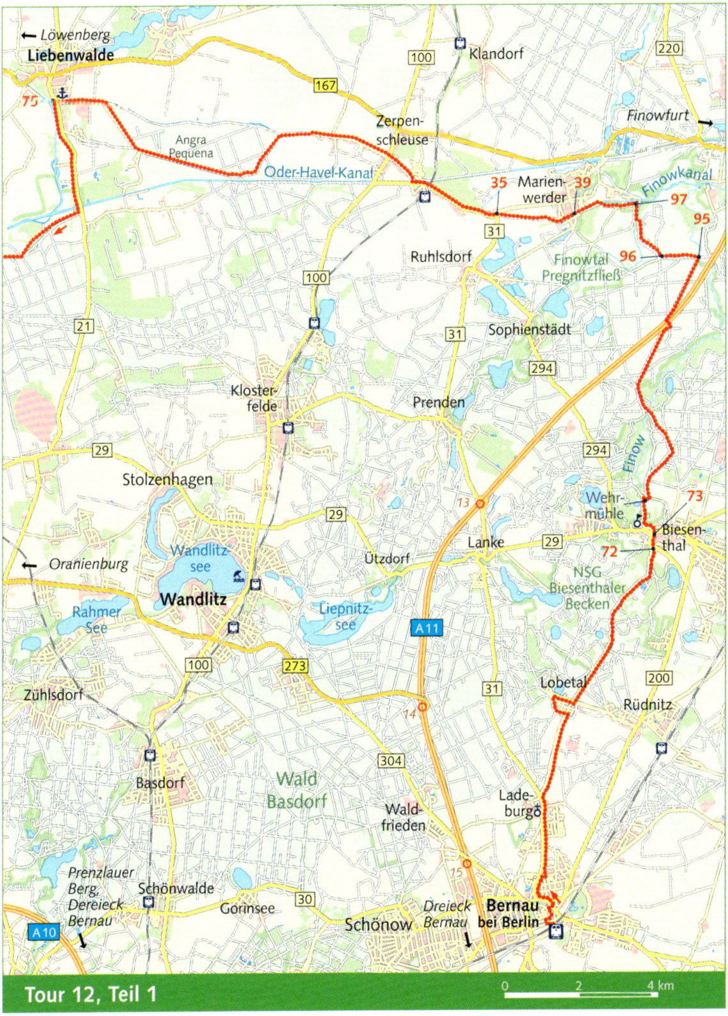

Tour 12, Teil 1

Am Mechesee zweigt ein Fußweg ab zu Waldkirche und Friedhof mit dem **Mahnmal Schlagendes Herz**, das an die rund 500 Menschen erinnert, die hier von 1945 bis 1947 an Hunger und Krankheit verstorben sind. Darunter waren viele Flüchtlinge.

Jetzt aber ab in die Natur. Auf einem separaten Radweg fahren wir über einen Kilometer kontinuierlich hinab in das **Naturschutzgebiet Biesenthaler Becken**. Das entstand am Ende der Eiszeit, als hier riesige Toteisblöcke tauten, die den Kontakt mit dem Gletscher verloren hatten. So formte sich ein Becken, das rund 20 Meter unter dem Niveau der Umgebung liegt. Durch die Jahrhunderte bildeten sich in der Senke Moore und groß-

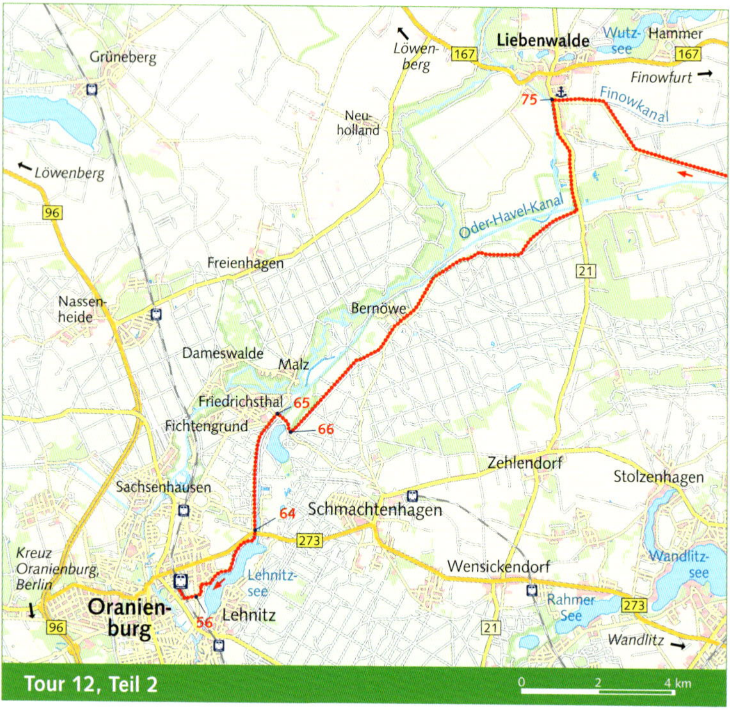

flächig vertorfte Areale. Die bestanden, bis der Mensch eingriff. Das Biesenthaler Becken wurde entwässert, um landwirtschaftlich nutzbare Wiesen zu gewinnen. Damit verschwanden nicht nur kleine Seen und trockneten die Moore aus, das Becken verlor auch seine Funktion als Wasserspeicher für große Teile des Barnim. Heute hält der Naturschutzbund Deutschland (NABU) rund 390 Hektar Wald, Wiesen und Gewässer in dem gut 1000 Hektar großen Gebiet. Der Wald wird von der Kiefern-Monokultur auf den alten Buchenmischwald zurückentwickelt, Entwässerungsgräben werden geschlossen, Wiesen zu Feuchtwiesen, auf denen langfristig Erlenbruchwälder entstehen, Moore werden von neuem vernässt. So wird der hergebrachte Lebensraum von Tieren wie dem Fischotter wieder hergestellt. Hier im Biesenthaler Becken begegnet man noch dem Eisvogel mit seinem wunderschönen kobaltblauen bis türkisfarbenen Gefieder.

Wir erreichen die **Langerönner Mühle**, die einst vom Wasser des Langerönner Fließes angetrieben wurde. Seit 1430 ist eine Mühle hier im Biesenthaler Becken dokumentiert. Die Anlage war zu DDR-Zeiten militärisches Sperrgebiet und wurde auch vom Ministerium für Inneres genutzt. Heute befindet sie sich im Privatbesitz, das ehemalige Verwalterhaus wird als Ferienwohnung angeboten.

Weiter gehts. Wir sehen, wie sich am Pfauenfließ ein Bruchwald entwickelt. Dann, schon im Wiesenland, sind zwei von Schilf und Kolk umsäumte Tümpel auszumachen. Weiter entfernt blitzt das Wasser des Streesees in der Sonne. Um das Biesenthaler Becken tatsächlich zu erleben, muss man hier an einem anderen Tag eine Wanderung unternehmen.

Über den Langerönner Weg verlassen wir das Naturschutzgebiet und landen nach einer Steigung unmittelbar vor dem **Rathaus** der 6000-Einwohner-Stadt **Biesenthal**, die zugleich Sitz des Amtes Biesenthal-Barnim ist. Der Fachwerkbau von 1768, der nach dem Stadtbrand 1757 errichtet wurde, ist Sitz des Bürgermeisters und auch der Touristeninformation. Bekannt ist Biesenthal heute vor allem durch das **Strandbad Wukensee**, das als eines der schönsten Strandbäder Brandenburgs gilt. Vom Rathaus links über Breite Straße und Ruhlsdorfer Straße sind es bis zum Strandbad rund zwei Kilometer. Der Weg ist ausgeschildert.

Wer nach 15 Kilometern die Tour unterbrechen möchte, kann vom **Bahnhof Biesenthal** (Bahnhofstraße 90) stündlich mit der RB 24 nach Berlin Ostkreuz fahren. Der Bahnhof ist vom Marktplatz über drei Kilometer entfernt, aber nicht zu verfehlen – einfach rechts die August-Bebel-Straße hinunter und weiter auf der Bahnhofsstraße.

▶ *Markt Biesenthal–Knoten 73, über Breite Str. (L 29), geradeaus Kirchgasse–links Schulstr.–rechts Wehrmühlenweg–hinter Wehrmühle links auf Radweg–Knoten 95, links–Knoten 96, geradeaus–Knoten 97, links Grafenbrücker Weg–rechts halten Naturlehrpfad–geradeaus Treidelweg am Finowkanal–geradeaus Am Finowkanal–Abzweig Bhf. Ruhlsdorf-Zerpenschleuse*

Wir fahren vom Markt Biesenthal über die Breite Straße in die Kirchgasse. Trotz der knapp 300 Meter Kopfsteinpflaster gucken wir uns die **Evangelische Stadtkirche Biesenthal** an, deren Aussehen geprägt vom Wiederaufbau bis 1762 ist. Weiter gehts, erst rechts ab, dann noch einige Meter im Wehrmühlenweg auf der Sandpiste neben dem Kopfsteinpflaster. Nun stehen wir vor dem Schlossberg. Ein Weg führt zum 1907 errichteten **Kaiser-Friedrich-Turm** hinauf. Ab 1247 soll auf dem Schlossberg eine Burg gestanden haben, von der aber nur das Feldsteinfundament des ehemaligen Burgkellers erhalten ist. Die Burg sicherte die Nordgrenze der Mark Brandenburg, später den Handelsweg von Berlin über Biesen-

Die Finow an der Pöhlitzbrücke

Reizvoll auch im Winter: das Biesenthaler Becken

thal nach Oderberg und in die Uckermark. Ab 1426 diente die Burg den Gebrüdern von Arnim als Rittersitz. Bei gutem Wetter hat man einen schönen Rundblick vom Kaiser-Friedrich-Turm.

Wir passieren den Fluss Finow, dem wir jetzt das erste Mal begegnen, und gelangen zur **Wehrmühle Biesenthal** (Wehrmühlenweg 8), die ihren Namen einer besonderen Funktion verdankt. Hier wurde nicht nur die Wasserkraft genutzt, um zu mahlen, zu sägen oder zu hämmern; es konnte auch das Wasser der Finow so hoch angestaut werden, dass die nahe Burg Biesenthal vollständig von Wasser umgeben und damit fast uneinnehmbar war. Die Wehrmühle brannte 2002 ab. Erhalten blieb nur der vordere Teil des alten Verwaltungsgebäudes mit seiner neubarocken Fassade, die 1907 vor das Haus gesetzt wurde. Der hintere Teil des Gebäudes wurde durch einen Neubau ersetzt. Von der Mühlenanlage existieren nur noch Reste.

Wir fahren weiter durch die eiszeitliche Rinne, in der sich die **Finow** ihren Weg gesucht hat und für Feuchtwiesen und Bruchwald sorgt. Der Fluss entspringt südwestlich von Biesenthal im Regesee und sammelt das Wasser von Rüdnitzer Fließ, Hellmühler Fließ und Pfauenfließ. Ursprünglich floss die Finow dann 45 Kilometer Richtung Osten bis zur Oder. Heute existiert sie nur noch auf 14 Kilometern bis Finowfurt. Von dort bis zur Oder wurde der Finowkanal im Flussbett der Finow angelegt.

An eben diesen Finowkanal kommen wir im Wohnplatz Grafenbrückschleuse, nachdem wir das Pregnitzfließ und die Grafenbrücker Mühle passiert haben. Die Gaststätte Schleusengraf wurde in einem sanierten Magazingebäude eingerichtet, das vermutlich um 1804 entstand. Auffällig ist das Bohlenbinderdach des Gebäudes, das zur königlich-preußischen Wasserdirektion Finowkanal gehörte. Hier kann man prima draußen sitzen.

Vorbei am Forsthaus Grafenbrück und rechts ab über einen Naturlehrpfad geht es auf den alten Treidelweg am Finowkanal, der zu einer Fahrradstraße ausgebaut wurde. Sie ermöglicht stressfreies Radeln an der Wasserstraße, die heute nur noch Sportbooten dient. Wir können am Knoten 39 auf einer Brücke den Finowkanal überqueren und sind dann in wenigen hundert Metern an der Kirche

▸ Karte S. 137/138

Marienwerder, das Friedrich der Große 1746 als Spinnerdorf anlegte. Mit dem Ausbau des Finowkanals ließ der König es nicht bewenden. Er versuchte durch Ansiedlung von Kolonisten die Region zu fördern. Wir müssten nur einen Kilometer weiter an der Klandorfer Straße fahren und wären dann am Oder-Havel-Kanal.
Wir fahren aber zurück zum Finowkanal und dann rechts ab. Gleich hinter der auffällig blau gestrichenen Eisenbahnbrücke sehen wir links den Abzweig in die Bahnhofstraße. Nach 200 Metern erreicht man hier den **Bahnhof Ruhlsdorf-Zerpenschleuse**. Der Haltepunkt wird von der Niederbarnimer Eisenbahn stündlich angefahren. Wer nach den bis hierher 31 zurückgelegten Kilometern müde ist, kann also mit der RB 27 nach Berlin-Karow zurückfahren. Vor Einfahrt des Zuges sollte man sich gut sichtbar auf dem Bahnsteig hinstellen. Es handelt sich um einen Bedarfshalt, an dem der Triebfahrzeugführer durchfährt, wenn er keine Fahrgäste sieht.

▶ *Abzweig Bhf. Ruhlsdorf-Zerpenschleuse, geradeaus Am Finowkanal (L 31)–am Wasserkreuz rechts über Oder-Havel-Kanal/Puschkinstr./Liebenwalder Str./Kanalstr./Radweg am Finowkanal–links halten Radweg/Angra Peguena/Am Kietz–Hafen Liebenwalde.*

Wir fahren weiter am Finowkanal und gelangen schon nach wenigen Metern an das **Wasserkreuz Zerpenschleuse**, an dem sich Oder-Havel-Kanal und Finowkanal kreuzen. Während der Oder-Havel-Kanal Richtung Südwesten nach Oranienburg führt, bringt uns der Weg am Finowkanal Richtung Nordwesten nach Liebenwalde und dort an die Havel. Erst 2016 wurde das letzte, zehn Kilometer lange Teilstück des Finowkanals, **Langer Trödel** genannt, wieder an den Kanal angeschlossen. 1925 waren die Schleusenkammern mit Sand verfüllt worden, der Lange Trödel daher vom Finowkanal abgetrennt. Die Hoffnung auf Wassertourismus, die den erneuten Ausbau der Verbindung zum Langen Trödel antrieb, schuf bis 2016 auch das **Hafendorf Zerpenschleuse** mit annähernd 200 Ferienhäusern.

Wer eine Pause braucht: Das **Eiscafé Eisschleuse** in der Puschkinstraße bietet selbstgemachtes Eis und Plätze unmittelbar am Finowkanal. Der Ort **Zerpenschleuse** ist erst mit dem Ausbau des Finowkanals entstanden. Arbeiter einer Glashütte, dann Kolonisten und vor allem Schiffer bildeten die Einwohnerschaft. Von dem einstigen Wohlstand der Gemeinde zeugen noch einige alte Wohnhäuser mit klassizistischen Schmuckelementen Ecke Alte Lindenstraße. Die **Dorfkirche**, ein Fachwerkbau, wurde 1848 errichtet.
Nach einer Fahrt durch den Wald treffen wir kurz vor Liebenwalde wieder auf den ›Langen Trödel‹. Seit 2014 hat Liebenwalde am Kilometer 0 des Finwokanals auch einen kleinen Hafen mit Liegeplätzen, Unterkunft und Gastronomie entwickelt.

▶ *Hafen Liebenwalde, Knoten 75, links Berliner Str. (L 21)–rechts Bernöwer Str./Wittenberger Str./Bernöwer Str.–rechts halten Alte Poststr.–Knoten 66, rechts Malzer Weg/Grabowseebrücke–Knoten 65, links Weg am Oder-Havel-Kanal/Knoten 64, über B 273/Weg am Lehnitzsee–rechts Wörthstr.–links Heidelberger Str./Dr.-Heinrich-Byk-Str.–rechts Stralsunder Str.–Bhf. Oranienburg*

Die Kirche in Zerpenschleuse

In Liebenwalde mündet der Finowkanal in den Voßkanal. Der wurde ausgebaut, um den Binnenschiffen, die den Ziegel aus der Zehdenicker Gegend nach Berlin brachten, die schwierige Fahrt durch die mäandernde Schnelle Havel zu ersparen. Ab Liebenwalde geht der Voßkanal in den Malzer Kanal über, dem wir Richtung Süden folgen. Kurz nachdem wir auf einer Brücke über den Oder-Havel-Kanal geradelt sind, biegen wir rechts in das Waldgebiet an der Ostseite des Kanals ab. Der einzige Ort, den wir auf diesem Weg passieren, ist **Bernöwe**, ein Wohnplatz mit etwas über 200 Einwohnern. Am Grabowsee, der fast vollständig von Wald umgeben ist, geht es erneut über den Oder-Havel-Kanal. Hier wartet die **Gastwirtschaft Alte Fähre** auf uns.

Erst hinter der Grabowseebrücke radeln wir unmittelbar am Wasser. Wir passieren die **Schleuse Lehnitz**, in der die Schiffe um fast sechs Meter hoch oder runter geschleust werden. Weiter geht es am Lehnitzsees und durch das Industriegebiet zum Bahnhof Oranienburg.

Tour 12

Alte Schmiede Lobetal, An der Schmiede 2, Bernau/OT Lobetal, Tel. 03338/66435; Mo–Fr 15–17, Sa/So 14–17 Uhr. Kaffee und Infos.

Milchladen, Bodeschwinghstr. 27, Bernau/OT Lobetal, Tel. 03338/66288; Fr, Mo 9–14, Di–Do 9–17 Uhr. Bioqualität. www.lobetal.de

Holzofenbäckerei und Konditorei Franke. Café zum Schlossberg, Breite Straße 10, Biesenthal, Tel. 03337/41689; Mo–Fr 6–17, Sa/So 7.30–17 Uhr. Guter Kuchen.

Der Schleusengraf, Grafenbrücker Weg 4, Marienwerder, Tel. 03335/330293; April–Okt. tägl. ab 10 Uhr. Schön draußen sitzen.
www.derschleusengraf.de

Imbiss und Sauna Friedrichsthal Alte Fähre, Malzer Ch. 196, Oranienburg; tägl. 10–19 Uhr. Plätze in der Nähe des Oder-Havel-Kanals.

Eisschleuse, Puschkinstr. 3, Wandlitz/OT Zerpenschleuse, Tel. 0171/6455617; Sommer tägl. 10–18 Uhr. Nicht nur selbstgemachtes Eis mit natürlichen Zutaten, sondern auch Kaffee aus der Kafferösterei in Schluft und das auf Plätzen am Finowkanal.
www.eisschleuse.de

Heimatmuseum Bernau bei Berlin–Steintor, Berliner Str., Bernau, Tel. 03338/2924; Mai–Okt. Di–Fr 9–12 und 14–17, Sa/So 10–13, 14–17 Uhr; 2/1 Euro. Ausstellung auch im Henkerhaus.

Kaiser-Friedrich-Turm, Schlossberg Wehrmühlenweg, Biesenthal; April–Okt. tägl. 9–19 Uhr.

Strandbad Wukensee, Ruhlsdorfer Str. 41, Biesenthal, Tel. 0162/7712969; Mai, Juni, Sept. tägl. 9–19 Uhr, Juli/Aug. tägl. 8–20 Uhr; 3/1,50 Euro. Das schönste Bad Brandenburgs.
www.strandbad-wukensee.com

▸ Karte S. 137/138

Bernau – ein Stadtrundgang

Bernau hat Pech gehabt: In den 1970er Jahren wurden drei DDR-Städte ausgewählt, um modellhaft drei Wege der Stadtsanierung auszuprobieren. In der alten Fachwerkstadt Bernau, die den Zweiten Weltkrieg weitgehend unbeschadet überstanden hatte, sollten nur die mittelalterlichen Bauten stehen bleiben. Ansonsten sollte der Ort nach Flächenabriss in Plattenbauweise neu errichtet werden. Das geschah, und das hat Bernau einen großen Teil seiner Fachwerkbauten gekostet, obwohl dieser Plan nur westlich der Bürgermeisterstraße ganz umgesetzt wurde. Immerhin blieb das alte Straßennetz erhalten und entspricht die Gebäudehöhe der Bebauung einer Kleinstadt.

Wahrzeichen Bernaus ist das **Steintor** mit dem **Hungerturm** in der **Stadtmauer**, die weitgehend erhalten ist. Sie war einst 1,5 Kilometer lang, 8 Meter hoch und mit 42 Lughäusern zur Verteidigung ausgestattet. Bernau war wehrhaft.

Über die Berliner Straße kommen wir zur **Brauerstraße**, die noch ein bisschen das alte Bernau zeigt, so die **Wohnhäuser Brauerstraße 12 und 14** aus dem 18. Jahrhundert. In dem Fachwerkhaus Brauerstraße 9 unterhält die Hoffnungstaler Stiftung Lobetal die Agentur Ehrenamt und die **Galerie aNdereRSeitS**, in der ›Außenseiterkünstler‹ ausstellen. Durch die Louis-Braille-Straße geht es zur Bürgermeisterstraße, deren westliche Seite komplett zerstört wurde. Vorbei am **Rathaus** von 1805 erreichen wir die **Stadtpfarrkirche St. Marien**, die im 15. Jahrhundert zur spätgotischen Hallenkirche ausgebaut wurde. Sehenswert ist der spätgotische Flügelaltar aus der Zeit um 1520.

An die dunkle Zeit der Hexenprozesse erinnert das **Henkerhaus** ein Stück weiter die Mühlenstraße hinunter und dann links auf dem Weg an der Stadtmauer. Das Gebäude stammt aus der ersten Hälfte des 18. Jahrhunderts, diente um 1850 dem Scharfrichter als Wohnhaus. Heute ist hier eine Zweigstelle des Heimatmuseums Bernau untergebracht. Entlang der Stadtmauer geht es zurück zum Steintor.

Bernau

Henkerhaus, Am Henkerhaus, Bernau; Di–Fr 9–12 und 13–17, Sa/So 10–13 und 14–17 Uhr; 1/0,50 Euro. Im Keller Folterwerkzeuge und Richtschwert, im Erdgeschoss Bürger- und Hussitenzimmer. Ausstellung auch im Steintor.

Kaffeehaus Madlen, Bürgermeisterstr. 25, Bernau, Tel. 03338/3592438; tägl. 9–18 Uhr. Prima Eis.

Café Mühle, Mühlenstr. 4–6, Bernau, Tel. 03338/398400; Do–Di 9–18 Uhr. Schöne Sitzplätze draußen gleich neben der Kirche St. Marien. Kaffee, Kuchen und Frühstück. www.cafemuehle.bernau.de

Der heilige Christopherus in der Kirche St. Marien

An der märkischen Wupper

Tour 13: Der Finowkanal von Niederfinow bis Ruhlsdorf-Zerpenschleuse

Verlauf: Niederfinow–Schiffshebewerk Niederfinow–Liepe Schleuse–Liepe Schöpfwerk–Liepe–Niederfinow–Stecherschleuse–Försterei Kahlenberg–Eberswalde–Kupferhammer -Messingwerksiedlung–Finowfurt–Grafenbrückschleuse–Marienwerder–Ruhlsdorfer Schleuse–Bhf. Ruhlsdorf-Zerpenschleuse.
Länge: 45 km.
Alternative: bis Hbf. Eberswalde: 24 km.
Start: Bhf. Niederfinow, Fahrstuhl: nicht notwendig, Einkauf: nein.
Ziel: Bhf. Ruhlsdorf-Zerpenschleuse, Fahrstuhl: nicht notwendig, Einkauf: nein.
Anfahrt: ab Bhf. Gesundbrunnen, RE 3 bis Eberswalde, RB 60, stdl., Fahrzeit 54 Min.
Rückfahrt: Bhf. Ruhlsdorf-Zerpenschleuse, Sa/So 15–19 Uhr zweistdl., Fahrzeit 70 Min., Mo–Fr 15–19 Uhr stdl., RB 27, Fahrzeit 50 Min.
E-Bike: bedingt tauglich. Wir müssen an der Lieper Schleuse die Fahrräder acht Stufen hoch- und wieder runtertragen. Treppenschienen sind vorhanden. Wer sich das nicht zutraut, verzichtet auf den kurzen Ausflug in den Niederoderbruch und dreht am Schiffshebewerk um, um unsere Tour am Finowkanal fortzusetzen.
Radeln nach Zahlen: 92–21–22–21–92–88–89–91–94–95–96–97–39–35.
Wegequalität: Wir fahren bei dieser Tour vornehmlich auf separaten Radwegen mit Asphaltdecke (20 km) oder gut verdichteter Sandpiste (5 km). Dazu kommen 16 Kilometer auf wenig befahrenen Nebenstraße. In drei Teilstücken müssen wir insgesamt rund 500 Meter Kopfsteinpflaster hinter uns bringen. Hier kann man aber auf schmale Sandpisten an der Fahrbahnseite ausweichen. Zwischen Niederfinow und dem Schiffshebewerk warten rund 5 Kilometer asphaltierte Landesstraße auf uns, die aber sehr wenig befahren sind. Wer sich unwohl fühlt, kann hier auf den gepflasterten Bürgersteig ausweichen.
Kurzcharakteristik: Entlang des heute teilweise renaturierten Finowkanals, der ältesten noch befahrbaren künstlichen Wasserstraße Deutschlands, reihen sich wie bei einer Perlenkette die Zeugnisse der Industriekultur. So besuchen wir das Schiffshebewerk Niederfinow sowie historische Schleusenanlagen und erleben den morbiden Charme verfallender Industriebauten auf unserem Weg von Eberswalde nach Finowfurt. Wir entdecken aber auch, dass man das Gelände eines alten Walzerwerks zum Familienpark umgestalten kann, sehen Kupferhäuser und fahren durch das stille Waldgebiet, in dem der Fluss Finow entspringt.

► *Bhf. Niederfinow–links auf Hohenfinower Str./An der Zugbrücke (L 29)–Knoten 92, rechts Hebewerkstr. (L 29)–Knoten 21, rechts Lieper Schleuse–über Lieper Schleuse–links am Kanal entlang–Knoten 22, geradeaus Straße ›Schöpfwerk‹ bis Schöpfwerk Liepe–umkehren–Knoten 22, rechts–Fischerstr.–links Karl-Liebknecht-Str.–links halten Hebewerkstr. (L 29)–Knoten 21, zurück nach Niederfinow–Knoten 92*

▲ Karte S. 146/147

Der **Bahnhof Niederfinow** ist der Haltepunkt der Regionalbahn, der am nächsten zum Schiffshebewerk Niederfinow liegt. Wir überqueren mithilfe einer Klappbrücke aus den 1990er Jahren den Finowkanal. Seit alters her führte an dieser Stelle ein Übergang über den Fluss Finow, in dessen Bett heute der

Finowkanal fließt. Schon 1603 gab der brandenburgische Kurfürst Georg Wilhelm die Anweisung, eine schiffbare Verbindung zwischen Oder und Havel und damit zwischen Ostsee und Nordsee anzulegen. Ein erster Finowkanal wurde bis 1620 gebaut, verfiel aber während des Dreißigjährigen Krieges. 1746 folgte der zweite Finowkanal. Zwischen der Oder und Finowfurt benutzt dieser Kanal das Bett des Flusses Finow. Von Finowfurt bis Liebenwalde wurde er komplett neu gegraben. Trotz seiner zwölf Schleusen wurde dieser Finowkanal schnell zur Lebensader der Region. Weil der Kanal schon ab 1850 den Schiffsverkehr kaum noch fassen konnte, wurde bis 1914 der **Oder-Havel-Kanal** etwas weiter nördlich ausgebaut. Der Finowkanal verfiel, bis in den 1990er Jahren engagierte Bürger forderten, den Wasserweg für den Bootstourismus herzurichten. Ab 1998 wurden die ufernahen Wege und der Treidelweg als Radrouten ausgebaut.

Wer Lust hat, kann auf der Strecke zum Schiffshebewerk einen Stopp an der Feinbrennerei Niederfinow einlegen. Stefan Müller und seine Frau Jana haben ihre Brennerei da aufgemacht, wo das Obst für die Brände geerntet wird.

Schon von Weitem sehen wir das 60 Meter hohe **Schiffshebewerk Niederfinow**. Das Ungetüm aus Stahlträgern wiegt 14 000 Tonnen, rund 5 Millionen Nieten halten es zusammen. Ein bisschen erinnert der Stahlkoloss an Bauten aus dem Mechanikbaukasten. 36 Meter fahren die Schiffe in einem über 4000 Tonnen schweren, an 256 Stahlseilen hängenden Trog hoch oder runter. Dauer einer Fahrt: fünf Minuten, Dauer der Schleusung insgesamt: 20 Minuten. Bis 2020 wurde gleich neben dem alten das **neue Schiffshebewerk** errichtet. Mit 115 Metern Nutzlänge und 4 Metern Wassertiefe im Trog kann es als Lift für deutlich größere Schiffe dienen.

Wer die historische Schleusentreppe von 1908, das Schiffshebewerk von 1934 oder das neue Schiffshebewerk, das jüngst in Betrieb ging, besichtigen möchte, muss sich in der **Tourist-Information** (Lieper Schleuse 6) eine Karte für den Zugang zum Gelände kaufen. Man kann aber auch auf dem Fahrgastschiff *Freiherr von Münchhausen* auf

Das alte und das neue Schiffshebewerk am Finowkanal

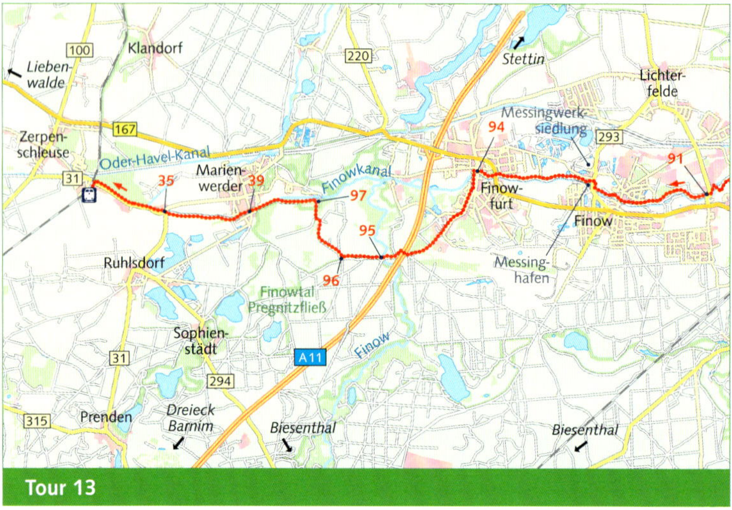

dem Odergewässer rumschippern, sich schleusen lassen und dabei die Trogfahrt mitmachen (www.schiffshebwerk-niederfinow.info). Ein- und Ausstieg ist ein Stück den Weg zur Lieper Schleuse hinunter.

Wir fahren an der Tourist-Information vorbei, auf die Straße unmittelbar am Oder-Havel-Kanal, überqueren die Lieper Schleuse von 1874 und radeln entlang des Oderberger Gewässers. Am Knoten 22 geht es weiter geradeaus bis zum Schöpfwerk, das mit zwei Pumpen die Wasserstände der Umgebung reguliert. Feuchte bis nasse Wiesen, Binsengewächse, die aus dem Gras hervortreten, Gräben, die sich als Schilfbahnen in der Landschaft abzeichnen – wir sind im **Naturschutzgebiet Niederoderbruch**. Einst floss hier die Oder um den Neuenhagener Sporn. Aber schon Mitte des 18. Jahrhunderts wurde diese Schleife bei einer Oderbegradigung abgeschnitten. Es blieben als Altarme die ›Stille Oder‹ und die ›Wriezener Alte Oder‹ und eben das Niederungsland, heute Naturschutzgebiet.

Wir fahren zurück zum Knoten 22 und dann rechts über die Brücke, die uns in das Dorf **Liepe** bringt. Noch einmal schauen wir uns die imposant großen Schiffshebewerke Niederfinow an und radeln auf der Hebewerkstraße zurück nach Niederfinow. Gegen den Verlust des Treffpunkts und der Infobörse im Ort durch die Schließung des Kaufmannsladens möchte der **KulturKonsum** in Niederfinow (Hebewerkstraße 111) etwas tun. In den Räumen finden verschiedenste Kulturveranstaltungen statt (www.kultur-im-konsum.de).

► *Knoten 92-geradeaus Finowstr./Knoten 88, Dorfstr./separater Radweg/Försterei Kahlenberg/Ragöser Schleuse-links ab Am Kanal-Stadtschleuse Eberswalde-Treidelweg/Kupferhammer Schleuse-Knoten 89, geradeaus Naumannstr.-links Britzer Str.-rechts Treidelweg-rechts über Schleuse-links Drahthammer Schleuse-Knoten 91, geradeaus Treidelweg/Am Finowkanal-rechts Altenhofer Str.-links Messinghafen/Treidelweg/Am Treidelsteg-Knoten 94*

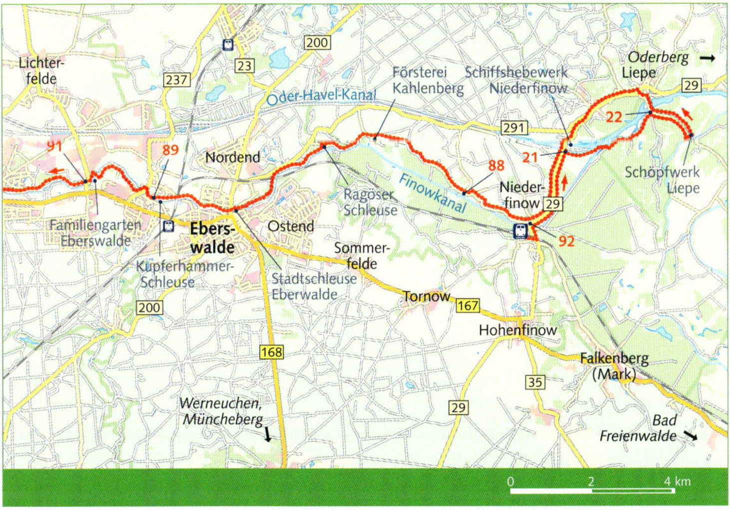

Die Finowstraße, auf der wir hinter dem Knoten 92 durch den lang gestreckten Ort Niederfinow radeln, ist kaum noch von Pkw befahren. Vollends unsere Ruhe haben wir dann am Ende des Ortsteils Stecherschleuse. Hier geht die Wohnstraße in einen gut asphaltierten Fahrradweg über. Nur ab und an begegnen uns Wanderer.

Unsere Tour entfernt sich für kurz vom Finowkanal und führt ein Stück durch Wald.

Wir gelangen zur **Försterei Kahlenberg** mit einem wunderschönen Fachwerkbau an der Straße. Nur einen Kilometer weiter geht es auf einer Holzbrücke über die **Ragöse**, einem rund 13 Kilometer langen Bach, der in den Finowkanal entwässert. Erste Station in Eberswalde ist der **Marina Park Eberswalde** mit Steg zum Anlegen am Kanal, Restaurant und Hotel, das auch als ›Bett und Bike‹ Radfahrern offensteht. Bademöglichkeiten soll es bald wieder geben, und zwar mit gefiltertem Wasser aus dem Finowkanal. Eingerichtet wurde der Marina Park auf dem Gelände der alten Badeanstalt Eberswalde, die nach ihrer Eröffnung 1926 zu den modernsten Anlagen ihrer Art gehörte. Auf dem Grundstück neben der Badeanstalt wurde 1909 die Rundfunkversuchsanstalt eingerichtet. Einige Baracken und eine 70 Meter hohe Schirmantenne, mehr war das nicht. Aber 1919 wurde hier immerhin die erste Live-Musik-Übertragung Deutschlands ›An Alle‹ gesendet.

Die **Eberswalder Stadtschleuse**, erbaut 1831, ist die älteste noch in Betrieb befindliche Schleuse zwischen Elbe und Oder. 2001 wurde sie saniert. Von hier sehen wir den Turm der Stadtkirche Maria Magdalena. Es sind ganze 350 Meter bis zum Marktplatz und damit zum alten Zentrum der Stadt Eberswalde. Ein kleiner Stadtrundgang sei hier empfohlen (→ S. 152).

Für eine Rast am Marktplatz von Eberswalde bietet sich das Kaffeehaus Gustav (Am Markt 2d) an. Einen günstigen Mittagstisch gibt es im Restaurant Haus am Finowkanal in der Bergerstraße.

Eberswalde ist von großen Waldgebieten umgeben. Daher war die Stadt ab

1830 Sitz der Forstakademie, die seit 1992 als Hochschule für nachhaltige Entwicklung diverse Studiengänge anbietet. Gleichzeitig aber war Eberswalde durch die Lage am Finowkanal und später am Oder-Havel-Kanal sowie als Eisenbahnknotenpunkt ein Zentrum der Industrie nördlich von Berlin. Zu DDR-Zeiten sorgten Betriebsneugründungen für den Erhalt des Industriestandortes. Nach 1990 brachen viele dieser Industrieunternehmen zusammen. Eberswalde hatte 1989 mehr als 54 000 Einwohner, heute sind es rund 41 000.

Gleich hinter der Friedensbrücke, unter der wir hindurch fahren, hat die Stadt 2014 eine **Stadtpromenade** ausgebaut. »Eberswalde rückt ans Wasser«, berichtete eine Regionalzeitung. Der Finowkanal ist heute Freizeitort und Band des Wassertourismus. An die Zeit als Industriekanal erinnern nur noch die Industrieanlagen, die um 1900 errichtet wurden und heute als Ruinen auf Abriss oder Verwendung warten. Kurz vor der Schleuse Kupferhammer sehen wir auf der gegenüberliegenden Kanalseite den hohen Schornstein der **Hufnagelfabrik** von 1871, von der neben diesem Rauchabzug nur die Reste eines Waggonaufzugs und die Ruine einer Fabrikantenvilla erhalten sind.

Die **Schleuse Kupferhammer** erinnert an die Bedeutung der ersten Kupferhütte von 1603, die Ausgangspunkt für die Entwicklung dieses Wohnplatzes war und den Startschuss für die Industrialisierung im Finowtal gab. Fahren wir ein kleines Stück rechts die Britzer Straße hinauf, sehen wir das 1818 errichtete Walzwerkgebäude mit den spitzen Giebeln. Erhalten sind zudem das Hüttenamt und drei ehemalige Arbeiterwohnhäuser. Das Gelände ist in Privatbesitz und daher nicht begehbar.

Ein Stück weiter den Finowkanal hinunter wurde auf dem Gelände der ehemaligen Eisenspalterei ab 2002 der **Familiengarten Eberswalde** entwickelt. Entstanden ist eine spannende Mischung aus Gartenanlagen, Spielmöglichkeiten und alten Industrieanlagen. So steht auf dem Gelände das Wahrzeichen Eberswaldes, der **Montageeber**, ein 58 Meter hoher Montagekran mit Aussichtsplattform, der in Eberswalde entwickelt und gebaut wurde. Das **Alte Walzwerk**, heute auch Blechenhaus genannt, wurde bis 1818

Holzbrücke über die Ragöse, rechts der Finowkanal

▲ Karte S. 146/147

errichtet. Der Maler Carl Blechen nutzte um 1830 dieses Gebäude als Vorlage für das Gemälde ›Walzwerk Neustadt Eberswalde‹. Das Bild ist heute in der Berliner Nationalgalerie zu sehen und gilt als eine der ersten Darstellungen eines Industriebaues in der Malerei. Im Blechenhaus hat ein Metallkünstler sein Atelier eingerichtet.

Vor dem Gelände liegt die Schleuse Drahthammer, die wir überqueren, um wieder auf die Nordseite des Finowkanals zu gelangen. Im ehemaligen Schleusenwärterhaus wurde unter dem Namen ›Haus am alten Walzwerk‹ eine Gaststätte eingerichtet. Hier kann man gut draußen sitzen und das auch, ohne Eintritt für den Familienpark zu zahlen.

Gleich neben dem Familienpark steht ein weiteres wichtiges Denkmal der Industriekultur – die **Borsighalle**, die immerhin als nationales Industriedenkmal anerkannt ist. 1849 von den Borsig-Werken in Moabit entwickelt, war sie – stützenfrei und beliebig erweiterbar – Vorbild für viele Bahnhof- und Industriebauten. 2021 wurde die Halle endlich saniert.

Wer den morbiden Charme verfallender Industriebauten liebt, kommt gut 700 Meter weiter am Finowkanal auf seine Kosten. Hoch erhebt sich der Wasserturm der **Papierfabrik Wolfswinkel** über die ausgeweideten Industrieanlagen. Seit 1765 wurde an diesem Standort Papier hergestellt, 1994 war Schluss. Eine schöne Geschichte am Rande: Ab 1957 wurde hier handgeschöpftes Büttenpapier produziert, das von so herausragender Qualität war, dass Queen Elisabeth ihr Briefpapier in Wolfswinkel bestellen ließ.

Ein weiteres Denkmal der Industriekultur ist das **Kraftwerk Heegermühle** – Industrie braucht Energie. Erbaut 1909 nach Plänen des AEG-Direktors Georg Klingenberg, diente es vielen Kraftwerksbauten als Vorbild. Erstmals wurde hier die gesamte Architektur und Aufteilung des Gebäudes streng nach funktionalen Gesichtspunkten realisiert. Zuvor glichen solche Bauten mit ihren Zinnen und Türmchen oft Ritterburgen. 1991 wurde der Betrieb des Kraftwerks endgültig eingestellt. Das alte Kesselhaus musste schon wegen Baufälligkeit abgerissen werden, auf dem Foto auf der Infotafel zum Kraftwerk ist es noch zu sehen.

Die letzte Station unserer kleinen Tour durch die Industriegeschichte am Finowtal ist die Messingwerksiedlung. Schon von unserem Rastplatz am **Messinghafen** sehen wir den Wasserturm des **Messingwerks**. Der Weg rechts auf der Altenhofer Straße bringt uns nach gut 200 Metern zur Ecke Erich-Steinfurth-Straße. Hier sehen wir das Torbogenhaus von 1918 und das **Alte Hüttenamt** (Erich-Steinfurth-Straße 11/12), ein Fachwerkbau von 1736.

Das Messingwerk wurde 1698 gegründet. 1863 kaufte der Unternehmer Gustav Hirsch die Fabrik und machten sie zu einem florierenden Unternehmen. Gehen wir noch einmal 150 Meter weiter die Altenhofer Straße hinauf, sehen wir einige **Kupferhäuser** aus der Produktpalette des Messingwerks Ende der 1920er Jahre. Es handelt sich um Fertighäuser mit neuartiger Kupferblechverkleidung, die innerhalb von zwei Tagen montiert werden konnten. Kein Geringerer als Walter Gropius übernahm 1931 die Leitung des Kupferhaus-Projektes. 1934 musste die Produktion eingestellt werden, da Kupfer aufgrund der Aufrüstung nicht mehr zur Verfügung stand. Einige der Häuser sind mit emigrierenden jüdischen Bürgern nach Palästina gelangt und stehen dort heute noch. Hier in Finow wurde eine Siedlung aus acht Kupferhäusern errichtet, die heute unter Denkmalschutz steht. Infolge der Berliner Bankenkrise 1932 verlor die Familie Hirsch das Messingwerk.

Scheint verwunschen: die frühere Papierfabrik Wolfswinkel

Über den Kupferhäusern erhebt sich wie ein Ungetüm auf vier langen Beinen der **Wasserturm Finow**, der 1918 nach Plänen des Berliner Architekten Paul Mebes von der Firma Hirsch errichtet wurde. Er gilt als frühes Beispiel expressionistischer Architektur. Auf einer Grundfläche von 11 mal 11 Metern ragt er 50 Meter in die Höhe. Seit der Sanierung ist der Turm öffentlich zugänglich. Hier ist ein kleines Regionalmuseum eingerichtet und wird die Geschichte der Messingwerksiedlung erzählt. Man kann mit einem Fahrstuhl in die oberen Etagen fahren, von wo sich ein schöner Ausblick eröffnet.

Wir müssen jetzt gut zwei Kilometer weiter am Kanal radeln, um nach Finowfurt und zur Schleuse Schöpfurth zu gelangen.

▶ *Knoten 94, links Hauptstraße Richtung Biesenthal-rechts halten Biesenthaler Str.-Knoten 95, rechts halten-Knoten 96, geradeaus-Knoten 97, links Grafenbrücker Weg-rechts halten Naturlehrpfad/Treidelweg am Finowkanal-Knoten 35, geradeaus Am Finowkanal-links Bahnhofstr.-Bhf. Ruhlsdorf-Zerpenschleuse*

Da der Treidelweg an der Schleuse Schöpfurth nicht weitergeht, fahren wir über die Hauptstraße und die Biesenthaler Straße ein Stück Richtung Süden. 1929 entstand **Finowfurt** durch den Zusammenschluss der Dörfer Schöpfurth südlich und Steinfurth nördlich des Finowkanals. Die beiden Orte hatten sich unabhängig voneinander an einer Furt im Fluss Finow entwickelt. Eine wichtige Erwerbsquelle in diesen Dörfern war die Flößerei, mit der die Bäume, die in den umliegenden Waldgebieten geschlagen wurden, zu den Sägewerken gebracht werden konnten. Bis in die 1970er Jahr gab es Flößer in Finowfurt. Der Finowfurter Flösserverein e. V. versucht die Tradition der Holzflößerei aufrecht zu erhalten. Ein Straßenschild an der Hauptstraße weist auf die **Flössergasse** hin, an der in zwölf Tafeln die Geschichte des Flößerhandwerks präsentiert wird. Auf der gegenüberliegenden Straßenseite liegt die **Dorfkirche Schöpfurth**, 1860 aus Feldstein errichtet. Sie wird seit 1989 als Konzertsaal genutzt.

Am Abzweig Museumsstraße bietet sich ein Besuch im **Luftfahrtmuseum Finow-**

▶ Karte S. 146/147

furt an. Auf dem 23 Hektar großen Westteil des Flugplatzes, der heute für Ambulanz- und Charterflüge genutzt wird, wurden Anlagen der Roten Armee erhalten und zu einem Museum mit 25 Flugzeugen, Raketen sowie 60 historischen Fahrzeugen umgewandelt.

Unsere Tour führt uns weiter über die Autobahn A 11 und über den Fluss Finow, der sich hier noch rund 1,5 Kilometer durch den Wald schlängelt, bevor er in den Finowkanal einfließt. Wir kommen zum Knoten 95, der uns den Weg über Grafenbrückschleuse zum Bahnhof Ruhlsdorf-Zerpenschleuse anzeigt.

Wir radeln durch ein Waldgebiet, in dem sich das Pregnitzfließ als Bruchwald am Wegesrand zeigt. Über die Grafenbrücker Mühle, die einst vom Pregnitzfließ getrieben wurde, geht es weiter nach Grafenbrückschleuse. Hier bietet der Schleusengraf eine gute Rastmöglichkeit. Wir aber biegen am Knoten 97 links ab und halten uns etwas später rechts. So gelangen wir auf den Naturlehrpfad, einen Sandweg, der uns zum Finowkanal bringt. Knapp vier Kilometer auf Asphalt unmittelbar am Kanal bleiben uns schließlich noch, bevor wir hinter der blau angestrichenen Eisenbahnbrücke links auf die Bahnhofstraße und damit zum **Haltepunkt Ruhlsdorf-Zerpenschleuse** kommen. Der ist ein Bedarfshalt – also bitte sich deutlich sichtbar auf dem Bahnsteig positionieren, damit der Zugführer auch hält.

Touren

Tour 13

MarinaPark Eberswalde, Schleusenstr. 53, Eberswalde, Tel. 03334/212208; Restaurant Sa/So 12–20 Uhr. Kleine Speisekarte. www.marinapark-eberswalde.de

Restaurant Haus am Finowkanal, Bergerstr. 99, Eberswalde, Tel. 03334/3899441; Di–Sa 11–14.30 und 17–22 Uhr, So 11–14.30 Uhr. Günstiger Mittagstisch. www.hausamfinowkanal.com

Haus am alten Walzwerk, Am alten Walzwerk, Eberswalde, Tel. 03334/8192230; April–Okt. Di–Fr ab 11, Sa/So ab 10 Uhr. Die Gaststätte liegt außerhalb des Familiengartens und ist frei zugänglich. Biergarten. www.hausamaltenwalzwerk.de

Spieß-Burger, Bauernstr. 8a, Finowfurt, Tel. 03335/3390560; Di–Do, So 12–20, Fr/Sa 12–21 Uhr. Typisches Burger-Restaurant mit großer Auswahl, darunter auch Wild-Burger. Auch vegetarisch.

Mühlenbistro Finowfurt, Hauptstr. 129, Schorfheide, Tel. 03335/330493; Di–Do 11–18, Fr 11–20, Sa 12–20 Uhr. Hausmannskost, Mittagstisch.

Der Schleusengraf, Grafenbrücker Weg 4, Marienwerder, Tel. 03335/330293; April–Okt. tägl. 10 Uhr bis open end. www.derschleusengraf.de

Schiffshebewerk Niederfinow, Hebewerkstr. 70 A, Niederfinow, Tel. 033362/718250; Mo–Fr 9–16 Uhr; 3/2 Euro, Sa/So nur mit Führung (7/5 Euro). Technisches Denkmal. www.schiffshebewerk-niederfinow.com

Familiengarten Eberswalde, Am Alten Walzwerk 1, Eberswalde, Tel. 03334/384910; April–Okt. tägl. 10–18 Uhr; 4/2 Euro. Mischung aus Denkmal und Freizeitpark. www.familiengarten-eberswalde.de

Wasserturm Finow, Am Wasserturm 2, Eberswalde, Tel. 0172/9261761; Ostern bis nach den Herbstferien Sa/So 10–17 Uhr; 5/2 Euro. Rundumblick. www.wasserturm-finow.de

Luftfahrtmuseum Finowfurt, Museumsstr. 1, Schorfheide, Tel. 03335/7233; April–Okt. tägl. 10–17 Uhr; 7/3 Euro. Luftfahrzeuge. www.luftfahrtmuseum-finowfurt.de

Feinbrennerei am Hebewerk, Hebewerkstr. 41, Niederfinow, Tel. 033362/690344; Fr 14–18, Sa 12–18, So 12–16 Uhr. https://die-feinbrennerei.myshopify.com

Eberswalde – ein Stadtrundgang

Von der Friedensbrücke über den Finowkanal sieht man schon das Fachwerkhaus mit dem leuchtend roten Schild ›Tourist Information‹ und der Aufschrift Museum. Es handelt sich um die ehemalige **Adler-Apotheke**, heute das älteste erhaltene Haus in Eberswalde, das 1663 errichtet wurde. Seit der Sanierung 1997 ist hier das **Museum Eberswalde** untergekommen. Betreten wird das Museum durch den auffällig grünen Anbau an der Ecke Steinstraße. Wichtigstes Ausstellungsstück ist eine Kopie des Eberswalder Goldschatzes aus dem 10. oder 9. Jahrhundert vor unserer Zeitrechnung, der 1913 bei Bauarbeiten in der Messingwerksiedlung gefunden wurde. Über 80 Goldarbeiten wurden in einem bauchigen Tongefäß entdeckt, darunter acht kunstvoll verzierte goldene Schalen, Armbänder, Halsringe und Spangen. Ob der Schatz einem Kaufmann gehörte oder einem Adligen ist unklar. Seit 1945 befindet sich dieser größte vorgeschichtliche Grundfund in Deutschland kriegsbedingt in Russland.
Um die Steinstraße und die Straße An der Friedensbrücke zeigt das Altstadt Carree noch etwas von der historischen Bebauung Eberswaldes. Hier hat sich ein kleines Geschäftsviertel entwickelt.
Die Straße An der Friedensbrücke bringt uns zum Marktplatz, der erst durch den Bau des **Paul-Wunderlich-Hauses** bis 2007 wieder die Konturen eines Stadtplatzes erhielt. Die Kreisverwaltung ließ das Gebäude als Nullemissionshaus errichten, was gut in eine Stadt mit einer Hochschule für nachhaltige Entwicklung passt. Im Hof entdecken wir zwei Bronzeskulpturen von Paul Wunderlich – Tanzende Frau II und Sitzender Mann II –, der in Eberswalde geboren wurde. Die Dauerausstellung im Gebäude zeigt über 300 Arbeiten des Künstlers, die der Sammler Ernst Römer zusammengetragen und dem Haus geschenkt hat. Darunter ist auch der Grafikzylus ›Qui s'explique‹ der 1960 von der Staatsanwaltschaft Hamburg beschlagnahmt wurde. Der Grund: ›unsittliche Darstellungen‹. Im Paul-Wunderlich-Haus bietet das Kaffeehaus Gustav eine Rastmöglichkeit.
Die Südseite des Marktplatzes mit den Häusern Am Markt 5–8 zeigt einige Altbauten. So die Nr. 8, ein Fachwerkbau, der Ende des 19. Jahrhunderts aufwendig im Stil der Neurenaissance ausgeschmückt wurde. An der Ostseite des Marktes befinden sich die **Löwen-Apotheke** von 1703 und das Gebäude Breite Straße 41 von 1775. Es diente ab 1825 als Rathaus. Auf dem Marktplatz sehen wir die lebensgroße Figur des wachenden Löwen, die Christian Daniel Rauch, dem wichtigsten Berliner Bildhauer der klassischen Zeit, zugeschrieben wird.
Auf dem ehemaligen Schlossberg erhebt sich die **Kirche Maria Magdalena**, deren Kern aus der Zeit nach 1333 stammt. Bemerkenswert sind die Terrakotta-Figuren im Südportal, die ältesten Figuren dieser Art im Land Brandenburg.
Über die Breite Straße und die Friedensbrücke geht es zurück zu unserer Radroute am Finowkanal.

Eberswalde

Kaffeehaus Gustav, Am Marktplatz 2d, Eberswalde, Tel. 03334/38966260; tägl.7–18 Uhr. Bäcker, der auch einen Mittagstisch anbietet, schöne Plätze auf dem Markt.
www.wiese-brot-gustav.de

Museum Eberswalde, Steinstr. 3, Eberswalde, Tel. 03334/64415; Di–So 10–13 und 14–17 Uhr; 4/2 Euro. Eberswalder Goldschatz. www.museum-eberswalde.de

Gefangene Moderne: das Paul-Wunderlich-Haus am Marktplatz

Der Oder entgegen

Tour 14: Von Strausberg nach Bad Freienwalde

Verlauf: Strausberg–Klosterdorf–Kähnsdorf–Prädikow–Reichenow–Möglin–Kunersdorf–Bliesdorf–Vevais–Wriezen–Rathsdorf–Altranft–Bad Freienwalde.
Länge: 41 km.
Alternativen: bis Bhf. Wriezen: 29 km.
Start: S-Bhf. Strausberg Nord, Fahrstuhl: nicht notwendig, Einkauf: Aldi Nord, Akazienstr. 1 (300 m entfernt).
Ziel: Bhf. Bad Freienwalde, Fahrstuhl: nicht notwendig, Einkauf: Norma, Bahnhofstr. 27 (200 m entfernt).
Anfahrt: ab S-Bhf. Friedrichstr., S5, alle 20 Min., Fahrzeit 1 Std.
Rückfahrt: ab Bhf. Bad Freienwalde, RB60/RE3 bis Gesundbrunnen, stdl., Fahrzeit 1:03 Std.
E-Bike: uneingeschränkt tauglich.
Wegequalität: Rund die Hälfte der Tour fahren wir auf gut asphaltierten, wenig befahrenen Nebenstraße (20 km). Dazu kommen noch einmal über 6 Kilometer auf asphaltierten, separaten Radwegen, auf denen wir komplett unsere Ruhe habe. Insgesamt 14 Kilometer fahren wir auf straßenbegleitenden Radwegen, darunter auch weniger als einen Kilometer hinter Vevais an der Bundesstraße 167.
Kurzcharakteristik: Wir fahren von Strausberg Nord bis Bad Freienwalde durch den Oberbarnim. Und das heißt, wir radeln vor allem auf nicht so stark bewegten Hochflächen, die dem Ackerbau dienen. Einzig hinter Kähnsdorf haben wir eine massivere Steigung zu bewältigen. Ab Kunersdorf geht es dann immer schön auf gleich bleibendem Niveau am Rand des Oderbruchs bis nach Bad Freienwalde. Links von uns zeichnen sich die Höhen des Waldgebietes südwestlich von Bad Freienwalde ab. Wir besuchen Schloss Reichenow, das Dorf Möglin mit dem Versuchsgut des Albrecht Thaer und in Kunersdorf den Musenhof der Frauen von Friedland. Wir gucken, wie es der alten Oderstadt Wriezen geht und informieren uns im Schloss Altranft über den Oderbruch. Unsere Tour endet in Bad Freienwalde mit Schloss und Walther-Rathenau-Gedenkstätte.

▶ *Bhf. Strausberg Nord–rechts Am Flugplatz–links Flugplatzstr. F1–links Segelfliegerdamm–rechts Provinzialsiedlung/Str. am Sportplatz–geradeaus Str. d. Friedens (K 6414)–links Kähnsdorfer Weg–Kähnsdorf*

Vor dem Start der Tour sollte man sich eine interessante Relation verdeutlichen: Vom Bahnhof Strausberg Nord sind es Luftlinie nur noch 36 Kilometer bis an die Oder. Das ist in etwa genauso weit wie von Berlin-Mitte nach Strausberg Nord. Darum hat die Anfahrt per S-Bahn eine Stunde gedauert. Und darum haben wir trotz aller Besichtigungen eine entspannte Tour von nur 41 Kilometer Länge vor uns.

▶ Karte S. 156

Am Rand des Flugplatzes **Strausberg** verlassen wir die Stadt. Schon seit 1927 starten und landen hier Flugzeuge. Zur Geschichte des Flugplatzes zeigt das **Flugplatzmuseum Strausberg** 60 Bildtafeln und zudem Flugzeugmodelle sowie Fliegerutensilien.

Über die Provinzialsiedlung erreichten wir **Klosterdorf**, das spätestens ab 1241 dem Kloster Zinna gehörte. Die Dorfkirche aus gut bearbeitetem Feldstein stammt aus der zweiten Hälfte des 13. Jahrhunderts. Beispielhaft ist die Staffelung des Gotteshauses in Westturm, Langhaus, Chor und Apsis. Kirchen dieser Art werden als vollständiger Typ bezeichnet und sind ein Indiz dafür, dass der Bauherr gut bei Kasse war. Im Innern berührt nur der Raumeindruck, die Ausmalung in der Kirche ist neuzeitlich. Weiter die Straße des Friedens hinunter zeigt die ehemalige **Dorfschmiede** (Straße des Friedens 37) ein schönes Zusammenspiel der Baumaterialien Feld- und Backstein. Wir fahren ab jetzt für eine Weile auf der Oberbarnimer Feldsteinroute (OFR, www.oberbarnimer-feldsteinroute.de). Dazu gehört auch die **Scheune** schräg gegenüber, die in Zwickeltechnik errichtet wurde. Nähere Informationen finden sich auf den Tafeln vor der Scheune. Feldsteine in jeder Art und Größe wurden während der Eiszeit aus Skandinavien hierher in den Oberbarnim transportiert und blieben nach Abschmelzen des Eises auf und in den Grundmoränenflächen liegen. Jahr für Jahr ernten die Landwirte auf ihren Feldern Feldsteine, die durch bodenmechanische Vorgänge an die Oberfläche kommen. Wir fahren weiter auf einer Fahrradstraße durch die leicht wellige Landschaft bis nach Kähnsdorf.

▶ *Kähnsdorf–Radweg durch den Wald–Prädikow, Kastanienweg–links Dorfstr.–rechts Am Storchennest/Ihlower Weg–links Radweg nach Reichenow/Schäferei–rechts Schäferei/Dorfstr.–links Dorfstr. Richtung Möglin–Möglin, Reichenower Weg*

In Kähnsdorf geht es weiter hinter der rot-weißen Barriere auf einem separaten Radweg in ein Waldgebiet. Wir fahren eine ganze Weile sacht bergauf. Ein **Waldschrat** am Wegesrand weist uns die Richtung, wo es scharf rechts geht. Seit 2012 verrichtet er seinen Dienst, aufgestellt vom Verein ›Prädikower Kultur- und Landleben e.V.‹. Wir werden auf unserem Weg noch einige Skulpturen sehen, die von Mitgliedern des Vereins geschaffen wurden. Aber erst mal fahren wir hoch bis zur Kuppe und können plötzlich die sehr bewegte Landschaft mit Wiesen und Felder übersehen. Und schon geht es abwärts auf der kreuzungsfreien Fahrradstraße bis in den Ort Prädikow. Das Gefälle beträgt bis zur zwölf Prozent – hoffentlich sind die Bremsen in Ordnung. Die **Kirche Prädikow** wurde bis 1270 aus Feldsteinen erbaut und ist überraschend groß. Noch erstaunlicher ist die Tatsache, dass links und rechts des Kirchenschiffs Fundamente für Seitenschiffe in der Erde liegen. Bis ins 17. Jahrhundert war die Kirche Prädikow eine Basilika auf dem Dorf. Sollte mal mehr werden aus dem Ort, der an der via vetus lag, dem mittelalterlichen Handelsweg zwischen Köpenick und Wriezen? Im Innern der Kirche befindet sich über einem Feldsteinaltar eine Sgraffito-Arbeit des Rostocker Restaurators und Malers Lothar Mannewitz aus den 1950er Jahren: ›Das letzte Abendmahl Jesu‹. Die Kanzel stammt aus der Zeit um 1600.

Die Dorfkirche in Klosterdorf

Kurz nachdem wir in den Ihlower Weg gefahren sind, folgen wir dem grünen Pfeil und biegen links ab. Hier verlassen wir die Feldsteinroute, die weiter nach Ihlow führt. Wir aber radeln auf dem separaten Radweg nach Reichenow. Links und rechts erstrecken sich große zusammenhängende Felder, auf denen Getreide oder Mais steht. In Märkisch Oderland gab es 2020 ganz 469 landwirtschaftliche Betriebe, die im Durchschnitt eine Größe von 266 Hektar aufwiesen. Damit liegt Märkisch Oderland hinter der Uckermark und Teltow-Fläming auf Platz

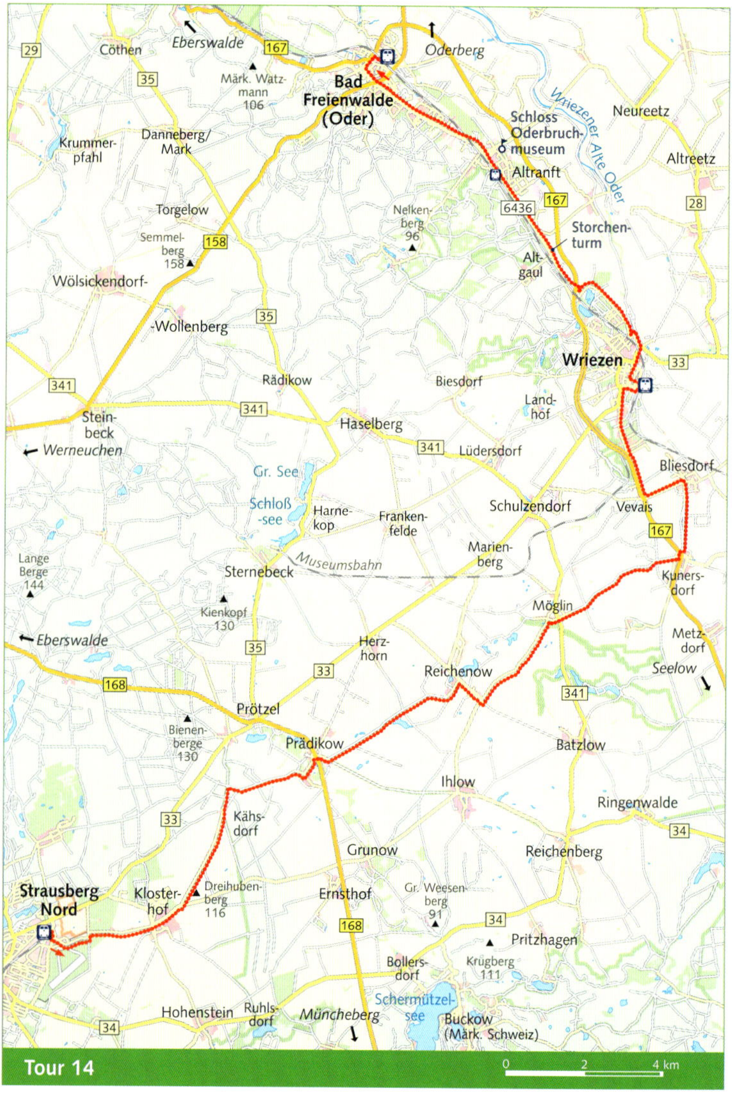

Badestelle am Langen See

3 und deutlich über dem Durchschnitt von 242 Hektar pro Betrieb in Brandenburg. In Reichenow müssen wir rechts Richtung Möglin abbiegen. Zuvor aber fahren wir kurz nach links, um einen Blick auf das **Schloss Reichenow** zu werfen. Ein bisschen erinnert der Bau mit seinen Loggien, Zinnen und Türmchen nach dem Vorbild englischer Landsitze im Tudorstil an das Schloss Babelsberg in Potsdam. Bis 1900 ließ August Freiherr von Eckardstein das Schloss errichten. Zu DDR-Zeiten als Kindergarten, Geschäft oder auch Wohnung genutzt, ist hier heute ein Hotel mit Restaurant eingerichtet.

Zum Schloss Reichenow gehören ein Park und der Lange See. Fahren wir zurück auf der Straße Schäferei, geht rund 100 Meter hinter der Kreuzung links ein einfacher Sandweg hinunter zum See. Hier müssen wir das Rad ein Stück schieben. Als Belohnung gibt es eine **Badestelle am Langen See** mit einem breiten Sandstrand und sogar einem Steg.

Weiter geht es über die Dorfstraße und vor dem Dorfteich links ab auf den Weg nach Möglin. Wieder radeln wir durch ausgedehnte Felder und Wiesen. Nur noch auf den länglichen Kuppen sehen wir Baumgruppen und kleine Waldstücke.

▶ *Möglin, Reichenower Weg–rechts Sternebecker Weg/A.-D.-Thaer-Weg/Waldweg–Kunersdorf, links halten Neudorf–über Frankfurter Chaussee (B 167)–links Kunersdorfer Weg–Bliesdorf, links Dornbuschstr./Bliesdorfer Str.–Vevais, rechts Hauptstr.–Wriezen, geradeaus Frankfurter Ch./Frankfurter Str. (L 33)–rechts Hospitalstr.–links Bahnhofstr.–links Markt*

Bevor wir über den Sternebecker Weg weiter Richtung Kunersdorf fahren, statten wir dem Ort **Möglin** und damit der Grabstätte des Albrecht Daniel Thaer einen Besuch ab. »Albrecht wer?«, werden viele fragen. Der Mann ist – zu Unrecht – fast in Vergessenheit geraten. Dabei war es Albrecht Thaer, der durch sein vierbändiges Hauptwerk ›Grundsätze der rationellen Landwirthschaft‹ von 1812 half, den Ertrag der Landwirtschaft deutlich zu steigern, eine wichtige Voraussetzung für den Sieg über den Hunger. Anstelle der althergebrachten Dreifelderwirtschaft propagierte Thaer den Fruchtwechsel mit zusätzlicher Düngung. 1804 eröffnete Thaer in Möglin die ›Erste Akademische Lehranstalt des Landbaus‹ in Deutschland. Die Albrecht-Thaer-Stiftung unterhält in Möglin eine

Schönste Tudorgotik: Schloss Reichenow

Ausstellung und Gedenkstätte Albrecht Thaer. Ein Stück weiter die Hauptstraße hinauf können wir einen Blick auf das Gutshaus Mögelin werfen, das heute in Privatbesitz ist.

Besser aber sieht man die Anlage vom Hof der **Kirche Möglin** (Rosenwinkel). Hier findet sich auch das **Grab von Albrecht Daniel Thaer**, der 1828 in Möglin starb. Wir sehen einen Grabstein inmitten einer gusseisernen Einfriedung, davor das Begräbnis seiner Tochter Wilhelmine. Ein romantisches Bild, schaut man von der Feldsteinkirche über das Grab und den See auf das Gutshaus.

Weiter geht es nach **Kunersdorf**. Der Landrat von Itzenplitz sowie dessen Ehefrau Henriette Charlotte trugen entscheidend dazu bei, Thaer zum Umzug vom niedersächsischen Celle nach Möglin zu bewegen. Henriette Charlotte führte – wie schon ihre Mutter Helene Charlotte von Friedland – ihre Güter selbst und experimentierte mit modernen Methoden der Landwirtschaft. Dadurch war sie Thaer eine ebenbürtige Gesprächspartnerin. Zugleich war sie Gastgeberin eines Musenhofes. Hier verkehrten Größen ihrer Zeit wie die Brüder Humboldt oder auch die Bildhauer Schadow und Rauch. 1813 lebte Adalbert von Chamisso im Gutshaus Kunersdorf, trieb botanische Studien und schrieb nebenher für die Kinder seiner Gastgeberin ›Peter Schlemihls wundersame Geschichte‹. Es entstand ein Stück Weltliteratur.

Dem romantischen Schriftsteller und Naturforscher Adalbert von Chamisso ist die **Ausstellung im ehemaligen Haus des Gutsverwalters** gewidmet. Sie versucht das Erbe des Kunersdorfer Musenhofs lebendig zu halten. Um das Haus lädt ein 9000 Quadratmeter großer Garten, der ehemalige Küchengarten des Gutshauses, zum Spaziergang ein. Das Gutshaus ist nicht erhalten.

Eine Kostbarkeit findet sich an der Kirche Kunersdorf: Der Friedhof wird von einer klassizistischen **Säulenkolonnade** begrenzt, die Carl Gotthard Langhans, der Erbauer des Brandenburger Tores in Berlin, 1790 entwarf. Sie birgt zwischen den Säulen dorischer Ordnung neun Begräbnisse der Familien Lestwitz-Itzenplitz-Oppen, darunter die Grabstelle von Hans Sigismund von Lestwitz, eine Urne nach einem Entwurf von Gottfried Schadow. Auch die Grabstele für Catharina Charlotte von Lestwitz schuf Schadow. Die Urnen und Stelen der Anlage sind aus Marmor.

Weiter geht es durch den Ort **Vevais**, dessen Name an die 14 Kolonistenfamilien aus der Schweiz und Frankreich erinnert, die als Glaubensflüchtlinge 1752 hier den Ort aufbauten. Nur wenig später erreichen wir **Wriezen** oder besser das, was von Wriezen übrig ist. Die schweren Kämpfe im April 1945 und die Oderflut 1947, die vor allem die niedriger gelegenen Bereiche um Bahnhof und Markt traf, haben die Stadt fast völlig zerstört. Der historische Stadtgrundriss wurde beim Wiederaufbau weitgehend missachtet, was zu der eigentümlich geschichtslosen Atmosphäre auf dem **Marktplatz** beiträgt. Wir stehen zwischen viergeschossigen Häuserzeilen aus der DDR-Zeit, für ein bisschen Halt sorgt nur die Teilruine der **Stadtpfarrkirche St. Marien**. Sanierungsarbeiten und Überdachung haben 2019 begonnen.

▶ *Wriezen, Markt–rechts Wilhelmstr.–geradeaus Odervorstadt (L 33)–links Am Hafen–links Heinrich-Lehmpuhl-Str.–rechts Mahlerstr./Ziegenfarm–rechts Weg an Bahngleisen–geradeaus Altgaul (K 6436)/Rathsdorf/Alte Heerstr./Altranfter Str./Frankfurter Str./Wriezener Str./Königstr.–rechts Karl-Marx-Str.–rechts Am Bahnhof*

Viel besser ist die Atmosphäre in der Wilhelmstraße, der Haupteinkaufsstraße der Stadt, auch nicht. Über die Odervorstadt gelangen wir zur **Wriezener Alten Oder**, vor der wir links abbiegen Würden wir hier über die Brücke und ein kurzes Stück die Straße Alt-Kiez fahren, könnten wir links auf den Radweg auf der Bahntrasse der alten Oderbruchbahn einfädeln und nach zehn Kilometern die Oder und die jüngst eröffnete Europabrücke erreichen. Den Verlust der Lage am Hauptarm der Oder durch die Oderregulierung um 1750 konnte Wriezen durch Unternehmen zur Verarbeitung landwirtschaftlicher Produkte aus dem Oderbruch und dem Handel mit Gemüse und Obst kompensieren. Von dieser frühen Industrie sind heute aber nur noch Ruinen an der Straße Am Hafen zur sehen.Weiter geht es Richtung Bad Freienwalde. Ein Halt auf der Strecke ist das **Storchenmuseum** in Altgaul. 1978 wurde die Ausstellung zum Weißstorch in einem rund 200 Jahre alten Ziegelbrennofen eröffnet. In Höhe des Storchenmuseums müssen wir die Straßenseite wechseln, um über den neu angelegten, breiten Radweg nach Altranft zu fahren. Im Ort angekommen, lädt uns ein Schild ein, das **Oderbruchmuseum** zu besuchen. Das **Schloss Altranft,** ein Herrenhaus aus der Zeit um 1667, ergänzt durch einen neubarocken Schlossbau, erzählt mit Themenräumen zum Oderbruch und zu Altranfts Regionalgeschichte. Auf der kleinen Terrasse der Cafeteria lässt sich prima rasten. Das Schloss ist aber nur das Zentrum des Museums Altranft, Werkstatt für ländliche Kultur. Dazu kommt die **spätbarocke Kirche** von 1752, die von der Gutsbesitzerin Caroline Marianne von Marschall zu Ehren ihres verstorbenen Mannes errichtet wurde. Weiter kann man in dem Dorfmuseum die Dorfschmiede, den Berg-Schmidt Hof und das Märkische Mittelflurhaus besichtigen.

Von Altranft sind es nur noch vier Kilometer, bis wir zum Bahnhof Bad Freienwalde gelangen. Dafür fahren wir immer geradeaus an der K6436. Die wechselt immer wieder ihren Namen, bis sie schon im Ort Bad Freienwalde Königstraße heißt. Wir biegen am Marktplatz rechts auf die Karl-Marx-Straße ab und sind nach rund 500 Metern am **Bahnhof Bad Freienwalde** (Stadtrundfahrt Bad Freienwalde → S. 161).

Tour 14

Ristorante Bella Vista, Wilhelmstr. 53, Wriezen, Tel. 033456/504807; Mo, Mi 16–20, Di, Do, Fr 16–23, Sa/So 12–23 Uhr. Typischer Italiener.

Charlotte – Restaurant und Café im Museum Schloss Altranft, Am Anger 27, Bad Freienwalde, Tel. 0171/8324732. www.charlottealtranft.business.site

Gedenkstätte Albrecht Daniel Thaer, Hauptstr. 10, Reichenow/OT Möglin, Tel. 033456/35164; April–Sept. Do–So 11–17 Uhr, Okt.–März Di–Fr 10–16 Uhr; 3/2 Euro. www.albrecht-daniel-thaer.org

Chamisso Museum im Kunersdorfer Musenhof, Dorfstr. 1, Bliesdorf/OT Kunersdorf, Tel. 033456/151227; März–Okt. Sa/So 11–17 Uhr. Spenden erbeten. www.kunersdorfer-musenhof.de

Storchenmuseum Rathsdorf, Altgaul 5, Wriezen, Tel. 033456/3349; Mai–Aug. Mi–So 10–17 Uhr.

Oderbruch Museum, Am Anger 27, Bad Freienwalde/OT Altranft, Tel. 03344/333911; April–Dez. Do–So 11–17 Uhr; 8/5 Euro. www.oderbruchmuseum.de

Reichenow: **Badestelle am Langen See**. Vor dem Haus Schäferei 33 links durch das Waldstück.

▸ Karte S. 156

Bad Freienwalde – eine Stadtrundfahrt

Wer in Bad Freienwalde noch Zeit hat, sollte von der Königstraße links in die Rathenaustraße abbiegen. Ein Hinweisschild weist uns den Weg zum **Schloss Bad Freienwalde**. Die klassizistisch klare Villa wurde nach Plänen des Baumeisters David Gilly 1799 für Königin Friederike Luise von Preußen erbaut, die ungeliebte Gattin von Friedrich Wilhelm II. Seit 1788 verbrachte Friederike Luise regelmäßig ihre Sommermonate hier in Freienwalde. Aber erst nach dem Tod ihres Gatten 1797 ließ sich die Königin, die als zunehmend wunderlich beschrieben wird, außerhalb der Stadt diesen Witwensitz errichten.

Walther Rathenau, Sohn des AEG-Gründers und Industrieller, kaufte 1909 das vom Verfall bedrohte Schloss und ließ es aufwendig sanieren, um in einem Wohnsitz außerhalb des hektischen Berlin seiner schriftstellerischen Tätigkeit nachzugehen und Freunde zu empfangen. Nach dem Mord an Rathenau, der seit Januar 1922 als Außenminister amtiert hatte, fiel das Gebäude an den Landkreis Oberbarnim. Das Schloss wurde 1945 geplündert. In der zweiten Etage unterhält die Walther-Rathenau-Gesellschaft heute eine **Walther-Rathenau-Gedenkstätte**, die das Engagement Rathenaus für die Demokratie in Deutschland würdigt.

Weiter Richtung Innenstadt geht es vorbei an der ehemaligen **Kirche St. Georg.** Diesen Fachwerkbau von 1696 kann man gar nicht übersehen, seit 1986 wird das Gebäude nach gründlicher Sanierung als Konzerthalle genutzt.

Mit Blumenschmuck: das Rathaus in Bad Freienwalde

Touren

Das Oderlandmuseum

Am Ende der Königstraße treffen wir auf den **Marktplatz** Bad Freienwaldes, das Zentrum der 12 000-Einwohner-Stadt. 1683 wurde im Stadtgebiet eine Heilquelle entdeckt, die Bad Freienwalde zum Kurort werden ließ. Noch heute bietet die Fachklinik und Moorbad Bad Freienwalde (Gesundbrunnenstraße 33) Therapien für entzündlich-rheumatische Beschwerden und Stoffwechselerkrankungen an. Aufgrund der schönen landschaftliche Lage wurde Bad Freienwalde zur Wohnstadt von Pensionären. Das klassizistische Rathaus von 1866 am Marktplatz wurde genau im Blickpunkt der Königstraße errichtet. Links daneben, auf dem höchsten Punkt der älteren Stadtanlage, erhebt sich die **Stadtpfarrkirche St. Nikolai**, die ihren Chor zum Marktplatz wendet. Die Gestalt der gotischen Backsteinkirche geht auf die Mitte des 15. Jahrhunderts zurück, Hochaltar und Kanzel stammen aus dem Jahr 1622.

Auf der Südseite des Marktplatzes zeigt die Uchtenhagenstraße schöne Altbauten. In das Gebäude Nr. 2 von 1774 ist das **Oderlandmuseum** eingezogen. Daneben, im ehemaligen Wohnhaus Nr. 3 von 1786, findet sich die **Touristeninformation** der Stadt Bad Freienwalde.

Bad Freienwalde

Ladencafé Immergrün, Königstr. 7, Bad Freienwalde; Mo, Do 9–17; Di, Fr 11–17 Uhr. Gemütliches Café im Laden der Einkaufsgemeinschaft Oderbruchwaren. Garantiert bio.
www.ladencafe-immergruen.de

Café Auszeit, Königstr. 38, Tel. 03344/7331146; Mo–Mi 9.30–17, Sa/So 13–18 Uhr. Leckerer selbstgemachter Kuchen.

Walter-Rathenau-Gedenkstätte, Rathenaustr. 3, Bad Freienwalde, Tel. 03344/300367; Do–So 11–17 Uhr; 4/2 Euro. Gedenkstätte für den ermordeten Außenminister der Weimarer Republik.
www.schloss-freienwalde.de

Oderlandmuseum, Uchtenhagenstr. 2, Bad Freienwalde, Tel. 03344/205; Mi–Sa 11–17 Uhr; 2/1 Euro. Geschichte der Besiedlung des Oderbruchs und der Stadt Bad Freienwalde. www.oderlandmuseum.de

Ein Kloster und das Dorf der sieben Seen

Tour 15: Von Chorin nach Angermünde

Verlauf: Chorin Dorf–Chorin Kloster–Theerofen–Weißensee–Brodowin–Pehlitz–Parstein–Bölkendorf–Herzsprung–Schmargendorf–Angermunde.
Länge: 33 km.
Start: Bhf. Chorin, Fahrstuhl: nicht nötig; Einkauf: Hofladen im Bahnhofsgebäude.
Ziel: Angermünde, Fahrstuhl: ja, Einkauf: SPAR Express.
Anfahrt: ab Bhf. Gesundbrunnen, RE 3, tägl., stdl., Fahrzeit 45 Min.
Rückfahrt: ab Bhf. Angermünde, RE 3, tägl., stdl., Fahrzeit 45 Min.
Radeln nach Zahlen: ab Parstein 17–2–3.
E-Bike: uneingeschränkt tauglich.
Wegequalität: Die Tour führt weitgehend über asphaltierte, wenig befahrene Straße (14 km). Dazu kommen rund 9 Kilometer gut verdichtete Sandpisten am Amtsee Chorin und durch den Wald nach Brodowin. Ansonsten fahren wir auf straßenbegleitenden Radwegen. Die knapp 300 Meter Bundesstraße in Parstein kann man auf dem Fußweg radeln. Die 400 Meter Kopfsteinpflaster auf ›Am Wirtschaftsweg‹ in Parstein bewältigen wir mithilfe eines Sandstreifens am Rande der Fahrbahn.
Kurzcharakteristik: Die Tour ist nur etwas über 30 Kilometer lang, hat es aber in Sachen Besichtigung in sich: Da ist das uralte Kloster Chorin mit dem berühmten Westgiebel der Klosterkirche, ein Zeugnis der Zisterziensermönche und ein Schlüsselwerk der Backsteingotik in unserer Region. Im Dorf Brodowin besuchen wir den bekannten Ökohof und genießen den Rundblick vom Kleinen Rummelsberg über die wunderschöne Landschaft der Uckermark. Ein Bummel durch die Fachwerkstadt Angermünde bietet sich ebenso an. Wer Lust hat, ein kühles Bad zu nehmen, hat dazu am Parsteiner See Gelegenheit.

▶ *Bhf. Chorin–rechts auf Choriner Bahnhofstr.–rechts Choriner Dorfstr.–links Mittelreihe–rechts Choriner Dorfstr.–links Hüttenweg–rechts Neue Klosterallee–geradeaus auf Weg am Amtsee–Kloster Chorin Haupteingang*

Der **Bahnhof Chorin** sorgt erst mal für Verwirrung. Sein offizieller Name ist ›Historischer Natur Bahnhof Chorin‹. Dabei ist er zuallererst der Haltepunkt Chorin auf der Strecke Berlin–Angermünde mit zwei Bahnsteigen, einem Wartehäuschen und einer Auffahrtsrampe. Das war's. Dann aber kommt der private Teil, den die Bahn verkauft hat. Das Bahnhofsgebäude wurde 1902 errichtet und leuchtet heute gut saniert in rötlich-sandfarbenen Tönen. Leihfahrräder aller Art warten auf die Bahnreisenden, ein Hofladen bietet Erfrischungen und Bioprodukte, eine Infostelle hilft Touristen weiter. Und das Ganze hat in einem Gebäude eine Heimat gefunden, dessen CO_2-Emissionen durch den Einbau einer Erdwärmeheizung um 75 Prozent gesenkt wurden. Das passt bestens, will das Bahnhofsgebäude doch Tor zum UNESCO-Biosphärenreservat Schorfheide-Chorin sein. Vom Bahnhof Chorin sind es nur gut 1,5 Kilometer zum Kloster Chorin am Amtsee. Trotzdem müssen wir uns schon vor dem Start darüber klar werden, welche Route wir nehmen. Weg eins ist als Zisterzienser-Tour und auch als Teil der Tour Brandenburg ausgeschildert (Knoten 81, 82, 83), hat es aber in sich. Über die Choriner Dorfstraße, den Sandkruger Weg und dann durch den Wald geht es zum Kloster. Auf rund 400 Metern müssen wir eine Steigung zwischen drei bis vier Prozent bewältigen. Und danach geht es rasant bergab und das über Kopfsteinpflaster. Den wildbewegten Chorin-Parsteiner Endmoränenbogen mit seinen Höhen und steil abfallenden Hängen kann man dabei kaum genießen. Wer sich diesen Ritt nicht antun möchte, sollte lieber Weg zwei nehmen: Auf der Choriner Dorfstraße fahren wir vorbei an der **Dorfkirche Chorin**. Wir sehen zwar nur die Ostseite des Gotteshauses, erkennen aber, dass der kleine, rechteckige Saalbau aus sorgfältig bearbeiteten Feldsteinen, die sauber geschichtet sind, errichtet wurde. Solche Mühe hat man sich nur im 13. Jahrhundert gegeben. Ab dem 14. Jahrhundert nahm der Anteil des Mauerwerks mit nur gespaltenen, von Mörtel umschlossenen Feldsteinen zu. Für die Dorfkirche Chorin wird ein Baudatum in der zweiten Hälfte des 13. Jahrhunderts angenommen.

Über Hüttenweg und Neue Klosterallee kommen wir zum Waldseehotel Frenz. Hier geht es einfach geradeaus auf den Waldweg. Es ist besser, nach einigen hundert Metern nicht links hinunter zum See zu fahren. Die Strecke ist nur für geübte Mountainbike-Fahrer passierbar. Wir bleiben oben auf dem breiteren Weg und überqueren dann in einer Niederung den **Nettelgraben** unmittelbar am Ausfluss aus dem Amtssee. Vermutlich im 15. Jahrhundert legten die Mönche des Klosters Chorin diese Verbindung zum Bach Ragöse an. Es wird vermutet, dass die steigenden Wasserstände im 14. und 15. Jahrhundert im Parsteiner See dazu führten, dass zu viel Wasser Richtung Kloster Chorin floss. Daher sorgte man für einen besseren Abfluss des Wassers.

Wir nähern uns dem Kloster über den Westweg und fahren so auf die berühmte **Westfassade der Choriner Klosterkirche** zu. Ein beeindruckendes Bild, das auf Fernwirkung und damit auch auf Repräsentation angelegt ist: Strebepfeiler, die als Treppentürme ausgebaut wurde, fassen einen Mittelteil ein, der von drei hohen, spitzbogigen Fenstern durchbrochen wird. Darüber erkennen wir eine Rosette mit drei Sechspass-Ornamenten. Drei krabbenbesetzte Giebel schließen den Mittelteil oben ab. Die Zahl ›Drei‹ steht für die Trinität, die Dreifaltigkeit von Gott-Vater, Gott-Sohn und Heiligem Geist.

▲ Karte S. 165

Einen Kirchturm durfte die Klosterkirche nach den Regeln der Zisterzienser nicht haben, einen solch repräsentativen Giebel schon. Also deutete man auf diese Weise an, dass hinter dieser Westfassade die Herrscherempore der Markgrafen lag, und schuf zugleich ein Schlüsselwerk der Backsteingotik. Auch aufwendiger Schmuck war verboten. Daher verwendeten die Baumeister des Klosters Chorin viel Mühe auf die Baudetails. Man schaue sich nur die kunstvollen Konsolen im Kreuzgang genauer an.

Nach der Reformation wurde Kloster Chorin Amtssitz und Domäne. Als Karl Friedrich Schinkel 1817 die Klosterruine entdeckte, wurde Vieh in der Kirche gehalten. Schinkel, immerhin oberster Baumeister in Preußen, setzte sich maßgeblich für den Erhalt der Klosterruine ein, um ein ›kostbares Zeugnis mittelalterlicher Geschichte‹ zu retten. Er zeichnete diverse Ansichten der Klosterruine, die die Wiederherstellung der mittelalterlichen Klosteranlage entscheidend beeinflussten. Restauriert wurde so nicht ein Kloster als Denkmal, sondern es wurde eine Anlage geschaffen, die dem romantischen Bild eines mittelalterlichen Klosters im 19. Jahrhundert entsprach. Eine Überraschung erlebt, wer auf den Alten Friedhof hinter der Klosterkirche geht. Hier stößt man auf das **Grab von Max Taut**. Zusammen mit seinem Bruder Bruno war er in den 1920er Jahren einer der Architekten der Neuen Sachlichkeit, der nach dem Zweiten Weltkrieg in West-Berlin und auch in Westdeutschland baute. Taut (1884–1967) lebte mit seiner Ehefrau Margarethe vermutlich bis 1957 im Amtshaus auf dem Klostergelände. Margarethe war die Tochter des Wirtes der alten Klosterschänke Chorin. Für Max Taut wurde der Ort zur Heimat, nachdem sein Haus in Berlin im Zweiten Weltkrieg schwer beschädigt worden war. Nehmen Sie sich Zeit, um die Ausstellungsangebote im Kloster zu nutzen. Es lohnt und wir haben ja nur eine 30-Kilometer-Tour vor uns.

Um das Klostercafé zu besuchen, muss man in den eintrittspflichtigen Teil des

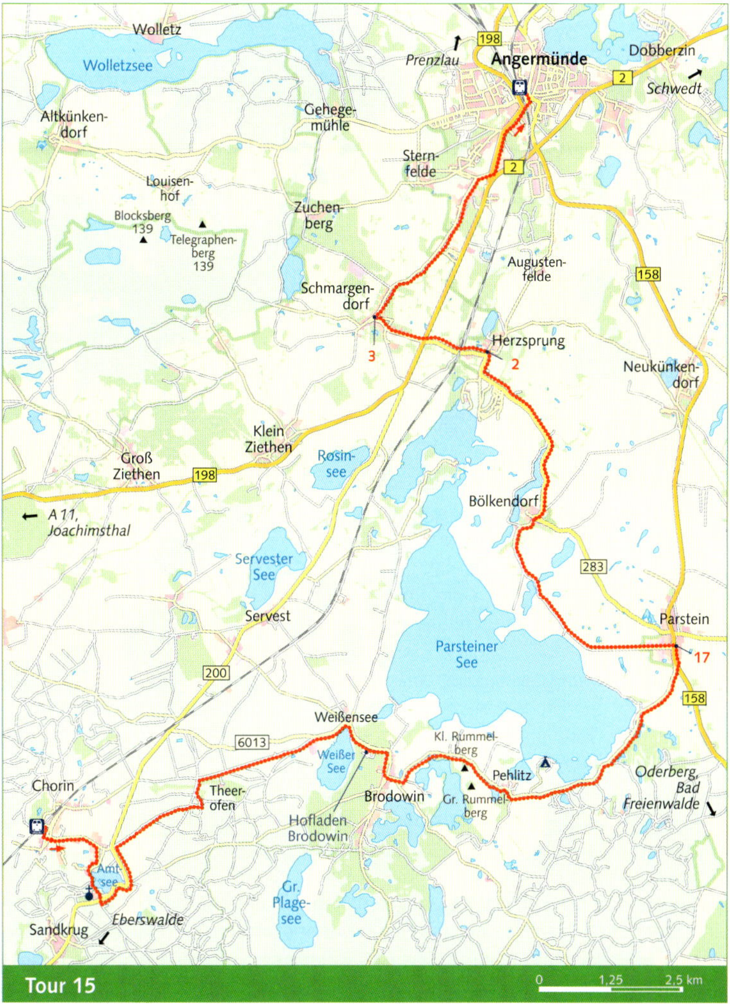

Kloster Chorin, Kirche und Kreuzgang

Klosters. Hier gibt es Leckereien vom Ökohof Brodowin. Eine Rast kann man auch in der Alten Klosterschänke einlegen, die seit 1753 existiert und leichte regionale, saisonale Küche bietet. Bei gutem Wetter gibt es Plätze im Garten.

► *Kloster Chorin Haupteingang-links Amt Chorin-rechts Schulweg (Weg in den Wald)-links auf Theerofen-rechts Waldweg nach Brodowin (grünes Schild)-rechts halten Weißensee (K 6013)/Brodowiner Dorfstr.-links Brodowiner Dorfstr.-Kleiner Rummelsberg*

Der Weg vom Kloster Chorin nach Brodowin ist gut ausgeschildert mit dem Hinweis ›Ökodorf Brodowin‹. Sobald wir rechts in den Schulweg eingebogen sind, fahren wir ein ganzes Stück mit ein- oder zweiprozentiger Steigung. Das ist wirklich nicht der Rede wert und kein Vergleich zu der Berg- und Talfahrt vor Kloster Chorin.

Wir passieren den Wohnplatz **Theerofen** mit einer Revierförsterei am Wegesrand. Theerofen oder Teerofen sind Ortsnamen, die sich häufiger finden. Im Teerofen wurden früher harzhalti-

▲ Karte S. 165

ge Hölzer wie zum Beispiel zerkleinerte Wurzelstöcke der Kiefer so lange verbrannt, bis die Flüssigkeit austrat. Dieses Harz, Pech oder Teer genannt, wurde mit Leinöl versetzt, um so Schmiere für die hölzernen Wagenachsen zu gewinnen. Oder aber man schmierte das Pech auf Äste von Bäumen. Vögel, die sich darauf setzten, klebten daran fest und waren damit im wahrsten Sinne des Wortes ›Pechvögel‹. Sie wanderten umgehend in den Kochtopf.

Wir überqueren ein weiteres Teilstück des **Nettelgrabens**, den die Choriner Mönche hier schon im 13. Jahrhundert anlegten. Er ist einer der frühesten erhaltenen künstlichen Gräben Deutschlands. Die Mönche gruben in einer Rinne eine knapp fünf Kilometer lange Verbindung zwischen dem Weißen See und den Amtsee Chorin, um Kloster und Mühlen mit mehr Wasser zu versorgen. Heute trocknet der Nettelgraben in heißen Sommern über Wochen aus. Im Frühjahr aber zeigen sich um den Nettelgraben feuchte Wiesen mit sumpfigen Stellen, auf denen wir Gänse und Kraniche entdecken. Eine weitere feuchte Niederung durchfahren wir am Wohnplatz Weißensee. Wieder radeln wir über den Nettelgraben, der hier den Parsteiner See über die Prottenlanke mit dem Weißen See verbindet. Einst war der Weiße See nur eine Bucht im Parsteiner See. Heute ist das Verlandungsgebiet Prottenlanke aus der Bewirtschaftung herausgenommen und als Gelegezone für Vögel geschützt. Der Ökodorfverein Brodowin (www.oekodorfverein-brodowin.de) ist maßgeblich an dieser und anderen Schutzmaßnahmen hier in der Region beteiligt. Nicht verwechseln sollte man den ›Ökodorfverein Brodowin‹ mit dem Namen ›Ökodorf Brodowin‹, der für den großen landwirtschaftlichen Betrieb steht, der das Dorf in Brandenburg bekannt gemacht hat. Brodowiner Bauern, die zuvor in einer LPG organisiert gewesen waren, gründeten ihn kurz nach der Wende. Unterstützt von dem Unternehmerehepaar Gisela und Werner Upmeier aus Berlin, war der Aufbau eines Demeter-Betriebes möglich, der über 100 Arbeitsplätze sicherte. Ludolf von Maltzahn übernahm 2006 als Hauptanteilseigner und Geschäftsführer den Betrieb und leistet seitdem den Spagat zwischen bio-dynamischem Landbau, artgerechter Tierhaltung und den betriebswirtschaftlichen Notwendigkeiten. Neben der Landwirtschaft wird eine Molkerei betrieben. Gisela Upmeier hatte die Idee des Brodowiner Ökokorbs, mit dem Bio-Lebensmittel direkt zu den Kunden in Berlin gebracht wurden. Das war lange, bevor es große Bioläden in der Stadt gab. Heute finden sich die Produkte des Ökodorfs Brodowin in den bekannten Geschäften. Wer sich das Ganze näher anschauen möchte, sollte eine der Hofführungen mitmachen, die im Sommer immer samstags stattfinden. Wer wie wir nur kurz vorbeischaut, kann sich im

Neogotik in Harmonie: die Dorfkirche in Brodowin

Blick vom Kleinen Rummelsberg

Hofladen mit entsprechenden Produkten eindecken, den Hunger stillen oder einfach einen Kaffee nehmen.

Die **Dorfkirche Brodowin** ein Stück weiter zeigt eine gelungene Kombination aus dunkel-gräulichem Spaltstein und rotem Ziegel an den Gebäudekanten und Umrahmungen sowie am Turm. Nach dem verheerenden Dorfbrand 1848 baute Schinkel-Schüler Friedrich August Stüler das neugotische Gotteshaus mit Filialen und Giebeldreieck.

Die Kirche steht auf dem Anger des typisch langgestreckten **Straßendorfs Brodowin**. Es fällt auf, wie liebevoll Häuser, Gärten und auch die Gemeinschaftsflächen gepflegt sind. Liegt es daran, dass nach der Wende in Brodowin dank arbeitsintensiver Biowirtschaft die Arbeitslosenquote nie über fünf Prozent stieg, während sie im Umkreis schon mal deutlich über 50 Prozent erreichte? Brodowin ist einer der wenigen Orte der Region, in denen in den vergangenen Jahren die Einwohnerzahl gestiegen ist. Aber Brodowin war auch schon zu DDR-Zeiten etwas anders. 1981 initiierte der Ökopionier Reimar Gilsenbach die Brodowiner Gespräche, in denen Fragen des Natur- und Umweltschutzes diskutiert wurden. Dazu kam dann nach 1990 die Bewirtschaftung nach Demeter-Grundsätzen.

Weiter geht es Richtung Parsteiner See. Durch den Aufstieg auf den **Kleinen Rummelsberg** verschaffen wir uns noch einmal einen Überblick über Brodowin und Umgebung. In gut 38 Metern Höhe über dem Wesensee genießen wir den Blick über die eiszeitlich geprägte Landschaft mit ihren Seen, wellig, kuppigen Grundmoränen und den bewaldeten Endmoränen. ›Brodowin-Pehlitzer Kuppen- und Kleinseenland‹ wird die Gegend genannt. Auffällig sind die vielen Hecken und die bewachsenen Feldsölle, die wieder angelegt wurden und heute dem Kleingetier reichlich Lebensraum geben.

Brodowin wird auch ›Dorf der sieben Seen‹ genannt. Hier auf dem Kleinen Rummelsberg erkennen wir den Grund. Der Wesensee Richtung Südwesten und dahinter der Brodowiner See leiten über zu einer Waldlandschaft um den Großen Plagesee, um den schon 1907 das erste Naturschutzgebiet in Preußen ausgewiesen wurde. Heute ist dieses Naturschutzgebiet 10,5 Quadratkilometer groß. 280 Hektar davon bilden die Kernzone, die nicht von Menschen be-

▶ Karte S. 165

treten werden darf – das Zentrum des Biosphärenreservats Chorin-Schorfheide. Nordöstlich von uns erstreckt sich der Parsteiner See, unser nächstes Ziel. Er ist der drittgrößte See Brandenburgs, rund sieben Kilometer lang und vier Kilometer breit. Ausführliche Infos zu den Seen und zur Landschaftsentwicklung finden Sie auf den Schautafeln auf der Kuppe des Kleinen Rummelsberges.

Im Jahr 1990, noch kurz vor der deutsch-deutschen Wiedervereinigung, wurde das **Biosphärenreservat Schorfheide-Chorin** gegründet.

So wurden 1291 Quadratkilometer zu einer Modellregion für eine nachhaltige Entwicklung in ökologischer, ökonomischer und sozialer Hinsicht. Zwei Regionen wurden dabei zusammengefasst: die waldreiche Schorfheide um den Werbellinsee und die Choriner Endmoränenlandschaft, die Richtung Nordosten in die Beckenlandschaft um den Parsteiner See übergeht.

► *Kleiner Rummelsberg, weiter geradeaus/Pehlitz/Am Parsteinsee–links Oderberger Str. (B 158)–links Am Wirtschaftsweg/Bölkendorfer Str.–links L 283/Kleiner Parsteinsee (L 283)/Zum Parsteinsee/Am Wiesengrund (L 283)/Herzsprunger Weg–über B 2 Zum Dorfanger–rechts Rotdornstr./Angermünder Landweg/Schmargedorfer Weg–rechts Sternfelder Str.–links Puschkinallee/Berliner Str.–links Bahnhofvorplatz*

In **Pehlitz** entdecken wir den **Hof Schwalbennest**. Auch hier wird nach Demeter-Richtlinien bio-dynamisch Landwirtschaft betrieben, und das sogar noch etwas strikter als im ›Ökodorf Brodowin‹. So bleiben die Kälber nicht nur eine Woche wie in Brodowin bei ihrer Mutter, Kuh und Kalb werden erst nach zwei oder drei Monaten getrennt, und das auch nur nachts. So kann man zumindest morgens einmal die Kuh melken, danach geht es gemeinsam mit dem Kalb auf die Weide. Der Milchertrag pro Kuh ist so natürlich deutlich geringer als in der konventionellen Landwirtschaft. Im Hofladen kann man sich mit allerlei Produkten eindecken.

Der Hof Schwalbennest ist Ausgangspunkt des **Landkulturpfads** in Pehlitz. Der Verein Ökodorf Brodowin e.V. – nicht zu verwechseln mit dem Landwirtschaftsbetrieb ›Ökodorf Brodowin – hat zurzeit 60 Mitglieder. Die kümmern sich um die Landschaftspflege, indem sie Flächen wie den Kleinen Rummelsberg kaufen und pflegen. Weitere Schwerpunkte der Arbeit sind das Dorfleben und die Besucher der Region. So bietet der Verein neben dem Landkulturpfad Pehlitz weitere gut ausgearbeitete Wanderstrecken um Brodowin an (www.oekodorf verein-brodowin.de).

Auf der **Halbinsel Pehlitzwerder**, nur gut 500 Meter vom Dorf Pehlitz entfernt, findet sich ein großer Natur- und Familiencampingplatz. Bekannt aber ist Pehlitzwerder durch die Ruine des Klosters Mariensee. Ab 1258 legten die Zisterziensermönche hier ein erstes Kloster an, das sie wenige Jahre später an den Choriner See verlegten. Geblieben sind von Kloster Mariensee nur einige Reste der Grundmauern, die letztendlich den Weg nicht lohnen. Der einzig stichhaltige Grund, auf die Halbinsel zu fahren, ist die Naturbadestelle. Seitdem sich die Wasserqualität im Parsteiner See – auch aufgrund der Umstellung auf Bio-Landwirtschaft in der Region – deutlich gebessert hat, kann man einen Besuch sogar empfehlen.

Wir aber fahren ein letztes Mal durch Wald und Grünland, bevor wir auf die großen Ackerbauflächen um Angermünde kommen. Auf dem Weg nach Parstein passieren wir Ferienanlagen und Campingplätze und biegen dann im Dorf Parstein auf die Oderberger Straße (B 158) ab. Zum Glück verlassen wir die Bundesstraße schon nach 300 Metern wieder, um auf der Ostseite des Parsteiner Sees Richtung Angermünde zu fahren. Unmittelbar nachdem der Weg in die Nähe des Parsteinsees kommt, sieht man links eine Badestelle.

Hier am Ostufer des Sees zeigt sich uns ein ganz anderes Bild: Statt Camping- und Ferienanlagen sehen wir fast nur landwirtschaftliche Flächen in einer leicht hügeligen Grundmoränenlandschaft. In Höhe des Apfelsees ist ein Uferbereich aus der Bewirtschaftung genommen, um so Lebensräume für Tier und Pflanzen zu erhalten.

In **Bölkendorf** verlassen wir den ruhigen Wirtschaftsweg und müssen eine Zeit auf der L 283 radeln. Aber keine Angst, hier ist kaum Verkehr. In Bölkendorf lohnt die **Feldsteinkirche** aus der zweiten Hälfte des 13. Jahrhunderts einen kurzen Stopp. Ansonsten streben wir über Herzsprung und Schmargendorf der Stadt Angermünde zu.

Wem weiter nach Milch und Molkerei der Sinn steht, kann am Ortsausgang Schmargendorf links ab über den Heideweg zu **Hemme Milch** fahren. Nach gut 500 Metern erreichen wir den landwirtschaftlichen Betrieb mit angeschlossener Molkerei. Mit Hofladen und Hofführungen lädt Hemme Milch zu einer Rast mit Besichtigung ein.

Hier wird nach eigener Aussage nachhaltige, artgerechte Tierhaltung betrieben, Qualität durch schonende Weiterverarbeitung und Frische garantiert. In Angermünde findet sich in der Nähe des Marktplatzes ein Hemme-Laden, in dem man die Produkte des Betriebes probieren kann.

Vorbei am Tierpark Angermünde geht es zum Bahnhof der Stadt. Wer möchte, kann noch einen Rundgang durch die Fachwerkstadt unternehmen (→ S. 171) und erst dann zur Bahnstation gehen.

Tour 15

Restaurant im Waldseehotel Frenz, Neue Klosterallee 12, Chorin, Tel. 033366/53111; tägl. 12–21 Uhr. Deutsche Küche.

Kloster Café, Kloster Chorin, Chorin, Tel. 033366/538080; April–Okt. tägl. 10–18, Nov./Dez. Sa/So 10–18 Uhr. www.brodowin.de

Alte Klosterschänke, Am Amt 9, Chorin, Tel. 033366/530100; Do–So ab 12 Uhr.

Ökodorf Brodowin → rechte Spalte.

Ron's Diner, Am Parsteinsee E 24, Parsteinsee, Tel. 033365/399993; Di–Fr 15–22, Sa/So 12–22 Uhr. Pizzen, Pasta oder auch Fingerfood. www.rons-diner.de

Hemme-Milch → Einkaufen.

Kloster Chorin, Amt Chorin 11a, Chorin, Tel. 033366/70377; April–Okt. tägl. 9–18 Uhr, Nov.–März tägl. 10–16 Uhr; 6/3,50 Euro. www.kloster-chorin.org

Ökodorf Brodowin, Brodowiner Dorfstr. 89, Chorin/OT Brodowin, Tel. 033362/60022; April–Okt. tägl. 9–18 Uhr, Nov.–März tägl. 10–17 Uhr, Termine für eine Hofführung am Samstag auf der Website. Zu dem Hofladen gehört ein Café, in dem man frisches Essen für den großen oder kleinen Hunger bekommt. www.brodowin.de

Hof Schwalbennest, Pehlitz 3, Chorin/OT Brodowin, Tel. 033362/70769. Verkauf nur von hofeigenen Produkten. Die Seifen der Firma Seifengarten aus Oderberg werden mit Schafsmilch vom Hof Schwalbennest hergestellt. www.hofschwalbennest-brodowin.de

Hemme Milch, Heideweg 4, Angermünde, Tel. 03331/252525; Hofladen und Hofcafé Fr–So 12–18 Uhr, Hofführungen ohne Voranmeldung April–Okt. 1 und 3. So 14.30 Uhr. www.hemme-uckermark.de

▶ Karte S. 165

Angermünde – ein Stadtrundgang

Die 13 000-Einwohner-Stadt Angermünde hat zweifach Glück – sie besitzt eine weitgehend von Kriegszerstörung verschonte Innenstadt und sie liegt unmittelbar am Mündesee.

Vom Bahnhof bringt uns die Berliner Straße, vorbei am Friedenspark in den ehemaligen Wallanlagen, in wenigen Minuten in den historischen Stadtkern. Nur hier auf der Südseite der historischen Innenstadt ist ein Rest der alten **Stadtmauer** erhalten.

Uns empfängt die **Heilig-Geist-Kapelle** (Berliner Straße 1) aus dem Ende des 15. Jahrhunderts. Sie war Teil des Heilig-Geist-Spitals, das bis ins 17. Jahrhundert vor der ersten Stadtmauer von Angermünde stand. Sie dient heute der französisch-reformierten Gemeinde und der Methodistengemeinde als Gotteshaus.

Biegt man in die **Klosterstraße** rechts ein, gelangt man, vorbei an einer Vielzahl von zweigeschossigen Fachwerkbauten aus der Zeit um 1700, zum ehemaligen Franziskaner Kloster, von dem die **Klosterkirche** erhalten ist. Vermutlich im 15. Jahrhundert wurde die fast 30 Meter hohe Kirche zu ihrer heutigen Form ausgebaut. Ihre Anfänge gehen aber auf das 13. Jahrhundert zurück. Weiter über die Klostergasse erreichen wir den **Marktplatz**. Das **Rathaus** von 1699 ist zwar verputzt, aber genauso wie die um den Markt liegenden Wohnhäuser in Fachwerkbauweise in der Zeit um 1750 errichtet worden.

Über den Hohen Steinweg mit dem **Museum Angermünde** und die Kirchgasse erreichen wir den Kirchplatz. Sehr schön hier das Fachwerk-Ensemble der ehemaligen Küsterwohnung (Kirchplatz 1) und des Pfarrhauses (Kirchplatz 4) sowie der Kantorei (Kirchplatz 6).

Der Turm der **Kirche St. Marien** aus der Mitte des 13. Jahrhunderts wurde im 15. Jahrhundert um zwei Geschosse

Die frühere Ratswaage im Zentrum von Angermünde

Touren

Die Seepromenade am Mündesee

auf 53 Meter erhöht und erhielt den weithin über den Mündesee sichtbaren Staffelgiebel. 1868 wurde das Innere der Kirche in Grautönen neu gefasst. Erhalten ist ein Bronzetaufbecken aus der Zeit um 1350.

Vorbei an den Resten der **Burg Angermünde**, in deren Schutz der Ort 1233 gegründet wurde, geht es an den Mündesee. An der Promenade fallen die **Skulpturen** aus tonnenschweren Findlingen sofort auf. Schweigend stehen sie da, wirken unverrückbar, und doch wurden sie zu filigranen Kunstwerken zusammengefügt. Die Steine sind eine Hinterlassenschaft der Eiszeit, die Kunstwerke das Ergebnis der **Hartsteinsymposien**, zu denen sich ab 1992 mehrfach Bildhauer aus diversen Ländern hier in der Uckermark trafen.

Über die Berliner Straße geht es zurück zum Bahnhof.

Angermünde

Hemme Milch – MilchEisBar, Brüderstr. 20, Angermünde, Tel. 03331/3091279; 15. März–Sept. Mo–Sa 9–18.30, So ab 11 Uhr, Okt.–15. März Mo–Sa 9–17.30, So ab 11 Uhr. Eiscafé des regionalen Erzeugers in der Alten Ratswaage aus dem 18. Jahrhundert.

Stadtcafé Hilde und Heinz, Markt 21, Angermünde, Tel. 03331/3652871; Mi–So 7–17 Uhr.

Franziskaner Klosterkirche, Sommer Mo und Do/Fr 11–16, Sa/So 13–17 Uhr.

Museum Angermünde, Hoher Steinweg 17/18 (Haus Uckermark), Angermünde, Tel. 03331/297660; April–Okt. Mo–Fr 9–18, Sa/So 10–17 Uhr, Nov.–März Mo–Fr 10–16, Sa/So 13–16 Uhr; 4/2 Euro. www.museumangermuende.de

Durch das Biosphärenreservat Schorfheide-Chorin

Tour 16: Von Angermünde nach Templin

Verlauf: Angermünde-Kerkow-Blumberger Mühle-Wolletz-Glambeck-Parlow-Lindenhof-Friedrichswalde-Reiersdorf-Ahlimbsmühle-Postheim-Templin.
Länge: 49 km.
Alternativen: bis Bhf. Joachimsthal: 28 km.
Start: Bhf. Angermünde, Fahrstuhl: ja; Einkauf: ja, Spar Express.
Ziel: Bhf. Templin Stadt, Fahrstuhl: nicht nötig; Einkauf: Penny Markt, Robert-Koch-Str. 15 (70 m entfernt).
Anfahrt: ab Hbf. Berlin, RE3, stdl., Fahrtzeit: 49 Min.
Rückfahrt: ab Bhf. Templin Stadt, RB12, stdl., Fahrzeit 1:26 Std.
Radeln nach Zahlen: 11-7-8-6-5-53-52-26-70.
E-Bike: uneingeschränkt tauglich.
Wegequalität: Wir fahren fast 15 Kilometer auf separaten Radwegen, die gut asphaltiert sind. Dazu kommen noch einmal 20 Kilometer auf wenig befahrenen, asphaltierten Nebenstraßen - stressfreies Radeln durch Wald und Wiesen. Etwas nervig sind die rund 600 Meter in der Innenstadt Angermünde, auf denen ein Radweg fehlt, und die 400 Meter vor Kerkow auf der Mürower Landesstraße. Demgegenüber sind weitere kurze Strecken auf Landesstraßen kein Problem, da hier kaum Verkehr herrscht.
Kurzcharakteristik: Wir radeln von Angermünde mitten durch das Biosphärenreservat Schorfheide-Chorin, bleiben aber am Nordrand der Schorfheide. So radeln wir nicht nur durch ein schier unendliches Waldgebiet, sondern auch durch Acker- und Wiesenland, passieren Seen und besuchen Dörfer, die von den hier lebenden Menschen erzählen. Schon kurz nach dem Start in Angermünde kommen wir zum NABU-Erlebniszentrum Blumberger Mühle, das über die einzigartige Landschaft informiert, die von der UNESCO als Biosphärenreservat anerkannt wurde.

▶ *Bhf. Angermünde-rechts Bahnhofsplatz-links Berliner Str.-Knoten 11, über Kreisverkehr Berliner Str.-links Prenzlauer Str.-rechts Ring-geradeaus Mündesee Rundweg-rechts Mürower Landstr. (L 28)-Knoten 7, links Mürower Str. Ausbau-links Schwarzer Weg-links Kerkower Dorfstr.-links Greiffenberger Str. (B 198)-Knoten 8, rechts Görlsdorfer Str.-links Blumberger Mühle*

In der Stadt Angermünde mit ihren Fachwerkbauten sollte man auf jeden Fall einen Rundgang machen (→ S. 171).
Wir fahren zu Beginn unserer Tour einzig durch die Berliner Straße, in früheren Zeiten die Hauptdurchgangsstraße Angermündes. Vorbei geht es an der **Heilig-Geist-Kapelle** aus dem 15. Jahrhundert und der **St. Marien Kirche**, deren Westteil aus dem 13. Jahrhundert stammt. Nur ein Steinhaufen ist von der **Burg Angermünde** geblieben, an der wir auf dem Weg Ring vorbeikommen.
In wenigen Sekunden gelangen wir von der Burgruine zum **Mündesee** und damit auf die **Skulpturenpromenade**, dem Weg entlang des Seeufers. Der Mündesee-Rundweg bringt uns zur Mürower Landstraße (L 28), auf der wir rund 400 Meter ohne Radweg überstehen müssen. Zum Glück können wir gleich hinter dem Bahnübergang links, Richtung Kerkow, abbiegen.
Um Angermünde finden sich große Acker- und Wiesenfläche, auf denen Rinder grasen, die – wie auf dem 900-Hektar-Gut

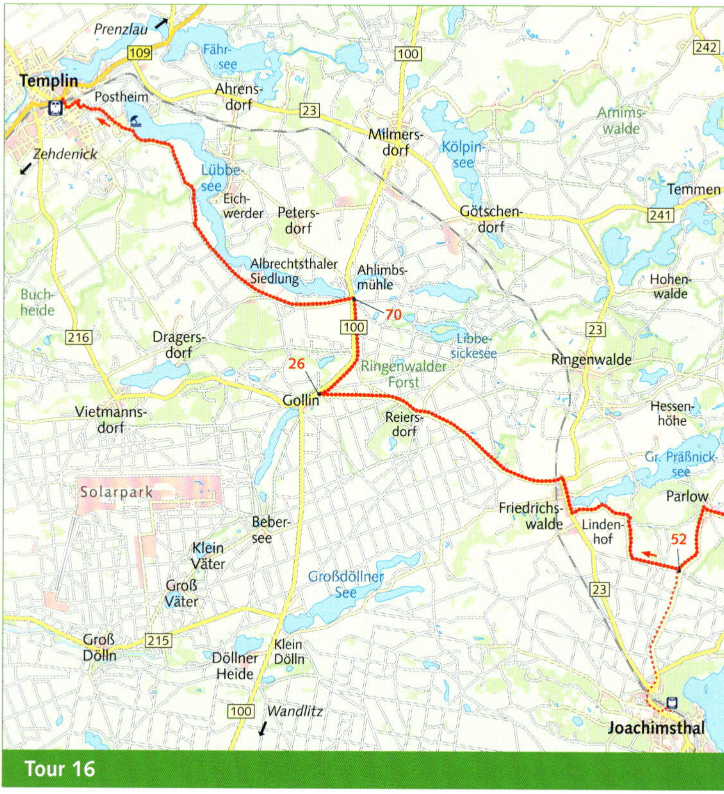

Kerkow – Fleisch in Bioqualität liefern. Davon gleich mehr. Zunächst kommen wir zur eindrucksvollen **Dorfkirche Kerkow** aus behauenen, sauber geschichteten Feldsteinen aus der Mitte des 13. Jahrhunderts. Chor, Langhaus und Westturm sind hier mustergültig gestaffelt. Im Innern warten ein Sandstein-Altar von 1596 und ein zweijochiges Sterngewölbe aus der zweiten Hälfte des 15. Jahrhunderts auf Besucher.

Gut Kerkow machte Schlagzeilen, als 2014 bekannt wurde, dass die TV-Köchin Sarah Wiener mit Partnern das Gut übernehmen würde. Erzeugt wird seitdem unter anderem Fleisch vom Angus-Rind in Bioqualität. Mit rund 20 Mitarbeitern ist das Gut der größte Arbeitgeber im Ort. Die Produkte des Hofes werden in Berlin in eigenen Schlachtereien verkauft. Wer Lust hat, kann sich im Hofladen mit Erzeugnissen des Gutes eindecken. Dazu gibt es ein Vollsortiment an Bio-Lebensmitteln sowie Kaffee und Kuchen. Nicht einmal zwei Kilometer weiter erreichen wir das **NABU-Informationszentrum Blumberger Mühle,** das Tor zum Biosphärenreservat Schorfheide-Chorin. Der Naturschutzbund Deutschland kaufte 1993 das 218 Hektar große Areal inklusive der Blumberger Fischteiche und baute hier ein ungewöhnliches Informationszentrum – ein Gebäude, das an einen hohlen Baumstamm erinnert. Wer denkt,

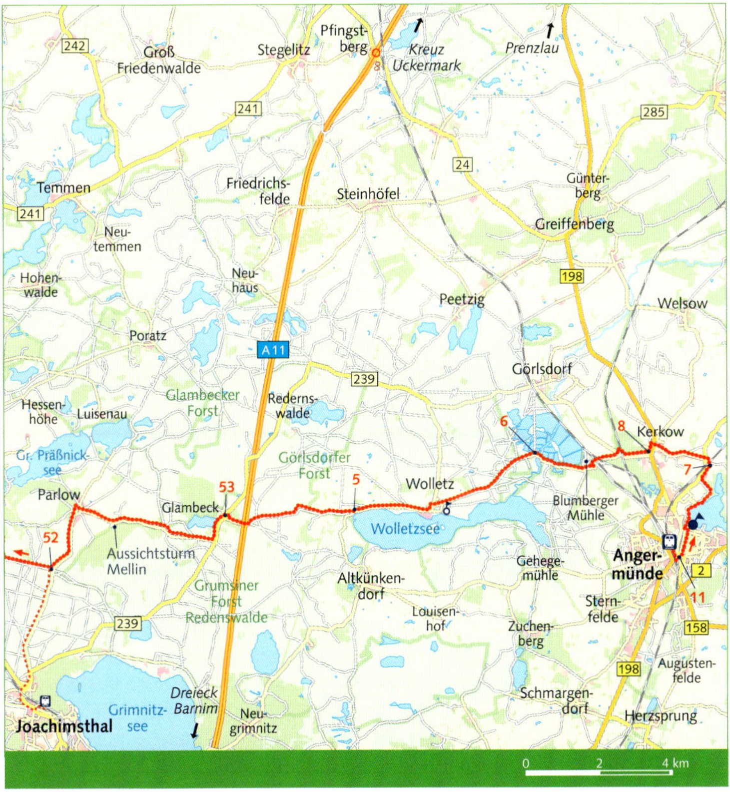

ein hohler Baumstamm sei tot, täuscht sich gewaltig. Er ist der Lebensraum einer Vielzahl von Kleinsttieren. Das NABU-Zentrum ist Ausstellungsraum mit vielfältigen Infos zur Landschaft der Uckermark sowie zum Biosphärenreservat Schorfheide-Chorin. Um das Gebäude lädt eine Naturerlebnislandschaft ein. Man kann hier aber auch prima unter Bäumen sitzen, Kaffee und Kuchen oder auch eine kleine Mahlzeit genießen.

► *Blumberger Mühle–weiter Blumberger Mühle–Knoten 6, links halten Richtung Wolletz–Wolletz, geradeaus Zur Welse–links Zur Apfelallee–rechts Zur Kastanienallee–Knoten 5, geradeaus, Richtung Templin–Glambeck, geradeaus Wolletzer Weg–Knoten 53, links Angermünder Str. (L 239)–rechts Richtung Parlow, Templin–Parlow, geradeaus Glambecker Str.–links Joachimsthaler Str.–Knoten 52*

Vom NABU-Zentrum fahren wir knapp 1,5 Kilometer an den Blumberger Fischteichen und dem Fischereihof vorbei. Schon im 13. Jahrhundert legten Mönche mit der Mühle auch einen Fischteich an, um hier Karpfen als Fastenspeise zu züchten. Ende des 19. Jahrhunderts wurde der Mühlenbetrieb eingestellt. Die

Teiche aber blieben und wurden Ende der 1960er Jahre auf eine Gesamtgröße von 140 Hektar gebracht. Das gesamte Gebiet war für DDR-Normalbürger tabu, weil es als Staatsjagd ausgewiesen war. Bekanntester Nutzer war Stasi-Chef Erich Mielke.

Die 20 **Blumberger Fischteiche** werden heute extensiv bewirtschaftet und sind Wasservogelschutz- und Naturschutzgebiet. Das sieht man ihnen an: Die Schilfzonen am Ufer gehen in offene Wasserflächen über, landeinwärts säumen Sümpfe, Bruch-, Misch- und Nadelwald die Teiche. Das ist ein idealer Lebensraum und Brutplatz für Wasservögel. Gespeist werden die Teiche von dem Fluss Welse.

Ein ausgeschilderter Fahrradweg lädt uns ein, rechts ab durch diese Teichlandschaft zu radeln. Ab Görlsdorf müssen wir dann auf der K7347 Richtung Wolletz fahren, um wieder auf unsere Tour zu kommen. Auf dieser Strecke gibt es keinen Radweg, aber auf der Asphaltpiste nur sehr wenig Verkehr.

Wir aber fahren am Knoten 6 auf einem separaten Radweg weiter durch Mischwald mit Nadel- und Laubbäumen Richtung **Wolletz**. Im Ort angekommen, lesen wir an einer Hauswand links ›Waren des täglichen Bedarfs‹. Es ist der original erhaltene Schriftzug des örtlichen Konsums. Der wurde 1969 eröffnet und musste 2009 schließen. Erst auf den zweiten Blick entdecken wir den Hinweis ›KaffeeKonsum‹ und damit die Fortsetzung der Geschichte. Nach gründlicher Sanierung eröffnete Lisa Fiege 2012 hier ein Café, das nicht nur täglich frisch gebackenen Kuchen, sondern auch Wildschweinbratwurst und Wildschwein-Burger anbietet. Es gibt Radler, die die Route über Wolletz nur fahren, um hier einkehren zu können.

Wer möchte, kann seinen Kaffee auch im ehemaligen Jagdschloss Wolletz nehmen, in dem heute eine Reha-Klinik untergekommen ist. Die Cafeteria ist öffentlich zugänglich. Plätze auf der Terrasse mit Blick auf den Wolletzsee – das ist schon eine Verlockung. Über die Straße An der Welse sind es etwa 350 Meter bis zu dem Café. Der Name **Jagdschloss Wolletz** klingt zwar schön alt, tatsächlich aber wurde der Bau ab 1936 errichtet.

▸ Karte S. 174/175

NABU-Zentrum Blumberger Mühle

Romantischer Weg nach Altkünkendorf

Mit Gründung der DDR sicherte sich der erste Stasi-Chef Wilhelm Zaisser das Kleinod am Wolletzsee. Ihm folgte ab 1957 Stasichef Mielke. Der gab von 1960 bis 1988 insgesamt 21 Millionen Mark aus dem Budget des Ministeriums für Staatssicherheit aus für das Gebäude, eigene Tankstelle und Bäckerei sowie 71 Mitarbeiter auf dem Gut. Die Bewohner des Dorfes Wolletz durften das Gelände selbstverständlich nicht betreten. Der Ort wurde auf einigen DDR-Karten nicht einmal mehr aufgeführt.

Wer lieber eine Rast im Grünen möchte, findet an der Straße Zur Kastanienallee hinter dem letzten Gebäude links die **Badestelle Wasserwanderrastplatz**. Einfach runter zum Wolletzsee gehen und links halten. Nach 200 bis 300 Metern erreicht man einen kleinen Sandstrand, das Wasser des Sees ist von ausgezeichneter Qualität.

Wir radeln am Wolletzsee entlang, bis uns am Knoten 5 ein Hinweisschild auffordert, nach ›Templin‹ abzubiegen. Wer weiter geradeaus fährt, erreicht nach rund 1,5 Kilometern Altkünkendorf. Von hier kann man den Buchenwald Grumsin erwandern, der zum Weltnaturerbe gehört. Am besten nimmt man an einer der Führungen teil, die der NABU ab Dorfkirche Altkünkendorf anbietet. Infos dazu gibt es auf der Website der Blumberger Mühle.

Wir radeln weiter Richtung Templin auf einer Allee mit alten Bäumen am Rande des Naturschutzgebietes Grumsiner Forst/Redernswalde. So erreichen wir den **Görlsdorfer Forst**, einen Privatwald, der nach und nach zum Mischwald entwickelt wird. Hier kann man gut vergleichen: In den Kiefernstücken ragen die Bäume wie Zahnstocher aus dem mit braunen Nadeln oder Heide bedeckten Waldboden empor, lebhaftes Grün dagegen zeigt sich in den Laubwaldarealen. Wir kreuzen die A 11, erreichen Glambeck und fahren fast am nächsten Haltepunkt vorbei. Zum Glück steht da das Schild ›Offene Kirche‹. Der kleine Fachwerkbau ohne Turm, das ist die 1708 erbaute **Dorfkirche Glambeck**. Sie gehört zu den kleinsten und einfachsten Kirchen in Brandenburg. Ab 1998 sanierte der Verein Denkmale Glambeck e.V. das Gotteshaus, das heute als Fahrradkirche und für kulturelle Veranstaltungen genutzt wird. Ein idyllisches Bild, diese kleine Kirche. Nur stört der Lärm der nahen A 11, gegen den die Vögel verzweifelt anzwitschern. In einem der Nebengebäude lädt die **Kirchenklause Glambeck** zu einer Rast ein. Sie bietet nicht nur Kaffee, Kuchen und kleine Speisen, sondern dient auch als Infopunkt des Amtes Joachimsthal für Radler und Urlauber.

Den Mittelpunkt des Dorfes Glambeck stellten einst **Gut Glambeck** mit Gutspark und Schloss am Glambecker See dar. Von der Straße aus sieht man heute nur

Erinnerung an Franz Neumann vor dem frei zugänglichen Turm

noch den **Taubenturm**. Dieses Unikat ließ Friedrich Wilhelm von Redern erbauen, der das Gut 1862 erwarb. Man geht im Schaft des Turms eine kurze Wendeltreppe hinauf. Oben in dem Umgang ist eine kleine Ausstellung zu Graf Redern eingerichtet, einer interessanten Persönlichkeit, die als Schöngeist Mittelpunkt der Berliner Gesellschaft und zugleich einer der größten Grundbesitzer in Preußen war. Das Leben der Dorfbevölkerung ist dann Thema des kleinen **Dorfmuseums Glambeck** (Weg am Park 5) nur einige Schritte weiter. Schloss und Gutshaus sind nicht erhalten.

Hinter Glambeck passieren wird den Fluss Welse und entdecken dann am Wegesrand eine merkwürdige Ansammlung, einen Findling mit der Inschrift ›Franz Neumann, Begründer der theoretischen Physik‹, ein Kreuz auf hohem Sockel und dazu einen **Beobachtungsturm**. Was ist hier los kurz vor dem Ort Parlow? Wir stehen am ehemaligen Friedhof eines Dorfes namens Mellin. 1860 schlossen sich sämtliche Bewohner des Ortes einem Treck an und wanderten in die USA aus. Mellin hörte auf zu existieren. Der Gutsbesitzer von Wedel-Parlow kaufte Grund und Boden und ließ sämtliche Gebäude abreißen. Verschwunden an dieser Stelle ist aber auch der Mellinsee. Schon Mitte des 18. Jahrhunderts wurden Bruchwald und Moor entwässert, der See wurde zur Feuchtwiese. Heute wird die Fläche renaturiert und soll wieder zu Moor werden. Der Beobachtungsturm bietet einen Blick auf dieses Stück Land.

Franz Neumann wurde am 11. September 1798 in dem verschwundenen Dorf Mellin geboren. Sein Vater war der Gutsverwalter Franz Ernst Neumann, die Mutter eine Gräfin von Mellin. Nur das durfte niemand wissen. Franz Neumann wuchs bei seinem Vater auf, studierte in

▲ Karte S. 174/175

Jena Naturwissenschaften und Mathematik und wurde Professor für Mineralogie und Physik in Königsberg. Hier erlangte er Weltruhm. Von seiner adligen Abstammung erfuhr er erst im Jugendalter. Eine Geschichte wie aus einem dieser schwülstigen Adelsromane, nur wahr.

Wir nähern uns dem Dorf **Parlow**, das stolz darauf verweist, dass hier die Kraniche nicht nur auf ihren Wanderungen rasten, sondern auch bleiben und brüten. Der Förderverein Kranichdorf Parlow e. V. sanierte daher einen um 1860 erbauten Getreidespeicher und baute die obere Etage zu einem Kranichinformationszentrum aus. Besichtigt werden kann die Ausstellung aber nur in Gruppen und nach Anmeldung.

Über die Joachimsthaler Straße kommen wir zum Knoten 52. Wer hier nach rund 24 Kilometern genug hat, kann geradeaus Richtung Joachimsthal fahren. Nach gut vier Kilometern erreicht man den Bahnhof Joachimsthal, von dem die RB 63 stündlich nach Eberswalde fährt. Hier hat man Anschluss an den RE 3 und ist nach etwa 80 Minuten Fahrzeit in Berlin Friedrichstraße.

► *Knoten 52, rechts Richtung Templin–nach 1,5 km rechts ab, Hinweis ›Radweg‹ folgen–links halten Zum Lindenhof–Friedrichswalde, rechts Dorfstraße (L 23)–links Reiersdorfer Str.–hinter Reiersdorf links halten, Radweg folgen–Knoten 26, rechts Golliner Dorfstr. (L 100)–Knoten 70, links Richtung Templin–rechts auf Weg am Strandbad–geradeaus Am Lübbesee–geradeaus über Heimstr.–Weg durch den Wald–links Ringstr.–rechts Dargersdorfer Str.–links Dragersdorfer Str.–rechts Dragersdorfer Str.–Bhf. Templin Stadt*

Wir aber biegen am Knoten 52 rechts in den Wald ab und erreichen nach rund sechs Kilometern **Friedrichswalde**. Gleich nach dem Abzweig auf die Dorfstraße bietet sich Winkelmann Café und Eisbar für eine Rast an. Eine Badestelle am Krummen See erreicht man, indem man durch den Ort fährt und dann an der Kirche rechts ab in die Seestraße einbiegt. Friedrichswalde wurde 1748 am Westende des Krummen Sees von Siedlern aus der Pfalz und aus Rheinhessen angelegt. Die brachten aus ihrer Heimat die Kunst des Holzschuhmachens mit. So stellte bald jede zweite Familie hier Holzschuhe her, obwohl Friedrich der Große das bei der Ansiedlung verboten hatte. Erst 1934 wurde das Holzschuhmachen als Handwerk anerkannt, 1940 in Friedrichswalde eine Holzschuh-Fabrik eingerichtet. Bis 1954 wurden hier Holzschuhe produziert. Heute gibt es auf dem **Pfarrhof** gleich neben der Dorfkirche eine Schauwerkstatt (nur Gruppen, nach Vereinbarung). Im Gegensatz zu holländischen Holzschuhen zeigen die aus Friedrichswalde eine Lederabdeckung über dem Spann.

Wir fahren weiter an der **Dorfkirche Friedrichswalde** von 1783 vorbei und biegen am Ortsausgang links in die Reiersdorfer Straße ab. Nach gut fünf Kilometern erreichen wir den kleinen Wohnplatz Reiersdorf mit der Landeswaldoberförsterei. Linker Hand sehen wir einen Beobachtungsturm, der uns einen Blick in das **Naturschutzgebiet Reiersdorf** gestattet. Durch natürliche Verlandung und Entwässerung ist nur noch ein Rest des Reiersdorfer Sees sowie des umschließenden Moores erhalten. Hier soll aber im sogenannten Seebruch wieder Moor wachsen. Das umgebende Naturschutzgebiet wird als Totalreservat sich selbst überlassen. Biegen wir hinter Reiersdorf links ab, führt uns der Weg schnurgerade weiter

Ein guter Ort in Templin, um die Tour ausklingen zulassen

durch den Wald nach **Gollin**. Der Ort liegt an der Nordspitze des Großen Gollinsees, der Teil des Naturschutzgebietes Bollwinwiesen-Großer Gollinsee ist.

Wir biegen rechts ab und erreichen bei **Alimbsmühle** den zwölf Kilometer langen, flussartigen Lübbesee, dem wir bis Templin folgen. Rechts von uns liegen Ferienhaus- und Bungalow-Siedlungen. Kurz vor Postheim fahren wir auf einer Brücke über das **Hammerfließ**, das bisweilen Anlass zur Sorge gibt. Bereiche des Fließes fallen immer wieder trocken, sodass der Torf in den Wiesen von Bakterien zersetzt wird. Dabei wird Schwefelwasserstoff produziert, der nicht nur übel riecht, sondern auch für Fische tödlich ist. Das Wasser des Hammerfließes ist für die Trinkflasche nicht geeignet.

Die Strandbar Templin kündigt das knallbunte **Ahorn Seehotel Templin** an, das 1984 als FDGB-Ferienheim Friedrich Engels eröffnet wurde. Wir sind am Südrand des Wohnplatzes **Postheim**, der 1907 von der Genossenschaft Posterholungsheim Berlin errichtet wurde.

Wir nehmen mit einer kurzen Fahrt durch ein Waldstück Abschied von der Natur und erreichen entlang der Dargersdorfer Straße den Bahnhof Templin Stadt.

Tour 16

Gut Kerkow, Greiffenberger Str. 8, Angermünde/OT Kerkow, Tel. 03331/262934; Hofladen tägl. 10–18 Uhr.
www.gut-kerkow.de

KaffeeKonsum, Zur Welse 4, Angermünde/OT Wolletz, Tel. 033337/519090; Mi–So 12–18 Uhr. Kaffee, Kuchen, aber auch Wildburger.
www.kaffee-konsum.de

Cafeteria in der GLG Fachklinik Angermünde/OT Wolletz, Tel. 033337/49616, Zur Welse 2; Mo–Fr 12–17 und 18–21.30, Sa/So 11–21.30 Uhr.

Kirchenklause Glambeck, Wolletzer Weg 2, Friedrichswalde, Tel. 033367/54736; Osterferien–Ende Herbstferien Fr–Di 11–18 Uhr.

Winkelmann Café und Eisbar, Dorfstr. 51, Friedrichswalde, Tel. 033367/546083; Mai–Sept. tägl. ab 14 Uhr, Okt.–April Do–Sa ab 17, So ab 14 Uhr.

NABU-Naturerlebniszentrum Blumberger Mühle, Blumberger Mühle 2, Angermünde, Tel. 03331/26040; April–Okt. tägl. 10–18 Uhr, Nov.–März 10–16 Uhr; 4/3 Euro, Restaurant tägl. 10 –17 Uhr. Neben Kaffee und Kuchen gibt es hier Burger und Salate in Bioqualität.
www.blumberger-muehle.nabu.de

Wolletz, Zur Kastanienallee 14 A. Hinter dem letzten Gebäude des Ortes links hinunter zum **Wolletzsee**.

Karte S. 174/175

Über die Templiner Platte

Tour 17: Von Templin über Annenwalde nach Templin

Verlauf: Templin–Gandenitz–Alt-Placht–Densow–Annenwalde–Beutel–Röddelin–Templin.
Länge: 33 km.
Start: Bhf. Templin, Fahrstuhl: nicht notwendig; Verpflegung: Edeka, Viermannsdorfer Str. 3 (1 km entfernt).
Ziel: Bhf. Templin Stadt, Fahrstuhl: nicht notwendig, Verpflegung: Penny Markt, Robert-Koch-Str. 15 (70 m entfernt).
Anfahrt: Bhf. Gesundbrunnen, RB5, stdl., 1:28 Std.
Rückfahrt: Bhf. Templin Stadt, RB 12, stdl., 1:30 Std.
E-Bike: tauglich. Vor Densow möglicherweise drei, vier Meter schieben.
Tipp: Templin hat zwei Bahnhöfe, Bhf. Templin und Bhf. Templin Stadt. Beide werden von der RB 12 angefahren.
Radeln nach Zahlen: 27–21–28–20, dann den Hinweisen Templin R5 Glashüttentour folgen.
Wegequalität: Fast 9 Kilometer fahren wir auf asphaltierten, separaten Radwegen. Dazu kommen noch einmal 2 Kilometer auf separaten Radwegen mit Sandpiste. Gut 16 Kilometer fahren wir auf ruhigen, asphaltierten Nebenstraßen. Einzig die Pisten in der Stadt Templin können mit ihrem Kopfsteinpflaster etwas nerven.
Kurzcharakteristik: Die Tour auf der Templiner Platte bietet genügend Möglichkeiten, die beiden Elemente kennenzulernen, die die Region prägen: Wasser erleben wir am Seenkreuz Templin, in Gandenitz und bei der Rückfahrt erneut vor Templin am Röddelinsee, Sand prägt von Alt-Placht bis Annenwalde die Templiner Platte. Erholsames Radeln durch Wald, bisweilen auch Äcker und Wiesen ist angesagt. Höhepunkte der Tour sind die Besichtigung des Kirchleins im Grünen in Alt-Placht und des Glashüttendorfs Annenwalde. Mit 33 Kilometern ist die Strecke so kurz, dass für einen Stadtrundgang in Templin genügend Zeit und Energie bleibt.

▶ *Bhf. Templin–rechts Bahnhofstr. (B 109)–Knoten 27, geradeaus Berliner Str.–Am Markt/Pestalozzistr.–rechts Werderstr./Prenzlauer Tor–links Seestr.–rechts Pionierbrücke–links Weinbergstr.–links Knehdener Str.–rechts Lychener Str. (L 23)–links Neuer Weg–rechts Neuplachter Weg–geradeaus auf separaten Radweg–geradeaus Gandenitzer Dorfstr.–Dorfkirche Gandenitz.*

Die fast vollständig von einer Stadtmauer umgebene historische Altstadt **Templin** lohnt einen Stadtrundgang. Aber auch auf unserem Weg durch den Ort können wir ein bisschen von der alten uckermärkischen Handelsstadt sehen. Wir fahren vom Bahnhof Templin an der Bahnhofstraße (B 109) stadteinwärts und entdecken rechts das **Denkmal der Verfolgten des Naziregimes** (VVN). Schüler des Templiner Gymnasiums haben zur Sanierung des Denkmals Texte für erläuternde Infotafeln erarbeitet. Kritisiert wird darauf die Verengung des Opferbegriffs auf kommunistische Widerstandskämpfer.
Hinter dem **Berliner Tor** in der mittelalterlichen Stadtmauer fahren wir vorbei an der **Georgenkapelle.** Rechts sehen wir auf dem Marktplatz das barocke **Templiner Rathaus**. Über die Pestalozzistraße und die Werderstraße erreichen wir das **Prenzlauer Tor.** Dieses Stadttor

Touren

zeigt noch eine komplette Toranlage mit Vortor, Zwingermauern und Stadttor.
Auf der Seestraße geht es durch das Gebiet des Stadthafens Templin zur Pionierbrücke. Hier zeigt sich die Bedeutung des **Templiner Sees** und des Templiner Kanals für die Entwicklung der Stadt. Der Templiner See ist der südwestliche Arm eines Seenkreuzes, das aus eiszeitlichen Rinnen entstanden ist. Über das Templiner Gewässer ist er mit dem Röddelinsee verbunden. Templin entwickelte sich an einem Kreuzungspunkt von Handelsstraßen, die hier eine Passage durch das seenreiche Gebiet fanden. Als sich die Handelswege änderten, verlor Templin an Bedeutung. Heute hat die Stadt nur 16 000 Einwohner, ist aber von der Fläche her die achtgrößte Stadt in Deutschland. Über die Pionierbrücke, eine kombinierte Fußgänger- und Radfahrerbrücke von 2004, verlassen wir die Innenstadt.

Durch den Nordteil Templins erreichen wir den Neuplachter Weg, der uns durch landwirtschaftlich genutzte Flächen Richtung Nordwesten bringt. Im Gegensatz zur Schorfheide mit ihren sandigen Böden finden sich hier auf der Lychen-Templiner Platte auch fruchtbare, flachwellige Gebiete. Kurz bevor wir die L 23 queren, erreichen wir den Templiner Stadtforst, der die Stadt zum zweitgrößten kommunalen Waldbesitzer im Land Brandenburg macht. Hier beginnen Sanderflächen, die stärker profiliert sind. Fließe durchziehen das Gebiet, deren Wasser sich in Seen sammelt. Ein Beispiel ist das **Knehdenfließ**, das wir kurz vor Gandenitz passieren. Wir verlassen das Waldgebiet und fahren auf der Gandenitzer Dorfstraße hinab in die Niederung des Fließes. Auf der Feuchtwiese sind oft Störche auf der Suche nach Fressbarem zu sehen. Links entdecken wir auf erhöhtem Terrain die Dorfkirche Gandenitz. Wir müssen ganz schön in die Pedale treten, um zu dem Gotteshaus und damit auf das Niveau des Ortes zu gelangen. Wer erschöpft ist, kann im Gasthaus Zur Linde eine Pause einlegen.

Waldarbeiterhäuschen in Alt-Placht

Gandenitz wurde als Straßendorf angelegt. Der Ort verfügt über einen breiten Anger, der aber teilweise überbaut wurde. Die **Dorfkirche Peter und Paul** stammt im Kern aus dem 13. Jahrhundert.

▶ *Dorfkirche Gandenitz–weiter Gandenitzer Dorfstr.–links Alt-Plachter Weg–Knoten 20, rechts Weg durch den Wald–links, Waldweg Richtung Densow–Densow, über L 23 auf Annenwalder Str.–links halten Annenwalde–weiter auf K 7329–Beutel, links auf Beuteler Str. (K 7329)–geradeaus Schulzenfeide/Templiner Landstr. (K 7329)–Röddelin, links halten, weiter auf K 7329/Dorettenhof/Röddeliner Str.–rechts Parkstr.–rechts Mühlenstr.–Am Markt–Obere Mühlenstr.–links B 109–rechts Robert-Koch-Str.–rechts Bhf. Templin*

▲ Karte S. 183

Weiter geht es Richtung Alt-Placht. Wir fahren durch das Waldgebiet am Rande des Naturschutzgebietes Netzowsee-Metzelthiner Feldmark und kommen so zum Knoten 20 im einsam gelegenen Ort **Alt-Placht**. 1758 brannte das Dorf bis auf die Kirche ab. Der Gutshof wurde wieder aufgebaut und ist heute Sitz der Oberförsterei Alt-Placht. Biegt man am Knoten 20 links ab, gelangt man zum **Kirchlein im Grünen**, errichtet mit Reetdach um 1700. Blau angemalte Streben, gelbe Ausfachung, dazu der verbretterte Glockenturm ebenfalls in Blau – ein schönes Bild vor dem Grün der uralten Linden um das ehemalige Gotteshaus. Zu DDR-Zeiten fast verfallen, wurde das Kirchlein nach 1990 von einem Förderverein liebevoll saniert. Ein schöner Ort, um hier eine Rast einzulegen.

Wir könnten den Sandweg, der uns zum Kirchlein im Grünen gebracht hat, weiterfahren und dann rechts nach Densow abbiegen. Aber auf diesem Weg riskieren wir, in der Sandpiste mit den Reifen stecken zu bleiben oder gar zu stürzen. Daher fahren wir zurück zum Knoten 20 und dort geradeaus. Hier radeln wir zwar auch über Sandpisten, diese aber sind gut verdichtet.

Es geht rauf und runter durch den Laubwald. Rechts sehen wir den Alt-Plachter Graben, der in den Platkowsee entwässert. Hier lässt es sich auch an sehr

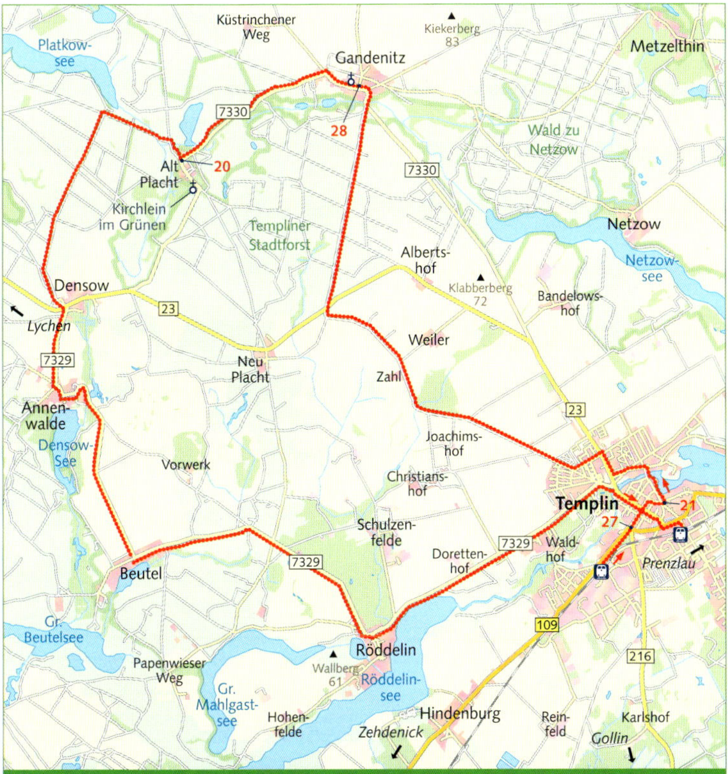

Tour 17

warmen Sommertagen gut radeln, da der Laubwald Wasser speichert, das bei Hitze verdunstet und angenehm kühlt. Wir müssen aufpassen, denn das kleine, grüne Schild mit dem Ortsnamen Densow und dem Hinweis Templin R5 ist sehr leicht zu übersehen. Hier geht es links ab. Noch kniffeliger ist der nächste Abzweig: Nur ein kleiner, aber durch die Signalfarbe Orange gut sichtbarer Hinweis ›Densow‹ ist auf einer Birke aufgebracht und fordert uns auf, nicht abzubiegen, sondern auf dem schmalen Weg weiter geradeaus zu fahren. Beim nächsten Abzweig weist uns dann nur noch ein kleines ›D‹ auf einem Baumstamm den Weg. Kurz vor dem Ort Densow müssen wir das Fahrrad wenige Meter über eine kleine Sandaufwehung schieben. Dann aber haben wir es geschafft. Wir sind auf der K7329, die uns ins Glashüttendorf Annenwalde bringt.

Zur Anlage einer Glashütte brauchte man in alter Zeit zweierlei: Quarzsand und jede Menge Brennholz, um daraus Pottasche herzustellen. Ein Gemenge dieser beider Zutaten wurde dann geschmolzen. Beides war hier, in Brandenburgs Norden, reichlich vorhanden. **Annenwalde** und seine Glashütte wurde 1754 vom Amtsrat und Glasmacher Johann Friedrich Zimmermann angelegt. Hergestellt wurde hier Grünglas. Zeuge dieser Zeit ist die **Strohreihe** (Annenwalde 31–34), ein Band reetgedeckter Häuser an der Westseite des Dorfplatzes. Gegenüber steht die turmlose **Schinkelkirche** von 1835, eine Normkirche nach Plänen des Baumeisters Karl Friedrich Schinkel. Beeindruckend im Innern sind die klaren Linien, die Sachlichkeit der Ausstattung und der mächtige Kanzelaltar.

Gleich hinter der Kirche rechts geht der Weg nicht nur zum Gutshaus Annenwalde, sondern auch zur **Glashütte**. 2020 übernahm Susan Jahnke die Schauglashütte, die vom Glaskünstler Werner Koth ab 2004 neu aufgebaut wurde. Susan Jahnke präsentiert nicht nur eigene Arbeiten, sondern führt auch in die Fusing-Technik ein, in das kunstvolle Verschmelzen von Glas.

▲ Karte S. 183

Schon am Ortseingang sind wir am **Keramik-Hof-Mann** vorbeigefahren, dem Atelier der Töpferin Petra Hofmann. Sie bietet selbstgefertigte Töpferwaren für den täglichen Gebrauch von dezent einfarbig bis lustig bemalt. In einer Ausstellung in der Scheune kann man sich die Stücke in Ruhe anschauen und mit der Töpferin sprechen. Auf Wunsch werden Bestellungen auch zugeschickt.

Wer eine Stärkung braucht, ist in der Pension und Gaststätte Kleine Schorfheide richtig. Hier sitzt man im Biergarten und guckt sich in Ruhe an, was so in dem Dorf passiert.

Schlichte Schönheit: die Schinkelkirche in Annenwalde

Die Badestelle in Röddelin

Wir verlassen Annenwalde auf der K 7329 und fahren durch die Niederung des Ragöserbaches, der in den Densowsee entwässert. Bis zum Dorf **Beutel** radeln wir durch Ackerland, das im Juni und Juli sich mit goldgelben Kornfeldern vom Grün der umliegenden Wälder abhebt.

Weiter auf der Kreisstraße gelangen wir zum Bauerndorf **Röddelin**, das auf drei Seiten von Wasser umgeben ist. Der Große und Kleine Mahlgastsee sind vor dem Dorf von der Kreisstraße aus zu sehen. Dazu kommt der Röddelinsee, der Teil der Templiner Gewässer ist, die bis zur Oberhavel reichen. Biegt man auf die Röddeliner Dorfstraße ab, erreicht man nach gut 500 Metern das Naturcamp Röddelin e.V. mit einer Badestelle. Wir aber fahren weiter über die Templiner Landstraße nach Templin. Hier begrüßt uns das **Mühlentor**, eines der drei Stadttore Templins. Die Mühlenstraße bringt uns zum Marktplatz, der der beste Ausgangspunkt für einen kleinen Stadtrundgang ist. Über die Obere Mühlenstraße geht es weiter zum Bahnhof Templin Stadt.

Tour 17

Gasthof zur Linde, Gandenitzer Dorfstr. 5, Templin, Tel. 03987/53818; in den Sommermonaten Mi–Mo 12–22 Uhr, im Winter 16–22 Uhr. Hausmannskost.

Restaurant Kleine Schorfheide, Annenwalde 13, Annenwalde, Tel. 03987/4989429; Fr/Sa 12–20, So 12–15 Uhr.

Glashütte Annenwalde, Annenwalde 28, Templin, Tel. 03987/200250; Di–Sa 11–16 Uhr. Glaskunst, auch Kurse. Verkauf. https://glashuette-annenwalde.de

Keramik-Hof-Mann, Annenwalde 3, Templin, Tel. 0174/3838413. Schöne Gebrauchskeramik. www.annenwalder-keramik.de

Campingplatz am Röddelinsee, Röddeliner Dorfstr. 23a, Templin/OT Röddelin, Tel. 0174/7128095; 1 Euro. Campingplatz mit Badestelle. Badegäste bitte bei der Anmeldung Bescheid sagen. www.camping-templin.de

Templin – ein Stadtrundgang

Ein Blick auf die Karte und wir wissen Bescheid: Templin wurde innerhalb der mittelalterlichen Stadtmauer mit schachbrettartigem Straßenraster um die Hauptdurchgangsstraße, die Mühlenstraße, angelegt. Geschehen ist das nach dem großen Stadtbrand 1735.

Starten wir unseren kurzen Stadtrundgang auf dem Marktplatz mit dem barocken **Rathaus**, das 1751 eingeweiht wurde. Aus Dankbarkeit für die großzügige Unterstützung beim Wiederaufbau der Stadt wurden ein preußischer Adler auf dem Turm und eine Büste Friedrich des Großes über dem Eingang des Rathauses platziert.

Zerstört wurde bei dem Stadtbrand 1735 auch die **St. Maria-Magdalena-Kirche**. Nur das Untergeschoss des Turmes aus Feldstein aus dem 13. Jahrhundert wurde beim Wiederaufbau verwendet. Das Gotteshaus zeigt sich daher als verputzte Hallenumgangskirche mit einem 70 Meter hohen, barocken Turm.

Weiter die Mühlenstraße hinunter gelangen wir an das **Mühlentor** in der Stadtbefestigung aus der Zeit um 1300. Schön anzusehen ist das Tor, aber die Hauptsehenswürdigkeit Templins steht gleich daneben: die **Stadtmauer**, die zwischen 1250 und 1300 aus Feldstein errichtet wurde. Sie ist bis auf wenige moderne Durchbrüche komplett erhalten und damit das beste Beispiel für eine mittelalterliche Stadtbefestigung um eine norddeutsche Kleinstadt. Alle 30 Meter dienten halbkreisförmige Wiekhäuser in der Mauer den Verteidigern als Beobachtungspunkt und gut geschützte Stellung. Entlang der Stadtmauer kommen wir zum **Wassertor**, das uns den Weg freigibt zum Hafen im Templiner See – ein guter Ort für eine Rast.

Templin wurde auf erhöhtem Gelände angelegt, das die Passage zwischen den Seen und Sümpfen ermöglichte. Die wichtigen Handelswege von Berlin nach Pommern und von Frankfurt/Oder nach Mecklenburg liefen über Templin und sorgten in den Anfängen für das Wachstum der Stadt. Ausdruck dieser Entwicklung ist das backsteinerne **Prenzlauer Tor**, das sich dreigeschossig und von Blenden geschmückt über den Ort erhebt. Außergewöhnlich: Sogar das zweigeschossige Vortor aus dem 15. Jahrhundert ist hier erhalten. Zwingermauern verbinden das Vor- mit dem Haupttor. Heute sind die Zwingermauern überdacht, sodass hier das **Museum für Stadtgeschichte** eingerichtet werden konnte. Über die Ernst-Thälmann-Straße, an der sich links Wohnbauten aus der DDR-Zeit finden, geht es zurück zum Marktplatz.

Templin

Marktcafé Kolberg, Am Markt 2, Templin, Tel. 03987/6156; Mo–Fr 7–18, Sa 7–17, So 13–17 Uhr. Bäckerei-Café mit kleinem Imbiss und Mittagstisch.

Gourmet-Flammerie Templino, Pestalozzistr. 21, Templin, Tel. 03987/2359516; Di–Sa 11.30–18 Uhr. www.flammerie-templino.de

Das teuflisch gute Eiscafé, Mühlenstr. 21, Templin, Tel. 03987/3250; tägl. 11–18 Uhr.

Weinberg 19, Weinbergstr. 19, Templin, Tel. 03987/439837; Mo–So 8–18 Uhr. Mit Sonnenterrasse zum Templiner Gewässer.
www.weinberg19.de

Museum für Stadtgeschichte Templin, Prenzlauer Tor, Templin, Tel. 03987/3670320; Mai–Sept. Do–Mo 10–18 Uhr; 3/1,50 Euro.
www.templin.de/museum

Templin: ein barockes Rathaus mit preußischem Adler als Mittelpunkt der mittelalterlichen Stadt

Durch das Untere Odertal

Tour 18: Von Tantow nach Schwedt

Verlauf: Tantow–Neurochlitz–Staffelde–Mescherin–Gartz–Friedrichsthal–Schwedt.
Länge: 38 km.
Alternativen: keine.
Start: Bhf. Tantow, Fahrstuhl: nicht notwendig; Einkauf: Dorfkonsum, Bahnhofstr. gegenüber vom Bahnhof.
Ziel: Bhf. Schwedt, Fahrstuhl: nicht notwendig, Einkauf: Kaufland, Platz der Befreiung 6 (750 m entfernt).
Anfahrt: ab Bhf. Südkreuz, RE 3 Mo–Fr stdl.; Sa/So zweistdl., Fahrzeit 2:05 Std.
Rückfahrt: ab Bhf. Schwedt RE 3, oder RB 61 stdl., Fahrzeit 1:31 Std.
Radeln nach Zahlen: Knoten 66–63–62–61–60–42.
E-Bike: uneingeschränkt tauglich.
Tipp: Schwedt verfügt über zwei Bahnhöfe: Bhf. Schwedt (Oder) und Bhf. Schwedt (Oder) Mitte. Wir nehmen den Bhf. Schwedt (Oder).
Wegequalität: 23 Kilometer radeln wir auf asphaltierten oder gepflasterten separaten Radwegen und 11 Kilometer auf wenig befahrenen Nebenstraße, die zum überwiegenden Teil auch asphaltiert sind. Damit ist klar, das wir einen entspannten Tag vor uns haben. Das unterstreicht auch die Tatsache, dass wir nur 200 Meter an einer Bundesstraße fahren müssen.
Kurzcharakteristik: Die relativ lange Anfahrt nach Tantow, der letzten Bahnstation vor der deutsch-polnischen Grenze, lohnt sich. Nach einem kurzen Weg durch den Nordteil der Uckermark mit weitläufigen Ackerbauflächen geht es auf den Oderdeich. Wir fahren durch den Nationalpark Unteres Odertal von Mescherin bis Schwedt. Dabei erleben wir renaturierte Polderlandschaften an der Westoder und an der Hohensaaten-Friedrichsthaler Wasserstraße. Wir besuchen die Stadt Gartz, der man die Spuren der Zerstörungen von 1945 noch heute ansieht. Endpunkt ist die sozialistische Aufbaustadt Schwedt, die ab Ende der 1950er Jahre neben der alten Oderstadt Schwedt errichtet wurde.

► *Bhf. Tantow–links Bahnhofstr.–über B 113, Bahnhofstr.–rechts Rosower Plattenweg–rechts Plattenweg nach Neurochlitz–Neurochlitz, rechts auf Dorfstr. West–links Dorfstr. West–über B 2, Dorfstr. Ost–rechts Dorfstr. Ost–links Lindenweg Ost–Staffelde, Zur Lindenallee–links B 113–Mescherin, Knoten 62*

▲ Karte S. 190

Die Bahnsteige des **Haltepunkts Tantow** sind neu gebaut. Das alte Bahnhofsgebäude aber ist verschwunden. Nach 2017 wurde es abgerissen, weil niemand eine Idee hatte, was mit dem Gebäude hier kurz vor der polnischen Grenze anzufangen sei. Seit 1843 ist Tantow Station auf der Bahnlinie Angermünde–Stettin. Nach 1945 war dieser letzte Halt vor der Grenze zur Volksrepublik Polen zumeist auch Endstation. Jetzt fahren wieder Züge bis Stettin, aber viel los ist in Tantow trotzdem nicht. Also freuen wir uns auf das, was es gleich im Übermaß gibt: Landschaft und Ruhe.

Nach nur wenigen hundert Metern verlassen wir den Ort. Es wird norddeutsch: Der Blick weitet sich über die Ackerfläche, tastet den Horizont ab. Er folgt den Baumreihen der Alleen, die wie mit dem Lineal gezogen in die Ferne führen. Und es wird uckermärkisch: Eine leicht gewellte Landschaft liegt vor uns, aus der uns Sölle wie Augen anschauen. Sölle werden die kreisrunden bis ovalen Tiefungen im Gelände genannt, die die Eiszeit hinterlassen hat. Heute wachsen in den immer wieder nassen Senken Büsche und Bäume, oftmals Weiden, damit sind Sölle der ideale Lebensraum für Kleingetier und Vögel in einem ansonsten landwirtschaftlich intensiv genutzten Landstrich. Früher wurden Sölle oftmals komplett eingeebnet, heute sind sie als Biotope geschützt. Auf einen Quadratkilometer finden sich zwischen Tantow und Neurochlitz um die 20 Feldsölle. Ein rekordverdächtiger Wert.

Der ›Plattenweg nach Neurochlitz‹ entpuppt sich als prima geteerte Fahrradpiste und fordert uns durch einige Anstiege. Die Strecke gehört zum Oder-Neiße-Radweg. ›Der lange Weg ins Nichts‹, so nannten Claudia Baradoy und Riccardo Wittig ihren Dokumentarfilm über **Neurochlitz**, den sie 2019 vorstellten. Am 7. Oktober 1949, am Tag der DDR-Gründung, wurde Neurochlitz offiziell aus der Taufe gehoben. Schon ein Jahr vorher waren Bewohner des Ortes Rochlitz in Sachsen zusammen mit Flüchtlingen aus Schlesien und Ostpreußen als Neubauern hierher in den Norden der Uckermark gekommen. Sie bauten das Dorf auf dem Grund der ehemaligen Güter Staffelde und Pagow auf. »Willst Du Gartz sehen, musst Du nach Neurochlitz gehen!«, hieß es damals, weil die Ziegelsteine der Ruinen im stark zerstörten Gartz als Baumaterial nach Neurochlitz transportiert wurden. So steht hier heute Siedlerhaus an Siedlerhaus samt ehemaligem Kulturhaus, in dem es mal eine Kneipe gab. Es wird heute als Gemeindehaus genutzt.

Auf dem Lindenweg Ost, einer Allee mit bester Asphaltbahn zwischen den alten Linden, verlassen wir Neurochlitz. »Geht doch!«, möchte man wenig später ausrufen. Ganz friedlich stehen da der rotweiße Grenzpfahl mit dem polnischen Adler und das bundesrepublikanische Schwarz-Rot-Gold nebeneinander. Wir sind an der **Grenze zu Polen** und sehen keine Zäune, keine Grenzstreifen, keine schwerbewaffneten Grenzsoldaten. Links geht es nach Stettin ab. Es sind gerade mal 22 Kilometer bis zur ehemals deutschen, heute polnischen Stadt an der Odermündung. Nach 1,5 Stunden Fahrzeit könnten wir da mit Blick auf den Hafen entspannt einen Kaffee trinken.

Wir aber halten uns halb rechts und landen wenig später vor einem künstlichen Hügel, der teilweise mit Feldsteinen bedeckt ist. Eine Infotafel erzählt, dass hier 1877 ein **Hügelgrab** aus der Zeit um 1000 v. Chr. abgetragen wurde, ohne dass Grab und Funde dokumen-

Winterlandschaft bei Tantow

A 11
Schönfeld
Tantow
63
66
Neu-rochlitz
Pargowo
Kołbaskowo, Stettin
2
113
Staffelde
Fliegender Kranich
62
Gryfino
Mescherin
Geesow
Petershagen
271
2
61
Beaten-hof
Hohen-reinkendorf
Garzer Schrey
Gartz (Oder)
27
60
27
Hohen-selchow
Westoder
Odra Zachodnia
Odra Wschodnia
Groß Pinnow
Krzypnica
Marwice
31
Friedrichs-thal
Dębogóra
272
POLEN
Welse
2
Konow
Hohenfelde
Teerofen-brücke
Bolkowice
Widuchowa
Lubicyn
Weise
Oder/Odra
Blumen-hagen
Gatow
42
Tabakmuseum Vierraden
Raffinerie
Nationalpark Unteres Odertal
Krzywinek
Krzywin
Prenzlau
Ognica
Kuhheide
31
166
B 2, Angermünde
Schwedter Querfahrt
Schwedt
Rynica
Kostrzyn nad Odrą
Tour 18
0 1,5 3 km

tiert wurden. Nur die Aussage eines beteiligten Lehrers gibt Kenntnis über die Urnen, die gefunden wurden. Der Hügel heute ist ein Nachbau von 2001. Diese Information ist so dezent auf einem Stein vermerkt, dass man sie glatt übersehen könnte.

Hinter dem Hügelgrab und der ehemaligen LPG beginnt **Staffelde**. Der Ort war nach 1945 für einige Jahre polnisch. Aber 1951 wurde das nach Flucht und Vertreibung unbewohnte Dorf samt 77 Hektar Land längs der Oder gegen ein Gebiet auf der Insel Usedom getauscht – Grenzbegradigungen zwischen Polen und der DDR.

Am Ortsausgang Staffelde hieß es bis 2021 ›Augen geradeaus und durch‹: Ohne Radweg über einen Kilometer auf der B 113, einer berüchtigten Raserstrecke, runter bis zur Mescheriner Brücke. Aber das ist vorbei. Auf dem neuen Radweg – Kostenpunkt 1,6 Millionen Euro – geht es von gut 40 Metern hinunter auf fast Niveau 0 im Odertal. Wir rollen dabei quer durch den Staffelder Tanger, einem dieser Hangwälder, die wir später noch besser kennenlernen.

Am Knoten 63 werden wir rechts abbiegen, um nach Mescherin zu gelangen. Zuvor aber fahren wir noch weiter bis zur Mescheriner Brücke über die Westoder. Neben der Auffahrt zur Brücke geht es links auf dem Sandweg hinunter zur Oder und zu einem der Beobachtungstürme im Nationalpark Unteres Odertal. Aufgrund seiner Dachform wird er **Fliegender Kranich** genannt. Aus elf Metern Höhe übersehen wir hier den **Staffelder Polder**, heute ein Meer aus Schilf, in dem einzelne Wasserläufe in der Sonne blitzen. 1992 beschloss der deutsch-polnische Umweltrat, aus dem Nationalpark Unteres Odertal und dem polnischen Landschaftsschutzpark Unteres Odertal einen **Internationalpark Unteres Odertal** zu gründen. Ziel ist es, eine großflächige Flussauen-Landschaft als Lebensraum für Tiere und Pflanzen zu bewahren und neu zu entwickeln. So wurde der Staffelder Polder ab 1995 landwirtschaftlich nicht mehr genutzt. 1999 wurde dann der Oderdeich an drei Stellen geschlitzt und auf 200 Metern gänzlich abgetragen. So soll hier über die Jahre wieder ein Auenüberflutungmoor wachsen.

Ganz ungetrübt ist die Freude über diesen deutsch-polnischen Einsatz in Sachen Naturlandschaft nicht. Nach einem 2015 zwischen Deutschland und Polen geschlossenen Vertrag soll die Oder zur internationalen Wasserstraße ausgebaut werden. Dafür werden auf rund 140 Kilometern die Buhnen, die Steinwälle, die in den Fluss ragen, erhöht und verlängert. Die Folge: Das Bett der Oder wird enger, die Strömung stärker und so werden störende Sandbänke natürlich abtransportiert. Damit geht, genauso wie im seichten Uferbereich, wichtiger Lebensraum für die Fische verloren. Die Leitung des Nationalparks Unteres Odertal sieht den Flussauen-Nationalpark in Gefahr, die Bundesanstalt für Wasserbau dagegen nach Versuchen in einem künstlichen Flussbett in der Maßnahme einen behutsamen Flussbau. Und zusätzlich, so die Argumentation, gäbe es noch Kompensationsmaßnahmen wie den Anschluss alter Oderarme.

Touren

▶ *Mescherin, Knoten 62–links Untere Dorfstr.–rechts Schwarzer Damm–links Obere Dorfstr./Radweg Schreyweg/Wiesenstr.–geradeaus Am Wasser–rechts Brückenstr.–rechts Große Mönchenstr.–links Frauenstr./Stettiner Str.–links Zingelstr.–rechts Pommernstr.–links Kastanienallee (B 2)–links Gartenstraße/Radweg auf Oderdeich–Friedrichsthal, Rastplatz*

Das Untere Odertal bei Mescherin

Der kleine Oderort **Mescherin**, der sich für den Tourismus herausgeputzt hat, gibt uns noch mal eine Lektion in Sachen Abhang zum Odertal. Erst fahren wir auf der Unteren Dorfstraße und passieren dabei die Pension Dorotheenhof, die mit der angeschlossenen Gaststätte Plätze mit Blick auf die Oder bietet. Unmittelbar an der Oder liegt auch die Taverne Altes Zollhaus. Über den Schwarzen Damm geht es dann aber rund 20 Meter den Oderhang hoch zur Oberen Dorfstraße.

Vorbei an der Dorfkirche nähern wir uns dem Park Restaurant Mescherin. Das bietet schmackhafte polnische Küche unmittelbar an einem Altarm der Oder, der auch als **Mescheriner See** bezeichnet wird. Es ist nicht so einfach mit den Gewässerbezeichnungen entlang unserer Tour. Die Oder hat sich immer wieder ein neues Bett in dem drei bis fünf Kilometer breiten **Odertal** gesucht. So entstanden viele Alt- und Nebenarme. Erst mit der Regulierung des Flusses wurde die schiffbare Oder in ein Bett gezwungen. Es blieben aber Oderarme wie die Westoder, an der wir jetzt radeln.

▶ Karte S. 190

Hinter Mescherin fahren wir in den **Gartzer Schrey** ein, einem Mischwald mit Stiel- und Traubeneichen, Eschen und Erlen am Oderhang. 1967 wurde dieses 45 Hektar große Areal unter Naturschutz gestellt, seit 1995 ist es Totalreservat. Das Grundwasser sammelt sich auf den unterirdischen Ton- und Wasserschichten und tritt am Hang als kleine Quellbäche hervor. Die sorgen dann in den Senken für einen Auenwald. Der Name Gartzer Schrey soll auf den Dreißigjährigen Krieg zurückgehen, als hier schwedische Söldner geflüchtete Gartzer drangsalierten. Die Schreie der Gemarterten habe man bis Gartz gehört.

Weiter die Westoder entlang kommen wir in die **Oderstadt Gartz**. Mit dem Eiscafé Villa Oderblick und vor allem der neuen **Marina** hat sich Gartz auf Gäste eingestellt. Tourismus braucht die kleine Stadt, der man die Zerstörungen des Zweiten Weltkrieges immer noch ansieht. Mehr als einzelne Pfeiler im Oderstrom sind nicht geblieben von der **Oderbrücke**, die hier schon ab 1306 bezeugt ist. 1928 wurde die Brücke in Stahl ausgeführt, 1945 zerstört. Ein Bogen über dem Radweg erinnert an diesen Oderübergang. Aber zumindest der **alte Tabakspeicher** an der Straße Am Wasser ist nach 1990 saniert worden. Hier wurden Wohnungen eingerichtet.

Gartz hat es nie verkraftet, dass es seit 1945 durch die Grenze zu Polen von Stettin (Szczecin), seinem natürlichen Bezugspunkt, abgetrennt ist. Seit 1946 hat Gartz rund ein Viertel seiner Einwohner verloren, 2019 waren es nur noch 2508. Da wundert es nicht, dass selbst in der Innenstadt noch Baulücken klaffen. Zu 80 Prozent war Gartz 1945 zerstört. Ein Zeugnis des mittelalterlichen Gartz ist die **Heilig-Geist-Kapelle** (Stettiner Straße 2) aus der Zeit um 1400, die heute als Veranstaltungszentrum genutzt wird. Erhalten ist als einziges der vier Stadttore das **Stettiner Tor**, im 13. Jahrhundert aus Feldstein errichtet. Gleich daneben, im Torwächterhäuschen, veranschaulicht das **Ackerbürgermuseum Gartz** das Leben in der Ackerbürgerstadt im 18. und 19. Jahrhundert.

Über die Zingelstraße kommen wir zum bedeutendsten Bauwerk in Gartz, der **Kirche St. Stephan**. Der mächtige Westturm ist schon von der Oder aus gut zu sehen und kündet von der einstigen Bedeutung der Stadt Gartz. Erst unmittelbar an der Kirche entdecken wir, das von dem Gotteshaus nur noch der Chor aus dem 15. Jahrhundert erhalten ist. Dabei trägt der Bau die Handschrift des bedeutenden Baumeisters der nordostdeutschen Gotik Heinrich Brunsberg. Auch der Turm ist erhalten. Vom Langhaus aber stehen nur noch die Umfassungsmauern. Auch von der einst mächtigen Stadtmauer sehen wir nur noch Reste. Dazu gehört auch der 24 Meter hohe **Storchenturm** im Norden der Stadt.

Am Ende der Pommernstraße wechseln wir die Straßenseite und fahren auf dem Fußweg an der Kastanienallee (B 2). Schon nach 200 Metern biegen wir vor dem eingeschossigen Gebäude der Kita Regenbogenhaus links ab in die Gartenstraße, die uns zur Westoder hinunterbringt. Nach rund 400 Metern geht die Gartenstraße in den Radweg auf dem Oderdeich über, auf dem wir jetzt sieben Kilometer fahren.

Auwald bei Gartz

Im Winter kurz vor Schwedt

Schon gleich hinter Gartz sehen wir links die rot-weißen Schornsteine des **Kraftwerks Untere Oder**, einem Kohlekraftwerk auf polnischer Seite. **Friedrichsthal** kündigt sich durch einige Schrebergärten an. Nach einer Rechtskurve erreichen wir den Rastplatz am Ortsende von Friedrichsthal. Bis 1755 wurde das Dorf für mecklenburgische Leinenweber angelegt. Noch heute zeigt der Ort seine ursprüngliche Struktur: Die Wohnhäuser liegen auf der Wasserseite des Kirchsteigs, die Wirtschaftsgebäude auf der Landseite.

▶ *Rastplatz Friedrichsthal–geradeaus Radweg durch den Wald–links Richtung Teerofenbrücke–rechts auf Radweg an der Hohensaaten-Friedrichsthaler-Wasserstraße–Schwedt, rechts Zur Querfahrt–links Berliner Str.–rechts Karl-Marx-Str.–rechts Bahnhofstr.–Bhf. Schwedt*

Wir fahren auf der Teerofenbrücke über die **Hohensaaten-Friedrichsthaler-Wasserstraße** (Hohensaatenkanal). Der Kanal wurde um 1850 angelegt, um das Oderbruch besser zu entwässern. Nach weiterem Ausbau ist er heute Teil des Großschifffahrtsweges Berlin–Stettin. Der Kanal liegt unterhalb des Niveaus der Oder, und so haben die Schiffe hier im Sommer noch genügend Wasser unterm Kiel, während der Hauptstrom schon unpassierbar ist. Wir radeln auf der Krone des Deiches, der den Kanal zur Oder hin schützt, und können den Blick über das rund drei Kilometer breite Odertal schweifen lassen. Eine Polderlandschaft mit kleinen Wasserläufen, Schilf und Sumpf eröffnet sich uns, in der Ferne ist eine Hügelkette auszumachen. Dort endet das Odertal. Da muss der Hauptstrom der Oder sein. Im Spätherbst und Winter ändert sich das Bild, dann sind weite Flächen des Odertals überflutet.

Rund 90 Prozent dieses Gebietes gehören zum Nationalpark Unteres Odertal. Wer hier in den Morgenstunden oder gegen Abend im Frühjahr oder Herbst radelt, erlebt die Schwärme der Gänse und Kraniche, die zum Fressen zum Unteren Odertal fliegen oder auf dem Weg zu ihren Schlafplätzen auf den Seen der Uckermark sind.

Schon von Weitem sehen wir die Schornsteine und Anlagen der Industriegebiete der Stadt Schwedt. 1958 beschloss die DDR-Chemiekonferenz den Übergang zur Erdölchemie. Voraussetzung dafür war die Erdölleitung ›Freundschaft‹, die den Rohstoff aus der UdSSR nach Schwedt pumpte. 1964 nahm der VEB Erdölverarbeitungswerk Schwedt die Arbeit auf, im gleichen Jahr folgte der VEB Papierwerk Schwedt. Die ländlich geprägte Kleinstadt Schwedt hatte 1960 rund 8800 Einwohner, 1989 waren es über 52 000, 2019 dann nicht einmal mehr 30 000. Diese drei Zahlen verdeutlichen das Ausmaß der Wandlungsprozesse, denen Schwedt ausgesetzt war.

Am Abzweig Richtung Gatow und Vierraden ist das **Tabakmuseum Vierraden**

▶ Karte S. 190

ausgeschildert. Rund vier Kilometer sind es zu der ehemaligen Tabaktrockenscheune. Hier wird die Kulturgeschichte des Tabakanbaues präsentiert, der in dieser Region jahrhundertelang eine wichtige Rolle spielte.

Wir fahren nun weiter Richtung Schwedt und passieren zunächst den Hafen der Stadt. Es folgt sodann die riesige **Papierfabrik Leipa**, auf deren Gelände wir Waggons und einen Kran zum Entladen von Schiffen sehen. Leipa, einer der großen Player in Sachen Papierproduktion, ist ein Glücksfall für Schwedt. 1992 übernahm das Familienunternehmen die Papierfabrik Schwedt, nicht um sie abzuwickeln, sondern um sie kräftig auszubauen. So wurde hier 2019 die PM5 in Betrieb genommen, die weltweit leistungsfähigste Papiermaschine zur Herstellung von Wellpappenrohpapier.

Die Raffinerie Schwedt, die mit der Erdölleitung Freundschaft aufgebaut wurde und noch heute produziert, liegt weiter landeinwärts.

Wir kommen über die Straße Querfahrt und die Berliner Straße ins Zentrum der Stadt (→ S. 196). Mehrgeschossige Mietshäuser säumen unseren Weg. Sie stammen aus der Zeit, als Schwedt ab Anfang der 1960er Jahr als Standort der Erdölchemie ausgebaut wurde. Zuvor war Schwedt im Zweiten Weltkrieg zu 85 Prozent zerstört worden.

Plattenbauten prägten auch im Wendejahr 1989 das Gesicht der Stadt. Die Stadt Schwedt ließ sie aber nicht abreißen, sondern gestaltete seine Plattenbauviertel nach der Wende neu. Ein wichtiges Element dabei: die Farbe. Neben einigen farbenfrohen Mietshausfassaden sehen wir auf der gegenüberliegenden Seite der Berliner Straße, kurz vor dem Abzweig in die Karl-Marx-Straße, das **Wandmosaik am ehemaligen Club Kosmonaut** (Berliner Straße 52a), das Erich Engel 1967 schuf. Es ist eine Erinnerung an die DDR-Zeit, die die Stadt prägte. Heute ist hier der Kulturverein ›Die Brücke‹ untergekommen.

Tour 18

Dorotheenhof, Untere Dorfstr. 13, Mescherin, Tel. 033332/80726. Pension und Gaststätte mit schönem Garten an der Oder.
www.dorotheenhof-mescherin.de

Taverne Mescherin, Altes Zollhaus, Untere Dorfstr. 9, Mescherin, Tel. 03332/870535. Café und Biergarten, Gaststätte mit deutsch-polnischer Küche.

Park-Restaurant, Obere Dorfstr. 16, Mescherin, Tel. 033332/875980; April–Sept. Di–Sa 11.30–21 Uhr, Okt.–Dez. Sa/So 11.30–20 Uhr. Von der Gulaschsuppe bis zur Maultasche.
www.park-restaurant.com

Eiscafé Villa Oderblick, Am Wasser 5, Gartz, Tel. 033332/870661; im Sommer tägl. 12–18 Uhr. Eis, Kuchen, Kaffee.

Café und Pension Zum Mühlenteich, Kastanienallee 8, Gartz, Tel. 033332/272; April–Mitte Okt. tägl. 10–22 Uhr, Mitte Okt.–März Mi–Fr 11–14 und 17–22, Sa/So 10–20 Uhr. Café und Imbiss.
www.pensionzummuehlenteich.de

Restaurant und Café Wunderbar, Polderblick 5, Schwedt, Tel. 03332/449370; Di–So ab 11.30 Uhr. Rasten unmittelbar am Bollwerk mit Blick auf den Polder.
www.wunderbar-schwedt.de

Ackerbürgermuseum Gartz, Stettiner Str. 14 A, Gartz, 033332/878224; Mo–Fr 9–15 Uhr. Ländliche Lebenswelt.
www.gartz.de

Tabakmuseum Vierraden, Breite Straße 14, Schwedt/Oder, Tel. 03332/250991; Mai–Sept. Do, Fr 10–16, Sa/So 10–17 Uhr. Ausstellung zu Tabakanbau, Handel und Verarbeitung.

Schwedt – eine Stadtrundfahrt

Die Sehenswürdigkeiten in Schwedt liegen zu weit auseinander für einen Stadtrundgang. Stattdessen bietet sich eine kleine Stadtrundfahrt per Rad an. Über die Bahnhofstraße geht es bis zur Ecke Lindenallee. Wir stehen an einer ziemlich breiten Straße, zu DDR-Zeiten noch Leninallee genannt. Trotzdem konnte sie ihre höfische Herkunft nicht verbergen, war sie doch der Weg zwischen Schloss Schwedt – das gab es wirklich, heute sind da die Uckermärkischen Bühnen – und dem Jagdhaus Monplaisir. Mehr vom Schloss später.

Auf der Lindenallee sehen wir links den **Berlischky-Pavillion**, 1777 als Französische Kirche errichtet und heute Konzertsaal. Die Hugenotten, die nach 1685 in die Region kamen, brachten den Tabakanbau mit. So ist ein Stück weiter hoch an der Lindenallee die Stadtbibliothek Schwedt (Lindenallee 36) in den **Ermelerspeicher** eingezogen. Um 1850 errichtete der Berliner Tabakgroßhändler Wilhelm Ermeler als erstes auswärtiges Unternehmen dieses Speichergebäude. Das **Centrum-Kaufhaus** Schwedt (Platz der Befreiung 1) wurde 1972 als CENTRUM Warenhaus Schwedt eröffnet und stellt heute samt der Platzanlage eine Erinnerung an die DDR-Zeit dar. Hier in Schwedt ist die rasterartig ornamentierte Metallfassade noch erhalten, die als Erkennungszeichen der gut ausgestatteten 14 Centrum-Warenhäuser in der gesamten DDR diente. Das Centrum-Warenhaus unterstrich den Stellenwert, den Schwedt als Aufbaustadt genoss. Immerhin endet hier seit 1963 die Ölleitung ›Freundschaft‹ aus der Sowjetunion; schon ab Ende der 1950er Jahre war die Stadt zu einem Zentrum der Petrochemie ausgebaut worden.

Nach der Wiedervereinigung beschloss Schwedt, die schnell hochgezogenen Plattenbauviertel der Aufbauphase auszudünnen und durch Teilabriss der oberen Etagen für eine lebhafte Stadtlandschaft zu sorgen. Dazu kam ein Farbkonzept, das fast jeden Stadtplatz als Ausstellungsplatz für ein Wandbild nutzt.

Vom Centrum-Kaufhaus fahren wir an der Westseite des Stadtparks entlang zur Vierradener Straße. Um diese Hauptstraße wurden die Reste der alten Stadt Schwedt saniert. Wir passieren auf die-

Weithin sichtbar: die Uckermärkischen Bühnen Schwedt

Adonis im Schlosspark

sem Weg die **Stadtpfarrkirche St. Katharinen**, die bis 1956 vereinfachend wiederhergestellt wurde.

Ein kurzes Stück links auf der Berliner Straße, dann rechts in die Oderstraße bringt uns zum Bollwerk, dem Weg am der Hohensaaten-Friedrichsthaler Wasserstraße, der zur Promenade ausgebaut wurde. Im Bereich des Bollwerks und des Uferwegs findet man im Sommer das **Eiscafé Silke**, einen mobilen Eisstand.

Über das Bollwerk gelangen wir zum Areal des ehemaligen **Schlosses Schwedt**. Bis 1704 wurde Schloss Schwedt als typisch barocke Dreiflügelanlage für Philipp Wilhelm von Brandenburg-Schwedt ausgebaut. Der Sohn der Kurfürstin Dorothea, der keine Aussicht auf die Thronfolge hatte, erhielt hier eine standesgemäße Residenz. Das Schloss wurde 1945 schwer beschädigt und 1962 gesprengt, heute erinnern nur noch sieben barocke Sandsteinplastiken und eine Sonnenuhr von 1740 an den Bau. Ein Modell des Schwedter Schlosses findet sich im Rest des Schlossparks am Zugang von der Lindenallee. Anstelle des Schlosses wurde bis 1978 das Kulturhaus errichtet, in das nach der Wende die Uckermärkischen Bühnen eingezogen sind. Auf Initiative der Bühne wurde das Parkgelände Richtung Bollwerk, der ehemalige Schlossgarten, zu einem **Europäischen Hugenottenpark** ausgestaltet. Über die Lindenallee und die Bahnhofstraße geht es zurück zum Bahnhof.

Schwedt

Pizzeria Pane e piu, Bollwerk 15, Schwedt, Tel. 03332/23425; So/Mo, Mi/Do 11–22, Fr/Sa 11–23 Uhr. Der Italiener im Ort.

An der Grenze zu Mecklenburg

Tour 19: Von Fürstenberg (Havel) nach Fürstenberg (Havel)

Verlauf: Fürstenberg (Havel)–Ravensbrück–Altthymen–Dabelow–Kastaven–Retzow–Lychen–Am Großen Lychensee–Himmelpfort–Ravensbrück–Fürstenberg (Havel).
Länge: 37 km.
Alternativen: keine.
Start: Bhf. Fürstenberg, Fahrstuhl: nein, Einkauf: Ahoi-Shop im Bahnhofsgebäude.
Ziel: Bhf. Fürstenberg.
Anfahrt: ab Bhf. Gesundbrunnen, RE 5, tägl., stdl., Fahrzeit 57 Min.
Rückfahrt: ab Bhf. Fürstenberg (Havel), RE 5, tägl., stdl., Fahrzeit 55 Min.
Radeln nach Zahlen: ab Lychen 41–46–40–44–53–52–51.
E-Bike: bedingt tauglich. Die Gleise 2 und 3 im Bhf. Fürstenberg, von denen bisher die Züge nach Berlin abgingen, sind nur über Treppen zu erreichen, Treppenschienen vorhanden.
Wegequalität: Wir fahren 25 Kilometer auf sehr ruhigen, asphaltierten Nebenstraßen. Dazu kommen noch einmal 4 Kilometer auf separaten Radwegen. Rund 5 Kilometer radeln wir auf straßenbegleitenden Radwegen. Unangenehm ist einzig das etwas über 1 Kilometer lange Stück von Ravensbrück bis zum Abzweig nach Altthymen. Hier müssen wir rund fünf Minuten auf der L 15 radeln.
Kurzcharakteristik: Es wird einsam, wald- und wasserreich. Wir sind im äußersten Norden Brandenburgs. Auf kaum befahrenen Nebenstraßen radeln wir nach Altthymen und dann sogar ein kurzes Stück um Dabelow durch Mecklenburg-Vorpommern. Neustrelitzer Kleinseenland wird diese Landschaft genannt, deren Seenreichtum wir in Fürstenberg, Lychen und dann in Himmelpfort erleben.

► *Bhf. Vorplatz–links Luisenstr./Gelderner Str.–geradeaus über B 96 Ravensbrücker Dorfstr. (L 15)/Lychener Ch. (L 15)–links Am Thymensee/Altthymener Dorfstr.–rechts Altthymener Dorfstr.–Dabelow, Alt Thymer Str.–rechts Dabelower Str./MSE 90–rechts halten MSE 90 -Badestelle Kastavener Str.*

▸ Karte S. 200/201

Die Stadt Fürstenberg (Havel) hat den Bahnhofsvorplatz gekauft und mit Fahrradstellflächen hergerichtet. Private Investoren haben das Bahnhofsgebäude übernommen und bauen es Schritt für Schritt aus. Schon gibt es einen Bahnhofsshop und Fremdenzimmer. Nur mit dem Umbau der Bahnanlage auf barrierefrei hapert es, seitdem 2017 der Mittelbahnsteig unter Denkmalschutz gestellt wurde. 2025 könnte es so weit sein, so hört man wenigstens.

Wir verlassen Fürstenberg über die L 15 und bringen dann die einzigen unangenehmen fünf Minuten der Tour hinter uns. Hier gibt es keinen Radweg, zum Glück aber meist auch kaum Autos auf der Piste. Trotzdem sind wir froh, wenn wir das Hinweisschild ›Altthymen 5 km‹ sehen und links abbiegen können.

Wald und Wasser, die beherrschenden Elemente unserer Tour, haben wir hier gleich in Hülle und Fülle. Die Straße heißt Am Thymensee, den wir rund zwei Kilometer hinter dem Abzweig links durch die Bäume schimmern sehen. Der See, in den der Thymenfließ entwässert, ist von einem breiten Schilfgürtel eingefasst und fast vollständig von Wald umgeben. Ein Blick auf den sandigen Boden beiderseits des Weges und wir wissen, dass hier Kiefernland ist. Hier wächst auch Heidekraut, das Anfang September violett blüht. Erst vor Altthymen öffnet sich der Wald, und wir sehen Wiesen, die um den Thymenfließ angelegt wurden. Um die 120 Menschen leben im Straßendorf **Altthymen** beiderseits der Durchgangsstraße. Mit einem hohen, schlanken Turm macht die **Dorfkirche** von 1872 auf sich aufmerksam. Nur von der Seite und von hinten sieht man, dass das Gotteshaus im neuromanischen Stil seit 1945 Ruine ist. Der Kirchturm hat ein neues Dach bekommen, Glockenstuhl und Treppenportal wurden saniert. Neben dem Turm finden in einem kleinen Raum Gottesdienste und Trauungen statt. Die Kirche Altthymen ist eine Arbeit von Friedrich Wilhelm Buttel, der in Mecklenburg-Strelitz eine ähnliche Stellung inne hatte wie Karl Friedrich Schinkel, sein Lehrmeister, in Berlin. Typisch für Buttel ist der schlanke, hohe Kirchturm. Wer die Einsamkeit liebt, kann sich im Haus Altthymen (Altthymer Dorfstraße 18) einmieten.

Am Gedenkstein für die Gefallenen des Ersten und Zweiten Weltkrieges biegen wir rechts ab Richtung Dabelow. Wir passieren den rot-weiß gestreiften Grenzpfahl, der das Bundesland Brandenburg von Mecklenburg-Vorpommern trennt. Altthymen liegt im brandenburgischen Naturpark Uckermärkische Seen, Dabelow schon im mecklenburgischen Naturpark Feldberger Seenlandschaft. Zwei Namen für eine Landschaft, die während der Weichseleiszeit entstand und durch Endmoränen, Sanderflächen, viele Rinnenseen, Sölle und Moore gekennzeichnet ist.

Die **Dorfkirche Dabelow** zieht unsere Blicke auf sich. Die Fachwerkkirche von 1854, ebenfalls vom Hofbaumeister Friedrich Wilhelm Buttel, stellt in der Region eine Besonderheit dar: ein hölzerner Turm mit schiefergedeckter Pyramide als Dach, links und rechts hölzerne Anbauten, die dem Eingangsbereich das Aussehen eines Westwerks geben. Alle Holzteile der Kirche sind in warmen, hellroten Tönen gehalten, dazu kommen steinerne Rauten in Rot und Schwarz. Im klar gegliederten und doch festlichen Innern des Gotteshauses dominieren Rot, Gelb und Blau, die Farben des Großherzogtums Mecklenburg-Strelitz.

Wir folgen in Dabelow recht ab dem Hinweisschild ›Retzow 4 km‹. Es geht über die MSE 90 – so die Bezeichnung der Kreisstraße – weiter Richtung Kasta-

In der Retzower Heide

Touren

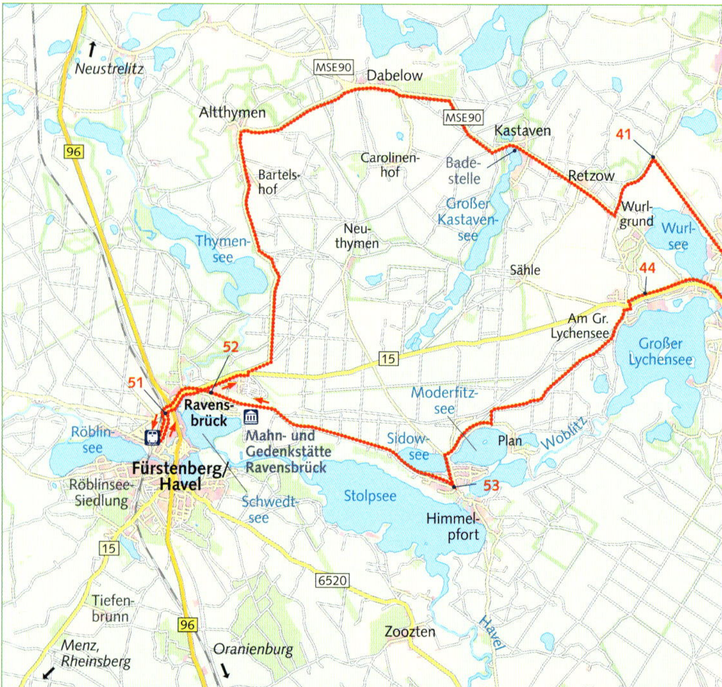

Tour 19

ven, das schon wieder brandenburgisch ist. Links lädt uns ein Abzweig ein, zum Inselhotel Brückentinsee zu fahren. Es ist nach zwei Kilometern problemlos über eine Brücke zu erreichen.

Weiter geht es auf einer schmalen Landbrücke zwischen Kleinem und Große Kastavensee in den Ort Kastaven. Gleich am Dorfeingang lädt eine **Badestelle** zu einer Rast ein.

▶ *Badestelle Kastavener Str./Retzower Str.-links separater Radweg-Knoten 41, rechts Strelitzer Str./Clara-Zetkin-Str./Stargarder Str.-Knoten 40, rechts Berliner Str. (L 15)/Fontanestr.-links durch Unterführung auf Großer Lychensee-rechts separater Radweg Weihnachtsweg-rechts Alte Lychener Landstr.-links Zur Hasenheide-Knoten 54, rechts Fürstenberger Str./Fahrradstr./Himmelpforter Landstr./ Ravensbrücker Dorfstr./Ravensbrücker Dorfstr. (L 15)-über B 96 Geldener Str.-Luisenstr.-Bhf. Fürstenberg (Havel)*

Wer die Tour im September macht, genießt auf der **Retzower Heide**, die im Naturschutzgebiet Klapperberge liegt, violett blühendes Heidekraut auf einer sandigen Ebene. Einzelne Birken lockern das Bild auf. Langsam gewinnt das Gehölz hier die Flächen zurück, die zu DDR-Zeiten als Truppenübungsplatz der Roten Armee dienten. Nur wenig weiter überrascht uns die

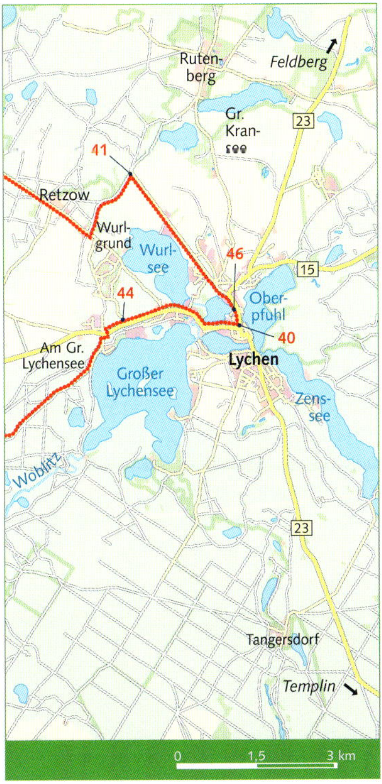

Kirchenruine Retzow mit imposanten Feldsteinmauern. Schon seit annähernd 600 Jahren steht die Ruine da. Vermutlich im 13. Jahrhundert errichtet, wurde das turmlose Gotteshaus 1440 bei kriegerischen Auseinandersetzungen zwischen Pommern und Brandenburg schwer zerstört. Der Ort Retzow fiel wüst und wurde erst 1701 wieder besiedelt.

Vorbei geht es am **Exotik-Kunst-Garten**, in dem Jens Nagel und seine Frau ihren Traum von einem 8000 Quadratmeter großen Garten mit Hunderten von Rhododendren und Magnolien und vielen anderen Pflanzen verwirklicht haben. Exotische Tiere wie Nandus können hier ebenso bestaunt werden. Jens Nagel malt leidenschaftlich und zeigt in einem Galerie-Café seine Arbeiten.

Wir nähern uns auf der Strelitzer Straße der Sieben-Seen-Stadt **Lychen**, das zwar schon 1248 als Stadt gegründet wurde, von seinem mittelalterlichen Aussehen aber so gut wie nichts hat bewahren können. Häufige Stadtbrände, verheerende Kriege im Grenzgebiet zwischen Brandenburg und Mecklenburg bis hin zur fast kompletten Entvölkerung am Ende des Dreißigjährigen Krieges 1648 vernichteten den Ort immer wieder. Den Endpunkt dieser Geschichte bildet die Zerstörung von 60 Prozent der Stadt im Jahr 1945. Dazu kommt eine rücksichtslose Baupolitik bis 1989. Trauriger Höhepunkt: 1976 fiel bei einem Sturm das letzte Zeichen der mittelalterlichen Stadt Lychen, der Stargarder Torturm, zusammen.

So sitze man heute zwischen Plattenbauten auf dem Marktplatz, guckt etwas irritiert auf das 1958 ohne Turm wieder aufgebaute Rathaus von 1748 und weiß, das Lychen nur in seinen Wasserlagen schön ist. Ansehnlich ist auch die **Stadtkirche St. Johannes**, die sich auf dem höchsten Punkt der Altstadt erhebt. Sie geht auf die zweite Hälfte des 13. Jahrhunderts zurück.

Über die Berliner Straße verlassen wir die Stadt. Es sei denn, wir gucken doch noch mal in das **Flößereimuseum** im ehemaligen Spritzenhaus oder legen zum Beispiel eine Kunstpause im gleichnamigen Café am Stadtsee ein. Wir fahren weiter. Hinter der Brücke über den Durchlass vom Nesselpfuhl zum Großen Lychensee beginnt der straßenbegleitende Radweg an der Berliner Straße. Noch entspannter wird die Radelei, folgen wir dem Hinweisschild ›Himmelpfort 6 km‹ und überqueren die L 15. Wir fahren zwischen den Ferienhäusern (rechts) und den Steganlagen (links) durch den **Wohnplatz Am Großen Lychensee**. Auf einem separaten Radweg verschwinden wir dann auf dem Weihnachtsweg in den Wald. Wundern Sie sich nicht, wenn es plötzlich zu klappen und zu poltern anfängt. Das wird eine **Draisine** sein, auf der zwei Fahrer kräftig wie auf einem Fahrrad in die Pedale treten. Nur fahren die auf Schienen und wir auf einem gut asphaltierten Weg. Das 28 Kilometer lange Teilstück Templin – Fürstenberg (Havel) der stillgelegten Bahnstrecke Britz – Fürstenberg wird von der Erlebnisbahn GmbH als Selbstfahrstrecke angeboten.

Entlang des Moderfitzsees und vorbei am Hinweisschild zur **Badestelle Moderfitzsee** fahren wir nach **Himmelpfort**. Der Ort ist heute durch sein Weihnachtsmann-Postamt bekannt, an das Kinder aus aller Welt schreiben. Sehenswert ist hier aber vor allem die Ruine des **Klosters Himmelpfort**. Fährt man in Himmelpfort geradeaus, kommt man nach gut 200 Metern auf der Klosterstraße zu der Anlage.

Wir aber biegen am Knoten 53 rechts ab und fahren Richtung Fürstenberg. Nach nur etwa 100 Metern zeigt ein Hinweisschild eine **Badestelle am Stolpsee** an. Weiter auf der Fahrradstraße geht es durch ein ausgedehntes Waldgebiet zurück nach Fürstenberg.

Wir passieren dabei das **KZ Ravensbrück**. Zur Mahn- und Gedenkstätte gelangt man über die Straße der Nationen, die vor den Häusern der SS-Wachmannschaften links abzweigt. In Ravensbrück ließ die SS 1939 das größte Frauen-KZ Deutschlands errichten, zu dem ein Männer- und ein Jugendkonzentrationslager hinzukamen. Um die 28 000 Menschen wurden hier ermordet. 1959 wurde die

Die ›Müttergruppe‹ von Fritz Cremer weist auf das frühere Konzentrationslager hin

▸ Karte S. 200/201

Am Großen Lychensee

Mahn- und Gedenkstätte Ravensbrück am Rand des ehemaligen Lagers eingeweiht. Das Lager selbst wurde noch bis 1990 von der Roten Armee anderweitig genutzt. Erst 1993 übernahm die Stiftung Brandenburgische Gedenkstätten den gesamten Komplex und baute ihn zu einer Mahn- und Gedenkstätte aus. Über die Ravensbrücker Dorfstraße, die Geldener Straße und die Luisenstraße geht es zurück zum Bahnhof Fürstenberg (Havel).

Tour 19

Ahoi Café und Shop, Bahnhofstr. 31, Fürstenberg/Havel, Tel. 033093/169935; tägl. 8–17, Sa/So ab 9 Uhr. Sehr guter Kaffee im ehemaligen Wartebereich der Klasse 1 im Bahnhof Fürstenberg.

Restaurant Inselhotel Brückentinsee, Insel im Brücketinsee, Wokuhl-Dabelow, Tel. 039825/20247; Mo–Do 12–16, Fr–So 12–20 Uhr. Öffnungszeiten können aufgrund Personalmangels variieren, bitte vorab auf website informieren. www.inselhotel-brueckentinsee.de

Mühlenwirtschaft und Kaffeemühle, Stabenstr. 2, Lychen, Tel. 039888/524876; Mühlenwirtschaft Mi–So 17–20, Kaffeemühle 14–18 Uhr. Hier gibt es Deftiges wie Süßes, Bier oder auch Kaffee. www.muehlen-mahlzeit.de

Strandcafé Lychen, Gartenstr. 21, Lychen, 039888/52964; tägl. 10.30–21.30 Uhr. Restaurant und Café mit Terrasse am See.

Kunstpause, Berliner Str. 60, Lychen, Tel. 039888/52645; April–Sept. Mi–So 12–18 Uhr, Okt.–März 12–17 Uhr. Café und Restaurant am See. www. kunstpause-lychen.de

Exotik-Kunstgarten, Retzower Str. 15, Lychen/OT Retzow, Tel. 039888/3642; Mai–Sept. Do–Di 13–18 Uhr, April und Okt. wetterabhängig (vorher anrufen). www.exotik-kunst-garten.de

Flößereimuseum Lychen, Clara-Zetkin-Str. 1, Tel. 039888/499973; Juni–Okt. Di–So 10–18 Uhr. www.floesserverein-lychen.de

Mahn- und Gedenkstätte Ravensbrück, Straße der Nationen, Ravensbrück, Tel. 033093/6080; Außengelände tägl. 9–17 Uhr, Hauptausstellung Di–So 10–16.30 Uhr, Besucherzentrum Di–So 10–12.3 und 14–16 Uhr. www.ravensbrueck-sbg.de

Handweberei Martina Busch, Kirchstr. 4, Lychen, Tel. 039888/423654; Di–Fr 10–12 und 14-16 Uhr. www.handweberei-ucker-lein.de

Großer Kastavensee, Kastavener Str., an der Ortseinfahrt links.

Stolpsee, Himmelpfort, Fürstenberger Str. Dem Hinweisschild folgen.

Der schlanke Turm der Kirche Fürstenberg überragt die Stadt

Fürstenberg (Havel) – eine Stadtrundfahrt

Fürstenberg (Havel) liegt auf einer Landbrücke zwischen dem Schwedtsee, dem Baalensee und dem Röblinsee. Und zu allem Überfluss wird der Ort auch noch von der Havel durchflossen. Eine fantastische Lage, die für jede Menge Wassergrundstücke und schöne Wege am Wasser sorgt, aber auch für das größte Problem der Stadt: Die stark befahrene Brandenburger Straße (B 96) führt mitten durch das alte Zentrum des Ortes und sorgt dafür, dass sich um den Markt nur schwer städtisches Leben entwickelt.

Vom Bahnhof Fürstenberg fahren wir die Bahnhofstraße hinunter, vorbei am **Park am Bahnhof** mit dem sowjetischen Ehrenfriedhof. Hinter dem Priesterhavel genannten Flussarm biegen wir links in die Alte Poststraße und gelangen so auf den Marktplatz der Stadt. Der alles dominierende Bau ist die **Stadtkirche Fürstenberg**, die bis 1848 nach Plänen von Friedrich Wilhelm Buttel errichtet wurde. Buttel, ein Schinkel-Schüler, verwendet hier gelben Klinker, den Rundbogenstil und gotisierendes Maßwerk sowie kleine Türmchen (Fialen), um das Gotteshaus zu schmücken. Typisch für Buttel ist der hoch aufragende, schlanke Turm an der Westseite des Gotteshauses. Von der ursprünglichen Ausstattung ist nur die klassizistische Taufbecken aus Marmor geblieben. Gleich gegenüber steht das **Rathaus** der Stadt mit der Touristeninformation.

Wir biegen links ab auf die Brandenburger Straße und gelangen nach rund 150 Metern zur **Alten Burg** (Brandenburger Straße 60), einer vermutlich schon im 11. Jahrhundert als Wasserburg angelegten Grenzfeste zu Mecklenburg. Das heute erhaltene Gebäude stammt aus dem 16. Jahrhundert und sucht seit Jahren einen Investor.

Ebenfalls nicht saniert ist das **Schloss Fürstenberg** wiederum nur rund 150 Meter weiter die Brandenburger Straße hinunter. Hier soll eine Wohnanlage entstehen. Das Schloss ist ein Symbol der Zugehörigkeit Fürstenbergs zu Mecklenburg-Vorpommern. Es wurde bis 1752 als Witwensitz der Herzogin Dorothea Sophie von Mecklenburg-Strelitz gebaut. Erst seit 1950 gehört Fürstenberg zum Land Brandenburg. Weiter geht es über die B 96 in den **Stadtpark Fürstenberg.** Unmittelbar am Schwedtsee wartet das Ristorante Al Porto auf Gäste.

Wer ein bisschen Altstadtflair sucht, geht etwas zurück an der Bundesstraße und erkundet dann die Krumme Straße, die Friedrich-Wilhelm-Straße oder auch die Wallstraße, die zwischen der Brandenburger Straße und den Ufern von Schwedtsee und Baalensee verlaufen. Hier haben sich Wohngebäude, darunter Fachwerkbauten, aus dem Ende des 19. Jahrhunderts erhalten, eingangs der Krummen Straße ein Feldsteinbrunnen aus dem 13. Jahrhundert. Aus der Zeit um 1800 stammen die Fischerhäuser Nr. 17 bis 20 an der Havelstraße, durch die wir zur Bahnhofsstraße und zum Bahnhof zurückkehren.

Fürstenberg (Havel)

Ristorante Al Porto, Unter den Linden 2, Fürstenberg (Havel), Tel. 033093/60830; tägl. 12–23 Uhr. Plätze am Jachthafen. https://ristorante-alporto.business.site

Alte Reederei, Brandenburger Str. 38, Fürstenberg (Havel), Tel. 0172/3227421; Öffnungszeiten auf der Website. Bistro mit Plätzen am Wasser. www.altereederei.de

Rats-Café Fürstenberg, Brandenburger Str. 53, Fürstenberg, Tel. 033093/61557; Mo–Sa 6.30–18, So 7–18 Uhr. Bäcker und Café unmittelbar am Marktplatz.

Durch die Uckermark

Tour 20: Von Prenzlau nach Templin

Verlauf: Prenzlau-Röpersdorf-Zollchow-Potzlow-Potzlow Ausbau-Pinnow-Buchholz-Haßleben-Kuhz-Wichmannsdorf-Boitzenburg-Hardenbeck-Warthe-Metzelthin-Knehden-Templin.
Länge: 61 km.
Alternative: ab Bhf. Seehausen: 50 km.
Start: Bhf. Prenzlau, Fahrstuhl: ja; Einkauf: Lidl, Stettiner Str. 47 (100 m entfernt).
Anfahrt: RE 3 ab Gesundbrunnen, tägl., stdl., 1:20 Std.
Ziel: Bhf. Templin Stadt, Fahrstuhl: nicht nötig, Einkauf: Penny, Robert-Koch-Str. 15 (100 m entfernt).
Rückfahrt: ab Bhf. Templin Stadt RB 12 über Zehdenick oder RB 63 über Eberswalde, stdl., 1:40 Std.
Wegequalität: Wir fahren rund 23 Kilometer auf gut asphaltierten, separaten Radwegen, 6 Kilometer davon am Unteruckersee und 17 Kilometer auf der Bahntrasse der ehemaligen Bahnlinie Templin-Hardenbeck. Dazu kommen noch mal rund 20 Kilometer auf wenig befahrenen, asphaltierten Nebenstraßen. Straßenbegleitende Radwege stehen mit rund 6 Kilometer zu Buche. Nervig sind die 3 Kilometer auf der L 24 vor und hinter Haßleben. Hier gibt es keinen Radweg, aber auch keine Ausweichstrecke. Letztendlich aber gilt: Die Uckermark ist spärlich besiedelt, der Autoverkehr hält sich in Grenzen.
Kurzcharakteristik: Um das Zentrum der Uckermark mit dem Boitzenburger Land kennenzulernen, ist diese Tour genau richtig. Von der alten Handelsstadt Prenzlau geht es am Rand des Unteruckersees nach Potzlow, das sich rühmt, im Mittelpunkt der Uckermark zu liegen. Durch fruchtbare Ackerbaugebiete, aber auch über sandige Hügel fahren wir dann westwärts nach Boitzenburg. Hier warten das Schloss der von Arnims samt Marstall sowie eine Klosterruine mit Klostermühle auf uns. Danach ist Radeln pur auf der ehemaligen Bahntrasse nach Templin angesagt.
E-Bike: uneingeschränkt tauglich.
Radeln nach Zahlen: 1-81-80-67-52-60-57-58-59-23-22.

▶ *Bhf. Prenzlau-links Stettiner Str.-rechts Dr.-Wilhelm-Külz-Str.-links Friedrichstr.-rechts Kleine Friedrichstr.-links Str. d. Friedens-rechts Marktberg/Neustadt-links Uckerpromenade-Knoten 1, rechts Uckerpromenade/Badstr./Neustädter Damm/Radweg am Unterucker See-Röpersdorf, Uckerblick-links Badestelle*

Wir starten am **Bahnhof Prenzlau**, der etwas nordöstlich des Stadtkerns der alten Handelsstadt liegt. Über die Stettiner Straße geht es zum **Blindower Torturm**. Er gehört zu einem der drei erhaltenen Tore in der einst über 2,5 Kilometer langen Stadtmauer aus Feldstein. Sie wurde um 1300 errichtet, ist heute aber nur in wenigen Teilen erhalten. Diese Feststellung gilt leider auch für den gesamten historischen Stadtkern Prenzlaus: Die Innenstadt wurde 1945 zu 90 Prozent zerstört. Vom Blindower Torturm sehen wir schon die Kirche St. Jacobi an der Ecke Friedrichstraße. **St. Jacobi** wurde nach 1200 an der wichtigsten Handelsstraße errichtet; die Prenzlau mit Stettin verband. Nachdem die Kirche 1945 vollständig ausgebrannt war, erhielt sie 1986 einen zeitgemäßen Innenraum, der ganzjährig für

▶ Karte S. 208/209

Veranstaltungen genutzt werden kann. Die **Friedrichstraße** wurde zu DDR-Zeiten zum Boulevard der Prenzlauer Innenstadt ausgebaut. Wer noch einen kleinen Stadtrundgang machen möchte, kann hier sein Rad anschließen (→ S. 215).

Wir aber fahren weiter zum neuangelegten Marktberg, dem Zentrumsplatz der Stadt. Hier passieren wir die **Marienkirche**, das Wahrzeichen Prenzlaus aus dem Ende des 13. Jahrhunderts. Weiter geht es vorbei am **Mitteltorturm**, der aus dem 15. Jahrhundert stammt. Berlinern dürfte die obere Hälfte mit dem Wehrgang bekannt vorkommen: Er war Vorbild für die historisierenden Aufbauten auf der Oberbaumbrücke.

Wir fahren links auf die Uckerpromenade. Der Knoten 1 weist uns hier den Weg weiter Richtung Röpersdorf. Seit 2006 baut die Stadt Prenzlau die **Uckerpromenade** aus, um diese attraktive Wasserlage der Stadt für Besucher erreich- und erlebbar zu machen. Mittlerweile zieht sich die Promenade über rund 2,5 Kilometer bis zum Seerestaurant Am Kap (Uckerpromenade 84) auf der Ostseite des Sees hin. Wir überqueren den Ausfluss der Ucker aus dem Unteruckersee. Kurz davor liegt die **Kirche St. Sabinen**, die um 1170 errichtet wurde und damit das älteste Gotteshaus in Prenzlau darstellt. Prenzlauer Fischereibetriebe, Camp Solaris als Übernachtungsmöglichkeit für Paddler und Radfahrer und der Prenzlauer Segelclub begleiten uns aus der Stadt in die **Uckerniederung**. Wir fahren auf dem schmalen, anfangs mit Bäumen bewachsenen Streifen am See. Rechts sehen wir die von einem Grabensystem durchzogene, fruchtbare Niederung, die als Ackerbaufläche und auch als Feuchtwiesenland genutzt wird. Dazu kommen Niedermoorflächen, Flachwasserbereiche und ausgedehnte Röhrichtzonen, durch die wir weiter südlich radeln und die als Vogelschutzgebiet anerkannt sind. Von einem Rastplatz unmittelbar am

Touren

Alt und Neu in Prenzlaus Zentrum, links die Marienkirche

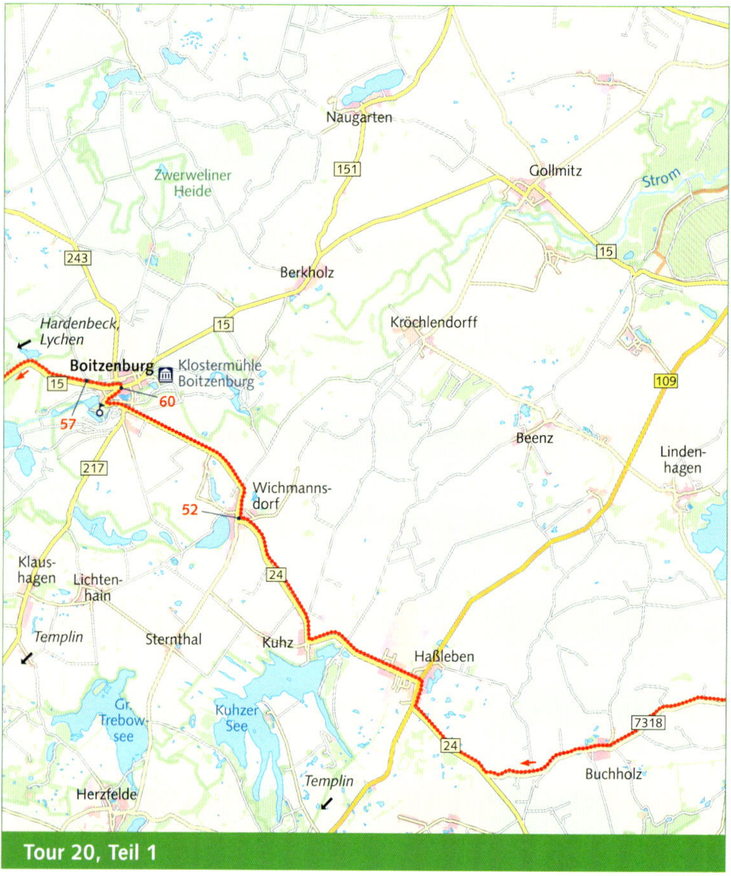

Tour 20, Teil 1

See schauen wir noch einmal zurück nach Prenzlau.
Die Marienkirche ist von hier als weithin sichtbare Wegmarke erlebbar – ein beeindruckendes Bild, das die Größes des Gotteshauses betont.

In **Röpersdorf** können wir am Spielplatz von der Straße Uckerblick links hinunter zum See fahren. Dort erreichen wir eine Badestelle mit Strand und Steg, der weit in den See hineinragt. Röpersdorf weiß, was es seinen Gästen schuldig ist.

▶ *Röpersdorf Badestelle–links Uckerblick–links Straße am Uckersee–geradeaus Schmiedeweg–links auf Radweg am Unterucker See–Zollchow, Unner Enn/Boben Enn–links K 7320/Prenzlauer Allee–Porzlow, links ab Mittelweg–Knoten 80, rechts Seehausener Ch./Gerswalder Weg/Ausbau/Pinnow–Knoten 67, geradeaus K 7318/Buchholz–rechts L 24–Haßleben, rechts Prenzlauer Str. (B 109)–links Kuhzer Str. (L 24)/Kuhz–Knoten 52, rechts Dorfstr. (L 24)/Wichmannsdorfer Str./Templiner Str.–Schloss Boitzenburg*

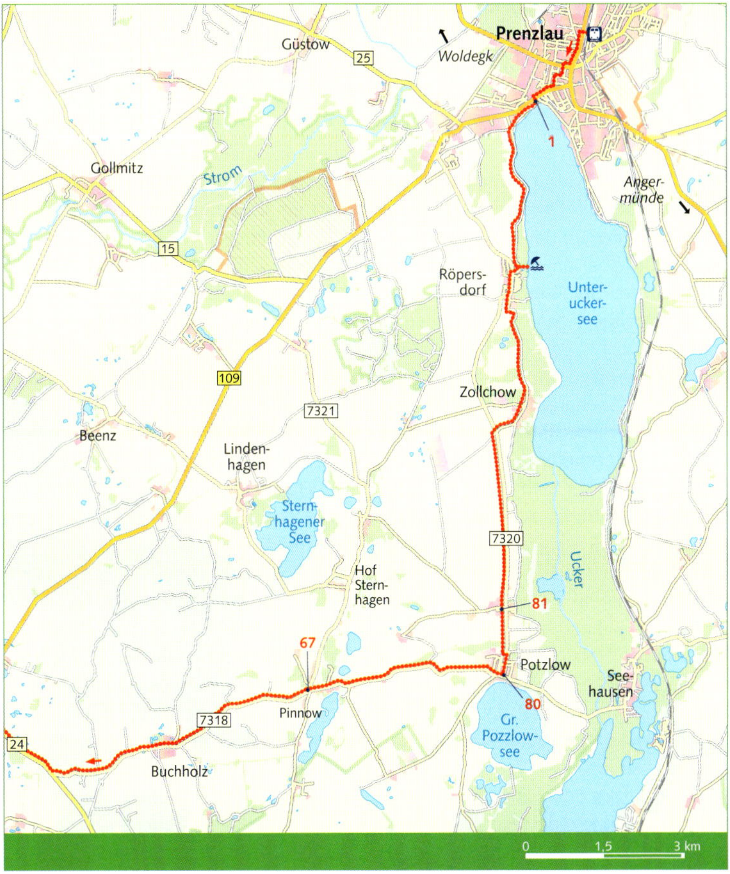

Das alte Röpersdorf liegt gut zehn Meter höher als das Wiesenland unmittelbar am Seeufer. Das Gleiche gilt für das Bauerndorf **Zollchow**, das uns mit Wirtschaftsgebäuden in Lehmfachwerkbauweise und schönen Bauernhöfen mit Ziegelmauerwerk begrüßt. Zollchow ist unsere letzte Station unmittelbar am Unteruckersee. Weiter fahren wir auf der K7320 am Rand der Niederung der Ucker, die hier Unter- und Oberuckersee verbindet. Über Strehlow erreichen wir Potzlow. Uns empfängt eine **Wassermühle** (Prenzlauer Straße 39), die 1886 in Fachwerkbauweise errichtet wurde. Das eingeschossige Wohnhaus gleich daneben von 1830 wartet noch auf seine Sanierung. **Potzlow** ist ein 500-Seelen-Dorf mit einem viel zu großen Dorfplatz. Auf einem Sockel steht eine schemenhaft angedeutete Figur mit einem Metallstab in der Hand. Wir stehen vor dem **Roland von Potzlow**. 1305 erhielt der Ort Marktrecht. Es ist gut möglich, dass danach auf dem Marktplatz ein steinerner Roland als Zeichen dieses Rechts stand. Zumindest berichten Legenden davon. Der heutige Roland aus Holz wurde 1991 von dem Bildhauer Claus Lindner gefertigt. Auch die **Dorfkirche Potzlow** gleich hier am Markt verrät durch ihre Größe und durch das mittelalterliche Backsteinportal in der Kirchhofmauer, dass aus Potzlow mehr werden sollte als ein Dorf. Der Ortsgrundriss mit Mittelstraße und Markt abseits der Durchgangsstraße ist typisch für einen mittelalterlichen Marktort. Unmittelbar an der Kirchhofmauer befindet sich der **Erinnerungsstein für Marcus Schöberl**, der 2002 von Jugendlichen mit rechtsradikalem Hintergrund ermordet wurde.

An der Ecke Seehauser Chaussee haben wir die Wahl. Links ab kommen wir nach knapp drei Kilometern nach Seehausen und damit zu einer Station auf der Bahnlinie Prenzlau–Berlin. Alle zwei Stunden hält hier der RE 3. Geradelt sind wir bis jetzt zwar nur etwas über dreizehn Kilometer, aber bis Templin gibt es keine weitere Bahnstation. Wer Lust hat, kann hier in Potzlow noch die Rattan- und Massivholzmanufaktur de la Barré besuchen. Darauf weist der vermutlich größte Rattanstuhl Deutschlands am Straßenrand hin.

Wir aber folgen dem Hinweisschild ›Pinnow 3,7 km‹ und radeln auf diesem Weg

Die schmucke Dorfkirche in Pinnow

▶ Karte S. 208/209/211

auf die Gerswalder-Boitzenburger Platte, auf deren fruchtbarem Boden Ackerbau betrieben wird. Im Frühjahr und Herbst kann man hier das Schreien der Kranichschwärme am Himmel hören. Auf ihre Weise kündigen sie die Seenrinne bei Pinnow an. Wer baden möchte: Im Ort führt ein Weg hinunter zu seiner Badestelle am **Pinnower See**.

Weiter Richtung Buchholz radeln wir dann kontinuierlich bergan auf die Sanderflächen und die folgende Gerswalder Endmoräne. Der fruchtbare Boden wird von sandigen Hügeln abgelöst, auf denen vornehmlich genügsame Kiefern stehen. Wir haben **Buchholz** erreicht. Das Dorf machte erst Karriere, nachdem um 1700 hier Hugenotten aus der Schweiz und der Pfalz angesiedelt worden waren. Die brachten den Tabakanbau mit in die Region. Die Neuankömmlinge errichteten sich kleine, zweigeschossige Fachwerkhäuser, die mit Stroh oder Schilf gedeckt waren. Auf den Dachböden wurden die Tabakblätter zum Trocknen aufgehängt. Noch heute findet man einfache Fachwerkbauten in dem Dorf. Das zweigeschossige **Haus Buchholz 8**, auf der linken Seite gegenüber vom Dorfteich, wird auf das Jahr 1730 datiert.

Vorbei am Kieswerk Buchholz geht es über die L 24 nach **Haßleben**. In dem Dorf irritieren, nachdem wir die Kirche passiert haben, mehrgeschossige Mietshäuser aus der DDR-Zeit. Wohnten auch hier einige der 800 Mitarbeiter der größten Schweinemastanlage der DDR mit rund 140 000 Tieren, die seit 1979 in Haßleben Fleisch produzierten? Vier Wohnblocks wurden schon nach 2014 abgerissen. Der Gestank und die Gülle dieser ›Fleischfabrik‹ belastete die Region schwer und führte dazu, dass der Kuhzer See zu einer stinkenden Brühe verkam. 1991 wurde die Anlage geschlossen. Mittlerweile ist das Wasser

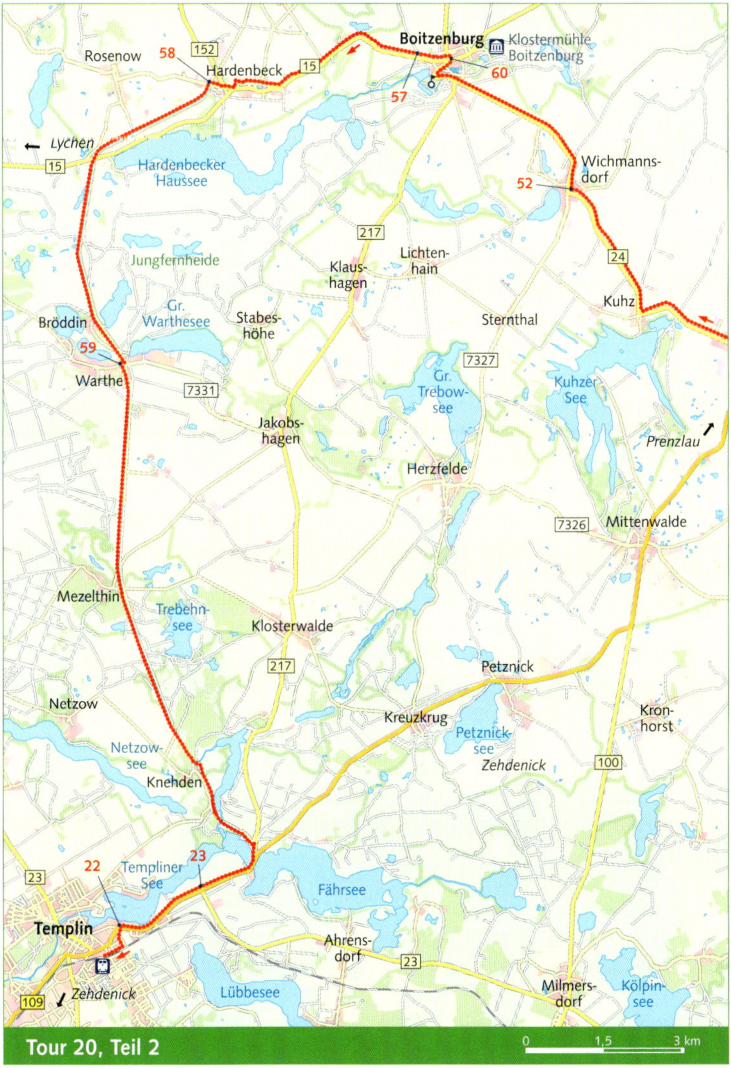

wieder klar und der Kuhzer See Teil des Naturschutzgebietes Kuhzer See Klaushagen. Als ein Investor 2004 die Anlage erneut in Betrieb nehmen wollte, sorgte das für reichlich Proteste. Haßleben war geteilt in die Initiative ›Kontra Industrieschwein‹ und ›Pro-Schwein‹. Eine befristete Genehmigung vom November 2004 wurde von einer höheren Instanz kassiert. 2020 kam das endgültige Aus für diese Pläne.

Auf dem Radweg an der L 24 erreichen wir über Wichmannsdorf den Ort **Boitzenburg**. Links der Templiner Straße sehen wir das Schloss Boitzenburg mit Park, auf der gegenüberliegenden Straßenseite den Marstall, heute Gaststätte und Eventbereich.

Schaut man vom Ufer des Küchenteichs auf das **Schloss Boitzenburg**, fallen sofort die Zwerchgiebel und Treppentürme im Stil der Renaissance ins Auge. Um den Innenhof auf der gegenüberliegenden Seite des Schlossbaues zeigt sich das gleiche Bild – eine Dachlandschaft aus Zwerchhäusern mit geschweiften Giebeln, Türmchen und Türmen, dazu stark hervortretende, reich geschmückte Fenster- und Türrahmungen – Renaissanceformen, soweit das Auge reicht. Tatsächlich wurde ein Teil der heutigen Schlossanlage, das sogenannte Altschloss, ab 1537, also zu Renaissancezeiten, von Hans von Arnim errichtet. Danach folgte Anbau auf Anbau. Erst ab 1881 wurde durch eine grundlegende Überarbeitung das stimmige Bild der gesamten Schlossanlage im Stil der Renaissance erreicht. Bis 1945 blieb das Schloss Boitzenburg im Besitz der Familie von Arnim, heute wird es als Kinder- und Jugendhotel geführt. In der von Peter Joseph Lenné geplanten Parkanlage neben dem Schloss finden sich Kleinarchitekturen wie ein Apollotempel und das Erbbegräbnis der von Arnims.

Auf der gegenüberliegenden Seite der Templiner Straße wurde der **Marstall** von 1780 zum Besucherzentrum mit Café und Schaumanufakturen ausgebaut. Der Weg rechts vor dem Gebäude führt am Gutshof und den Fischteichen vorbei und bringt Besucher in das **Naturschutzgebiet Tiergarten Boitzenburg**. Jenseits des Mühlteichs steht hier die Mühle von 1740, in der heute ein **Mühlenmuseum** untergebracht ist. Rechts dahinter sieht man schon vom Weg die Ruine des **Zisterzienserinnenklosters** von 1270.

▶ *Boitzenburg Schloss–rechts Templiner Str.–Knoten 60, links Goethestr. (L 15)–Hardenbeck, rechts Nebenstr.–links Nebenstr.–rechts Hauptstr.–halbrechts Rosenower Str.–geradeaus Rosenower Str.–Rastplatz Alter Bahnhof–Knoten 58, links Bahntrassenweg Spur der Steine–Warthe, rechts auf Warther Dorfstr.–Knoten 59, links Bahnhofstr.–Radweg Spur der Steine–geradeaus Am Weg zur Gleuenbrücke–rechts Fährkrug/B 109–Knoten 22, links vorbei am Sowj. Ehrenmal–links Jahnstr.–rechts Zum Vogelsang–geradeaus Weg am Bahndamm–Bhf. Templin Stadt*

Wir fahren auf der Templiner Straße, vorbei an den ehemaligen Beamtenhäusern, hoch bis zur **Kirche Sankt Marien auf dem Berge**. Das ist im Kern eine Feldsteinkirche aus dem 13. Jahrhundert, um 1650 wurden der Turm und im 18. Jahrhundert der Chor aus Backstein ergänzt. Dazu kamen im 19. Jahrhundert romantisierende, querhausartige Anbauten. Sie heben das Gotteshaus deutlich von anderen Kirchenbauten der Region ab. Neben der Kirche bezaubert das schöne eingeschossige **Pfarrhaus** aus dem 18. Jahrhundert mit Fachwerk und Mansarddach.

▸ Karte S. 208/209/211

Noch einmal müssen wir 600 Meter auf der befahrenen Goethestraße radeln, um Boitzenburg zu verlassen. Weiter geht es dann auf einem straßenbegleitenden Radweg entlang der L 15 nach Hardenbeck. Dabei radeln wir durch das Tal der Strom, einem nur 25 Kilometer langen Fluss, der südlich von Prenzlau in die Ucker mündet.

Der Ort **Hardenbeck** zeigt einen Dorfanger mit dem Teich ›Rohrpuhl‹ und einer Feldsteinkirche aus der zweiten Hälfte des 13. Jahrhunderts. Falls die Kirche offen ist, lohnt der Kanzelaltar mit dem sehr schönen Schalldeckel aus dem Jahr

Schloss Boitzenburg, Seeseite im Renaissancestil

1790 einen Blick. Gut einen Kilometer weiter haben wir dann den Haltepunkt Alter Bahnhof Hardenbeck erreicht. Von Bürgern des Ortes wurde der Rastplatz als Erinnerung an den Bahnhof Hardenbeck liebevoll hergerichtet.

Unmittelbar hinter dem Rastplatz beginnt endlich der separate Radweg ›Spur der Steine‹, der auf der ehemaligen Bahntrasse der eingleisigen Eisenbahnstrecke von Fährkrug bei Templin bis Fürstenwerder an der Grenze zu Mecklenburg-Vorpommern angelegt wurde. Bahntrassenradeln hat immer einen Vorteil: Da Züge Steigungen von mehr als drei Prozent kaum schaffen, radeln wir auf einem fast ebenen Damm, während sich links und rechts Senken eintiefen und Höhen auftürmen.

Wir fahren parallel zum **Haussee**, der auf der Wasserscheide zwischen Nord- und Ostsee liegt. Merkwürdigerweise entwässert dieser See sowohl über die Ucker in die Ostsee als auch über die Lychener Gewässer in die Nordsee. Der Haussee markiert den westlichen Rand des Naturschutzgebietes Jungfernheide, das sich bis zum Großen Warthesee im Süden hinzieht. Wer zum See hinunter möchte, nimmt den Weg zwischen Pollerpaaren hindurch links zur Lychener Chaussee und weiter zum See. Am Ufer noch einige Meter rechts und wir sind an einer Badestelle.

Gut 200 Meter nachdem wir die Lychener Chaussee überquert haben, fahren wir durch einen Bruchwald um den Haussebruchgraben. Laubwald fasst diese feuchte Niederung ein. Wir passieren das Dorf Bröddin, das idyllisch zwischen dem Poviestsee, Rathenowsee und Kleinem Warthesee liegt. Am Großen Warthesee, kurz vor dem Ortseingang, hat sich die Dorfgemeinschaft Warthe eine **Badestelle** samt Sprungturm geschaffen. Tische und Bänke laden zu einer Rast ein.

Am Knoten 59 müssen wir uns entscheiden: Wer noch Lust auf viel Landschaft hat, fährt hier geradeaus durch das Dorf Warthe und weiter über Mahlendorf, dann am Knoten 29 links nach Gandenitz und am Knoten 28 weiter nach Templin. Eine sehr schöne Strecke von rund 21 Kilometern.

Wir aber radeln weiter auf der Bahntrasse die verbleibenden 14 Kilometer bis Templin. Auf der Bahnhofstraße geht es vorbei am alten **Bahnhof Warthe**, der heute als

An der Badestelle Großer Warthesee

Wohnhaus dient. Danach beginnt wieder der separate Radweg. Um den kleinen Wohnplatz Luisenfelde östlich unserer Strecke finden sich ackerbaulich genutzte Flächen. Metzelthin dagegen, rund zwei Kilometer weiter und westlich unseres Weges, liegt in der feuchten Niederung des knapp über fünf Kilometer langen Hausseeabflusses in einer eiszeitlichen Rinne. Die Feldmark des Dorfes, die sich beiderseits unserer Radpiste erstreckt, steht unter Naturschutz. Immer wieder fahren wir durch Bruchwaldflächen, überqueren dann das Knehdenfließ und passieren das Knehdenmoor. Über die Gleuenbrücke nähern wir uns **Templin**. Vor der Ortseinfahrt müssen wir an der Engstelle der Brücke über die Verbindung zwischen Bruchsee und Fährsee rund 200 Meter auf der Bundesstraße fahren. Dann aber radeln wir entspannt auf dem Radweg der Prenzlauer Allee Richtung Bahnhof Templin Stadt.

Rechts sehen wir erstaunlicherweise einen **Ehrenhain** für den letzten KPD-Vorsitzenden Ernst Thälmann, der von den Nazis im KZ ermordet wurde. Einen Antrag, das Thälmann-Denkmal zu entsorgen, lehnte die Stadtverordnetenversammlung 2013 ab. Auf preußische Geschichte stoßen wir dagegen ein Stück weiter. Das **Joachimsthaler Gymnasium** war von 1912 bis 1956 hier in Templin untergebracht. Die eigens dafür erbauten Schulgebäude und Wohnhäuser für die Internatsschüler werden heute nach und nach saniert. Hier soll die Europäische Schule Templin mit 450 Schülern, davon 350 aus ganz Europa, ihren Lehrbetrieb aufnehmen. **Lehmanns Garten**, kurz vor den alten Schulgebäuden, wurde von dem Lehrer Gustav Lehmann 1912 als 2500 Quadratmeter großer Schulgarten angelegt. Vorbei am **Sowjetischen Soldatenfriedhof** fahren wir weiter zum Bahnhof Templin Stadt.

Tour 20

Marstall Boitzenburg, Templiner Str. 5, Boitzenburg, Tel. 039889/509094; Sa/So 12–17 Uhr. Brauerei, Schokoladenmanufaktur, Schaubäckerei, Kaffeerösterei und und und – das Schloss Boitzenburg zieht genügend Besucher an. Auf dem großen Vorplatz des Marstalls finden immer wieder Märkte statt.
www.marstall-boitzenburg.de

Marienkirche, Klosterstraße, Prenzlau; Mai–Sept. Mo–Fr 10–18, Sa/So 10–13 Uhr, Okt.–April Mo–Fr 10–17 Uhr.

Klostermühle Boitzenburg, Mühlenweg 5a, Boitzenburg, Tel. 039889/236; Di–So 10–17 Uhr, im Winter 10–16 Uhr; 5/2,50 Euro.
www.klostermuehle-boitzenburg.de

Rattan- und Massivholzmanufaktur de la Barré, Seehausener Ch. 3, Oberuckersee/OT Potzlow, Tel. 039863/319; Mo–Fr 10–18, Sa 10–16 Uhr. Handwerklich gefertigte Rattan- und Massivmöbel. Dazu betreibt Marc de la Barré auch noch eine Galloway-Zucht. www.rattanmoebel-delabarre.de und www.naturrind-um.de

Karte S. 208/209/211

Prenzlau – ein Stadtrundgang

Prenzlau, ganz im Norden Brandenburgs, hat Pech gehabt. Bis in den April 1945 war die Stadt von Kriegszerstörungen weitgehend verschont geblieben. Nach der Einnahme der Stadt und nachdem Soldaten der Roten Armee Feuer gelegt hatten, war das alte Prenzlau aber zu rund 90 Prozent zerstört. Das sieht man der alten märkischen Handelsstadt, die einst neben Berlin, Brandenburg und Frankfurt (Oder) zur Spitzengruppe der brandenburgischen Städte gehörte, heute noch an. Die **Friedrichstraße**, auf der wir unseren Rundgang beginnen, wurde bis 1984 zum Boulevard der Stadt ausgebaut. Zentrales Gebäude ist das **Union Filmtheater** (Friedrichstraße 21), das bis 1957 als Filmtheater der Freundschaft im schönsten Nationalstil in neuklassizistischen Formen errichtet wurde.

Zentrum der Stadt aber ist von alters her der **Marktberg**. Hier stand das Rathaus Prenzlau, dessen Ruine trotz fertiger Pläne für den Wiederaufbau 1960 abgerissen wurde. Der Marktberg diente als Platz für staatlich verordnete Großkundgebungen. Am 10. Oktober 2010 rückten Bagger an, um die viergeschossigen Mietshäuser, die erst 1987 bis 1989 am Platz errichtet worden waren, abzureißen. Mehr als ein leerer Platz mit Randbebauung war zu DDR-Zeiten hier nicht entstanden. Jetzt sollte Prenzlau ein neues Zentrum bekommen. Heute empfängt uns eine große, gestaltete Freifläche vor Wohn- und Geschäftshäusern, die die berühmte Ostseite der Marienkirche mit ihrem prächtigen Maßwerk voll zur Geltung bringt. Eine Bürgerinitiative hat verhindert, dass auf dem Marktberg ein Einkaufszentrum gebaut wurde. Zum Glück!

Die **Marienkirche** ist Prenzlaus Wahrzeichen. Sie wurde ab 1289 als gotische Hallenkirche errichtet. 1945 brannte die Kirche aus, das Gewölbe stürzte ein. Erst 2020 konnte der Wiederaufbau mit der Einwölbung des Gotteshauses abgeschlossen werden. Sehenswert ist im Innern der Hochaltar von 1512, der in einer Kammer im Nordturm den Stadtbrand überstand. Einige Figuren fehlen seit einem Diebstahl 1991. Aber immerhin, Figuren wie die Mondsichelmadonna eines Lübecker Meisters sind erhalten.

Die sich anschließende **Heiliggeistkapelle** aus dem 14. Jahrhundert ist eine Ruine, die mittlerweile zumindest wieder ein Dach bekommen hat und als Ausstellungsort genutzt werden kann. Der anschließende **Mitteltorturm** aus der ersten Hälfte des 15. Jahrhunderts überrascht durch seine Form: ein quadratisches Unterteil aus Feldstein geht in einen runden Turm über, im Übergang befindet sich ein achteckiger Wehrgang. Der Anbau mit Tor wurde 1928 ergänzt.

Der Kreuzgang des Dominikanerklosters

Die Skulptur ›Woge‹ an der Uckerpromenade

Von der Straße Neustadt geht der Weg links ab auf die **Uckerpromenade**. Einen attraktiven Einstieg in den Weg am Unteruckersee bietet die **Skulptur Woge** des Berliner Bildhauers Volkmar Haase, der seine letzten Lebens- und Schaffensjahre in Brüssow nordöstlich von Prenzlau verlebte.

Erhalten hat sich das **Louis-Vincent-Bad** (Uckerpromenade 17), eine ehemalige Warmbadeanstalt aus dem Jahr 1916. Hier sind heute Firmenräume ausgebaut. Durch die **Wasserpforte**, die seit dem 15. Jahrhundert neben den Stadttoren als einziges Schlupfloch in der Stadtmauer bestand, geht es rechts ab auf den Weg Uckerwiek.

Vorbei am Platz an der ehemaligen Synagoge und dem Café sabu spazieren wir zum **Dominikanerkloster**. Erhalten sind von dem ab 1275 errichteten Kloster die **Klosterkirche** aus dem 14. Jahrhundert und die Klostergebäude mit einem **Kreuzgang** aus der gleichen Zeit. Beeindruckende Zeugnisse der Backsteingotik! Klosterkirche und Kloster dienen heute als Kulturhistorisches Museum Prenzlau. Hier werden Ausstellungen zur Stadtgeschichte, aber auch zu aktuellen Themen wie ›Prenzlau und die Friedliche Revolution (1989/90) – Eine Stadt im Wandel 1985 bis 1995‹ gezeigt. Dazu kommen Teile der archäologischen Sammlung und mittelalterliche Plastiken. Unmittelbar am Kloster hat sich der **Steintorturm** erhalten. Über die Schulzenstraße, die Richard-Steinweg-Straße und die Steinstraße geht es zurück zum Marktberg und zur Friedrichstraße. Zumindest bis zur Steinstraße haben sich noch einige historische Bauten im Umfeld des Klosters erhalten.

Prenzlau

KlosterCafé Prenzlau, Uckerwiek 813, Prenzlau, Tel. 03984/75280; Mai–Sept. Di–So 10–17 Uhr, Okt.–April Di–So 11 –17 Uhr. Café in der ehemaligen Sakristei, Plätze im Klostergarten.

Café und Trattoria sabu, Uckerwiek 2, Prenzlau, Tel. 03984/692641; Di–Sa 14–22 Uhr. In der ehemaligen Darre von 1719 unmittelbar an der Stadtmauer.

Kulturhistorisches Museum Prenzlau, Uckerwiek 813, Prenzlau, Tel. 03984/75261; Mai–Sept. Di–So 10–18 Uhr, Okt.–April Di–So 11 –17 Uhr. www.dominikanerkloster-prenzlau.de

Märkische Schlösser

Tour 21: Von Briesen (Mark) nach Trebnitz

Verlauf: Briesen (Mark)–Gut Klostermühle–Alt Madlitz–Wilmersdorf–Luisenhof–Falkenhagen (Mark)–Lietzen–Lietzen Nord–Neuentempel–Diedersdorf–Seelow–Gusow–Platkow–Neuhardenberg–Wulkow–Trebnitz (Mark).
Länge: 52 km.
Alternativen: bis Bhf. Seelow-Gusow: 35 km.
Start: Bhf. Briesen, Fahrstuhl: nicht notwendig, Einkauf: Edeka Hübner, Bahnhofstr. 36a; Mo–Sa 7–20 Uhr.
Ziel: Bhf. Trebnitz, Fahrstuhl: nicht notwendig, Einkauf: nein.
Anfahrt: Bhf. Friedrichstr. RE 1, stdl., Fahrzeit 52 Min.
Rückfahrt: Bhf. Trebnitz, RB 26, zweistdl., Fahrzeit 1:06 Std.
E-Bike: uneingeschränkt tauglich.
Wegequalität: Wir fahren über 8 Kilometer auf separaten, gut asphaltierten Radwegen, ein Teil davon auf der alten Trasse der Oderbruchbahn. Dazu kommen über 15 Kilometer auf sehr wenig befahrenen Nebenstraßen, die gut asphaltiert sind. Rund 18 Kilometer fahren wir auf straßenbegleitenden Radwegen und das vor allem im zweiten Teil der Tour ab Diedersdorf. Wer das nicht mag: eine Alternative ist im Text genannt. Nicht vermeiden lassen sich die rund 5 Kilometer auf einer Landesstraße am Ende der Tour vor Trebnitz. Aber diese Strecke ist relativ wenig befahren.
Kurzcharakteristik: Wir fahren durch das Land Lebus, einer flachwelligen Hochfläche, die weitgehend landwirtschaftlich genutzt wird. Dabei berühren wir immer wieder die Seenkette, die sich von Briesen bis nach Platkow an der Alten Oder hinzieht. Wir lernen auf der Tour die Schlösser Alt Madlitz, Diedersdorf, Wulkow, Trebnitz und Neuhardenberg kennen. Und wir besuchen die Komturei Lietzen, eine Erinnerung an die Zeit der Tempelritter in Brandenburg. Nicht weit von unserem Weg liegt die Gedenkstätte Seelow, die an die Schrecken des Zweiten Weltkrieges erinnert.

► *Bhf. Briesen–rechts Bahnhofstr.–rechts Frankfurter Str.–geradeaus Petershagener Str./Briesener Weg–links Mühlenstr.–Alt Madlitz, links Schlossstr.–rechts Wilmersdorfer Str.–rechts Briesener Str. (L 384)–Wilmersdorf, rechts Alte Frankfurter Str. (L 384)–über B5, geradeaus Georgenthal–links Am Gabelsee/Luisenhof–Falkenhagen, geradeaus August-Bebel-Str.–Kirche Falkenhagen*

Wir starten am **Bahnhof Briesen**, der auf der Strecke Berlin–Frankfurt (Oder) seit 1842 den Ort Briesen aus dem Kreis der umliegenden Dörfer hervorhebt. Mittelpunkt der Region ist das Dorf aber auch durch die **Grund- und Hauptschule Martin Andersen Nexö** (Frankfurter Straße 74), die 1956 als Zentralschule eröffnet wurde. Schüler aus acht umliegenden Dörfern, die zuvor in Schulen mit nur zwei Klassen unterrichtet worden waren, hatten nun die Möglichkeit, in zehn Klassenstufen die Schule zu besuchen. Von außen wirkt der Bau wie eine Kaserne aus der Zeit Friedrich Wilhelms I. – breit gelagert, bekrönt von einem schmalen Uhrturm über dem Portal, das Halbpfeiler betonen. Als Schmuck fungieren einzig die Umrahmungen der Fensteröffnungen. Das Gebäude stellt ein schönes Beispiel für den Nationalstil der DDR-Zeit dar.

Hier in Briesen sind wir noch im Berliner Urstromtal. Aber schon auf unse-

Neuharden-
berg
Wriezen
334
Schloss-
wiesen
36
167
Platkow
Schloss
Wulkow
Gusow
Neu-
langsow
Wulkow
37
362
Werbig
Alt
Rosenthal
Haus-
see
Trebnitz
(Mark)
Küstrin-
Kietz
1
Schloss
Trebnitz
Görls-
dorf
Seelow
Gedenkstätte
Seelower
Höhen
Worin
Diedersdorf
1
Schloss
Diedersdorf
Neuen-
tempel
167
Lebus
1
Großer
See
Müncheberg
36
Küchen-
see
Marx-
dorf
Lietzen
Nord
Lietzen
Vorwerk
Komturei
Lietzen
5
Behlendorf
Lietzen
Gr.
Heinersdorfer
See
334
Mühlen-
see
37
Heinersdorf
Regen-
mantel
Döbberin
Burg-
see
36
Hasenfelde
Arensdorf
Falkenhagen
(Mark)
Schwarzer
See
Luisen-
hof
5
Gabel-
see
Schmielen-
see
Wilmersdorf
Stein-
hövel
38
5
Treplin
Petershagen
Schloss
Alt-Madlitz
Madlitzer
See
Frankfurt
(Oder)
Demnitz
Falkenberg
384
Alt
Madlitz
37
38
Gut
Klostermühle
Sieversdorf
Fürstenwalde/
Spree
38
Petersdorfer
See
Neu
Madlitz
38
Petersdorf
Briesen
(Mark)
38
A 12
37
Tour 21
0
2
4 km

rem Weg zum **Gut Klostermühle** steigt das Gelände sanft an. Wir fahren auf die Lebuser Platte, bleiben vorerst aber noch in der Senke von Petersdorfer und Madlitzer See. Hier haben schon im 14. Jahrhundert Mönche eine Wassermühle sowie ein Fischer- und ein Forsthaus angelegt. Der Architekt und Immobilienunternehmer Walter Brune baute nach 1990 diesen Ort, der zuvor von der Staatssicherheit genutzt wurde, zu einer Ferienanlage mit zwei Hotels, Restaurants und Theatersaal um. Wir passieren das alte Fischerhaus, heute Hotel, und das Mühlengebäude, unschwer an dem wieder angebrachten Wasserrad zu erkennen, sowie das Restaurant mit Seeterrasse in der ehemaligen Klosterscheune. Dann aber verlassen wir auch diese Senke und fahren nach **Alt Madlitz**. Ein Hinweisschild an der Mühlenstraße Ecke Schlossstraße lädt zu einem Spaziergang im Park Alt Madlitz ein. Die Grafen von Finkenstein kauften 1752 das Gut, ließen das Gutshaus ausbauen und legten den Landschaftspark an. Graf Friedrich Ludwig Karl machte Alt Madlitz um 1800 zu einem Musenhof, »zu einer Art Zentrum der Berliner Romantik«, wie es der Schriftsteller Günter de Bruyn ausdrückte. In seinem Buch ›Die Finkensteins‹ setzte er auch Alt Madlitz ein Denkmal. Die Familie wurde 1945 enteignet, kaufte nach 1990 Gut und Gutshaus aber zurück und ließ sanieren, was es zu sanieren gab.

Günter De Bruyn war auch daran beteiligt, dass zu DDR-Zeiten die Grabsteine der Familie vor Vandalismus geschützt wurden. Er legte damit die Grundlage dafür, dass es heute wieder am Dorffriedhof eine Familiengrabstätte von Finkenstein gibt. Um die zu besuchen, muss man auf der Schlossstraße vorbei an der barock überformten **Dorfkirche Alt Madlitz** fahren und dann links in die Friedhofsstraße einbiegen.

Wir aber radeln auf der Wilmersdorfer Straße entlang des Landschaftspark nach Wilmersdorf. Sehr schön ist hier der Blick von den beiden Dorfteichen mit den Seerosen auf die neugotische Dorfkirche mit einem Storchennest auf dem Stufengiebel. Ist die Kirche geöffnet, sollte man die Figur der Anna Selbdritt aus dem 14. Jahrhundert anschauen, die es so

Gut Klostermühle

Touren

kein zweites Mal in Brandenburg gibt. Allerdings ist die Figur barock übermalt. Über einen Sandweg und dann etwas nervig auf einem kurzen Stück Kopfsteinpflaster erreichen wir eine schöne Badestelle am Gabelsee vor dem Seehotel Luisenhof. Hier gibt es auch einen Kiosk. **Falkenhagen** sollte wohl mehr werden als ein Dorf mit rund 700 Einwohnern. Zumindest legt das die sehr große Dorfkirche nahe. In der ersten Hälfte des 14. Jahrhunderts mit Chor, Langhaus und sehr breitem Westbau aus Feldstein errichtet, verfügte die Kirche bis 1800 sogar noch über Seitenschiffe. Bis ins 17. Jahrhundert besaß Falkenhagen Stadtrechte, verlor dann aber seine Funktion als Mittelpunkt an einer Handelsstraße. In der Kirche informiert eine Ausstellung zur Muno Ost, einer Waffenfabrik, die die Nazis in dem Waldgebiet östlich von Falkenhagen anlegten. Zu Zeiten des Kalten Krieges wurde daraus einer der größten Gefechtsstände der Roten Armee auf dem Boden der DDR. Der Ort ist auch als Bunker Falkenhagen oder Seewerk bekannt. 2012 wurde die Anlage versiegelt, weil sie zu einem Treffpunkt der Paintball-Szene geworden war.
In Falkenhagen lädt der Eisgarten Buchholz, der auch warme Mahlzeiten bietet, zu einer Rast ein.

► *Kirche Falkenhagen–weiter August-Bebel-Str.–geradeaus Radweg auf Trasse der Oderbruchbahn/Am Sportplatz/Bahntrasse–Lietzen Nord–links halten Lietzen Nord–rechts Trasse Oderbruchbahn–Neuentempel–rechts halten Neuentempel–geradeaus Diedersdorf–rechts B 1–rechts Diedersdorfer Str./Berliner Str./Seelow, rechts Breite Str.–links Puschkinpl.*

In der scharfen Linkskurve hinter dem Oderlandcamp fahren wir geradeaus auf die ehemalige Trasse der Oderbruchbahn. Diese Bahnlinie wurde 1909 eröffnet und ab 1966 nach und nach eingestellt. Nach 2006 dann wurde der Oderbruch Radweg eröffnet, der sich am Verlauf der Oderbruchbahn orientiert, aber nur zu einem geringen Teil auf der früheren Bahntrasse verläuft.
Wir radeln entlang des **Naturschutzgebietes Lietzener Mühlental**. Nur rund 600 Meter breit, dafür aber 3,5 Kilometer lang, schützt es die Niederung mit der Seenkette, die vom Platkower Mühlenfließ durchflossen wird. Feuchtwiesen, die auf eine frühere Verwendung als Heu- oder Streuobstwiesen hinweisen, rahmen Erlenbruchwald ein, dazu kommt Laubmischwald und Bruchwald am Mühlensee.
Vermutlich schon im 13. Jahrhundert legten die Tempelritter, die im nahen Lietzen einen Hof unterhielten, den Mühlensee an. Nach 1990 wurde die zu DDR-Zeiten intensivierte Fischzucht in Mühlensee und Mühlenteich zurückgefahren. Von einem Rastplatz haben wir einen schönen Blick auf den Mühlensee, auf und an dem sich fast immer Enten und Gänse aufhalten. An der Gabelung der Straße Lietzen Nord sehen wir rechts die alte Feldsteinmauer der **Komturei Lietzen**, die am Küchensee um 1230 von Rittern des Templerordens angelegt wurde. Nur hier kann man in Brandenburg noch einen Eindruck von den wehrhaften Höfen gewinnen, die dieser Mönchsorden, der zugleich Rittergemeinschaft war, im Zug der Ostkolonisation errichtete. 1312 wurde der Orden aufgelöst, die Komturei Lietzen ging auf den Johanniterorden über. 1814 übereignete König Friedrich Wilhelm III. die Komturei Fürst Karl August von Hardenberg für seine Verdienste um den preußischen Staat.

▸ Karte S. 218

Hübsch gelegen: der Rastplatz am Mühlensee

Von Parkplatz aus sieht man rechts das **Speichergebäude** aus der zweiten Hälfte des 13. Jahrhunderts. Eine Kostbarkeit! Nur wenige profane Bauwerk aus dieser Zeit haben sich erhalten. Sauber bearbeitete und geschichtete Feldsteine verweisen auf das frühe Baudatum. Der Ostgiebel stammt nach Kriegsbeschädigung vermutlich aus der Zeit nach dem Dreißigjährigen Krieg.

Schon von Weitem sehen wir das leuchtend rote Dach der **Kirche** und den Kirchturm. Vorbei an dem Gebäude der Gutsverwaltung im barocken Rosa geht es zu dem Gotteshaus, dessen Westteil bis hinauf zum Dachreiter aus der Gründungszeit der Komturei um 1230 stammt. Im Innern lohnt ein schönes, spätgotisches Sterngewölbe und ein prächtiger barocker Altar einen genaueren Blick. Leicht übersieht man den Altartisch, der noch aus der romanischen Zeit stammt.

Rechts neben der Kirche das alten **Komtureigebäude**, in dem heute wieder die Familie von Hardenberg lebt. Die Nazis hatten den Besitz der Familie beschlagnahmt, weil Carl-Hans Graf von Hardenberg am Attentat auf Hitler am 20. Juli 1944 beteiligt war. Daher wurde der Familie die Komturei nach 1990 rückerstattet.

Durch welliges Wiesen- und Ackerland fahren wir nach **Neuentempel**, das die Tempelritter 1247 als Angerdorf in der Nähe des Halbesees gründeten. Aus dieser Zeit stammt auch die **Dorfkirche Neuentempel**. Im Innern des Gotteshauses wird die Geschichte von Pfarrer Friedrich von der Au erzählt, der Neutempel zu einem Zentrum der Bekennenden Kirche im Widerstand gegen das NS-Regime machte und sich für rassisch Verfolgte einsetzte.

Am Ortsausgang verabschiedet uns rechts die **Alte Sensenschmiede** (Neuentempel 58) aus der zweiten Hälfte des 19. Jahrhunderts. Der Feldsteinbau ist in Zwickeltechnik errichtet. Innen sind noch Teile der alten Ausstattung erhalten. Geöffnet wird die Schmiede auf Voranmeldung (Tel. 03346/845362).

Von Neuentempel sind es nur noch rund 700 Meter zur B 1, über die wir die Niederung des Mühlenfließes verlassen. **Schloss Diedersdorf** wurde 1748 als barockes Herrenhaus errichtet, 1876 aber durch ein neubarockes Portal verschandelt. Nach der Sanierung sind in dem Gutshaus mehrere Firmen ansässig. Der Park hinter dem Herrenhaus ist öffentlich zugänglich, aber weitgehend naturbelassen. Hier in Diedersdorf haben wir zwei Möglichkeiten. Wer müde ist, fährt von hier die elf Kilometer auf der ruhigen Straße nach Trebnitz. Dafür muss man die B 1 überqueren und dem Hinweis Görlsdorf folgen. Dort geht es dann links weiter ins Dorf Worin, in dem die Wassermühle Worin auf Besucher wartet. Dann geht es weiter über die Seestraße Richtung Bahnhof Trebnitz.

Wer sich aber noch fit fühlt, fährt weiter auf dem Radweg an der B 1, um die Gedenkstätte Seelow und vor allem Neuhardenberg mit Schloss und Schinkelkirche nicht zu verpassen. Schon nach rund 1400 Metern biegen wir auf die ruhigere Diedersdorfer Straße rechts ab. Über die Breite Straße und dann links den Puschkinplatz kommen wir in das Zentrum von **Seelow**. Die **Kirche** von 1830 wurde wie die gesamte Stadt 1945 stark zerstört. Bis 1959 wurde das Kirchenschiff, 1998 der Turm neu aufgebaut. Für eine Pause bietet sich am Puschkinplatz Irina's Café an.

Vom Kreisverkehr am Puschkinplatz kommt man über die Küstriner Straße nach rund einem Kilometer zur **Gedenkstätte Seelower Höhen**. Vom 16. bis zum 19. April 1945 wurde im Oderbruch die letzte große Schlacht vor Berlin geschlagen. Über 40 Meter fallen die Seelower Höhen ins Odertal hinab. Diese Lage nutzte die deutsche Armee mit ihrer letzten Hauptverteidigungsstellung vor Berlin. Deren Verteidiger wussten, dass sie die Stellung nur für Stunden halten konnten, da sie keine Reserven mehr aufbieten konnten. Auf der Gegenseite wollte der sowjetische Marschall Georgi Schukow Berlin als erster Befehlshaber erobern und so seine Stellung als ranghöchster Soldat der Roten Armee festigen. Über 30 000 Menschen ließen bei dem sinnlosen dreitägigen Gemetzel im April 1945 ihr Leben. Schon am 27. November 1945 wurde die Gedenkstätte Seelower Höhen mit der monumentalen Plastik des Rotarmisten von Lev Kerbel eingeweiht. Im Umfeld der Statue erstrecken sich die Gräber von 7000 sowjetischen Soldaten.

1972 entstand auf Initiative der SED-Führung das Museumsgebäude als Gedenkstätte der Befreiung. Dazu kam die Ausstellung militärischer Großgeräte. Erzählt wurde die Geschichte nur aus der Perspektive der siegreichen Roten Armee. Mit der Neuausrichtung 1995 wurde die Rolle der Wehrmacht und wurden vor allem die Opfer der Zivilbevölkerung deutlicher betont.

Übrigens: Der Bahnhof Seelow, der wenige Meter von der Gedenkstätte entfernt liegt, wird nur von der RB 60 Frankfurt (Oder)–Eberswalde angefahren. Wer Richtung Berlin möchte, muss die RB 26 am Bahnhof Seelow-Gusow nehmen

► *Puschkinpl.–geradeaus Ernst-Thälmann-Str./Gusower Str.–Gusow, geradeaus Hauptstr.–Platkow, geradeaus Dorfstr.–links Marxwalder Str.–Neuhardenberg, links Weg durch die Schlosswiesen–Wulkow, links Hauptstr.–links weiter Hauptstr./Wulkower Chaussee–Trebnitz, rechts Trebnitzer Bahnhofstr.*

▲ Karte S. 218

Wir fahren am Kreisel in Seelow weiter auf der Ernst-Thälmann-Straße Richtung Gusow. Erst nach gut 600 Metern können wir die Fahrbahn verlassen und auf einem Radweg weiter radeln. Noch vor Gusow geht gleich hinter einem Bahnübergang links die Bahnhofstraße ab, die zum Bahnhof Seelow-Gusow führt. Hier können wir die Tour nach rund 35 Kilometern beenden. Die RB 26 fährt stündlich nach Berlin.

Wir aber bleiben an der B 167 und ersparen uns den Abstecher zum Schloss Gusow, auf das uns ein Schild hinweist.

Der Bau wurde 1873 im neugotischen Stil umfassend umgebaut, ist heute in Privatbesitz und aktuell nicht zugänglich. Weiter geht es entlang der Oderbruchkante Richtung Norden. In Platkow biegen wir links in die Marxwalder Straße ab. Neuhardenberg hieß vom 1. Mai 1949 bis zum 1. Januar 1991 Marxwalde, der Straßenname ist ein Relikt aus dieser Zeit. Nach rund drei Kilometern fordert uns ein Hinweisschild auf, links ab durch die Schlosswiesen und durch ein Waldstück Richtung Wulkow zu radeln. Das ist der beste Weg zum Bahnhof Trebnitz. Aber bevor wir den nehmen, statten wir **Neuhardenberg** einen Besuch ab.

Im Jahr 1801 brannte der Ort, damals noch Quilitz genannt, zu mehr als der Hälfte ab. Der Besitzer, ein von Prittwitz, ließ nach Plänen des jungen Karl Friedrich Schinkel die Repräsentationsbauten wie Pfarrhaus, Schulhaus, Guts- und Amtshof neu aufbauen. Auch für die **Dorfkirche**, die bis 1809 im klassizistischen Stil auf den Grundmauern des zerstörten Gotteshauses entstand, lieferte Schinkel die Entwürfe. An die Ostseite setzte Schinkel einen tempelartigen Anbau, der heute den Begräbnisplatz der Familie von Hardenberg markiert. 1814 wurde aus Quilitz der Ort Neu-Hardenberg, nachdem Staatskanzler Karl August Fürst von Hardenberg 1811 das Gut Quilitz als königliche Anerkennung für seine Verdienste erhalten hatte. Hardenberg ließ bis 1823 das Schloss zu einer zweigeschossigen Dreiflügelanlage mit einem Ehrenhof zwischen den beiden Kavalierhäusern umbauen. Wieder lieferte Karl Friedrich Schinkel die Pläne. Den Schlosspark aber gestaltete Hermann Fürst Pückler-Muskau als englischen Landschaftsgarten. Immerhin hatte der Gartenkünstler zuvor Lucie von Hardenberg, eine Tochter des Fürsten, geheiratet.

In dem östlichen Kavalierhaus ist eine **Ausstellung** zum Schloss Hardenberg und zur Familie von Hardenberg untergebracht. Das Erdgeschoss des Schlosses ist im Sommer für Besichtigungen geöffnet. Im Grunde aber ist das klassizistische Ensemble von Schloss und Kirche das Highlight.

Wir fahren zurück zum Abzweig und dann durch die Schlosswiesen und durch ein Waldgebiet nach Wulkow. **Schloss Wulkow** wurde 1868 errichtet, 1912 umgebaut und wird heute als Hotel betrieben. Das Schloss steht nicht unter Denkmalschutz, dafür aber die **Gips-**

Wie aus dem Märchen: Schloss Hardenberg

häuser von Wulkow (Hauptstraße 44-48) an der Ecke Hermsdorfer Straße. 1971/72 wurden sie als Prototypen für eine Fertighausserie mit Gipswänden hier aufgebaut.

Weiter geht es – leider auf einer Landesstraße ohne Radweg – nach Trebnitz. Kurz nach dem Ortseingang überqueren wir die Eisenbahnlinie. Direkt dahinter zweigt die Trebnitzer Bahnhofstraße rechts ab, über die wir den Bahnhof Trebnitz erreichen.

Wer noch Zeit hat, sollte auf keinen Fall versäumen, die rund 1,2 Kilometer bis zum **Schloss Trebnitz** vorzufahren. Das Schlossgebäude ist durch den Umbau bis 1910 geprägt und beherbergt heute eine Bildungs- und Begegnungsstätte. Spannend ist die Ausstellung des **Gustav Seitz Museums**, das hier seit 2017 eine Heimat gefunden hat. Gustav Seitz war einer der bedeutendsten deutschen Bildhauer des 20. Jahrhunderts. Sein bekanntestes Werk ist die Plastik der Käthe Kollwitz auf dem Kollwitzplatz in Berlin-Prenzlauer Berg. Seitz war ein Wanderer zwischen Ost- und Westdeutschland. Er arbeitete in West-Berlin, war zugleich aber auch Gründungsmitglied der Akademie der Künste (Ost). Dafür verlor er seine Lehrtätigkeit an der Hochschule für Bildenden Künste in Berlin-Charlottenburg. Ab 1958 lebte und arbeitete er in Hamburg.

Tour 21

Klosterscheune, Gut Klostermühle; Kaffee und Kuchen tägl. 12–17.30 Uhr. www.gut-klostermuehle.com

Eisgarten Buchholz, August-Bebel-Str. 15, Falkenhagen, Tel. 033603/288; Di-So 12–22 Uhr. Ein Eiscafé, in dem man auch gut essen kann, Warmes 12–14 und 18–21 Uhr.

Irina's Café, Puschkinplatz 18, Seelow, Tel. 03346/846299; tägl. 11–17 Uhr. Eis, Kaffee, kleine Speisen wie Nudelauflauf.

Landgasthaus Brennerei, Schinkelplatz, 15320 Neuhardenberg, Tel. 033476/6000. Nichts für zwischendurch. www.schlossneuhardenberg.de

Gasthof zur Ostbahn, Trebnitzer Hauptstr. 26, Müncheberg/OT Trebnitz, Tel. 033477/4014. Dorfkneipe. www.zur-ostbahn.de

Café zum Glück, Platz der Jugend, Müncheberg/OT Trebnitz, Tel. 033477/51950; Mo–Fr 8–10, 11.30–16.30, Sa 7.30–10.30 Uhr. Regionale Produkte, mittags Imbiss.

Gut Klostermühle, Mühlenstr. 11, Briesen/OT Alt Madlitz, Tel. 033607/5929150. www.gut-klostermuehle.com

Landschaftspark Alt Madlitz, Schlossstr. 28, Alt Madlitz; tägl. geöffnet. www.schlossgutaltmadlitz.com

Gedenkstätte Seelower Höhen, Küstriner Straße 28a, Seelow, Tel. 03346/597; April-Okt. Di-So 10–17 Uhr, Nov.–März 11–16 Uhr, 4/3 Euro. www.seelowerhoehen.de

Schloss Neuhardenberg, Schinkelplatz, Neuhardenberg, Tel. 033476/600 750; Schlossbesichtigung April–Okt. So 11–18 Uhr, Ausstellungen April–Okt. Di–So 11–18 Uhr, Nov.–März Fr–So 11–16 Uhr; 4/3 Euro. www.schlossneuhardenberg.de

Dorfmuseum Alte Schule, Karl-Marx-Allee 22, Neuhardenberg, Tel. 0151/65666955; Sa/So 12–17 Uhr.

Gustav Seitz Museum, Platz der Jugend 3a, Müncheberg/OT Trebnitz, Tel. 033477/549530; Mi–So 11–17 Uhr; 4 Euro. Werkschau und Sonderausstellungen. www.gustav-seitz-museum.de

Wassermühle Worin, Lösnitzstr. 20, Vierlinden/OT Worin, Tel. 033477/4268; April–Sept. Di- Fr 10.30–15, Sa/So 14–17 Uhr; 2/1 Euro. Eine der wenigen erhaltenen Wassermühlen im Land Brandenburg, mit dreigeschossiger Mühlenanlage und Müllerwohnung. www.woriner-wassermuehle.de

▸ Karte S. 218

Kleine Fluchten: Durch das Spreetal

Tour 22: Von Erkner nach Fürstenwalde

Verlauf: Erkner–Karutzhöhe–Hohenbinde–Jägerbude–Freienbrink–Spreeau–Spreewerder–Neu Mönchwinkel–Mönchwinkel–Wulkow Spreetal Hangelsberg–Fürstenwalde.
Länge: 32 km.
Alternative: bis Bhf. Hangelsberg: 19 km.
Start: S-Erkner, Fahrstuhl: ja, stufenloser Abgang auf der Südseite des S-Bahnsteigs; Einkauf: Edeka Center, Ladestr. 2 (knapp 200 Meter entfernt).
Ziel: Bhf. Fürstenwalde: Fahrstuhl: ja, Einkauf: Netto, Eisenbahnstr. 41 (gut 200 Meter entfernt).
Anfahrt: S3 ab S Friedrichstr., alle 10 Min., Fahrzeit 42 Min.
Rückfahrt: RE 1, alle 30 Min., Fahrzeit 44 Min.
E-Bike: uneingeschränkt tauglich. Ladestationen in Mönchwinkel und in Fürstenwalde.
Wegequalität: Den überwiegenden Teil unserer Tour (14 km) fahren wir auf gut asphaltierten Nebenstraßen, auf denen sehr wenig los ist. In Hangelsberg wird es lebhafter. Aber da fahren wir auf einem straßenbegleitenden Radweg, der asphaltiert oder gepflastert ist (8 km).
Kurz vor Fürstenwalde radeln wir entspannt auf einem separaten Radweg (6 km)
Kurzcharakteristik: Der schnelle Weg raus aus dem Stress: Mit der S-Bahn ab nach Erkner und dann bis Fürstenwalde eine Flusslandschaft genießen. Träge mäandert die Spree, hier Müggelspree genannt, gesäumt von Schilf und Feuchtwiesen dahin. Aber wird es mit dem Bau der Tesla Gigafactory hier so ruhig bleiben?
Die Stadt Fürstenwalde lohnt einen kleinen Rundgang. Immerhin war sie Bischofsstadt und birgt einen Dom in ihren Mauern.

▶ *Bhf. Erkner–rechts Bahnhofstr.–Kreisverkehr dritte Ausfahrt, Friedrichstr.–Kreisverkehr dritte Ausfahrt Gerhart-Hauptmann-Str./Hohenbinder Str.–links halten Gottesbrücker Weg–rechts halten Radweg–über Autobahn A 10–geradeaus K 6755–rechts Dorfstr./K 6755/Sieverslaker Str./Spreeauer Str./Neue Spreeauer Str.–Mönchwinkel, rechts Mittelweg/Große Dorfstr.–Rastplatz Mönchwinkel*

Wasser und Bahnschienen waren für die Entwicklung der Stadt **Erkner** von entscheidender Bedeutung. Wir fahren hinter dem Friedensplatz über das Flakenfließ, der Schiffsverbindung von Rüdersdorf nach Berlin. Dieser Transportweg für den bekannten Kalkstein aus Rüdersdorf ließ aus dem alten Fischerdorf Erkner ein Schifferdorf werden. Zu nennenswertem Bevölkerungswachstum aber kam es erst durch den Bau der Berlin-Frankfurter Eisenbahn bis 1842. Erkner wurde zum Ausflugsort und später zum Wohnort für betuchte Berliner. So ließ sich etwa der berühmte Klavierbauer und Fabrikant Carl Bechstein 1889 in Erkner eine Villa im Stil der Neurenaissance mit Park und Wirtschaftsgebäuden errichten. Heute steht diese Villa in der Haupteinkaufsstraße der Stadt und dient als **Rathaus Erkner** (Friedrichstraße 6–8). Ein Stück weiter erhebt sich die neugotische **Genezareth-Kirche** (Friedrichstraße 24).
Am Ende der Friedrichstraße erinnert die **Villa Lassen** von 1875 an die Geschichte Erkners als Wohnort im Grünen. 1885 bis 1889 lebte im Erdgeschoss des Hauses Gerhart Hauptmann mit seiner Familie. Hier schrieb er den ›Bahnwärter Thiel‹,

Touren

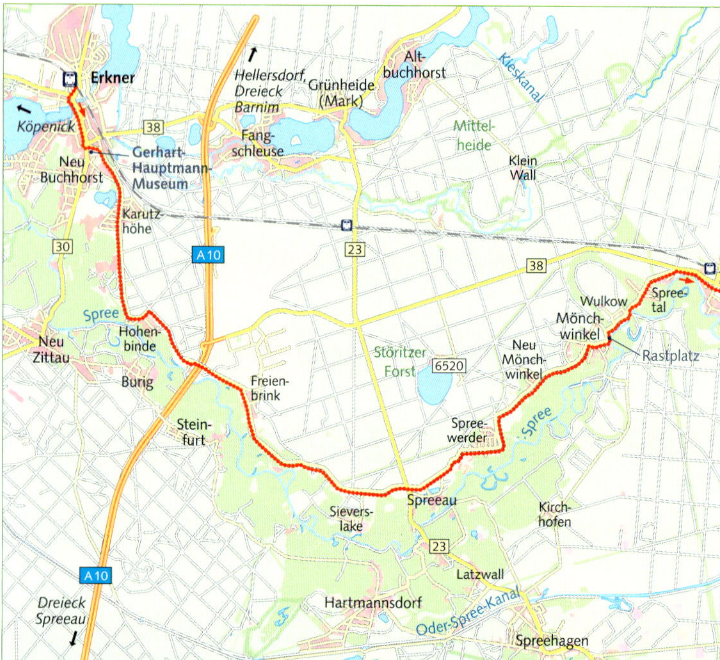

Tour 22

der zu den bedeutendsten Erzählungen des Naturalismus gehört. Vorlage für die Geschichte war ein Unfall auf der Bahnstrecke Berlin–Fürstenwalde. Entstanden ist in der Villa Lassen auch das Drama ›Vor dem Sonnenaufgang‹, das dem Naturalismus nicht nur auf den Berliner Bühnen zum Durchbruch verhalf. Heute ist in der Villa Lassen das **Gerhart-Hauptmann-Museum** eingerichtet.

In der Gerhart-Hauptmann-Straße passieren wir erst einige alte Villen, um dann an der Plattenbausiedlung Neu Buchhorst entlang zu radeln. Sie liegt am Rand des Kurparks, der eine kuriose Geschichte erzählt. Erkner positionierte sich ab 1880 als Luftkurort, obwohl der Unternehmer Julius Rütgers in der Nähe des Bahnhofs ab 1860 eine große Teerdestillation aufgebaut hatte, die wortwörtlich zum Himmel stank. Die Abgase dieser Fabrik galten seinerzeit als gesund – kaum zu glauben! 1914 stellte die Firma Rütgers auch noch Bakelit her, den ersten Vollkunststoff. Erkner empfängt daher heute am Bahnhof seine Besucher mit dem Hinweis ›Wiege des Kunststoffzeitalters‹.

Wir lassen Teer und Bakelit hinter uns und fahren hinter dem Wohnplatz Karutzhöhe in das ausgedehnte Waldgebiet, das die oft nur schmale Spreeaue säumt. Durch Berlin fließt die **Spree** wie ein breiter Kanal, von Erkner bis Fürstenwalde aber sieht sie aus wie ein Fluss. Träge mäandert sie mit einer Fließgeschwindigkeit von nur 17 Zentimetern in der Sekunde durch die Niederung. Die Ränder sind mit Schilfrohr, Rohrkolben, diversen Gräsern und Blumen dicht bewachsen. Naturnah

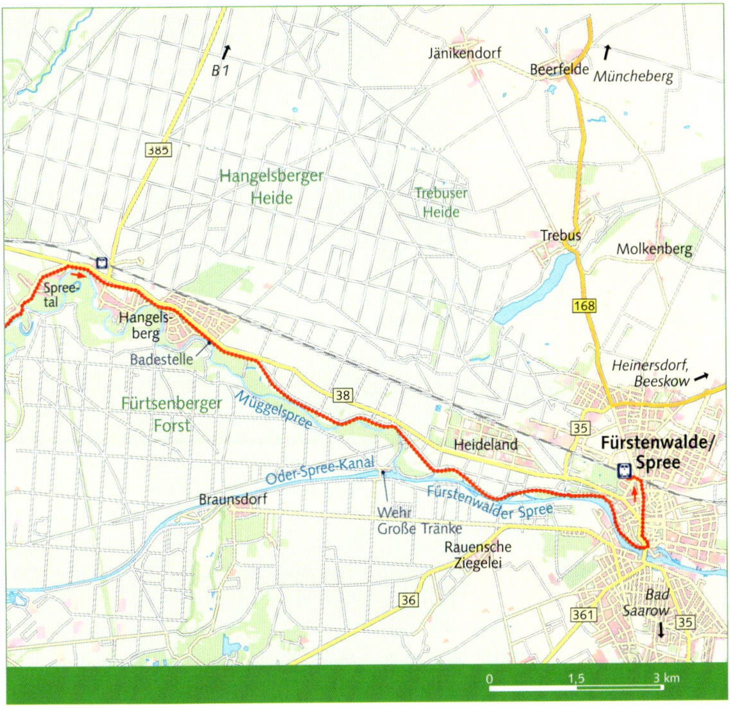

durfte der hier **Müggelspree** genannte Fluss wieder werden, weil er nicht mehr für die Binnenschifffahrt genutzt wird. Dafür gibt es heute den Oder-Spree-Kanal, der ab der Schleuse Große Tränke kurz vor Fürstenwalde in einem eigens gegrabenen Bett dem Seddinsee zustrebt. Unumstritten sind die Renaturierungsmaßnahmen, die ab 2004 an der Müggelspree durchgeführt wurden, nicht. Altarme wurden wieder an den Flusslauf angeschlossen, die Ufer aktiv bepflanzt. Damit verenge sich das Flussbett, was einen Anstieg des Flusspegels mit sich gebracht habe, so die Nutzer der Wiesen in der Spreeaue angesichts von Vernässung, wenn nicht Überflutung ihrer Flächen.

Kurz vor der Autobahn A 10 bietet der Campingplatz Jägerbude eine Rastmöglichkeit an der Spree. Wer Hunger hat: Deftiges gibt es in der Gaststätte des Campingplatzes.

Der Spreeradweg, auf dem wir bisher gefahren sind, biegt hier rechts ab und führt über Jägerbude auf die Südseite der Spree. Wir aber fahren leicht links versetzt auf der Brücke über die A 10 und nach Freienbrink weiter. Freienbrink, Spreeau, Spreewerder, Mönchwinkel – die vier Orte am Rande der Spreeaue gehören heute zu Grünheide. Entstanden sind sie aus Wohnplätzen, die sich erst um 1800 durch die Ansiedlung von Kolonisten zu kleinen Dörfern entwickelt haben.

In **Grünheide** sind mit der Entscheidung des US-Unternehmens Tesla, hier eine **Gigafactory** zu bauen, unruhige Zeiten angebrochen. Seit April 2022 produzieren hier bis zu 3000 Mitarbeiter Elektro-

Das Gerhart-Hauptmann-Museum in Erkner

autos und Batterien. Das Werk ist auf einen weiteren Ausbau auf 7000 bis 8000 Beschäftigte ausgelegt. Wie werden sich die bisher stillen Dörfer und Wohnplätze in und an der Spreeaue verändern? Der Protest von Umweltschützern richtete sich während der Bauphase vor allem gegen die Grundwasserentnahmen der Fabrik, dessen Werksgelände zu zwei Dritteln in einem Wasserschutzgebiet liegt. Bis zum 370 000 Liter Wasser wird Tesla nach eigenen Angaben stündlich verbrauchen. Wer einen Blick auf die Tesla Gigafactory 4 werfen möchte, muss an der Abbiegung nach Freienbrink geradeaus fahren. Einfach dem Verlauf der Eichenstraße durch das Güterverkehrszentrum Berlin Ost Freienbrink bis zum Tesla-Gelände folgen.

Wir aber fahren weiter durch Freienbrink Richtung Mönchwinkel. Zumeist führt die Piste durch Kiefernwälder. Eigentlich ist es nicht das, was man bei einer Flusstour erwartet. Aber die Spree sucht sich ihr Bett im bis zu 15 Kilometer breiten, sehr sandigen Berliner Urstromtal, die fruchtbare Aue unmittelbar am Fluss ist demgegenüber nur sehr schmal. Zwischen Fürstenwalde und Hangelsberg bringt sie es gerade auf 100 bis 150 Meter Breite. Richtung Hartmannsdorf weitet sie sich dann auf bis zu 500 Meter, um sich darauf wieder auf 200 bis 250 Meter zu verengen. Zu wenig fruchtbaren Boden gibt es hier, um Ackerbau betreiben zu können. So sehen wir – wenn überhaupt – zumeist Grasland. Die Landwirte im Spreetal waren schon im 19. Jahrhundert darauf angewiesen, sich etwas hinzuzuverdienen. Arbeit bot die Forstwirtschaft. Die sandigen Böden sind prädestiniert für Kiefernkulturen, Laub- und Laubmischwald machen daher nicht einmal fünf Prozent der Waldfläche aus.

Einen kleinen Einblick in das dörfliche Leben im Spreetal um 1900 bietet das **Heimatmuseum Alt Schule** in Neu Mönchwinkel. 1880 wurde das Schulhaus gebaut, in dem heute Ausstellungsstücke aus Land- und Forstwirtschaft, Handwerk und Küche auf Besucher warten. Viel älter ist die Herkunft des sprechenden Ortsnamens **Mönchwinkel**. Er erinnert daran, dass das Gebiet ab dem 13. Jahrhundert den Zisterziensermönchen in Zinna bei Jüterbog gehörte, die hier Landwirtschaft betrieben. In Mönchwinkel stoßen wir an der Kreuzung mit der Spreestraße wieder auf den Spreeradweg. Hier kann man rechts abbiegen und dann auf der Südseite der Spree über Hartmannsdorf und Neu-Zittau zurück nach Erkner radeln.

Wir aber fahren die rund 300 Meter weiter auf der Mittelstraße und gelangen so zum **Rastplatz Mönchwinkel**. Irgendwie ist man überrascht, stößt man hinter der großen Linkskurve plötzlich auf die Müggelspree, die die ganze Schönheit eines naturnahen Flusses zeigt, bewachsene Ufer an einem sich schlängelnden Wasserlauf. Wolken spiegeln sich auf der Wasseroberfläche. Schwäne ziehen majestätisch ihre Bahn. Hier ist die Müggelspree noch Lebensraum und Naturraum, in dem die Paddler nicht stören.

▲ Karte S. 226/227

▶ *Rastplatz Mönchwinkel–Wulkower Weg–rechts Berliner Damm (L 38)/Berliner Landstr.–rechts separater Radweg nach Fürstenwalde–rechts halten Lange Bahn–geradeaus Altstadt–rechts Spreepromenade–links auf Eisenbahnstr.–Bhf. Fürstenwalde*

Weiter geht die Tour über Wulkow und Spreetal, wo man sich bei der Gärtnerei Schneider (Wulkower Weg 9) mit Gemüse eindecken kann. Keine offizielle Öko-Ware, aber dafür direkt vom Erzeuger. Hinter Spreetal ist dann vorerst Schluss mit der Ruhe. Wir müssen auf einem Radweg entlang der L 38 fahren. **Hangelsberg** wurde am Rande eines Höhenzuges angelegt, dem Hangel. Mit dem Eisenbahnanschluss 1842 kamen betuchte Berliner, die sich hier in reizvoller Lage Turmvillen errichteten. Zu ihnen gehörte der Berliner Maschinenbaupionier Friedrich Wohlert, der 1876 die **Rote Villa** (Berliner Damm 8) bauen ließ. Es ist ein Trauerspiel, dass dieses Anwesen verfällt, obwohl es unter Denkmalschutz steht. Als Baudenkmal gilt auch der **Bahnhof Hangelsberg**, zu dem die Bahnhofstraße auf der gegenüberliegenden Straßenseite führt. Das Bahnhofsgebäude dürfte kurz nach der Eröffnung der Strecke 1842 entstanden sein. Es ist damit eines der ältesten erhalten Bahnhofsgebäude Deutschlands. Seit 2015 versucht der Verein ›Historischer Bahnhof Hangelsberg e.V.‹ das Fachwerkgebäude mit neuem Leben zu füllen. Die Bahnstation Hangelsberg besteht nur noch aus zwei Bahnsteigen, das reicht heute. Aber immerhin kann man ab hier nach 19 Kilometer Radtour stündlich mit dem RE 1 nach Berlin zurückfahren.

Ein Stück weiter die L 38 hinunter bietet der Imbiss Spree-Curry nicht nur Rettung für Hungrige, sondern auch die Möglichkeit, sich von der Anhöhe des Hangel eine dieser natürlichen Schlingen der Spree anzuschauen. Man hat einen fantastischen Blick auf die Wiesen am gegenüberliegenden Ufer des Flusses. Am Ortsausgang, da, wo ein großes Schild für den Heimattiergarten Fürstenwalde wirbt, führt ein Weg rechts hinab zur Spree. Hier findet sich die **Badestelle am Unsal** mit einem kleinen Sandstrand, Beachvolleyballfeld und Spielplatz.

Idyllisch zeigt sich die Spree bei Hangelsberg

Touren

Fischtreppe am Wehr Große Tränke

Gut 900 Meter hinter dem Ortsausgang Hangelsberg fordert uns endlich ein Hinweisschild für Radfahrer auf, rechts abzubiegen: ›Fürstenwalde 9,1 km‹. Hier verabschiedet sich unser Radweg von der L 38 und führt uns über zwei Kilometer durch Wald hinunter zur Spree.

Das Hinweisschild ›Große Tränke 1 km‹ lädt uns ein, rechts abzubiegen. Wir fahren entlang des Spree-Altarms am Weißen Berg und kommen dann zur ehemaligen **Schleuse Große Tränke**. Hier trennt sich der Oder-Spree-Kanal von der Müggelspree. Ein Wehr reduziert bei Trockenheit den Wasserzufluss in die Müggelspree, um den Oder-Spree-Kanal schiffbar zu halten. Eine Fischtreppe östlich der Wehranlage ermöglich Fischen die Wanderung über dieses Hindernis.

An einen Industriebetrieb erinnert der 1937 angelegte **Pintsch-Hafen**, kurz bevor wir Fürstenwalde erreichen. Wir fahren auf einer Brücke über die Zufahrt zum Hafenbecken, an dem aber keine Anlagen erhalten sind. 1872 eröffnete das Berliner Unternehmen Julius Pintsch in Fürstenwalde ein Werk für Gasmess- und Gasregelgeräte, in dem bis zu 11 000 Menschen arbeiteten. Pintsch prägte **Fürstenwalde**. Hatte die Stadt um 1870 nur 8000 Einwohner, waren es um 1900 schon 16 000, von denen viele bei Pintsch arbeiteten und in Fürstenwalde Nord in der Nähe der Pintsch-Werke lebten. 1945 wurde der Betrieb demontiert.

Wir fahren durch den Stadtpark und auf der Spreepromenade bis zur Spreebrücke im Zentrum Fürstenwaldes. Wer sein E-Bike aufladen muss: das Hotel und Restaurant Haus am Spreebogen unterhält eine frei zugängliche E-Bike-Ladestation am Weg.

Weiter geht es durch die Eisenbahnstraße, die ein kurzes Stück als Landesstraße ausgebaut ist. Dann aber wird sie zur Fürstenwaldes Hauptgeschäftsstraße, die direkt zum Bahnhof führt.

▶ Karte S. 226/227

Tour 22

Restaurant Ronnek's Jägerbude, Jägerbude 3, Erkner, Tel. 03362/8899819; Mi–So 12–19 Uhr. Deftiges an der Spree.

Spree-Curry, Hauptstr. 28 A, Grünheide, Tel. 0177/4250062; April–Sept. tägl. 10–17 Uhr, Okt.–März Mo–Fr 10–15 Uhr.

Gerhart-Hauptmann-Museum Erkner, Gerhart-Hauptmann-Str. 1–2, Erkner, Tel. 03362/3663; Di–So 11–17 Uhr; 2/1,50 Euro. Ausstellung zum Leben und Werk des Dichters, dazu Sonderausstellungen. www.hauptmannmuseum.de

Alte Schule Mönchwinkel, Neue Spreeauer Str. 32, Grünheide/OT Mönchwinkel, Tel. 033632/5630Di; Mi/Do 9–14, So 13–16 Uhr; 2/1 Euro. Heimatmuseum.

Badestelle am Unsal, Ortsausgang Hangelsberg Richtung Fürstenwalde.

Fürstenwalde – ein Stadtrundgang

Die alte Spreestadt Fürstenwalde hat 1842 durch die Eröffnung des Bahnhofs an der Strecke Berlin–Frankfurt (Oder) eine Neuausrichtung erfahren. Die Verbindung zwischen Bahnhof und Stadtzentrum, die Eisenbahnstraße, hat den Bereich um den Marktplatz als Geschäftsviertel verdrängt.

Trotzdem beginnen wir unseren Stadtrundgang **Am Markt**, der durch die Shoppingcenter Rathauscenter (1996) und Fürstengalerie (2002) deutlich aufgewertet wurde. Damit wurden Lücken geschlossen, die die Bombardierung Fürstenwaldes im Zweiten Weltkrieg gerissen hatte. Rund 80 Prozent der Innenstadt waren 1945 zerstört.

Prägend ist am Markt das spätgotische **Alte Rathaus** auf der Zeit um 1500 mit dem **Uhrturm** von 1624. Eine Erinnerung an das alte Fürstenwalde ist das **Haus Mühlenstraße 26**, Ecke Domstraße von 1790. Es zeigt eine typisch barocke Fassade mit Halbsäulen, Girlanden, Konsolen und Köpfen als Schlusssteine über den Fenstern. Das ehemalige **Wohnhaus Domstraße 1** daneben stammt aus der Zeit um 1800. Das ist es aber fast schon an historischen Bauten im Bereich des Marktplatzes.

Die **Stadtpfarrkirche St. Marien** wurde 1450 errichtet. Sie wird als Dom bezeichnet, weil hier die Bischöfe von Lebus von 1373 bis 1598 residierten. Bis in die 1970er Jahre wurde nach den Kriegsschäden die äußere Hülle des Gotteshauses wiederhergestellt. Ab Ende der 1980er Jahre arbeitete dann eine eigens gegründete Dombauhütte an der Sanierung, die ein Gemeindezentrum in

Am Ottomar-Geschke-Platz

Touren

Blick Richtung St. Marien

den für die Stadt viel zu großen Dom einbaute. Im Innern sehenswert ist das zwölf Meter hohe Sakramentshaus aus Sandstein aus dem Jahr 1517.

Durch die Inspektorengasse führt der Weg zur **Kulturfabrik Fürstenwalde**, einem ehemaligen Industriebau. Hier sind heute ein Veranstaltungszentrum, das Stadtmuseum Fürstenwalde und die Stadtbibliothek untergekommen. Gleich daneben ist ein Rest der **Burg Fürstenwalde** aus dem 14. Jahrhundert erhalten, die als Bischofsresidenz diente. Heute befinden sich hier Wohnungen und das Restaurant Bischofsschloss (Domplatz 13). Über die Kehrwiederstraße, die Tuchmacherstraße und die Eisenbahnstraße geht es zurück zum Bahnhof. Dabei passieren wir die Platzanlage **Am Stern**, die vom **Hotel Kaiserhof** dominiert wird. Man sieht es nicht gleich, aber das Gebäude wurde erst 1996 erbaut. Viele Jahre war der ehemalige Mittelpunkt der Stadt Fürstenwalde eine Leerstelle und als Zentrumsplatz den gelegentlichen Massenaufmärschen vorbehalten. Heute bildet der Platz den Auftakt für die Einkaufsstraße Richtung Bahnhof.

Fürstenwalde

Café Blue Ice, Mühlenstr. 23, Fürstenwalde, Tel. 03361/303838; Mo–Fr 9–19, Sa 9–15 Uhr. https://cafe-blue-ice.metro.bar

Herrlicher, Eisenbahnstr. 144, Fürstenwalde, Tel. 03361/739548; Mo–Fr 12–24, Sa/So 12–2 Uhr.

Museum Fürstenwalde, Domplatz 7, Fürstenwalde, Tel. 03361/2130; April–Sept. Di–So 13–17 Uhr, Okt.–März 13–16 Uhr; 4/2 Euro. www.museum-fuerstenwalde.de

Brauereimuseum Fürstenwalde, Am Markt 1, Fürstenwalde, Tel. 03361/7600841; April–Okt. Di–So 13–17 Uhr, Nov.–März bis 16 Uhr; 2,50 Euro. Museum im Ratskeller zur Geschichte der Braukunst in Fürstenwalde. https://brauereimuseum-fuerstenwalde.de

Durch das Tal der Schlaube

Tour 23: Von Frankfurt (Oder) nach Neuzelle

Verlauf: Frankfurt (Oder)-Güldendorf-Malchow-Schlaubehammer-Kaisermühl-Ragower Mühle-Mixdorf-Kupferhammer-Siehdichum-Dammendorf-Jankemühle-Klingemühle-Chossewitz-Schlaubemühle-Treppeln-Kobbeln-Möbiskruge-Neuzelle.
Länge: 56 km.
Alternativen: bis Bhf. Müllrose: 18 km (Rückfahrt dauert bis zu 2 Stunden).
Start: Bhf. Frankfurt (Oder), Fahrstuhl: ja; Einkauf: Spar Express, Bäcker.
Ziel: Bhf. Neuzelle, Fahrstuhl: nicht notwendig, Einkauf: nein. Netto, Waldstr. 111; Mo–Sa, 7–20 Uhr (ca. 1,6 km entfernt).
Anfahrt: Bhf. Friedrichstr., RE 1, alle 30 Min., Fahrzeit 1:03 Std.
Rückfahrt: Bhf. Neuzelle, RB 11 /RB 1, stdl., Fahrzeit 1:37 Std.
E-Bike: uneingeschränkt tauglich.
Wegequalität: Wir radeln über 30 Kilometer auf wenig bis gar nicht befahrenen Nebenstraßen, die gut asphaltiert sind. Dazu kommen nochmals rund 5 Kilometer auf separaten Radwegen, die vornehmlich durch Waldgebiete führen. Rund 18 Kilometer fahren wir auf straßenbegleitenden Radwegen, davon einen großen Teil an der Landesstraße zwischen dem Schlaubetal und Neuzelle. In dieser waldreichen, dünn besiedelten Region gibt es keine alternativen Strecken, und Neuzelle muss man einfach gesehen haben.
Kurzcharakteristik: Die Tour führt von der alten Handelsstadt Frankfurt (Oder) durch den Naturpark Schlaubetal, der auch das Tal der Oelse umfasst. Unser Ziel ist die einzige in Brandenburg vollständig erhaltene Klosteranlage, das Kloster Neuzelle. Ein Fluss in wildbewegter Gebirgslandschaft und ein prachtvoll-barockes, katholisches Kloster – Erlebnisse, die im norddeutsch-flachen und protestantischen Brandenburg nicht alltäglich sind.

▶ *Bhf. Frankfurt (Oder), Bahnhofsplatz-links Tunnelstr.-halbrechts Dresdner Platz-links Fürstenberger Str.-geradeaus Johann-Eichhorn-Str.-rechts Birkenallee-links Am Goltzhorn-links Eisenhüttenstädter Chaussee-rechts Lossower Förstereiweg/Försterei Malchow-rechts Malchow-Haupteingang Freizeitpark Helenesee*

Wir starten am **Bahnhof Frankfurt (Oder)** und damit oberhalb der im Tal liegenden Stadt. Wer's nicht glaubt, der gehe vom Bahnhofsgebäude ein kurzes Stück rechts und schaue von dort auf die **Eisenbahnersiedlung Kiliansberg** und das Odertal. Bis 1924 wurde die unter Denkmalschutz stehende Siedlung wie auch das Empfangsgebäude des Bahnhofs errichtet. Für einen Rundgang durch Frankfurt (Oder) sollte man die rund 900 Meter über die Bahnhofstraße und rechts über die Heilbronner Straße bis zum Hochhaus Oderturm hinunterradeln (→ S. 241).

Wir aber fahren vom Bahnhofsplatz links durch die Unterführung auf den Dresdner Platz. Vorsicht beim Überqueren des Platzes – die Straßenbahnschienen und die Haltestelle können für Radfahrer gemeine Fallen sein. Ein bisschen Altstadtflair durch gründerzeitliche Bauten hat sich um den Dresdner Platz in **Altberesinchen** erhalten. Das Viertel wurde ab 1874 angelegt und diente anfangs vor allem Arbeitern und Angestellten der Bahngesellschaft als Wohnquartier. Heute ist es beliebt bei Studenten der nahen Europa-Universität Viadrina.

Ganz anders dagegen zeigt sich das Plattenbauviertel **Neuberesinchen**, in das wir jenseits der Großen Müllroser Straße kommen. Es wurde erst ab 1977 hochgezogen. 1989 lebten hier rund 22 000 Einwohner, 2015 waren es gerade noch 5700. Von gut 8500 neu gebauten Wohnungen wurden 6000 wieder abgerissen. Statt der Neubürger für die erwarteten Arbeitsplätze in der Mikroelektronik kam 1989 die Wende. 1990 hatte Frankfurt (Oder) über 86 000 Einwohner, heute sind es noch rund 60 000. Zu den Unsitten des DDR-Städtebaues gehörten die oftmals nicht ganz fertiggestellten und vor allem überdimensionierten Straßen und Kreuzungen in den Plattenbauviertel. So fühlen wir uns als Radler noch heute etwas verloren an der Straße Am Golzhorn. Aber keine Angst – wir müssen nur noch rund 1,5 Kilometer fahren und können dann auf dem ruhigen Lossower Förstereiweg durch Wald und Wiesen radeln.

Wir sind auf dem Weg zur kleinen Ostsee, wie der **Helenesee** aufgrund seines langen Sandstrands auch gern genannt wird. 220 Hektar groß, über 56 Meter tief und mit glasklarem Grundwasser gefüllt – der Helenesee ist *das* Naherholungsgebiet der Frankfurter. Bis 1958 wurde hier Braunkohle abgebaut. Dass ehemalige Bergbaugebiete ihre Tücken haben, erlebten die Betreiber der Freizeitanlage im März 2021, als ein Uferstreifen am östlichen Ende des Nordstrandes abrutschte. Daraufhin waren erst mal Schließung der Anlage und Standfestigkeitsmessungen in den Uferbereichen angesagt.

▶ *Haupteingang Freizeitpark Helenesee–links Kaisermühler Weg–Schlaubehammer, rechts Kaisermühler Str. (L 373)/Lindower Str.–links über Brücke Oder-Spree-Kanal–rechts Forstweg–links Forstweg–geradeaus Weg durch den Wald–über L 37, weiter auf Radweg durch den Wald–Ragower Mühle*

Schon auf unserem Weg von Frankfurt (Oder) zum Helenesee sind wir ganz entspannt abwärts gefahren, von der Lebuser Platte runter in das Berlin-Warschauer Urstromtal. In dieser eiszeitlichen Niederung treffen wir in Schlaubehammer auf den Oder-Spree-Kanal, der 1891 eröffnet wurde. Wer eine Pause

Radweg im romantischen Schlaubetal

▲ Karte S. 235

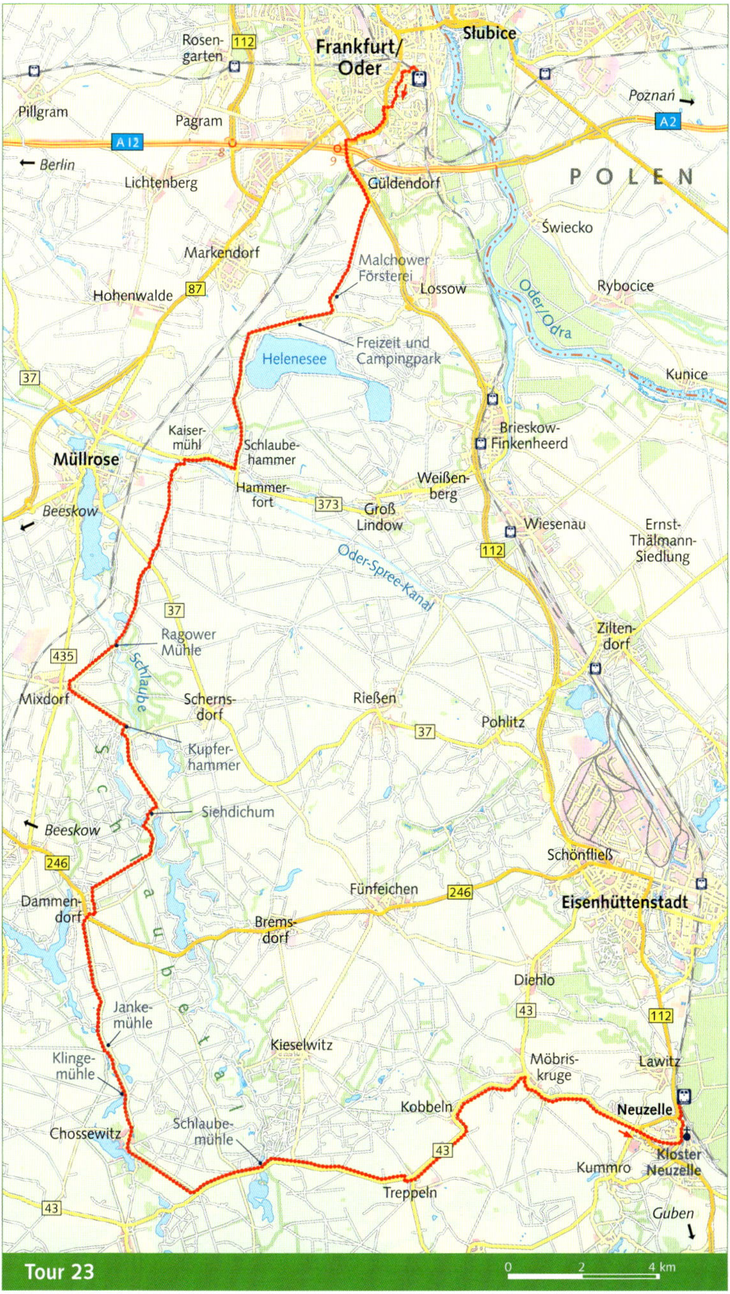
Frankfurt/
Oder
Słubice
Rosen-
garten
112
Pillgram
Pagram
Poznań
A2
A 12
Berlin
Lichtenberg
Güldendorf
POLEN
Świecko
Markendorf
Malchower
Försterei
Lossow
Rybocice
Hohenwalde
87
Oder/Odra
Freizeit und
Campingpark
Helenesee
Kunice
37
Kaiser-
mühl
Schlaube-
hammer
Brieskow-
Finkenheerd
Müllrose
Hammer-
fort
373
Weißen-
berg
Groß
Lindow
Beeskow
Wiesenau
Ernst-
Thälmann-
Siedlung
112
Oder-Spree-Kanal
37
Ragower
Mühle
Zilten-
dorf
435
Schlaube
Mixdorf
Scherns-
dorf
Rießen
37
Pohlitz
Kupfer-
hammer
Siehdichum
Beeskow
Schlaubetal
Schönfließ
246
Fünfeichen
246
Eisenhüttenstadt
Dammen-
dorf
Brems-
dorf
Diehlo
43
Janke-
mühle
112
Kieselwitz
Klinge-
mühle
Möbris-
kruge
Lawitz
Kobbeln
Neuzelle
Chossewitz
Schlaube-
mühle
43
Kloster
Neuzelle
Kummro
Treppeln
43
Guben
Tour 23
0
2
4 km

braucht, folgt einfach dem unübersehbaren Hinweis auf die Waldschänke kurz vor der Kreuzung mit der L373. Alles ist gut hier, nur mit dem Wald um die Schänke hapert es ein bisschen.

Wir fahren ein kurzes Stück parallel zum Oder-Spree-Kanal, um dann in Kaisermühl die künstliche Wasserstraße zu überqueren. Weiter geht es durch den Laubmischwald. Nach gut 200 Metern erreichen wir die **Kaisermühle**, einen in der Front verputzten Fachwerkbau, der der Mühle von 1680 ähnelt. Heute beherbergt er ein Hotel. Wäre nicht das Hinweisschild und hörte man nicht das Plätschern, man könnte fast die ›Alte Schlaube‹ übersehen, an der die erste Wassermühle schon ab 1275 errichtet wurde.

Der Wohnplatz Kaisermühl, der sehr zum Unwillen der SED seinen Namen während der gesamten DDR-Zeit bewahrte, endet an der **Friedenseiche**, die am 2. Mai 1872 gepflanzt wurde. Wer hier rechts auf die Forststraße abbiegt, erreicht nach 1,5 Kilometern den Bahnhof Müllrose. Wir aber folgen dem Hinweis ›Ragower Mühle 6,5 km‹. Mitten im Wald entdecken wir plötzlich ein Wachhaus und dazu schwarz-weiß und goldschwarz angemalte Pfähle. Hier verlief bis ins 19. Jahrhundert die **Grenze zwischen Brandenburg und Sachsen**. Erst 1815 kam unter anderem das Schlaubetal an Preußen.

Wir kreuzen die L37 und fahren danach aus dem Berliner Urstromtal auf die Lieberoser Platte. Das Gelände wird bewegter, wir müssen einige Steigungen bewältigen. Rechter Hand sehen wir den **Belenzsee**, der aufgrund des breiten Schilfgürtels und des großen Bestandes an Rohrkolben ein beliebter Brutplatz für Vögel ist. Wir sind im **Naturschutzgebiet Unteres Schlaubetal** angekommen, Teil des über 220 Quadratkilometer großen Naturparks Schlaubetal.

Nach nur wenigen Minuten erreichen wir die **Ragower Mühle**, eine der wichtigen Sehenswürdigkeiten des Naturparks. Schon für das 12. Jahrhundert wird von der Gründung einer Wassermühle am Unterlauf der Schlaube berichtet. Das heutige Mühlengebäude wurde um 1810 errichtet und war bis 1968 in Betrieb. Als einzige Mühle im **Schlaubetal** ist sie noch heute funktionsfähig und daher Technisches Denkmal. Die Mühle kann nach Voranmeldung besichtigt werden. Im Schlaubetal gab es eine Vielzahl von Mühlen, weil in der umliegenden Region ansonsten keine geeigneten Mühlenstandorte zu finden waren. Die Schlaube aber bot genügend Wasser, um Mühlenwerke anzutreiben. Das sehr enge, tief in die Lieberoser Platte eingegrabene Schlaubetal ist vor allem Wanderrevier. Zu schmal und durch Baumwurzeln zu rutschig ist der Weg unmittelbar am Fluss, zudem sind hier sehr viele Wanderer unterwegs. Wer also das wildbewegte Schlaubetal mit seinen steil abfallenden Hängen erleben möchte, sollte an der Ragower Mühle das Rad anschließen und eine kurze Wanderung an der Schlaube unternehmen. Rund einen Kilometer schlaubeaufwärts gibt es eine Brücke, sodass man auf der anderen Seite des Baches den Rückweg antreten kann.

▸ Karte S. 235

▶ *Ragower Mühle–geradeaus Mühlenwanderweg/Neue Str.–Mixdorf, links Schlaubeeck/Kupferhammerweg–über Brücke Kupferhammerstr.–rechts Richtung Siehdichum–rechts Siehdichum–Brücke über Schlaube–links Weg am Hammersee folgen–Dammendorf, links Am Oberende–rechts Förstereiweg–links Landstr.–Rastplatz an der B246*

Die ehemalige preußisch-sächsische Grenze

Wir aber radeln weiter durch den Naturpark. Und das heißt erst mal: Schlaubetal adé! Wir fahren durch Wald nach Mixdorf, um das uns einige Wiesen und Ackerflächen einen weiten Blick erlauben. Dann aber geht es zurück ins Schlaubetal nach Kupferhammer. Wieder radeln wir durch Wald, der drei Viertel des Naturparks bedeckt. Zur Abwechslung erleben wir hier aber einen angenehm kühlenden Laubmischwald und nicht eine Kiefermonokultur. Hier, auf dem fruchtbaren Boden im nördlichen Bereich der Lieberoser Platte, finden Laubbäume gute Bedingungen. Ackerbau ist aufgrund des Geländeprofils dagegen kaum möglich. Der **Wohnplatz Kupferhammer** ist aus dem 1553 errichteten Kupferhammer mit Wohnhaus entstanden. Seinerzeit brachten die Einwohner des Umlandes ihre alten Kupferwaren hierher, um sie einschmelzen zu lassen und neue Gerätschaften zu erhalten. Dazu kamen Mahl- und Walkmühle. Aber 1830 wurde hier eine Tuchfabrik errichtet, dazu Spinnerei, Färberei, Tischlerei und Schmiede. 1880 brannte die Fabrik ab. Zu dieser Zeit waren Fabriken nicht mehr auf die Wasserkraft im abgelegenen Schlaubetal angewiesen. So wurde das Gebäude nicht wiederaufgebaut. Kupferhammer wurde Standort einer Försterei. Heute wartet ihm ehemaligen Herrenhaus eine Gaststube mit Biergarten auf Besucher. Das Förstereigebäude ist in sechs Wohnungen aufgeteilt.

Wir überqueren in Kupferhammer die Schlaube und fahren dann gleich rechts ab Richtung Siehdichum. Die Asphaltpiste führt uns parallel zur Schlaube, die hier das Schulzenwasser und den Langesee durchfließt. Es gibt mehrere Legenden, die den erstaunlichen Namen **Siehdichum** für einen Wohnplatz um ein Forsthaus erklären. So soll das ›Sieh Dich um!‹ einst eine Warnung vor den Sumpf- und Moorgebieten in dieser Gegend gewesen sein. Auch wird gern erzählt, dass das Forsthaus Stasi-Eigentum war. Man tat also gut daran, sich umzusehen, bevor man etwas sagte. Oder war es doch die Aufforderung des Abtes von Neuzelle an seine Mönche, Gottes Natur zu betrachten? Der ließ hier, auf einer Halbinsel im Hammersee, um 1746 ein Forsthaus errichten, in dem

Am Kleinen Schinkensee

sich die Mönche erholen und dabei dem ›Sieh Dich um!‹ Folge leisten sollten. Wie dem auch sei: der Name ›Siehdichum‹ wird erstmals 1780 schriftlich erwähnt. Am **Försterfriedhof**, der 1891 vom Forstmeister Wilhelm Reuter angelegt wurde, halten wir uns rechts. An der nächsten Weggabelung haben wir die Möglichkeit, links hoch zum ehemaligen Forsthaus Siehdichum zu fahren. Hier ist heute ein Hotel und ein Restaurant eingerichtet, das schöne Plätze auf der Terrasse zum Hammersee bietet.

Wir aber fahren wieder hinunter zur Schlaube. Nachdem wir den Fluss überquert haben, bleiben wir noch für einen Moment am Hammersee. Dann aber folgen wir dem Weg nach Westen, Richtung Dammendorf. Dabei wechseln wir nicht nur vom Tal der Schlaube in das Tal der Oelse, sondern überfahren auch die Wasserscheide zwischen Ostsee (Schlaube) und Nordsee (Oelse). Die nur rund 22 Kilometer lange **Oelse**, die in die Spree mündet, fließt wie die Schlaube in einer eiszeitlichen Rinne, die aber nicht ganz so tief eingeschnitten ist wie das Schlaubetal.

Dammendorf ist von der Forstwirtschaft geprägt und war Sitz des regionalen Heidereiters. Der hatte im 18. Jahrhundert die Forstordnung hier durchzusetzen, Steuern einzutreiben und die Grenze des Forstreviers zu sichern. 1815 wurde aus der Heidereiterei eine preußische Oberförsterei, die bis 1945 existierte. An diese Zeit erinnert das **Heidereiterei- und Forstmuseum** in Dammendorf. Infotafeln markieren im Ort wichtige Bauten wie das Forstaufsehergehöft, das Waldarbeiterwohnhaus und das Königlich Preußische Forstamtsgebäude.

▶ *Rastplatz an der B 246–über B 246 Mahlweg/Jankemühle/Am Klingeteich–Chossewitz, links halten–vorbei an Kirche, links ab Richtung Neuzelle–links auf Radweg an L 43/Schlaubemühle–Treppeln, weiter Hauptstr. (L 43)–Kobbeln, weiter Kobbelner Str. (L 43)/Diehloer Str. (L 43)–Möbiskruge, rechts Lindenstr. (L 431)–Neuzelle, geradeaus über Ossendorfer Ch. in Lindenpark–geradeaus über Slawengrund (L 431) auf Krugg–links Frankfurter Str./Bahnhofstr.–rechts Bahnhofstr. (B 112)–rechts Bahnhof Neuzelle*

Wir fahren die Oelse weiter aufwärts. Auch hier wurden Mühlen angelegt, um die Wasserkraft zu nutzen. Wir passieren den Wohnplatz **Forsthaus Jankemühle** und sehen den Mühlenteich, die Mühle aber ist 1955 abgebrannt. Es folgt der Wohnplatz **Klingemühle**, der erstmals um 1517 erwähnt wird. Der Klingeteich wird heute von der Schlaubefisch eG bewirtschaftet. Dazu gibt es ein Ferien- und Veranstaltungsgelände (www klingemühle.de).

▶ Karte S. 235

Weiter geht es nach **Chossewitz** mit seiner schönen **Fachwerkkirche** von 1730. Fährt man hinter der Kirche rechts, gelangt man nach wenigen Metern zur Brücke über die Oelse und zu einer **Badestelle am Chossewitzer See**.

Wir aber fahren links ab und erreichen nach rund zwei Kilometern die L 43, der wir dann, links ab, bis Neuzelle folge. Bis auf die Ortsdurchfahrten in Treppeln, Kobbeln und Möbiskruge haben wir hier einen guten Radweg zur Verfügung.

Wir passieren **Schlaubemühle**. Das Mühlengebäude wurde abgerissen, im Wohnhaus der früheren Obermühle hat der BUND ein Naturschutzzentrum eingerichtet. Ein Stück weiter kann man rechts abbiegen und so zum **Wirchensee** gelangen.

In **Treppeln** lädt Köhlers Gasthof zu einer Rast ein. Wo sonst kann man schon in einer Dorfschenke sitzen, die seit über 300 Jahren im Familienbesitz ist? In **Möbiskruge** fällt die Dorfkirche durch das verbretterte Turmoberteil mit zwei Spitzhelmen auf. Die Feldsteinkirche wurde schon 1350 auf einer vermutlich künstlichen Erhebung geweiht.

In Neuzelle angelangt, sieht man von der Bahnhofstraße aus die Stiftskirche St. Marien des **Klosters Neuzelle**. Wir betreten die Klosteranlage über einen mit Linden bepflanzten Damm. Den haben Mönche im 14. Jahrhundert angelegt, um den Fluss Dorche aufzustauen und so einen Fischteich zu gewinnen. Vorbei geht es an der **Klosterbrauerei**, die 1905 neu errichtet wurde. Hier befindet sich der Klosterladen.

Über der Toranlage von 1736 empfängt uns ein Strahlenkranz mit den griechischen Initialen für Jesus (IHS). Darunter befinden sich die Jünger Petrus (Schlüssel) und Paulus (Schwert), die den wiederauferstandenen Jesus nicht erkennen. Hier beginnt das Bildprogramm, das wir uns am Hauptaltar der **Stiftskirche St. Marien** weiter angucken können.

Zuvor aber sind wir erst mal überwältigt. Die Kirche empfängt uns mit einer barocken Westfassade von 1730 und einem Portal mit den drei Sandsteinskulpturen des Glaubens, der Liebe und der Hoffnung. Durch die Vorhalle betreten wir das Kirchenschiff, dessen Decke durch aufwendigen Stuckarbeiten gegliedert ist. In den einzelnen Feldern von Ost (Altar) nach West (Eingang) sind Szenen aus dem Leben Jesu in Fresko-Malerei ausgeführt, dazu an den Seitenwänden 16 Darstellungen aus dem Leben des Gottessohnes. Die Malerei in den Seitenschiffen zeigt Szenen aus dem Alten Testament.

Der überreich geschmückte Chor mit Hochaltar, elf Altären in Stuckmarmor, einer prächtigen Kanzel – diente als das nur dazu, im Zuge der Gegenreformation die christliche Lehre und die biblische Geschichte dem Laien zu visualisieren?

Überbordende Pracht in der Neuzeller Stiftskirche

Oder soll die goldschimmernde Pracht schlicht überwältigen? Bis 1635 gehörte Neuzelle zu Böhmen. Daher steht die Stiftskirche wie die Kirchen in Prag modellhaft für die Gegenreformation ab 1620 nach dem Sieg der katholischen Liga am Weißen Berg bei Prag. 1815 kam Neuzelle zum protestantischen Brandenburg. Zwei Jahre später wurde Kloster Neuzelle säkularisiert, die Kirche zum Heiligen Kreuz zur evangelischen Pfarrkirche. Heute gibt es wieder Zisterziensermönche im Kloster Neuzelle. 2018 kamen sie auf Einladung des Bischofs von Görlitz aus der Zisterzienserabteil Stift Heiligenkreuz in Österreich an die Oder.
Mittelalterlich, spätgotisch zeigt sich heute noch der **Kreuzgang** mit Kreuzrippengewölbe und Wandmalereien. Hier ist eine Ausstellung zur Klostergeschichte eingerichtet. Nach dem ›französischen Geschmack‹, sprich in barocker Manier, ist dagegen der **Klostergarten** mit steil abfallender Terrasse, Orangerie und Wasseranlagen gehalten. Es ist die einzige in ihrer Grundstruktur erhaltene barocke Parkanlage in Brandenburg. In der Orangerie bietet in den Sommermonaten ein Café Plätze.
Unbedingt besichtigen sollte man das **Himmlische Theater**. 1997 wurden auf dem Dachboden der Klosterkirche bemalte Leinwände und Holztafeln gefunden, die in 15 Szenen die Passion und Auferstehung Jesu Christi darstellen. Der böhmische Künstler Joseph Felix Seifrit schuf bis 1753 diese Darstellung, die als einzigartig in Europa gelten.
Über die Bahnhofstraße geht es zum Bahnhof Neuzelle, dem Ende der Tour.

Tour 23

Waldschänke, Kaisermühler Str. 21, Groß Lindow, Tel. 033609/36783; Mi–Sa 11–18, So 11–19 Uhr. Kaffee, Kuchen, Eis, warme Speisen.

Ragower Mühle, Siehdichum/OT Schernsdorf, Tel. 033655/721; April–Nov. Mi–So 10–18 Uhr, Nov.–März Sa/So 10–18 Uhr. Fischspezialitäten und regionale Küche, Biergarten. www.ragowermuehle.de.

Kupferhammer, Kupferhammerweg 1, Mixdorf, Tel. 033655/728; Mi–So 11.30–17 Uhr, Nov.–März nur am Wochenende. Gut bürgerliche Küche und Biergarten unmittelbar an der Schlaube. www.gaststaette-kupferhammer.de.

Forsthaus Siehdichum, Siehdichum 2, Tel. 033655/210; Do–So 11–19 Uhr. Eine schöne Terrasse mit Blick auf den Hammersee, dazu beste bürgerliche Küche. www.forsthaus-siehdichum.de

Gasthof Köhler, Treppelner Str. 15, Neuzelle, Tel. 033656/235; Mo–Mi Fr 17–22, Sa/So 11–13 und 17–22 Uhr. Rasten mit Tradition. www.gasthof-koehler.de

Heidereiterei- und Forstmuseum, Landstr. 14, Dammendorf, Tel. 0172/3144236; Mai–Sept. 1. und 2. So im Monat 14–17 Uhr. Ausstellung in der alten Dorfschule von 1905.

Kloster Neuzelle, Stiftsplatz, Neuzelle, Tel. 033652/6102; Stiftskirche Mai–Okt. Mo–Fr 12–16, Sa/So 11–16, Nov.–April Mo–Fr 12–15, Sa/So 11–15 Uhr. Führungen Sa/So um 14 Uhr; 5 Euro. Telefonische Anmeldung erbeten. www.klosterneuzelle.de

Kirche zum Heiligen Kreuz; Mai–Okt. Sa 11–16, So 12–16 Uhr, Nov.–April Sa 11–15, So 12–15 Uhr.

Kreuzgang April–Okt. Mo–So 10–17 Uhr, Nov.–März Mo–So 10–16 Uhr; 4/3 Euro.

Himmlisches Theater April–Okt. Di–So 10–18, Nov.–März Di–So 10–16 Uhr; 5/4 Euro.

Klosterbrauerei Hofladen, Brauhausplatz 1, Neuzelle, Tel. 033652/81061; Mo–Fr 9–18, Sa/So 10–17.30 Uhr. Traditionsbiere wie Schwarzer Abt, Bierbrände oder auch Bier-Senf. www.klosterbrauerei.com

▶ Karte S. 235

Frankfurt (Oder) – ein Stadtrundgang

Gut 90 Meter reckt sich der **Oderturm** an der Karl-Marx-Straße, Ecke Logenstraße in die Höhe. Seit seiner Einweihung 1976 ist er ein Wahrzeichen der Stadt – hochmodern mit dem Datenverarbeitungszentrum Frankfurt/Oder und der Zukunft zugewandt durch das Jugendhotel. Darüber hinaus markiert er den Beginn der mehrspurigen Karl-Marx-Straße, die nach 1945 zur Hauptgeschäftsstraße der Stadt ausgebaut wurde. Rund 90 Prozent der Innenstadt des alten Frankfurt um Marienkirche und Markt lagen 1945 in Trümmern. Wie viel der historischen Bauten im Zentrum hätte wiederaufgebaut werden können? Man weiß es nicht.

Durch die Logenstraße und dann links in die Große Scharrnstraße geht es zur Stadtkirche St. Marien. Wir passieren dabei die frühere **Kaiserliche Oberpostdirektion** (Lindenstraße 1–3) von 1902 und schon in der Großen Scharrnstraße das ehemalige Regierungspräsidium von 1903, das heute als Bibliothek der Europa-Universität Viadrina dient.

Die **Stadtkirche St. Marien** war einst eine der größten Hallenkirchen der norddeutschen Backsteingotik und Ausdruck des Reichtums der Handelsstadt an der Oder. Ab 1253 wurde über 250 Jahre an der Kirche gebaut, bis um 1522 die Sakristei als letzter Anbau fertig wurde. Geblieben ist ein 1945 ausgebranntes Gotteshaus, in dem man in einem durch seine Leere beeindruckenden Kirchenschiff steht. Die Kunstschätze der Marienkirche, darunter der Marienaltar, sind in der St. Gertraudenkirche (Gertraudenplatz 6) zu sehen. Überraschend kehrten nach 1990 die drei wertvollen Bleiglasfenster mit 117 Feldern aus Russland zurück nach Frankfurt/Oder. Nach einer Restaurierung sind sie wieder im Chor zu bewundern. In der Kirche ist eine Ausstellung zur Backsteingotik zu sehen.

Das **Rathaus,** nur ein kleines Stück weiter, wurde ab 1253 errichtet. Ursprungsbau ist das längs-rechteckige Gebäude zwischen dem prächtigen Südgiebel mit den drei Maßwerksrosetten und der Nordfassade mit dem Uhrenturm. Der viergeschossige Ziegelbau wurde 1913 angebaut.

Um Markt und Rathaus versucht Frankfurt (Oder) heute wieder durch Neubauten entlang der historischen Straßenverläufe ein Zentrum zu entwickeln, das mehr ist als nur der Rückraum für die Karl-Marx-Straße.

Ein zweiter Schwerpunkt der Stadtentwicklung ist das Oderufer. Die ehemalige

Oderturm und Marienkirche, die beiden Dominanten im Stadtbild

Franziskanerkirche nördlich der **Friedensbrücke** (1951) dient heute als **Konzerthalle Carl Philipp Emanuel Bach**, im Junkerhaus von 1557 südlich der Friedensbrücke ist das **Stadtmuseum Viadrina** untergekommen. Das **Kleist-Museum** findet sich ein Stück weiter die Faberstraße hinunter. Es wurde in der alten Garnisonsschule eingerichtet, die 2013 um einen Neubau ergänzt wurde. Gewidmet ist es dem in Frankfurt (Oder) geborenen Schriftsteller Heinrich von Kleist. Lebendig wird es vor allem um die **Europa-Universität**, die nur zwei Straßen entfernt ihren Hauptsitz unterhält. In dem neu errichteten Gräfin-Dönhoff-Gebäude finden sich Hörsäle, Seminarräume und eine Mensa.

Frankfurt (Oder)

Kaffeehaus Rösterei Gränz Kaffee im Packhof, Im Packhof 1, Frankfurt (Oder), Tel. 0335/50097902; Di–So 13–19 Uhr. Unmittelbar am Oder-Radweg. Ein zweites Café der Rösterei findet sich an der Große Scharnstr. 28.

S*Kultur–Suppen und mehr, Karl-Marx-Str. 181, Frankfurt (Oder), Tel. 0177/8126810; Mo–Fr 11–15 Uhr. Deftige Eintöpfe bis feine Suppen. www.suppenffo.wordpress.com

Taverna Athos, Hanewaldstr. 9, Frankfurt (Oder), Tel. 0335/50088633; Mi–Mo 12–15 und 17–23 Uhr. Plätze mit Oderblick.

St. Marienkirche, Oberkirchplatz 1, Frankfurt (Oder), Tel. 0335/22442; Mai–Sept. Mo–So 10–18 Uhr, Okt.–April Mo–So 10–16 Uhr. Beeindruckender Kirchenraum, Ausstellung Backsteingotik.

Museum Viadrina-Junkerhaus, Carl-Philipp-Emanuel-Bach-Str. 11, Frankfurt (Oder), Tel. 0335/4015629; Di–So 11–17 Uhr; 5/3 Euro. Stadt- und Regionalgeschichte auf einen Blick. www.museum-viadrina.de

Kleist-Museum, Faberstr. 6–7, Frankfurt (Oder), Tel. 0335/3872210; Di–So 10–18 Uhr; 5/3 Euro. Wunderschöner Museumsbau. www.kleist-museum.de

Das Kleist-Denkmal

Bis an die Oder

Tour 24: Von Fürstenwalde (Spree) nach Eisenhüttenstadt

Verlauf: Fürstenwalde–Berkenbrück–Dehmsee–Kersdorfer Schleuse–Neubrück (Spree)–Neuhaus–Biegenbrück–Müllrose–Kaisermühl–Schlaubehammer–Hammerfort–Weißenspring–Groß Lindow–Weißenberg–Brieskow-Finkenheerd–Oderdeich–Aurith–Fürstenberg (Oder)–Eisenhüttenstadt.
Länge: 74 km.
Alternativen: bis Bhf. Müllrose: 36 km; bis Bhf. Kraftwerk Finkenheerd: 50 km.
Start: Bhf. Fürstenwalde, Aufzug: ja; Verpflegung: Bäcker im Bahnhof, Spätkauf, Am Bahnhof 2 (24 Stunden geöffnet).
Ziel: Bhf. Eisenhüttenstadt, Aufzug: ja, Einkauf: nein. Netto, Fürstenberger Str. 50 (Mo–Sa 6.30–21 Uhr).
Anfahrt: ab Bhf. Friedrichstr., RE 1, halbstdl., Fahrzeit 43 Min.
Rückfahrt: ab Bhf. Eisenhüttenstadt, RB 11 oder RE 1, stdl., Fahrzeit 1:25 Std.
E-Bike: uneingeschränkt tauglich.
Wegequalität: Wir fahren rund 31 Kilometer auf asphaltierten, separaten Radwegen. Davon fallen alleine 20 Kilometer auf dem letzten Stück zwischen Brieskow-Finkenheerd und Eisenhüttenstadt an. Dazu kommen die Passagen am Oder-Spree-Kanal und am Friedrich-Wilhelm-Kanal. Auf wenig befahrenen Nebenstraße sind wir 14 Kilometer unterwegs, straßenbegleitende Radwege stehen mit rund 22 Kilometer zu Buche. Nur rund 100 Meter haben wir es in Groß Lindow mit einer Landesstraße ohne Radweg zu tun. Drei kurze Partien mit Kopfsteinpflaster summieren sich auf rund 700 Meter.
Kurzcharakteristik: Wir fahren von Fürstenwalde (Spree) bis nach Eisenhüttenstadt durch das Berliner Urstromtal. Und das bedeutet, dass wir auf einer fast ebenen Fläche radeln, die sandige Böden mit Kiefernwald prägen. Erst ab Brieskow-Finkenheerd weitet sich die Landschaft an der Mittleren Oder zur Ziltendorfer Niederung mit Wiesenland. Thema in dieser Tour ist aber nicht die Landschaft, sondern das, was der Mensch darauf gemacht hat: Oder-Spree-Kanal und Friedrich-Wilhelm-Kanal als wichtige Wasserwege im Urstromtal, Brieskow-Finkenheerd als Industriestadt in der Nähe von Braunkohlevorkommen, Eisenhüttenstadt als sozialistische Wohnstadt des Eisenhüttenkombinats Ost an der Oder.

▶ *Bhf. Fürstenwalde–links Eisenbahnstr.–links Reinheimer Str.–rechts Am Markt–geradeaus Mühlenstr.–über Wassergasse, links Radweg an der Spree–links Magazinstr.–rechts Lindenstr./Berkenbrücker Chaussee (L 38)–Berkenbrück, geradeaus Fürstenwalder Str.–geradeaus Forststr.–geradeaus Frankfurter Str./Am Dehmsee–rechts über A 12 Am Dehmsee–geradeaus Radweg durch den Wald–geradeaus über Flutbrücke Kersdorf–An der Kersdorfer Schleuse*

Vom **Bahnhof Fürstenwalde (Spree)** fahren wir über die Eisenbahnstraße, die sich von einer Verbindung von Stadt zu Bahnhof zur Haupteinkaufeinkaufsstraße entwickelt hat, Richtung Spree. Das alte Zentrum mit Rathaus samt Uhrturm von 1624 und Dom von 1450 (→ Stadtrundgang Fürstenwalde S. 231) findet sich um den Markt. Von hier schafft die Mühlenstraße die Verbindung zur Spree. Die Bedeutung Fürstenwaldes hing und hängt eng mit dem Fluss und dem Hafen

Touren

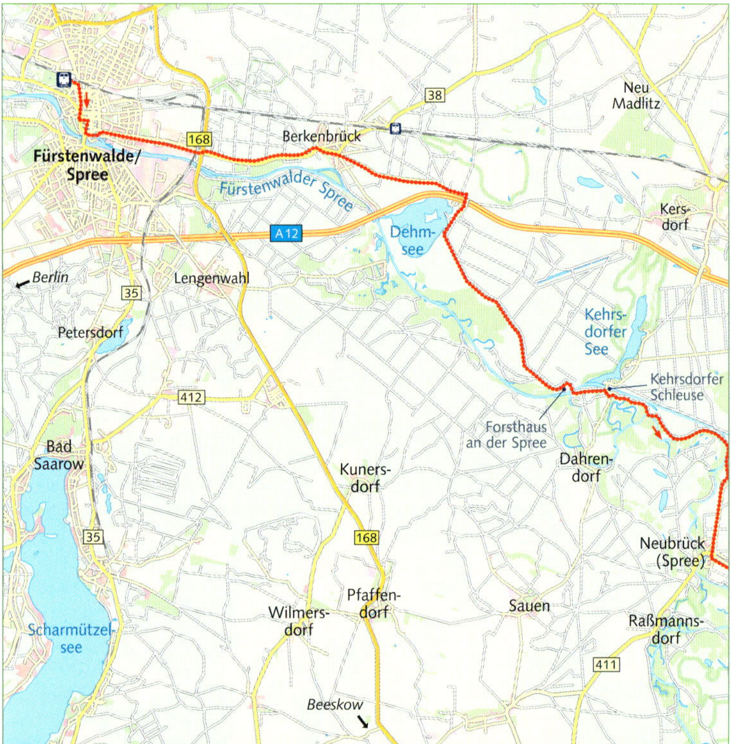

Tour 24, Teil 1

zusammen. Zeuge davon ist die **Spreemühle** (Mühlenbrücke 3) von 1837, eine Wassermühle, die um 1900 auf Dampfkraft umgestellt wurde. Die Mühle war bis 1989 in Betrieb, wurde bis 2014 denkmalgerecht saniert und bietet heute diversen Firmen Büroräume.

Auch für den Bau des **Jagdschlosses Fürstenwalde** durch König Friedrich I. um 1700 spielte die Spree eine wichtige Rolle. Reisen per Kutsche waren mühsam, reisen per Schiff eine Freude. Seit dem Tod des ersten preußischen Königs 1713 stand das Schloss dann leer. Ab 1750 wurde es zum Getreidespeicher umgebaut. Das Schloss wartet derzeit auf seine Sanierung.

Wir fahren auf der Lindenstraße, der großen Ausfallstraße der Stadt Richtung Osten. Linker Hand sehen wir die beiden **alten Wassertürme** von 1905 und 1930 an der Turmstraße. 2002 wurden sie zu Wohntürmen mit 36 Wohneinheiten umgebaut. Immerhin über 48 Meter hoch ist der ältere der beiden Türme, der heute mit dem angesetzten Treppen- und Fahrstuhlschacht ein bisschen wie eine Rakete an der Startrampe aussieht.

Hinter der Kreuzung mit der B 168 ist schlagartig Schluss mit der Bebauung. Wir fahren durch Kiefernwald nach Berkenbrück. Durch die Forststraße und die Frankfurter Straße geht es weiter Richtung Dehmsee. Wer hier rechts in die Bunitz-

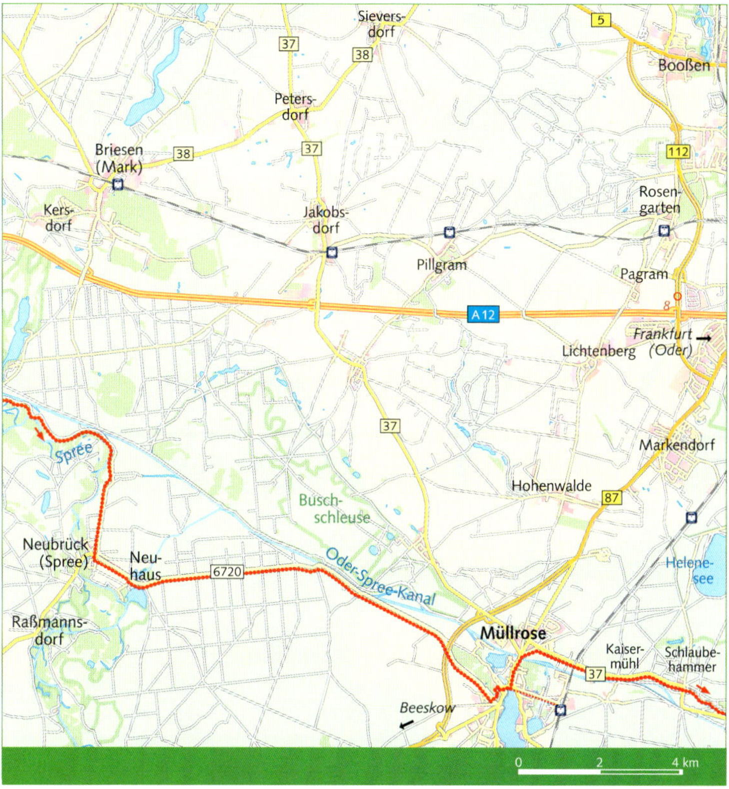

straße und wieder rechts in den Pflaumenweg abbiegt, kommt zum **Strandbad Berkenbrück** an der Fürstenwalder Spree. Eine Möglichkeit zu einer ersten Rast bietet das Strandidyll Berkenbrück. Wir aber fahren weiter Richtung Dehmsee, den wir erreichen, nachdem wir die Autobahn A 12 überquert haben. Der See ist in Privatbesitz. Fast fünf Kilometer weiter geht es nun auf dem Radweg durch Kiefernwald. Ein Hinweisschild fordert uns auf, zum **Forsthaus an der Spree**, einer Ferienanlage mit Campingplatz abzubiegen. www.jot-we-de.de lautet die Web-Adresse dieser Anlage, der man nichts hinzufügen muss. Der Stasi war 1980 diese abgeschiedene Lage gerade recht. Sie brachte hier ausgestiegene Terroristen der Baader-Meinhof-Gruppe für jeweils ein halbes Jahr unter, um sie auf ihr neues Leben in der DDR vorzubereiten. ›Objekt 74‹ hieß die Anlage im Stasi-Jargon. Damals gab es hier keine Flutbrücke und keinen Radweg.

Wir kommen zur **Kersdorfer Schleuse**, an der die weitgehend kanalisierte Fürstenwalder Spree in den Oder-Spree-Kanal übergeht. 1891 wurde die Kersdorfer Schleuse gebaut. Die Binnenschiffe werden hier um 2,38 Meter gehoben oder abgesenkt. Bis 2013 wurde die Nordkammer der Schleuse saniert und auf eine Länge von 115 Metern gebracht, um größere Binnenschiffe schleusen zu können.

▶ *An der Kersdorfer Schleuse–geradeaus Radweg am Kanal–Neubrück, links Spreestr.–Neuhaus, geradeaus K 6720/Neubrücker Str.–links Kirchhofgasse–geradeaus Günther-Schleussener-Weg–rechts Kirchstr.–links Markt–geradeaus Frankfurter Str.–links Frankfurter Str. (L 37)–rechts Lossower Weg–rechts Kaisermühler Weg (L 373)/Lindower Str./Kaisermühler Weg–Schlaubehammer*

Wir radeln weiter und können vergleichen: Zu unserer Linken verläuft der schnurgerade Oder-Spree-Kanal mit seinen befestigten Ufern, zu unserer Rechten die Spree, die sich hier in einer Vielzahl von Schleifen ihren Weg durch das Berliner Urstromtal sucht. Bis 1891 wurde der 85 Kilometer lange **Oder-Spree-Kanal** zwischen dem Seddinsee bei Berlin und Eisenhüttenstadt an der Oder angelegt. Teilweise wurde die Spree ausgebaut, teilweise ein komplett neuer Kanal gegraben. Zwischen Kehrdorfer Schleuse und Schlaubehammer wurde der Oder-Spree-Kanal im Bett des viel älteren Friedrich-Wilhelm-Kanals ausgebaut.

In **Neubrück** weist uns ein Schild ›Müllrose 11 km‹ den Weg nach links. Wer hier kurz rechts abbiegt, erhält nach wenigen Metern einen Eindruck von dem alten Spree-Ort Neubrück. Einige Wohnhäuser am Spreeufer, dazu das Eiscafé mit Biergarten unmittelbar am Fluss – ein schöner Ort, um eine Rast einzulegen. Wir aber fahren am Oder-Spree-Kanal Richtung Müllrose und passieren bis Neuhaus eine Reihe älterer Einfamilienhäuser. Sogar eine kleine **Dorfkirche** (Spreestraße 10) wurde hier 1955 von Handwerkern des Ortes in Eigenleistung errichtet – und das im SED-Staat.

Die **Schleuse Neuhaus** verbindet den Oder-Spree-Kanal über den Wergensee mit der Spree. Hier wird bei Bedarf Wasser von der Spree in den Kanal gepumpt, um die vorgesehene Scheitelhöhe in der künstlichen Wasserstraße zu halten. Die Schleuse wird vornehmlich von Sportbooten genutzt.

Der nächste Ort heißt **Biegenbrück**, aber eine Brücke über den Oder-Spree-Kanal sucht man hier vergebens. Es dürfte aber

Wunderbar fährt es sich zwischen Drahendorfer Spree (rechts) und Oder-Spree-Kanal

▲ Karte S. 244, 245, 247

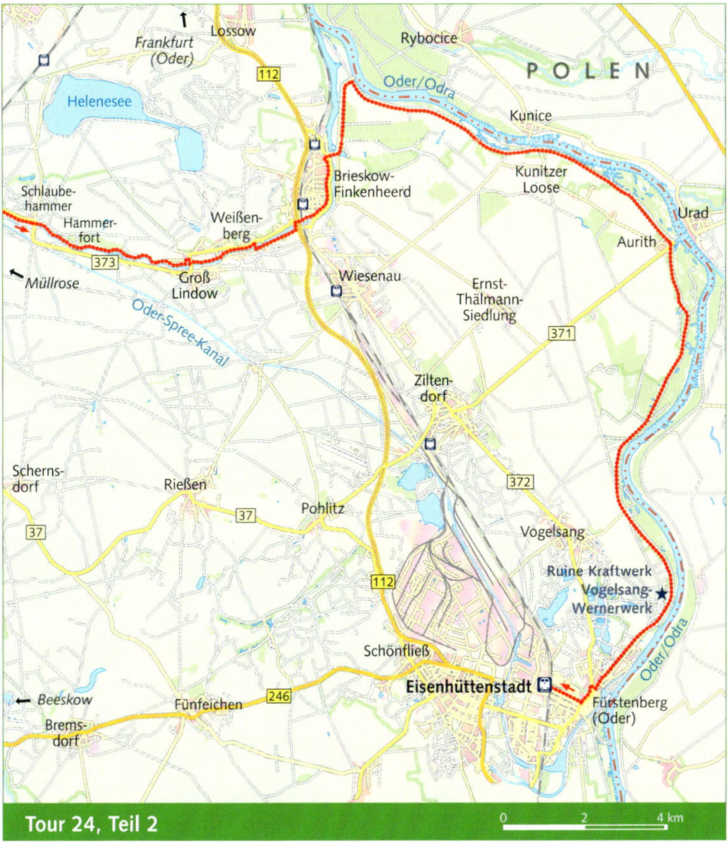

Tour 24, Teil 2

an dieser Stelle um 1700 einen Übergang über den Friedrich-Wilhelm-Kanal gegeben haben. Das Gebiet gehörte seinerzeit zum Ort Biegen. Heute gehört Biegenbrück zur Stadt Müllrose, vor der unsere Fahrt durch die endlosen Kiefernwälder erst einmal endet.

Ackerflächen kündigen **Müllrose** an – die Stadt zwischen dem Großen und dem Kleinen Müllroser See, die beide von der Schlaube durchflossen werden. Müllrose liegt nicht nur am Nordausgang des Schlaubetals, sondern auch an einer Engstelle des Berliner Urstromtals. Engstelle, das bedeutete in frühen Zeiten für ziehende Händler einen weniger gefährlichen Gang durch die sumpfige Niederung der Spree und daher einen guten Ort, um eine Stadt anzulegen. Genauso wichtig war aber die Möglichkeit, an der Schlaube eine Mühle zu errichten. Schon 1275 wird eine erste Wassermühle in Müllrose in einer Urkunde erwähnt. Bereits aus der Ferne sehen wir den 35 Meter hohen Kirchturm der um 1746 barock überformten **Kirche**, gleich daneben befindet sich das Speichergebäude der **Oderland-Mühlenwerke Müllrose**. Aus der mittelalterlichen Mühle entwickelte sich im Laufe des 19. Jahrhunderts eine

Die Klappbrücke an der Schleuse Neuhaus

hochmoderne Großmühle mit einer Turbine, die das alte Wasserrad überflüssig machte. Das fünfgeschossige Mühlengebäude, das wir nach einer kurzen Rast auf dem Marktplatz erreichen, wurde 1865 mit rundbogigen Fenstern und Türen errichtet. Die drei oberen, 1920 aufgesetzten Etagen erkennen wir an den rechteckigen Fensteröffnungen. Die Oderland-Mühlenwerke betreiben hier die größte Getreidemühle in Ostbrandenburg.

Übrigens dreht sich seit 2014 gegenüber vom Mühlengebäude wieder ein **Wasserrad**. Zur 750-Jahrfeier des Ortes wurde es mit Wassertrog und Haltekonstruktion in dem Wehr, das den Durchfluss der Schlaube vom Großen zum Kleinen Müllroser reguliert, fest installiert. Hier wird zwar kein Mühlstein gedreht, aber eine nette Erinnerung für die Spaziergänger auf der Promenade am Großen Müllroser See ist das Wasserrad allemal. Müllrose vermarktet sich heute als Tor zum Schlaubetal und punkte mit seiner Lage an den Seen. Wer mehr zur Geschichte des Ortes und des Schlaubetals wissen möchte, sollte dem **Heimatmuseum Müllrose** in der Kietzstraße gleich beim Marktplatz einen Besuch abstatten. Wer hier die Tour beenden möchte, muss rund 1,5 Kilometer über die Frankfurter Straße, die Seeallee und die Bahnhofstraße zum Bahnhof Müllrose radeln. Rund zwei Stunden dauert die Fahrt mit der RB 36 über Beeskow oder über Frankfurt (Oder) nach Berlin.

Wir aber verlassen Müllrose über die Frankfurter Straße und überqueren dabei den Oder-Spree-Kanal, dem wir auf der Nordseite folgen. Der Ort **Kaisermühl** erstreckt sich beiderseits des Oder-Spree-Kanals. Eine Brücke führt über den Kanal und hin zum ehemaligen Mühlenstandort an der Alten Schlaube. Nach dieser Mühle, die laut Landbuch der Mark Brandenburg von 1375 einem Gore Keyser gehörte, erhielt der Wohnplatz Kaisermühl seinen Namen. Der SED-Leitung Brandenburg war er aber trotzdem ein Dorn im Auge. Die schlug per Brief eine Umbenennung in Neu-Mühle vor. Die Gemeinde beantwortete dieses Schreiben nicht und so blieb, trotz feudaler Anklänge im Namen, Kaisermühl einfach Kaisermühl.

▲ Karte S. 244, 245, 247

► *Schlaubehammer–links Radweg am Friedrich-Wilhelm-Kanal–Groß Lindow, rechts Am Mühlenteich–rechts Ernst-Thälmann-Str.–links Radweg am Friedrich-Wilhelm-Kanal/Klixmühle/Radweg am Kanal/Lindenstr.–rechts Brücke über Kanal–links Radweg am Kanal/Am Kanal–links Bahnhofstr.–rechts Radweg am Kanal–geradeaus Radweg an Lindenstr. (L 373)–rechts Seestr.–geradeaus Schöpfwerk–links Weg am Brieskower See–rechts Oder-Neiße-Radweg–Eisenhüttenstadt, geradeaus Buchwaldstr.–rechts Königstr.–links Frankfurter Str. (L 372)–rechts Bahnhofstr.–Bhf. Eisenhüttenstadt*

Hinter Kaisermühl knickt der Oder-Spree-Kanal nach Südosten Richtung Eisenhüttenstadt ab. Wir aber biegen in Schlaubehammer kurz vor der Brücke links ab und bleiben so an der Nordseite des Friedrich-Wilhelm-Kanals. Wer kurz über die Brücke fährt, sieht auf der rechten Seite ein Fachwerkgebäude (Kaisermühler Str. 5). Es handelt sich um ein **ehemaliges Zollhäuschen** aus der Zeit um 1800, das heute als Wohnhaus genutzt wird.

Zurück auf dem Radweg am Friedrich-Wilhelm-Kanal, können wir auf den ersten Metern die Wasserstraße nur schwer erkennen. Ein verkrautetes Kanalbett mit teilweise umgestürzten Bäumen, ein fast zugewachsenes Ufer – das Ganze wirkt eher wie ein Bruchwald.

Bis 1669 wurde der ursprünglich 27 Kilometer lange Friedrich-Wilhelm-Kanal zwischen Neuhaus an der Spree und Brieskow an der Oder angelegt. Dabei wurde der Kanal zwischen Neuhaus und Müllrose komplett neu gegraben. Zwischen Müllrose und Brieskow folgte er – oftmals auch in einem gegrabenen Bett – dem Lauf der Schlaube. Immer wieder berührte und kreuzte der Kanal den Fluss. So konnte das Schlaubewasser für die Scheitelhaltung des Kanals benutzt, konnten gleichzeitig die Wassermühlen am Fluss Schlaube weiter betrieben werden.

Elf Schleusen waren 1669 notwendig, um den Höhenunterschied von bis zu 23 Metern zwischen der Oder und der Scheitelhaltung des Kanals auszugleichen. Gebaut wurden die Schleusen unter der Leitung des niederländischen Baumeister Michael Matthias Smidts, der den Schiffszimmermann Lubbert Harmens mit in die Mark Brandenburg brachte. Wieder einer dieser Technologietransfers von den hoch entwickelten Niederlanden in das rückständige Preußen des 17. Jahrhunderts. Das für diese Zeit riesige Projekt schob Kurfürst Friedrich Wilhelm an, um die Warenströme von Schlesien Richtung Hamburg und Nordsee über Berlin zu leiten. In den folgenden 100 Jahren wurden die Schleusen nach und nach in Stein ausgeführt und vor allem auf die Größe der Schiffe mit Finow-Maß gebracht. 1951 wurde der

Bezaubernder Herbstmorgen am Großen Müllroser See

Schafherden sorgen für die Festigkeit des Oderdeichs bei Aurith

Kanal in Brieskower Kanal umbenannt, vermutlich um den Namen des Hohenzollern-Kurfürsten loszuwerden.

Ab Hammerfort ist der Friedrich-Wilhelm-Kanal wieder als Wasserweg zu erkennen. Er wird heute nur noch von Freizeit-Schippern genutzt. Auf dem gegenüberliegenden Ufer sehen wir eine der Wochenendhaussiedlungen, die zu DDR-Zeiten entlang des Kanals angelegt wurden. Nach 1990 wurde aus mancher Datsche dann ein Eigenheim.

Über Weißenspring kommen wir nach **Groß Lindow**, das ein kleines Bauerndorf sowie Grenz- und Zollort zu Sachsen war, bevor der Friedrich-Wilhelm-Kanal für einen kräftigen Wachstumsschub sorgte. Heute sehen wir am Hafen ein Fahrgastschiff mit dem Namen ›Treidelkahn‹. Getreidelt wird hier aber nicht, vielmehr eine Rundfahrt per E-Motor bis zur Schleuse Weißenspring angeboten. Die Lastkähne in alten Tagen wurden bei Wind gesegelt oder aber bei der Wassertiefe von nur 70 Zentimeter gestaakt, nur selten getreidelt, also vom Treidelpfad aus gezogen.

In Groß Lindow finden sich auf der anderen Seite des Kanals einige gastronomische Angebote wie das Restaurant Preußenstuben oder das Café HolzAppel. Vorbei an Klixmühle bringt uns der Weg nach **Weißenberg** mit dem Friedrich-Wilhelm- oder auch Kanal-Denkmal, das 1869 zum 200. Geburtstag der Wasserstraße aufgestellt wurde. Gleich danach wechseln wir auf die Südseite, um noch den letzten Rest des Radweges, der um das Jahr 2000 entlang des Friedrich-Wilhelm-Kanals angelegt wurde, zu genießen.

Wir sind in **Brieskow-Finkenheerd** angekommen und passieren am Ortsrand die **Eisenbahnlinie**, die heute als RB11 von Cottbus über Eisenhüttenstadt nach Frankfurt/Oder geht. Eröffnet wurde die Strecke 1846 von der Niederschlesisch-Märkischen Eisenbahn, die Breslau mit Berlin verband. Brieskow-Finkenheerd lag damit im Kreuzungspunkt von Friedrich-Wilhelm-Kanal und Eisenbahnlinie. Verständlich, dass sich hier Industrieunternehmen wie eine Ofenfabrik oder auch eine Holz- und Imprägnierfabrik ansiedelten. Ab 1921 wurde ein Kraftwerk in Finkenheerd errichtet, dass die Braunkohle, die in der Nähe abgebaut wurde, in Strom umwandelte, ab 1972

▸ Karte S. 244, 245, 247

zudem von hier aus Frankfurt/Oder mit Fernwärme versorgt. 1992 erfolgte die Stilllegung des Werkes.

Eine Erinnerung an die Braunkohle-Zeit ist die **Wohnsiedlung Glück auf**, zu der wir kurz hinter der Bahntrasse links ab über die Ernst-Thälmann-Straße gelangen. Der bekannte Berliner Architektur Heinrich Tessenow baute hier 1928 eine Siedlung mit 31 Bergarbeiterhäusern. Leider wurde auf Antrag der Gemeinde der Denkmalschutz für die Wohnhäuser aufgehoben.

Hier in Brieskow-Finkenheerd besteht nach rund 50 Kilometern die zweite Möglichkeit, die Tour zu beenden: Wer einfach weiter die Lindenstraße hinunter fährt und sich nach dem Bahnübergang links hält, kommt in wenigen Minuten zum Bahnhof Kraftwerk Finkenheerd.

Wir aber biegen rechts auf die Seestraße ab und erleben erst mal einen Klingelfisch – ein Fisch, der aus 10000 Deckeln von Fahrradklingeln hergestellt ist und den **Fischereibetrieb Schneider** markiert. Die Oder wirft ihre Schatten voraus. Fischerei Schneider, ein alter Familienbetrieb, der aktuell in der sechsten Generation geführt wird, bietet nach alten Familienrezepten hergestellte Spezialitäten und frisch geräucherten Fisch an.

Über die Brücke des Schöpfwerks, das den Friedrich-Wilhelm-Kanal vom Brieskower See trennt, geht es an den Oderstrom. Wir sind auf dem Oder-Neiße-Radweg angekommen und das heißt stressfreies Radeln auf und am Deich bis nach Eisenhüttenstadt. Es geht vorbei an Kunitzer Loose und dem Dorf Aurith, das ursprünglich nur ein Vorwerk für das heute polnische Urad war.

Aurith geriet wie die gesamte Ziltendorfer Niederung 1997 in die Schlagzeilen. Eine Jahrhundertflut suchte die Oder heim. Die Deiche brachen bei Brieskow-Finkenheerd, einen Tag später auch bei Aurith. Die gesamte Ziltendorfer Niederung war aber schon vorher evakuiert worden, so dass keine Menschen zu Schaden kamen. Ein kleines Stück in die Dorfstraße von Aurith hinein bietet das Bauernstübchen als örtliche Kneipe mit schönen Plätzen draußen Leckeres.

Weiter geht es an den Oderwiesen entlang bis zur NS-Bauruine **Kraftwerk Vogelsang-Wernerwerk.** Ab 1943 im Wärmekraft-Sofortprogramm gebaut, erlebte es 1945 gerade noch einen Probebetrieb.

Touren

An der Oder

Dann wurde es demontiert. Gedacht war es als Energielieferant der Industrieunternehmen, die hier während der NS-Zeit aufgebaut wurden (→ Stadtrundfahrt Eisenhüttenstadt, S. 253).

Über die Buchwaldstraße erreichen wir **Eisenhüttenstadt**. Die Stadt besteht aus der alten Oderstadt Fürstenberg und der ehemaligen sozialistischen Wohnstadt am Eisenhüttenkombinat Ost. Wer zumindest einen kurzen Eindruck von dem alten Fürstenberg (Oder) gewinnen möchte, fährt links durch die Königstraße zum **Marktplatz** mit dem **Rathaus** von 1901. Dazu kommt der **Kunsthof**, eine Mischung aus Hofladen, Galerie und Veranstaltungszentrum in der ehemaligen Feuerwache. Hier findet sich auch eine E-Bike-Ladestation. Über die Marktgasse und die Oderstraße gelangt man zum **Städtischen Museum** (Löwenstraße 4). Von da sind es nur noch wenige Meter bis zur **Stadtkirche St. Nikolai** (Oderstraße 1), die in der ersten Hälfte des 15. Jahrhunderts erbaut wurde. 1945 brannte sie bis auf die Umfassungsmauern ab. In der Innenstadt von Fürstenberg regt sich seit Jahren wieder Leben, nachdem die alte Oderstadt lange für den Ausbau von Eisenhüttenstadt vernachlässigt worden war. Wer noch Lust und Kraft hat, sollte einen Besuch im neuen Zentrum von Eisenhüttenstadt, vormals Stalinstadt, nicht versäumen (→ S. 253).

Wir aber fahren über die Bahnhofstraße zum Bahnhof Eisenhüttenstadt, von dem auch am Wochenende stündlich Züge über Frankfurt (Oder) zurück nach Berlin verkehren.

Tour 24

Eiscafé und Biergarten, Spreestr. 78, Rietz-Neuendorf, Tel. 033672/72128; Mai–Okt. tägl. 12–20 Uhr, im Winter Fr/Sa/So ab 16 Uhr. Im Sommer Eiscafé mit schönen Plätzen an der Spree, im Winter Kneipe.

Café Müllrose, Markt 9, Müllrose, Tel. 033606/71203; Mo–Sa 5.30–18, So 7–18 Uhr. Bäcker, Brötchen, Snacks. www.baeckerei-dreissig.de

Die Preußenstuben, Ernst-Thälmann-Straße 4, Groß Lindow, Tel. 033609/38600; Di–Do 16.30–20, Fr 16–20, Sa/So 11.30–14 u. 17–20 Uhr. Deftige Speisen. www.die preussenstuben.de

Café HolzAppel, Karl-Marx-Str. 59, Groß Lindow, Tel. 033609/36679; Di–So ab 14 Uhr, Nov.–März Di geschlossen. Gemütliches Café. www.cafe-holzappel.de

Fischerei Schneider, Lindenstr. 20, Brieskow-Finkenheerd, Tel. 033609/36833; Do/Fr 9–16 Uhr. Räucherfisch fürs Picknick. www.fischer-schneider.de

Bauernstübchen, Dorfstr. 7, Ziltendorf/OT Aurith, Tel. 033653/542; Mai–Aug. Mo–So 10–21 Uhr, Sept.–April Mo–So 11–20 Uhr. Gemütlich.

Heimatmuseum Müllrose, Kietz 7, Müllrose, Tel. 033606/77290. Aktuell wegen Bauarbeiten geschlossen. Von archäologischen Funden bis zu Arbeitsgeräten der Region, dazu Kutschensammlung.

Städtisches Museum Eisenhüttenstadt, Löwenstr. 4, Eisenhüttenstadt, Tel. 033642/146; Di–Fr 10–16, 1. und 3. Sa im Monat 13–17 Uhr; 3/1,50 Euro. Kunstausstellung zur DDR, Stadtgeschichte mit einem Schwerpunkt auf die Entwicklung der Stadt nach 1945. www.museum-eisenhuettenstadt.de

Strandidyll, Pflaumenweg 8, Berkenbrück, Tel. 033634/699797; Mi–So 12–20 Uhr. Café mit Spreeblick, auch deftige Speisen.

Kunsthof Fürstenberg (Oder), Lindenplatz 4, Eisenhüttenstadt, Tel. 03364/5520477; Di–So 11–17 Uhr. Galerie, Hofladen, Veranstaltungszentrum. www.kunsthof-fuerstenberg-oder.de

▸ Karte S. 244, 245, 247

Eisenhüttenstadt – eine Stadtrundfahrt

Vom Bahnhof Eisenhüttenstadt sind es rund 20 Minuten zu Fuß in das Zentrum der ab 1950 aufgebauten sozialistischen Wohnstadt am Eisenhüttenkombinat Ost (EKO). Zu weit, um zu laufen. Also machen wir eine Stadtrundfahrt und radeln vom Bahnhof rechts in die Beeskower Straße und dann immer geradeaus. Wir überqueren dabei den Oder-Spree-Kanal, passieren das neue City Center und radeln bis zur Ecke Werkstraße.

Hier sind wir am entscheidenden Punkt der Stadt. Rechts sehen wir den mächtigen **Hochofen Va**, links die Hauptstraße des sozialistischen Wohngebietes, seinerzeit Leninallee, heute **Lindenallee**. Eine bewusste Inszenierung: Vom ›Zentralen Platz‹ der Stadt durch die Magistrale zum Herz einer Eisenstadt, dem Hochofen.

Eine kurze Fahrt durch die **Lindenallee** wirkt dann ernüchternd. Wir radeln durch eine eher langweilige Einkaufsstraße. Also biegen links in die Rosa-Luxemburg-Straße ab und kommen in den **Wohnkomplex I** (WK I). Dabei handelt es sich um das erste Wohnviertel der Stadt, die nach dem Tod des sowjetischen Diktators 1953 Stalinstadt getauft wurde. Das Viertel besteht aus einfachen, dreigeschossigen Wohnbauten in Zeilenbauweise, die genügend Platz für Grün lassen. Diese Anlage verrät die Herkunft der frühen Planung für Eisenhüttenstadt aus dem Reformwohnungsbau der Weimarer Zeit. In der Alten Ladenstraße steht noch heute die eingeschossige Ladenzeile, die als erste Verkaufseinrichtung der neuen Wohnstadt diente.

Zentrum des Wohnkomplexes ist der **Platz des Gedenkens**. Neben dem Obelisken gibt es zwei Grabkammern, die es eigentlich nicht geben dürfte. Laut SED-Legende wurde Eisenhüttenstadt auf der grünen Wiese errichtet. Tatsächlich gab es hier aber schon zur NS-Zeit weitläufige Industrieanlagen. Die aber wurden nach 1945 von der Sowjetunion komplett demontiert, die baulichen Reste gesprengt. Beim Bau des Stahlwerks entdeckte man nun Massengräber von russischen Zwangsarbeiter, die in den Industrieanlagen hatten arbeiten müssen.

Typische Wohnhäuser im ›Nationalstil‹

Das Museum für Utopie und Alltag

Was tun? Kurz entschlossen wurden die Zwangsarbeiter umgebettet und dabei zu heldenhaften Soldaten der Roten Armee, die im Kampf gefallen waren.

Weiter geht es durch die Eichendorffstraße und den Brunnenring über die Straße der Republik in den **Wohnkomplex II** (WK II). Hier hat sich der Nationalstil der 1950er Jahr in der DDR voll durchgesetzt. Berlin-Kennern fällt die Ähnlichkeit mit der Karl-Marx-Allee sofort ins Auge. Gerade Linien, deutlich vorkragende Gesimse, Flachdach, Pfeiler, Balustraden – alles vorhanden, wie auch der ehemalige Kindergarten II, Erich-Weinert-Allee 3, in dem heute das **Museum für Utopie und Alltag** seine Heimat gefunden hat. Hier wird das Leben in der DDR dokumentiert. Wir erreichen das Museum über den Clara-Zetkin-Ring und die Erich-Weinert-Allee.

Über die Friedrich-Engels-Straße, die Poststraße und die Pawlowallee kommen wir zum **Zentralen Platz** mit dem heutigen **Rathaus**. Das Gebäude wurde 1955 als ›Haus der Partei und Massenorganisationen‹ errichtet, als einziges realisierte Gebäude von einer ganzen Reihe geplanter Prachtbauten. Über die Straße der Republik geht es weiter in die Lindenallee. Linker Hand sehen wir das **Friedrich-Wolf-Theater** (Lindenallee 23), das ebenfalls bis 1955 im Nationalstil errichtet wurde. Im Umfeld des Theaters finden sich Möglichkeiten zu einer Rast.

Wer mehr zur Geschichte von Eisenhüttenstadt erfahren möchte, muss in das **Städtische Museum** im Ortsteil Fürstenberg fahren. Hier wird in einer Dauerausstellung die Entwicklung von Fürstenberg (Oder) und Eisenhüttenstadt nachgezeichnet.

Eisenhüttenstadt

Crema und Chioccolato, Lindenallee 29, Eisenhüttenstadt, Tel. 03364/7749580; tägl. 8–20 Uhr. Eis, Kaffee und mehr. www.crema-cioccolato.com

Bäcker Dreißig, Lindenallee 11, Eisenhüttenstadt, Tel. 03364/283102; tägl. 5.30–18 Uhr. Brötchen und Snacks.

Museum Utopie und Alltag, Erich-Weinert-Allee 3, Eisenhüttenstadt, Tel. 03364/417355; Di–So 11–17 Uhr; 4/2 Euro. Alltag, Politik und Gesellschaft der DDR. Zeitreise in eine untergegangene Welt. www.utopieundalltag.de

Durchs Dahmeland

Tour 25: Von Königs Wusterhausen nach Golßen

Verlauf: Königs Wusterhausen–Neue Mühle–Zernsdorf–Kablow–Bindow–Dolgenbrodt–Prieros–Hermsdorfer Mühle–Klein Hammer–Forsthaus Hammer–Märkisch Buchholz–Halbe–Teurow–Freidorf–Briesen–Staakmühle–Staakow–Rietzneuendorf–Prierow–Golßen.
Länge: 66 km.
Alternativen: bis Bhf. Halbe: 40 km.
Start: Bhf. Königs Wusterhausen
Fahrstuhl: ja; Einkauf: Shop im Bahnhof, Bio am Bahnhof, Kirchsteig 79; Mo–Mi 9–19, Do/Fr 9–20, Sa 9–14 Uhr.
Ziel: Bhf. Golßen.
Fahrstuhl: nicht nötig; Einkauf: Rewe, Straße der Einheit 4A; Mo–Sa 6–22 Uhr (ca. 2,5 km entfernt).
Anfahrt: ab Bhf. Südkreuz, S46, alle 20 Min., Fahrzeit 49 Min.
Rückfahrt: ab Bhf. Golßen RE5, zweistdl., Fahrzeit 1:16 Std.
Radeln nach Zahlen: 68–32–85–63–62–61–52–53–55–24–25–17–18–5–6–8–64–66.
E-Bike: uneingeschränkt tauglich.
Wegequalität: Wir fahren knapp die Hälfte der Strecke auf sehr ruhigen Nebenstraße mit Asphaltdecke. Diese wirken eher wie separate Radwege, sind aber etwas breiter und für Anlieger zugelassen. Auf separaten Radwegen sind wir rund 8 Kilometer unterwegs, davon über 6 Kilometer auf gut verdichteter Sandpiste im Wald vor Hermsdorfer Mühle. Straßenbegleitende Radwege fahren wir rund 15 Kilometer, die Hälfte davon mit guter Asphaltdecke. Problematisch sind nur die 700 Meter Kopfsteinpflaster in Freidorf. Hier gibt es aber einen schmalen Bürgersteig, den man nutzen kann.
Kurzcharakteristik: Von Königs Wusterhausen bis Prieros fahren wir durch das wasserreiche Dahme-Seenland. Ab Märkisch Buchholz geht es dann durch einen scheinbar endlosen Kiefernwald auf trockener Sanderfläche. Diese Wälder haben traurige Berühmtheit erlangt durch den ›Kessel von Halbe‹, der letzten großen Schlacht des Zweiten Weltkrieges. Daran erinnert in Halbe einer der größten Kriegsgräberfriedhöfe Deutschlands. Bei Teurow stoßen wir wieder auf den Dahme-Radweg, der uns nach Rietzneuendorf und weiter durch das Naturschutzgebiet Urstomtal bei Golßen zu unserem Ziel bringt, dem Bahnhof Golßen.

► *Bhf. Königs Wusterhausen–Knoten 68, über Storkower Str. in Kirchsteig–Knoten 32, links Tiergartenstraße/Schleuse Neue Mühle–Knoten 85, rechts Zernsdorfer Str.–rechts Küchenmeisterallee–rechts Karl-Marx-Str./Friedensaue/Friedrich-Engels-Str.–rechts Kablower Chaussee/Zernsdorfer Str.–rechts Am Krüpelsee–links Fontanestr.–Ortseinfahrt Kablow*

Königs Wusterhausen, gerne auch als KW abgekürzt, ist nicht die Stadt, die einen Rundgang zwingend erforderlich macht. Aber zumindest das **Schloss Königs Wusterhausen**, das für den Soldatenkönig Friedrich Wilhelm I. steht, sollte man gesehen haben. Wer es nicht kennt, verlässt den Bahnhof am besten auf der Westseite und fährt vor der Tour die 800 Meter durch die Bahnhofstraße und dann rechts durch die Schloßstraße. So gelangt man zu dem Schloss

Überraschend zierlich: das Schloss in Königs Wusterhausen

in der Art eines ›Festen Haus‹ aus dem 16. Jahrhundert, einen Bau im Stil der Renaissance mit zwei parallelen Satteldächern und davor einem Treppenturm. Das passt zu Friedrich Wilhelm I., der die Prachtentfaltung am barocken Hof seines Vaters entschieden ablehnte. Im Schloss gibt es eine Ausstellung zur Wohnkultur der Zeit Friedrich Wilhelms I. Zu sehen sind auch 40 Bilder, die der gichtgeplagte König selbst gemalt hat und mit ›in tormentis pinxit‹ (unter Qualen selbst gemalt) signiert hat. Zwischen den beiden Kavalierhäusern vor dem Schloss hindurch gelangt man zum **Dahmelandmuseum** am Schloßplatz.

Wir aber nehmen unsere Tour auf, indem wir den Bahnhof Königs Wusterhausen auf der Ostseite, Richtung Storkower Straße, verlassen. Über den Kirchsteig geht es in wenigen Minuten raus aus dem Zentrum der Stadt. Entlang älterer Villen gelangen wir zur **Schleuse Neue Mühle**, die erstmals um 1696 erwähnt wird. 1868 wurde die heutige Schleusenanlage errichtet. Sie dient vor allem dem Wassersport, kann aber auch mit der Wehranlage die Wasserstände in der Dahme regulieren.

▸ Karte S. 257, 258

Während wir die Schleuse überqueren, spüren wir erstmals die Bedeutung des Wassers für die Region. Wir sind an der Dahme, genauer gesagt am Kilometer 9,5 der Dahme-Wasserstraße. Der Fluss entspringt südöstlich der Kleinstadt Dahme, fließt dann 95 Kilometer Richtung Norden und mündet in die Spree. Im oberen Lauf zwischen Prieros und Königs Wusterhausen fließt die Dahme durch eine ganze Reihe von Seen, die hier die Landschaft prägen.

Nach nur wenigen Metern an der Zernsdorfer Straße biegen wir in die Küchenmeisterallee ab und fahren in den Ortsteil Neue Mühle, der von Eigenheimbauten an Dahme und Krimnicksee geprägt ist. Hier finden sich noch viele ältere Villenbauten. Rechter Hand, in Höhe der Krimnickallee, sieht man das **Strandbad Neue Mühle**. Ansonsten aber ist das Seeufer kaum zu erreichen, da die Grundstücke der Wohnbauten bis ans Wasser reichen. Wir fahren weiter nach **Zernsdorf**, einem ehemaligen Bauerndorf. Es kam durch die Anlage von Ziegeleien, die bis 1900 Berlin mit Backsteinen belieferten, zu Wohlstand. Auf die Ziegeleien folgten diverse Industriebetriebe wie zum Bei-

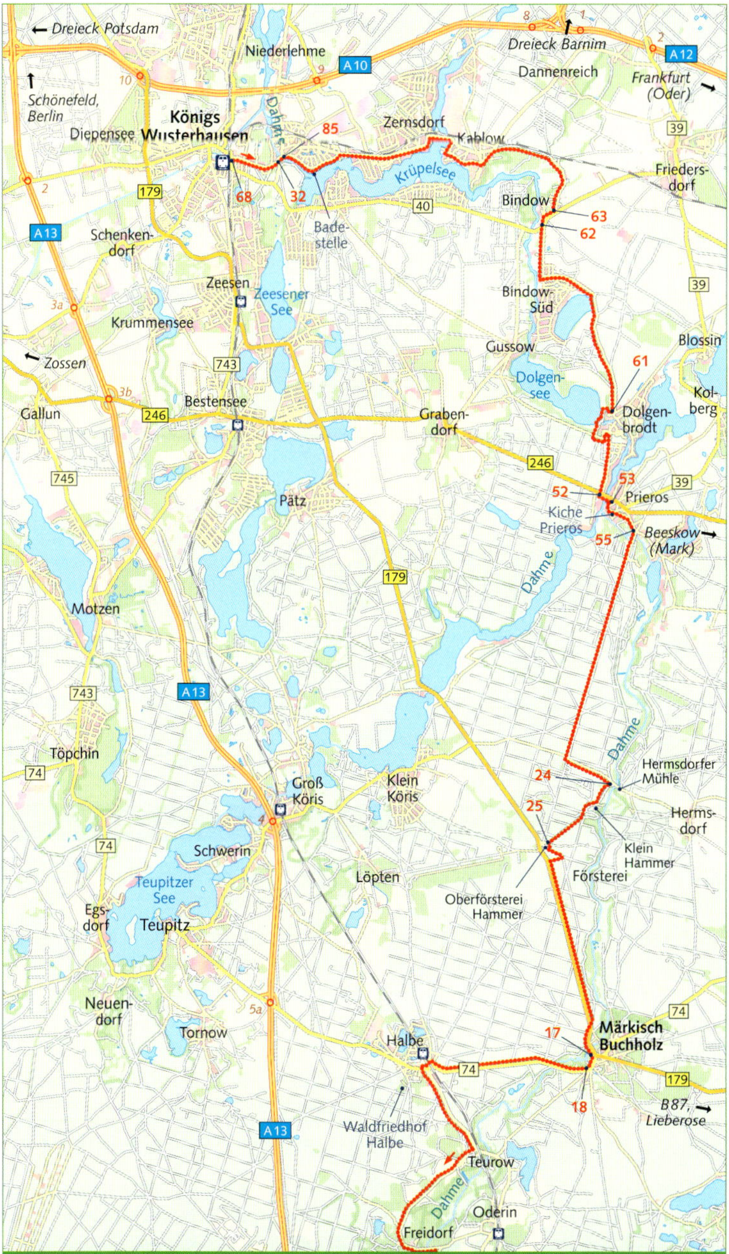

Tour 25, Teil 1

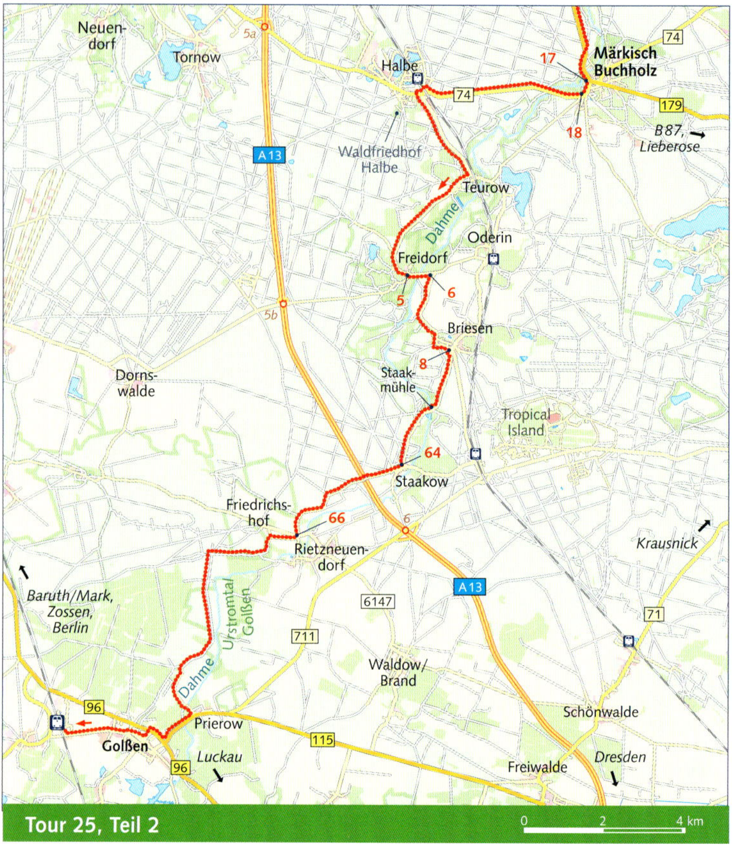

Tour 25, Teil 2

spiel eine Fabrik zum Imprägnieren von Eisenbahnschwellen. Auf deren Gelände wurde dann rund um den alten **Wasserturm des Schwellenwerkes** ein Wohngebiet angelegt.

In Königs Wusterhausen steigen durch den Umzug ins Berliner Umland die Einwohnerzahlen, der Traum vom Eigenheim in Seenähe lockt. Nur leider sind die Grundstücke zumeist ohne Seeblick geschweige denn Seezugang. Eher verwirklicht wird dieser Traum in dem schon älteren Villenviertel vor **Kablow** und vor allem im Kern des Dorfes mit Dorfaue und neugotischer Kirche.

Und hier endlich haben wir das Gefühl, Berlin und seinen Speckgürtel hinter uns gelassen zu haben.

► *Kablow–links versetzt Bindower Weg–halb rechts Radweg Bindower Weg / Siedlung Nord/Kablower Weg–Knoten 63, rechts Bindower Dorfstr.–Knoten 62, links Grüne Trift/Ernst-Thälmann-Str.–links Geschwister-Scholl-Str./Verlängerte Geschwister-Scholl-Str./Straße nach Bindow/Bindower Allee–Knoten 61, rechts An der Dorfaue–rechts Wiesenweg/Brücke über die Dahme–links Forstweg–rechts*

Hasenwinkel–rechts Nach Friedrichsbauhof/An der Dahme–Knoten 52, links Gräbendorfer Allee/Storkower Allee–Knoten 53, rechts An der Dahmebrücke–links Prieroser Dorfaue–Kirche Prieros

Dass diese wasserreiche Gegend schon seit mindestens 3000 Jahren besiedelt ist, erfahren wir am Bindower Weg. Hier gruben von 1937 bis 1942 Archäologen im Auftrag des Märkischen Museums Berlin **germanische Siedlungsspuren** auf den Wiesen rechts Richtung Bindower Fließ aus. Grundrisse von rund 100 Lang- und Grubenhäusern, Speichern und Brunnen wurden gesichert. Gesiedelt wurde hier im Übergang von der Talsandinsel zu den Feuchtwiesen am Wasser. Schautafeln entlang des Weges informieren uns über die Lebensweise in der Bronzezeit, der Vorrömischen Eisenzeit und der Römischen Kaiserzeit. Wer dieses Thema vertiefen möchte, sollte die Germanische Siedlung Klein Köris (Buschweg 8) besuchen, der wir uns auf unserer Tour nähern. Hier wird versucht, auf der Basis von Grabungsbefunden ein germanisches Dorf aus der Zeit um das Jahr 300 nach unserer Zeitrechnung wieder aufzubauen und auszustatten.

Am Übergang auf die Straße Siedlung Nord, die schon zu Bindow, gehört, passieren wir den **Skabyer Torfgraben**. Er wurde im 18. Jahrhundert angelegt, um das Gebiet bis Friedersdorf und Skaby zu entwässern. Vor allem aber sollte der dort abgebaute Torf auf dem Kanal abtransportiert werden. Heute gibt der Skabyer Torfgraben dem Naturschutzgebiet mit moorigen Niederungen und Trockenrasen auf den höher gelegenen Flächen seinen Namen.

Dolgenbrodt liegt zwischen dem Dolgensee und dem Langen See und wird zudem noch von der Dahme durchflossen. So kann man an der Ortseinfahrt links auf die Straße ›Dahme-Ufer‹ radeln und sich einen Platz am Fluss für eine Rast suchen. Oder man fährt noch ein Stück weiter geradeaus auf der Straße Fährwinkel. Dann links ab in die Straße Hasenwinkel, dann nochmal rechts und weiter auf ›Am Badestrand‹, und schon hat man eine weitläufige Wiese mit Strand und **Badestelle am Langen See** vor sich. Gasthaus Kober mit einem schönen Garten zum Sitzen lädt in Dolgenbrodt zu einer Rast ein. Eine weitere Rastmöglichkeit ist Kuddels Gastwirtschaft, die wir erreichen, nachdem wir auf der Fußgänger- und Radfahrerbrücke über die Dahme gefahren sind.

Über Friedrichsbauhof verlassen wir Dolgenbrodt. Es geht auf einem schönen Weg durch Wald und Wiesen, die Dahme ist allerdings hinter Ferien- und Wohnhäusern verborgen. Erst von der Brücke, auf der wir die Dahme überqueren, können wir mal gucken, wie es sich so mit Wassergrundstück samt Anleger und Jacht lebt.

Bequem über die Dahme bei Dolgenbrodt

Touren

Die Dahme bei Prieros

Nach drei, vier Seen drängt sich eine Frage auf: Warum gibt es hier so viele natürliche Gewässer? Mehr als 70 Seen finden sich in dieser Region, die zurecht den Namen Dahme-Seenland trägt. Grund ist die Weichseleiszeit, in der dieses Gebiet von einem Gletscher überfahren wurde. Schmelzwasser sammelten sich unter dem Gletscher, sorgten für Rinnen in Nordost-Südwest-Richtung. In diesen Rinnen blieben beim Abschmelzen der Gletscher Toteisblöcke, in deren Hohlformen sich dann die Seen entwickelten.

Wir sind mittlerweile in **Prieros** angekommen, das sich durch Dorfaue und Kirche als gewachsenes Dorf zu erkennen gibt. Erst auf den zweiten Blick sehen wir, dass der Ort weitgehend touristisch geprägt ist. Hier finden sich Campingplatz und Ferienanlagen. Das reetgedeckte Fachwerkhaus links stammt aus dem 18. Jahrhundert und beherbergt das **Heimathaus Prieros**.

In der **Alten Schule** (Arnold-Breithor-Straße 8) aus den 1890er Jahren ist die Verwaltung des Naturparks Dahme-Heideseen eingezogen, dazu Büros von Naturwacht und NABU. Hier findet sich ein Infopunkt, der unter anderem zu einem zwei Kilometer langen Rundweg durch Prieros einlädt. Die Dauerausstellung zum Naturpark Dahme-Heideseen ist aber nur im 14 Kilometer entfernten Storkow zu sehen.

▶ *Kirche Prieros–rechts Prieroser Dorfstr.–rechts Mühlendamm–Knoten 55, rechts halten Mühlendamm/Zum Waldhaus/Weg durch den Wald–links Richtung Hermsdorf–Knoten 24, rechts Weg durch den Wald nach Klein Hammer–weiter Weg durch den Wald zur Oberförsterei Hammer–Knoten 25, links Weg an der B 179–Märkisch Buchholz, Markt*

▶ Karte S. 257, 258

Wir verlassen Prieros auf der Straße Zum Waldhaus. Der Abzweig links führt zu der Ferienanlage mit dem heutigen Hotel Waldhaus Prieros (Am Waldhaus 1). In dieser Villa eines Berliner Tuchhändlers aus den 1920er Jahren unterhielt der erste und einzige Präsident der DDR, Wilhelm Pieck, bis 1959 seine Sommerresidenz.

Es ist schon ein merkwürdiges Gefühl, an einer Bootswerft wie dem Familienbetrieb Wendisch am Ortsausgang von Prieros vorbeizuradeln und nur ein paar Meter weiter im sandigen Kiefernwald unterwegs zu sein. Der zieht sich jetzt endlos hin, bis zur Stadt Märkisch Buchholz. Gäbe es das Wort von der Streusandbüchse des Heiligen Römischen Reiches noch nicht, für diese Gegend müsste man es erfinden. Fünf Kilometer geradeaus treten wir auf einer Asphaltpiste in die Pedale und atmen dabei zumindest im Sommer die würzige Luft der Kiefern. Dann biegen wir links ab, dem Schild Hermsdorf folgend. Nur Germanen-Fans sollten hier den Weg rechts zum Germanendorf Klein-Köris nehmen.

Wir aber kommen nach gut einem Kilometer an die **Hermsdorfer Mühle** und stehen damit endlich mal wieder am Fluss Dahme. Die Hermsdorfer Mühle ist eine von ursprünglich 15 Wassermühlen am Lauf der Dahme. Das ehemalige Mühlengebäude findet sich jenseits der Brücke, lohnt den Weg aber nicht. Also gucken wir uns kurz die Schleuse an und fahren dann am Knoten 24 rechts ab, über den Wohnplatz Klein Hammer und die Oberförsterei Hammer zur nächsten Station. Das ist **Märkisch Buchholz**, die kleinste Stadt Brandenburgs mit rund 800 Einwohnern. Nur, wo ist hier – mal abgesehen von der Kirche – ein Stadtzentrum? Eine Stele am Marktplatz zeigt uns auf der Fußwegseite ein Bild des alten Märkisch Buchholz vor 1945. Darauf sind Kirche und Marktplatz zu sehen, umstellt von schmucken Bürgerhäusern. Nach 1945 war davon kaum etwas übrig, und zu DDR-Zeiten ist wenig wiederaufgebaut worden.

In den letzten Kriegstagen war auch Märkisch Buchholz Schauplatz einer der blutigsten Schlachten des Zweiten Weltkrieges, die allgemein unter dem Namen ›Kessel von Halbe‹ bekannt ist. Eine weitere Stele auf dem Platz vor der Kirche erzählt die Geschichte des Ausbruchs der deutschen Soldaten und Zivilisten aus diesem Kessel.

Die verzweifelten Kämpfe führten am 29. April1945 zur Zerstörung von Märkisch Buchholz. Diese Stele ist Teil des ›Dunklen Weges‹, einer über zehn Kilometer langen Gedenkstrecke, auf der anhand der Spuren der Zerstörung im Stadtgebiet die Ereignisse von 1945 erzählt werden.

Unmittelbar am Marktplatz bietet sich der Biergarten von Herrmanns Marktwirtschaft für eine Rast an.

▶ *Märkisch Buchholz, Markt-Knoten 17, links Schützenstr.-Knoten 18, Eisenbahnstr. (L 74)/Halbe, Buchholzer Str./Lindenstr.-links Kirchstr./K 6148/Chausseestr.-Teurow, rechts Schulstr.-Freidorf, links Dorfstraße-Knoten 5, links Oderiner Str.-Knoten 6, rechts nach Briesen-Briesen, links Elisabeth-von-Schlieben-Str.-Knoten 8, rechts Unter den Linden-rechts Staakmühler Weg/Staakmühle/Staakow, Dorfstr.-Knoten 64, Dorfstr./Weg zur A 13/Weg nach Rietzneuendorf-Rietzneuendorf, geradeaus Rietzer Str.-Knoten 66, über K 6147, halb rechts Zum Sandberg-links Weg Urstromtal bei Golßen-links Richtung Golßen-Prierow rechts B 115-rechts halten zur B 96-links über B 96, Straße der Einheit-rechts Schulstr./Berliner Str.-links Bahnhofstr.-Bhf. Golßen*

Wer nicht zum Kriegsgräberfriedhof Halbe radeln möchte, biegt von der Eisenbahnstraße links in die Alte Briesener Straße ab und dann sofort wieder rechts auf den Fahrradweg durch den Wald nach Teurow.

Skulptur ›Die Trauernde‹ auf dem Soldatenfriedhof in Halbe

Wir aber fahren die vier Kilometer entlang der Eisenbahnstraße und L 74 nach **Halbe** und folgen im Ort den Hinweisschildern, die zur Kriegsgräberstätte leiten. Wir passieren dabei den Bahnübergang, vor dem es rechts ab zum Bahnhof und damit zu den Zügen nach Berlin geht. Bis hierher sind wir rund 40 Kilometer geradelt.

Über die Lindenstraße und die Baruther Straße erreichen wir den **Waldfriedhof Halbe** an der Ernst-Teichmann-Straße, ein Weg von gut 700 Metern. Schon in der Lindenstraße haben wir mehrere Stelen gesehen, die Informationen zu dem Geschehen in Halbe im April 1945 geben. Vor dem Zugang zum Waldfriedhof thematisieren weitere Tafeln aus Sicht der Zivilisten sowie deutscher und sowjetischer Soldaten die Schlacht. Zwischen Märkisch Buchholz und Halbe hatte ab dem 24. April die Rote Armee Einheiten der Wehrmacht und der SS eingeschlossen. Gleichzeitig irrten viele Flüchtlinge aus den Ostgebieten wie auch geflüchtete russische Zwangsarbeiter in dem Kessel umher. Am 29. April gelang der deutschen 9. Armee der Ausbruch aus der Umklammerung. Rund 10 000 Zivilisten, 30 000 deutsche Soldaten und rund 20 000 sowjetische Soldaten verloren hierbei ihr Leben.

▶ Karte S. 257, 258

Dem Einsatz des Pfarrers Ernst Teichmann ist es zu verdanken, dass ab 1951 der Zentralfriedhof Halbe geschaffen werden konnte. Hier wurden die überall in der Region verstreuten Bestattungen zusammengefasst. Rund 28 000 Opfer dieser Kämpfe sind in der Anlage begraben. Ein Mahnmal, ein Kreuz und die vom russischen Bildhauer Sergej Alexandrowitsch Tscherbakow geschaffene Bronze ›Die Trauernde‹ erheben sich auf dem Friedhofsgelände. In ihrer Schlichtheit würdevolle Reihen mit Sandsteinplatten markiert die Bestattungen.

Weiter geht es nach Teurow, das wieder im Dahmetal liegt. Bis runter nach Staakmühle ist die Niederung als Naturschutzgebiet ausgewiesen. Am Rande der Niederung radeln wir durch eine ebene Wiesenlandschaft weiter nach Freidorf, überqueren hier wieder die Dahme und erreichen **Briesen.** Wir passieren ein Schloss, von dem man nur eines sieht, den Sichtschutz. Dahinter verbirgt sich neben dem alten Herrenhaus das ›Theaterschloss‹, das sich Paul Jentz, der Besitzer des Berliner Metropol-Theaters, 1912 hier bauen ließ. Es wurde zu einem Treffpunkt der Berliner Kunst-Schickeria. Aber – wie gesagt – Sichtschutz.

Die Gemeinde hat mit dem Straßennamen der letzten Besitzerin des Gutshauses aus der Familie Schlieben, Elisabeth von Schlieben, ein Denkmal gesetzt. Sie gab 1825 eine Stiftung in Höhe von 6000 Talern, deren Zinsen für den

Unterhalt einer Freischule in Briesen aufgewendet wurden.

Weiter geht es nach **Staakmühle** an der Dahme. Bereits 1510 wird die ›Staack Mühl‹ erstmals erwähnt. Sie arbeitete bis 1990 als Mühlen- und Bäckereibetrieb und wurde 2017 verkauft. Die neuen Inhaber haben Mühle und Mühlenteich saniert.

Staakow und Rietzneuendorf, unsere beiden nächsten Ziele, liegen schon im vier bis fünf Kilometer breiten Baruther Urstromtal, das als eiszeitliche Abflussrinne entstanden ist. Aus eingeschwemmten Sanden entwickelten sich hier Sanddünen, daneben aber auch feuchte Niederungswälder wie im **Naturschutzgebiet Urstromtal bei Golßen**, durch das wir zum Abschluss radeln. Eichen-Hainbuchenwald, Erlen-Bruchwald und Erlen-Eschen-Wald finden sich in diesem Gebiet.

Bei der Einfahrt nach **Golßen** sehen wir einen Rewe-Markt, in dem sich versorgen sollte, wer auf der Rückfahrt Verpflegung braucht. Der Bahnhof Golßen ist weit außerhalb der Stadt. Fährt man an der Ecke zur Schulstraße einige Meter geradeaus, kommt man auf den Marktplatz der Stadt mit einem dreigeschossigen **Rathaus** in bester neugotischer Manier von 1906. Die Hauptstraße zeigt einige schöne Bürgerhäuser aus der Zeit nach 1900. Für eine Rast bietet sich hier Ristorante Da Mario unmittelbar am Marktplatz an.

Wir aber fahren weiter zum Bahnhof Golßen, den wir nach gut 66 Kilometer im Sattel erreichen.

Tour 25

Gasthaus Kober, An der Dorfaue 5, Heidesee, Tel. 033767/308430; Fr–Di 12–22 Uhr. Brandenburgische Küche. www.gasthaus-kober.de

Kuddels Gastwirtschaft, Dahmestr. 25, Heidesee, Tel. 033768/50740; in der Saison tägl. ab 11 Uhr, in der Vor- und Nachsaison je nach Wetter Sa/So ab 11 Uhr. Fangfrischer Fisch oder deftiges Gulasch mit tschechischen Knödeln. Es gibt auch Kaffee und Kuchen. www.kuddels-gastwirtschaft.de

Herrmanns Marktwirtschaft, Am Markt 16, Märkisch-Buchholz, Tel. 03376/598514; ab März Mi–So 14–22 Uhr. Burger, Pizza, Salate und auch Kuchen, Eis. Das alles in einem ruhigen Biergarten. www.herrmanns-marktwirtschaft.de

Ristorante Da Mario, Markt 6, Golßen, Tel. 035452/15095; Di–So 11.30–23 Uhr.

Schloss Königs Wusterhausen, Schlosspl. 1, Königs Wusterhausen, Tel. 03375/211700; April–Okt. Di–So 10–17.30 Uhr, Nov.–März Sa/So 10–16 Uhr; 6/5 Euro. Die Wohnkultur in der ersten Hälfte des 18. Jahrhunderts, König Friedrich Wilhelm I. www.spsg.de

Dahmelandmuseum, Schlosspl. 7, Königs Wusterhausen, Tel. 03375/293034; Di–Sa 10–16 Uhr; 2/1 Euro. Typisches Heimatmuseum.

Germanische Siedlung Klein Köris, Buschweg 2, Klein Köris, Tel. 0331/2801879; März–Okt. jeden ersten So im Monat 10–16.30 Uhr. www.germanische-siedlung-klein-koeris.de

Heimathaus Prieros, Prieroser Dorfaue. 1, Heidesee, Tel. 033768/50144; Mi u. Fr 10–16, Sa/So 13–17 Uhr. Alltagskultur der Region.

Waldfriedhof Halbe, Am Friedhof 2, Halbe, Tel. 033765/84606; tägl. 24 Stunden zugänglich.

Strandbad Neue Mühle, Küchenmeisterallee 33, Königs Wusterhausen, Tel. 03375/290199; in der Saison tägl. 10–18 Uhr; 3/ 1,50 Euro. Dazu auch ein Strandcafé.

Langer See, Dolgenbrodt, Am Badestrand. Naturbadestelle.

Durch den Spreewald

Tour 26: Von Lübben nach Cottbus

Verlauf: Lübben–Lübbenau–Lehde–Leipe–Dubkow-Mühle–Raddusch–Burg–Werben–Ruben–Gulben–Zahsow–Cottbus.
Länge: 51 km.
Alternativen: bis Bhf. Lübbenau: 14 km.
Start: Bhf. Lübben, Fahrstuhl: ja; Einkauf: DB ServiceStore, Aldi Lübben, Parkstr. 2; Mo–Sa 7–20 Uhr (450 m entfernt).
Ziel: Hbf. Cottbus, Fahrtstuhl: ja; Einkauf: Bäcker, DB ServiceStore
Anfahrt: Bhf. Ostkreuz, RE 2/RB 24, stdl. Fahrzeit 42 Min./56 Min.
Rückfahrt: Hbf. Cottbus, RE 2, stdl., Fahrzeit 1:07 Std.
Radeln nach Zahlen: 73–75–81–83–84–31–2–26–6–8–9–15–14–13–62–61–67–71–69–75–76–96–91–97–45–46–59.
E-Bike: eingeschränkt tauglich. Ab Dubkow-Mühle müssen E-Bike Fahrer über Burg fahren.
Wegequalität: Über 11 Kilometer fahren wir auf separaten, asphaltierten Radwegen. Dazu kommen noch mal 23 Kilometer auf wenig befahrenen, asphaltierten Nebenstraße. 15 Kilometer davon sind zwischen Burg und Cottbus so geführt, dass wir größere Straße nur in Ausnahmefällen berühren. Straßenbegleitende Radwege stehen mit 8 Kilometern zu Buche. Nervig ist einzig der Kilometer auf Landesstraßen, davon 500 Meter in der Ortsdurchfahrt Burg und 300 Meter in der Ortsdurchfahrt Ruben. Beide Male gibt es eine Geschwindigkeitsbegrenzung.
Kurzcharakteristik: Auf dieser Tour erleben wir die einzigartige Kulturlandschaft des Oberspreewaldes. Von Lübbenau bis Dubkow-Mühle fahren wir durch die von unzähligen Seitenarmen der Spree durchzogene Niederung, typische Spreewalddörfer wie Lehde und Leipe liegen auf unserem Weg. Die Stadt Lübben ist Erholungsort, Lübbenau das Tor zum Spreewald und Burg eine Ansammlung von Dorflagen und Einzelhöfen. In die frühe Geschichte der Region führt ein Abstecher zur Slawenburg Raddusch. Zum Abschluss erreichen wir Cottbus, heute das Zentrum der Niederlausitz.

▶ *Bahnhofsvorplatz Lübben–über Bahnhofstr., halbrechts auf Radweg–halblinks Friedensstr.-halbrechts Friedensstr./in Hain Lübben–Knoten 73, geradeaus/Am Haintor–links Breite Str./Brücke über Spree–rechts Hauptstr.-rechts Gerichtsstr.-links Reutergasse–rechts Gerichtsstr.-Knoten 75, rechts Ernst-von-Houwald-Damm–Knoten 81, links auf Schlossinsel–vor Spreewaldinformation links–rechts vorbei am Anleger/Spreebrücke–Spree-Lagune Lübben*

Wir starten in der 14000-Einwohner-Stadt **Lübben**, die auf der Grenze zwischen dem Unterspreewald nördlich und dem Oberspreewald südlich der Stadt liegt. Vom Bahnhofsvorplatz sehen wir jenseits der Bahnhofstraße die Friedensstraße, die uns vorbei am Sowjetischen Ehrenfriedhof zum **Hain Lübben** bringt. Das Wort Hain ist ernst gemeint: Wir fahren nicht durch einen Park, sondern durch den Rest eines Auenwaldes, den Lübbener Bürger durch Wegebau und Pflege der Bäume veredelt haben. Über 200 um die 30 Meter hohe und bis zu 250 Jahre alte Eichenbäume stehen hier. Zu dem Hain mit seinen ehrwürdigen Eichen passt der **Liuba-Stein** am Knoten 73. Er wurde zur Erinnerung an die

▶ Karte S. 266/267

sorbisch-wendische Liebesgöttin Liuba und damit an die slawischen Wurzeln des Spreewaldes hier aufgestellt.
Über die sächsische Postmeilensäule geht es weiter zur Brücke über die Spree. Links sehen wir am Spreeufer einen Rest der Stadtmauer, deren Anfänge auf das frühe 14. Jahrhundert zurückgehen. Deutlich treten der rechteckige **Trutzer** und ganz links der **Hexenturm** vor. Die beiden Wehrtürme wurden um 1480 gebaut. Lübben war seit dem 15. Jahrhundert Hauptstadt des Markgrafentum Niederlausitz, zu Preußen und damit zu Brandenburg kam es erst 1815.
Nach wenigen Metern durch die Hauptstraße kommen wir zum **Marktplatz Lübben**. Die Stadt wurde am Ende des Zweiten Weltkrieges zu 90 Prozent zerstört. Erst nach 1990 erhielt der Marktplatz eine Umbauung in den alten Baugrößen, sodass man heute erst auf den zweiten Blick erkennt, dass dieses Stadtzentrum neu errichtet wurde.
Dominiert wird der Markt von der **Paul-Gerhardt-Kirche**, die im Kern aus der ersten Hälfte des 15. Jahrhunderts stammt. Vor der Kirche befindet sich das **Standbild** des Pfarrers und Kirchenlieddichters, der von 1669 bis 1676 in Lübben wirkte. Durch die Bibel ist der Pfarrer, durch die stilisierte Lyra der Lieddichter gewürdigt. Sehr schön die zerstörte Kanone zu Füßen des Pfarrers, deren Rohr von Kornähren überwuchert wird.
Durch die Hauptstraße und die Gerichtsstraße nähern wir uns Schloss Lübben. Dabei übersehen wir fast den Ehrenhof des **Ständehauses** von 1717 zu unserer Linken. Es verweist als Versammlungsort der Vertreter von Adel, Städten und Geistlichkeit auf Lübbens ehemalige Bedeutung als Zentrum der Niederlausitz. Nicht Adelssitz, sondern Verwaltungszentrum war auch das **Schloss Lübben** auf der anderen Seite des Ernst-von-Houwald-Damms. Hier residierte der Landvogt als Vertreter des sächsischen Landesherrn. Der Schlossbau besteht aus drei Teilen: Turm, Oberamtshaus und Marstall. Der quadratische **Turm** geht auf einen spätmittelalterlichen Wehrturm zurück. Im dreigeschossigen **Oberamtshaus**, das einen geschwungenen Giebel

Unterwegs auf dem Deich der Spree bei Lübbenau

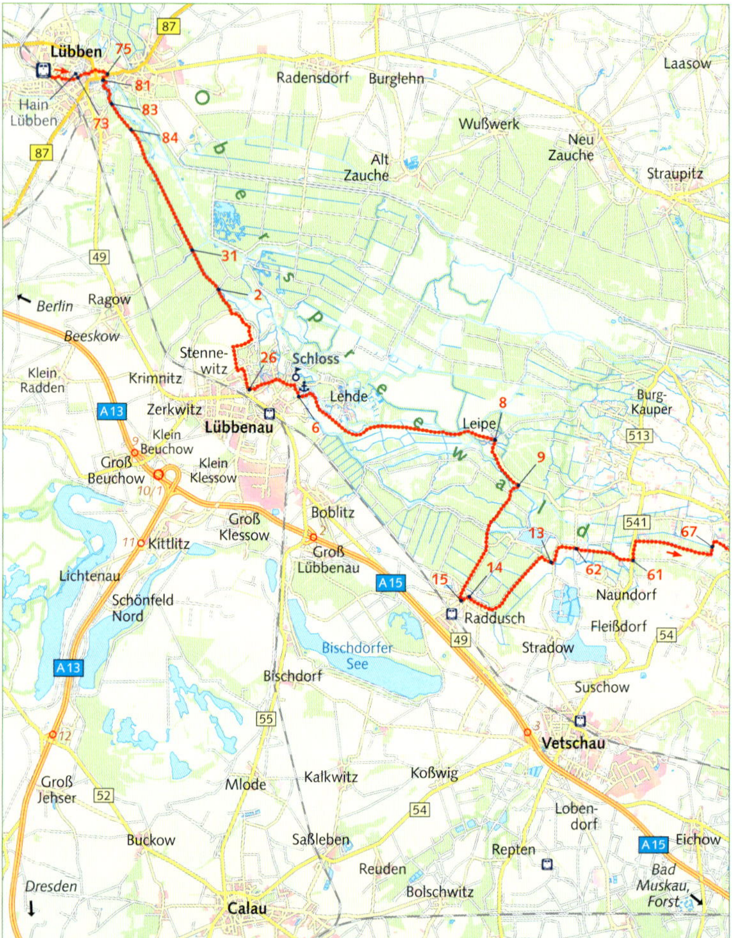

Tour 26

im Stil der Spätrenaissance besitzt, saß die Regierung der Niederlausitz. Der zweigeschossige **Marstall** davor dient heute als Stadtbibliothek. Im Turm ist in den beiden Obergeschossen der um 1915 gestaltete Wappensaal zu bewundern. Im Oberamtshaus zeigt das Stadt- und Regionalmuseum Lübben Sammlungen zu den Themen Stadtgeschichte, Archäologie und Trachten, Highlight ist ein mittelalterlicher Bohlenweg aus dem 15. Jahrhundert. Hinter dem Schloss biegen wir auf die **Schlossinsel** ab und erleben da die Realität der Tourismusregion Spreewald. ›Gurken Paule‹ bietet nicht nur Gurken nach Spreewälder Originalrezepten, sondern auch Spezialitäten wie Chiligewürzgurken oder Honigsenfgurken an, dazu gibt es Eisverkauf und einen Imbiss. Dahinter befinden sich die

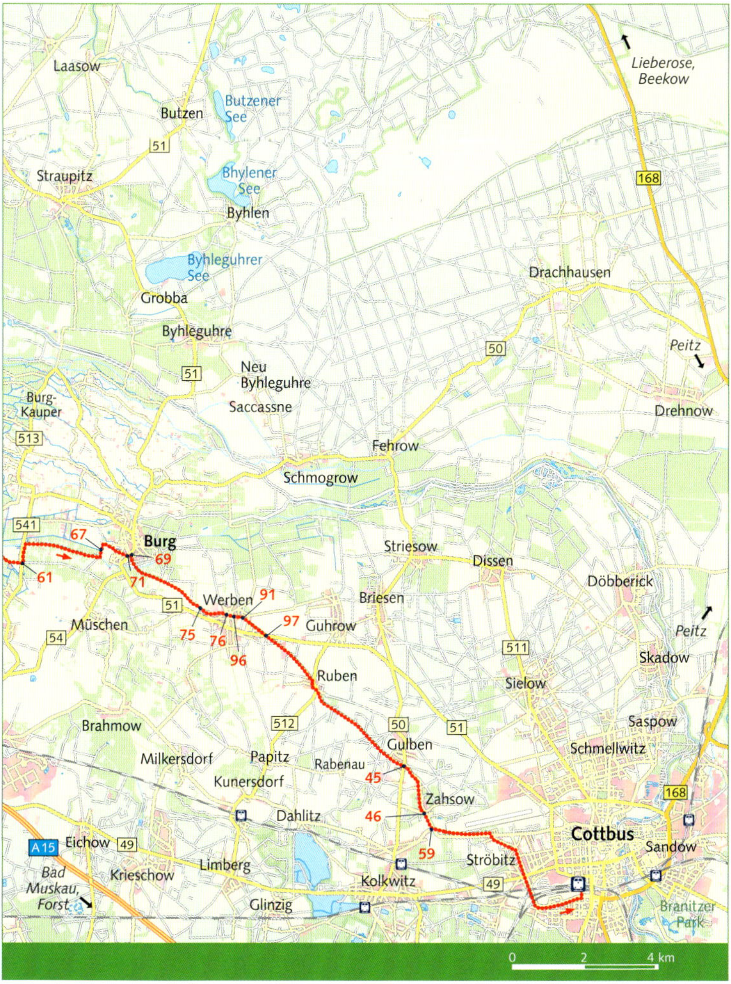

Touristeninformation Lübben-Spreewald und der Anleger für die Spreewald-Kahnfahrten ab Lübben, dazwischen tummeln sich fast immer jede Menge Touristen und Tagesgäste. Wir fahren einfach weiter über die Brücke zur Spree-Lagune und dann auf den Deich an der Spree, auf dem wir unsere Ruhe haben.

► *Spree-Lagune Lübben–links Radweg auf Spreedeich–Knoten 83, geradeaus–Knoten 84, geradeaus–Knoten 31, geradeaus, über Ragower Kahnfahrt–Knoten 2, geradeaus–links Stennewitzer Ringstr.–links Wiesenstr.–rechts weiter Wiesenstr./Gartenstr.–links Töpferstr.–Knoten 26, links Karl-Marx-Str.–Topfmarkt–rechts halten Ehm-Welk-Str.–rechts Dammstr.–Großer Spreewaldhafen*

Schloss Lübbenau, Parkseite

Auf dem Deich können wir uns kurz damit beschäftigen, wie der **Spreewald** entstanden ist. Im Moment sehen wir nur einen Deich mit asphaltierter Piste und links von uns die Spree, auf der Paddler unterwegs sind. Jenseits des Flusses erstrecken sich Schilflandschaften, aber auch Wiesen, auf denen Heuballen darauf warten, abgeholt zu werden. Die Spree fließt hier im Baruther Urstromtal und weist dabei ein Gefälle von nur 20 Zentimetern auf einen Kilometer auf. Fließgeschwindigkeit gegen Null – die ideale Bedingung für die Bildung einer vermoorten Flussniederung mit einem Gewirr von Neben- und Altarmen. Und genau das ist der Spreewald zwischen Cottbus und Lübben. Die Einwohner der Region haben ab dem 17. Jahrhundert diese Naturlandschaft durch die Anlage von Kanälen und Gräben entwässert und für Boote passierbar gemacht. Zugleich haben sie die kleinen Inseln (Kaupen) zwischen den Wasserläufen erhöht und zu sogenannten Horstäckern ausgebaut. So entstand in jahrhundertelanger Arbeit die Kulturlandschaft Spreewald, die seit 1991 als UNESCO-Biosphärenreservat anerkannt ist.

In Lübbenau angekommen, fahren wir durch das **Torbogenhaus** von 1850. Es diente als Rathaus, Gericht und Gefängnis der Stadt. Heute ist hier das **Spreewaldmuseum** eingezogen, das die Geschichte der Region erzählt.

Die **Achse Topfmarkt, Ehm-Welk-Straße, Kirchplatz und Schlossbezirk** hat die Stadt Lübbenau als Ensemble unter Denkmalschutz gestellt. Sofort spürt man den Unterschied zu Lübben – hier ist gewachsene Stadt. Zweigeschossige Fachwerkhäuser aus dem 18. Jahrhundert und verputzte Wohnbauten aus der Zeit um 1900 geben ein idyllisches Bild, dazu gesellt sich im Blickpunkt der Ehm-Welk-Straße die **Nikolaikirche** von 1741. Mit ihren geschwungenen Formen ist sie ein Zeugnis des Dresdner Barock. Im Gegensatz dazu zeigt das **Schloss Lübbenau** klassizistische Formen. Diese Zweiflügelanlage zeigt ihren Reiz erst auf der Parkseite. Die Schlosshälften sind im stumpfen Winkel angeordnet und begrenzen gemeinsam mit der Alten Kanzlei das Grün des Parks. Auf der gegenüberliegenden Seite befindet sich die Orangerie. Kaum zu glauben, dass der Bürgermeister von Lübbenau 1970 Pläne schmiedete, das Schloss sprengen zu lassen. Schon am Zugang zum Schlossareal präsentierte sich uns als **Büste Rochus Graf zu Lynar**, der Begründer der brandenburgischen Linie der Familie. Wer hier genug von der Radelei hat, kann

▶ Karte S. 266/267

vom Marktplatz durch die Poststraße zum gut 700 Meter entfernten Bahnhof Lübbenau fahren. Wir sind aber bisher nur 13 Kilometer geradelt und die Spreewalddörfer liegen noch vor uns. Wir kommen über die Dammstraße zum **Großen Spreewaldhafen Lübbenau**, an dem schon Theodor Fontane 1859 zu einer Hochwaldfahrt aufgebrochen ist. Allerdings dürfte es hier seinerzeit erheblich ruhiger gewesen sein als heute. Statt der Spreewald-Bauern, die früher an dieser Stelle ihre Erzeugnisse anboten, steht hier heute eine Gurkenmeile aus einer Reihe von Ständen mit Spreewald-Erzeugnissen. Dazu kommen vielfältige gastronomische Angebote im Hafengebäude von 1999.

▸ *Großer Spreewaldhafen–links Dammstr.–Knoten 6, links Leiper Weg–Leiper Dorfstr.–Knoten 8, rechts Leiper Dorfstr.–Knoten 9, rechts Dubkow-Mühle–links halten Radweg nach Raddusch/Buschmühlenweg–Knoten 15, links Dorfplatz–Knoten 14, geradeaus Radduscher Dorfstr.–rechts Ausbau–Knoten 13, links Erste Kolonie–Knoten 62, rechts halten Kurfürstendamm–Knoten 61, links Nauendorfer Str. (L 541)–rechts Am Leineweber–links, weiter Am Leinweber–Knoten 67, geradeaus Am Leinweber–rechts Hutungstr.–links Krabatweg–Knoten 71, links Hauptstr.–Knoten 69*

Über die Dammstraße und den Leiper Weg verlassen wir Lübbenau und haben nach nur wenigen hundert Metern das Gefühl, jetzt wirklich im Spreewald angekommen zu sein. Wir erblicken Kanäle, Gräben, dazu die Kaupen, die nur wenig über Wasserniveau liegen und als Wiesen oder Wohnplätze genutzt werden. Die Front der Wohnhäuser geht zum Kanal wie andernorts zur Straße. Wer über eine der Holzbrücken gehen möchte, muss Treppen steigen. Schließlich müssen die Fährmänner, die auf ihren Kähnen stehend staken, problemlos die Brücken passieren können. Erst seit 1929 ist der Ort Lehde, zu dem wir gleich kommen, von Lübbenau aus auf dem Landweg erreichbar. Und auch heute ist der Kahn im Inneren Oberspreewald das wichtigste Fortbewegungsmittel. Selbst die Post wird per Boot ausgetragen.

Man sollte sich den Abstecher nach **Lehde**, zu dem uns ein leicht zu übersehendes grünes Hinweisschild einlädt, nicht entgehen lassen, auch wenn der Ort stark von Touristen überlaufen ist. Das Fahrrad schließt man am besten vor der Brücke über die Spree an. Rechts sehen wir auf dem Weg in den Dorfkern das Gasthaus Bludnik. Gleich daneben das **Logierhaus,** das von der Familie Richter 1897 erbaut wurde. Schon seit 1640 betreibt die Familie die Dorfschänke in Lehde, die ab 1886 den Namen ›Zum Fröhlichen Hecht‹ trug. Der Wirt August Richter hatte gute Kontakte zu Künstlern, die sich gerne hierher zurückzogen. Das wiederum sorgte für wachsende Bekanntheit des Ortes im aufkommenden Massentourismus. Sehenswert ist das **Freilandmuseum**, in dem vier Höfe aus verschiedenen Regionen des Spreewalds wieder aufgebaut wurden. Sie stammen aus den Jahren 1775, 1840 und 1916/1920. Dazu gibt es Erlebnisplätze, die den Besucher den Alltag in einem Spreewalddorf nacherleben lassen.

Wir fahren weiter nach Leipe. Es wird sofort hinter dem Abzweig nach Lehde deutlich ruhiger. Nur noch vereinzelt kommen uns Wanderer und Radfahrer entgegen.

Nach rund 3,5 Kilometern haben wir **Leipe** erreicht und erleben eine Überraschung. Wir fahren durch eine große, gut zu überschauende Wiesen- und Ackerfläche; keine Kanäle, keine Kaupen, keine Brücken, keine Bäume. Stattdessen sehen wir eine 800 Meter lange und 400 Meter breite Talsandinsel, die im Mittel zwei Meter höher liegt als ihre Umgebung und sich daher für eine Dorfgründung anbot. Dass Leipe aber trotzdem ein Spreewalddorf ist, sieht man schon daran, dass auch hier die Wohnhäuser mit der Front zum Wasser gebaut wurden. Traditionell werden in Leipe Zwiebel, Gurke, Meerrettich und Möhre angebaut. Dazu kommt als Nebenerwerb die Fischerei. 1936 wurde der Fußweg von Lübbenau nach Leipe angelegt, erst Ende der 1960er Jahre folgte die Straße von Leipe nach Burg.

Schon am Ortseingang von Leipe bietet sich der **Spreewaldhof** für eine Rast an. Im Biergarten ›Fischerstübchen‹ gibt es Gerichte der Region, natürlich auch täglich frisch geräucherten Fisch.

An der Ortsausfahrt Leipe halten wir uns rechts Richtung Raddusch. Vorbei geht es am **Naturhafen Leipe**, der uns mit einem Fahrradparkhaus überrascht. Wer also hier an einer Bootsfahrt teilnehmen möchte, kann ohne Angst vor Diebstahl das Rad zurücklassen. Am Kiosk Hafenperle gibt es Kaffee, Kuchen und Stullen sowie die obligatorischen Gurken.

Wir fahren weiter und kommen zum Wohnplatz **Dubkow-Mühle** mit dem Gasthaus, das stolz auf eine Geschichte seit 1737 zurückschaut. In diesem Jahr erhielt der Müller das Recht, Branntwein zu brennen und auszuschenken. 1919 war Schluss mit dem Mühlenbetrieb. Die Gaststätte aber blieb und ist heute zugleich Hotel und Pension. Das Ganze in einem Fachwerkgebäude aus der Zeit um 1800 in idyllischer Lage.

Wir fahren unmittelbar hinter Dubkow-Mühle rechts ab auf den verdichteten Sandweg Richtung Raddusch. Wer das Fahrrad oder E-Bike nicht über eine Brücke tragen kann, muss hier einfach auf der Straße Erste Kolonie weiter geradeaus fahren. Über die Ringchaussee, vorbei am Knoten 63, geht es zur Bahnhofstraße. Noch einmal biegt man am Knoten 68 rechts ab auf die Straße Am Bahndamm, und schon ist man wieder auf der hier beschriebenen Tour.

Wir aber fahren Richtung Raddusch durch feuchtes Wiesenland, das von Kanälen durchzogen ist und auf dem Vieh weidet. Am Südumfluter passieren wir die denkmalgeschützte **Radduscher Buschmühle**, die ab 2014 aufwendig saniert wurde. Schon 1777 als Wasser getriebene Korn- und Ölmühle errichtet, war sie bis 1952 in Betrieb. Heute ist der Mühlenteil mit original erhaltener Technik als Museum zugänglich. Am Südumfluter endet der Innere Oberspreewald. Weniger feucht ist es deswegen aber auch nicht. Erst beim Dorf Raddusch steigt das Gelände langsam um rund zehn Meter an. Wir sind am Rande der Spreeniederung. Über den Buschmühlenweg kommen wir auf den Dorfplatz Raddusch mit dem Knoten 15.

Wer sich für die frühe Geschichte der Region interessiert, sollte hier rechts auf der Bahnhofstraße und weiter auf dem Weg Radduscher Ziegelei fahren. Schon vom Kahnsdorfer See, an dem wir entlangfahren, sieht man die **Slawenburg Raddusch**. Die Akademie der Wissenschaften der DDR untersuchte ab 1984 die archäologischen Reste der slawischen Fluchtburg, da hier Braunkohle abgebaut werden sollte. Bis auf 500 Meter näherten sich die unersättlichen Bagger der Fluchtburg. Dann aber wurde der Braunkohleabbau in diesem Gebiet eingestellt. Das Brandenburgische Landesamt für Denkmalspflege ließ mit Geldern der Bergbausanierung auf der Basis der Untersuchungsergebnisse die Slawenburg nachbauen. Der Wall, in der Originalburg aus

▶ Karte S. 266/267

Typisch Spreewald: Kähne als alltägliches Transportmittel

Die Radduscher Buschmühle

Eichenbalken, Steinen und Erde, besteht hier im Kern aus einem Betonhohlkörper, in dem das Museum untergebracht ist. 12 000 Jahre Siedlungsgeschichte der Niederlausitz werden hier erzählt. In der Region errichteten die slawischen Lusitzi im 9. und 10. Jahrhundert rund 40 solcher Fluchtburgen.

Wir aber fahren am Knoten 15 links ab auf der Radduscher Dorfstraße, Richtung Burg. Über die Straße Erste Kolonie erreichen wir wieder den Inneren Oberspreewald. Wir sind im Ort **Burg** angelangt, der sich als Streusiedlung über 35 Quadratkilometer verteilt, aber nur 4300 Einwohner aufweist. Die Ortsteile Burg-Dorf und Müschen haben Dorfcharakter. Burg-Kauper und Burg-Kolonie, dem wir uns jetzt nähern, zeigen nur Bauernhöfe in Einzellage, umgeben von Feldern, Wiesen und Waldstücken. Burg ist seit 1998 als Erholungsort und seit 2005 durch die Eröffnung der Spreewaldtherme als Ort mit Heilquellen-Kurbetrieb anerkannt. Schon 1994 wurde eine Reha-Klinik in Burg eröffnet. Die Zeit der Weberfamilien, die mit der Ansiedlung von 18 Familien hier 1748 begann, und an die der Name Leinweberfließ erinnert, ist endgültig vorbei.

An der Hauptstraße (L 51) sehen wir das Schild ›Spreehafen 0,9 km‹. Um den zu erreichen, muss man ein ganzes Stück auf der Landesstraße ohne Radweg fahren – kein Vergnügen. Vorbei geht es dabei an der Kirche, die ab 1799 in frühklassizistischen Formen errichtet wurde, zum touristischen Zentrum des Ortes am Hafen. Wir passieren auf diesem Weg gleich zwei Eisläden, darunter die ›Blaue Kiste–Die Eiswerker‹. Ein netter Trost für die Fahrt auf der Landesstraße.

▸ *Knoten 69, rechts Am Bahndamm/Radweg nach Werben–Knoten 75, geradeaus Bahnhofstr./Knoten 76, von-Schönaich-Str./Knoten 96, Am Sportplatz–Knoten 91, halb rechts Am Sportplatz/Knoten 97, Rubener Str./Rubener Dorfstr.–rechts L 512–links Rubener Dorfstr.–Radweg Richtung Gulben/Schmiedeweg–Knoten 45, geradeaus Gulbener Str./Zahsow, Dorfaue–Knoten 46, geradeaus An der Kreisstr./Knoten 59, Fichtestr.–Cottbus, rechts Zahsower Str.–rechts Ströbitzer Hauptstr./Sachsendorfer Str.–links Vetschauer Str.–Bhf. Cottbus.*

▸ Karte S. 266/267

Wer keine Lust auf diesen Abstecher hat, biegt nach rund 100 Metern rechts ab auf die Straße Am Bahndamm. Nach nur 200 Metern fahren wir wieder durch Wiesen. Schon von Weitem sehen wir den 42 Meter hohen Kirchturm der **Dorfkirche Werben** aus dem 15. Jahrhundert. Der Ort war bis Mitte des 18. Jahrhunderts kirchliches Zentrum der Region; daher diese große Kirche. Der **landtechnische Heimathof Spreewald** erinnert daran, dass hier auf vier, später fünf Gütern vor allem Gemüseanbau betrieben wurde. Durch die Spreewaldbahn, die von 1898 bis 1970 die Spreewaldorte an das Eisenbahnnetz anschloss, konnten die Erzeugnisse schnell in die Zentren transportiert werden. Zu DDR-Zeiten waren rund 400 Beschäftigte in der örtlichen LPG und der Tierproduktion tätig. Noch heute ist die Agrargenossenschaft, allerdings nur mit rund 40 Beschäftigten, größter Arbeitgeber im Ort.

Auf unserem Weg nach Cottbus ändert sich hinter Ruben merklich die Landschaft. Wie verlassen das Niederungsland und fahren nun durch eine wellige Gegend mit Kiefernwald auf sandigem Boden. Wir sind im Cottbuser Schwemmsandfächer angekommen, den die Spree bei ihrem Austritt aus der Cottbuser Platte ins Baruther Urstromtal aufgeschüttet hat.

Über Gulben und Zahsow erreichen wir Cottbus, die Hauptstadt der Niederlausitz.

Tour 26

Gurken Paule → Einkaufen.

Bludnik Gasthaus, An der Giglitza 4a, Lehde, Tel. 03542/8879236; tägl. Schöne Plätze im Garten.
www.bludnik.de

Spreewaldhof, Leiper Dorfstr. 2, Leipe, Tel. 035422805; tägl. ab 11 Uhr.
www.spreewaldhof-leipe.de

Kiosk Hafenperle, Leiper Dorfstraße, Leipe, Tel. 03542/871487; Di–So 10.30–17 Uhr. Schmalz- und Leberwurstbrote, Brühpolnische.
www.naturhafen-leipe.de

Gasthof Dubkow-Mühle, Dubkowmühle 1, Lübbenau, Tel. 03542/2297; April–Okt. tägl. 12–22 Uhr. Hotel, Biergarten und Restaurant. www.dubkow-muehle.de

Blaue Kiste–Die Eiswerker, Hauptstr. 48a, Burg, Tel. 035603/75665; tägl. 11–18 Uhr. Neben den gängigen Eissorten gibt es hier saisonal auch Spezialitäten wie das ›Gurkeneis á la Oma Renate‹. Dazu auch Kaffeespezialitäten.
www.die-eiswerker.de

Museum Schloss Lübben, Ernst-von-Houwald-Damm 14, Lübben, Tel. 03546/187478; Mi–So 10–17 Uhr; 4,50/2,50 Euro. Stadt- und Regionalgeschichte.

Spreewald Museum Lübbenau, Topfmarkt 12, Lübbenau, Tel. 03573/8702420; April–Okt. Di–So 10.30–18 Uhr, Nov.–März Di–So 11–16; 6/4,50 Euro. Dampflokomotive der Spreewaldbahn, ein Kaufmannsladen um 1900, Handwerkerstuben von Kürschner, Schumacher und Leineweber.

Freilandmuseum Lehde, An der Giglitza 1a, Lehde, Tel. 03573/8702440; April–Sept. tägl. 10–18 Uhr, Okt. 10–17 Uhr; 6/4,50 Euro. Freilandmuseum mit historischen Spreewaldhöfen.

Radduscher Buschmühle, Kaupen 1, Raddusch, Tel. 03555/537916. Ein Ausflug in die Vergangenheit, nachdem der Blechkuchen besonders gut mundet.
www.radduscher-buschmuehle.de

Slawenburg Raddusch, Zur Slawenburg 1, Vetschau, Tel. 035433/59220; April–Okt. tägl. 10–18 Uhr, Nov.–März tägl. 10–15 Uhr; 10/7 Euro.
www.slawenburg-raddusch.de

Gurken Paule, Hafen 1, Lübben, Tel. 03546/8981; tägl. 10–17 Uhr. Gurken aller Art.
www.gurken-paule.de

Cottbus – ein Stadtrundgang

Großstadt – ja oder nein? Die Antwort auf diese Frage bewegt Cottbus. Seit Jahren schwankt die Einwohnerzahl der Hauptstadt der Niederlausitz um die 100 000 und damit auch um die Einordnung als Groß- oder Mittelstadt. Cottbus hatte 1989 noch 130 000 Einwohner, war Zentrum der Braunkohleregion und Ort überregionaler Energieerzeugung. Zudem war die Stadt ein traditionsreicher Standort für die Textilindustrie. Aus der ehemaligen Hauptstadt des Bezirks Cottbus wurde nach 1990 eine moderne Dienstleistungsstadt mit Universität. Aber die Einwohnerzahl sank trotz massiver Eingemeindungen.

1991 wurde Cottbus eine von elf Modellstädten im Rahmen der Städtebauförderung des Bundes. Schwerpunkt war die Sanierung der zu DDR-Zeiten vernachlässigten Innenstadt, durch die unser Rundgang führt. Startpunkt ist der **Altmarkt**. Dieses Zentrum der Altstadt ist von dreigeschossigen Bürgerhäusern geprägt, die nach dem Stadtbrand 1671 errichtet wurden. Man darf sich aber nicht täuschen lassen. Einige Gebäude wurden schon ab den 1970er Jahren nach Methoden saniert, die mit den heutigen Vorstellungen von Denkmalspflege wenig zu tun haben. So wurden historisierende Ersatzneubauten wie die neubarocken Bürgerhäuser Altmarkt 16 und Altmarkt 22 geschaffen. Altmarkt 14 zeigt die Kopien der Fassaden zweier barocker Bürgerhäuser vor nur einem Gebäudekörper. Sehr schön ist die **Löwen-Apotheke** (Altmarkt 4), die bis 1573 errichtet wurde. Hier ist nach aufwendiger Sanierung seit 1989 das Brandenburgische Apothekenmuseum eingerichtet. Durch die Sandower Straße geht es zur **Oberkirche St. Nikolai**, die ab 1450 errichtet wurde. Die dreischiffige Backsteinhalle mit Westturm brannte im Zweiten Weltkrieg vollständig aus, 1960 war die Wiederherstellung des Gewölbes abgeschlossen. Erhalten ist im Innern der Altar von 1661 aus Sandstein mit Alabasterrelief, dazu eine Reihe von Grabsteinen aus dem 17. Jahrhundert.

Das Stadttheater gehört zu den auffälligsten Bauten in Cottbus

Vom Gerichtsplatz aus sehen wir den **Schlossturm**. Er ist eine Erinnerung an das Schloss Cottbus, das 1857 durch ein Feuer zerstört und dann abgetragen wurde. Wir biegen links ab und gehen über den Gerichtsplatz hinunter zum Mühlgraben, einem Arm der Spree. Nachdem 1882 die Cottbuser Stadtmühlen abgebrannt waren, nutzen die Stadtväter die Gelegenheit und ließen von der Firma Siemens und Halske am Mühlgraben ein erstes Elektrizitätswerk errichten. Es sollte Haushalte und vor allem die neue Straßenbahn mit Strom versorgen. Da der Strombedarf in den folgenden Jahrzehnten ständig stieg, wurde das Kraftwerk nach und nach ausgebaut. 1928 wurden Dieselkraftwerk und Umspannwerk ergänzt, in denen heute das **Brandenburgische Landesmuseum für Moderne Kunst** untergekommen ist. Aber schon die Ziegelarchitektur des **Elektrizitätswerks** zwischen neugotisch und modern lohnt den Weg. An die alte Nutzung des Mühlgrabens erinnert das Ensemble der **Loh- und Weißgerberhäuser** in der Uferstraße. Die Fachwerkgebäude stammt aus der Zeit um 1730, der Ziegelbau von 1860.

Wir gehen zurück über den Mühlgraben. Weiter durch die Straßen Am Spreeufer, Gertraudenstraße und Burgstraße sowie die Schlosskirchstraße gelangen wir zur **Schlosskirche**. Das barocke Gotteshaus von 1714 wurde 2014 der jüdischen Gemeinde zur Einrichtung einer Synagoge übergeben. Die alte Synagoge in Cottbus war in der Pogromnacht 1938 zerstört worden. 2015 wurde die Synagoge als jüdisches Gotteshaus eingeweiht.

Wir biegen rechts ab und kommen über die **Spremberger Straße**, der Haupteinkaufsstraße mit ihren gründerzeitlichen Bauten, zurück zum Alten Markt.

Nur mit dem Fahrrad vom Alten Markt zu erreichen ist das **Stadttheater Cottbus** am Schillerplatz. Das Gebäude von 1908 entstand nach Plänen des Architekten Bernhard Sehring. Die geschwungenen Linien des beeindruckenden, seinerzeit innovativen Baus erinnern an den Jugendstil.

Schloss Branitz ist unbedingt einen Abstecher wert

Ein eigenes Kapitel sind **Schloss und Park Branitz** des berühmten Fürsten Hermann von Pückler-Muskau. Sie sind rund vier Kilometer außerhalb der Stadt gelegen. Nachdem der Schöpfer des berühmten Landschaftsgartens an der Neiße die Herrschaft Muskau aus finanziellen Gründen hatte verkaufen müssen, baute er sein Erbschloss Branitz aus und ließ den Park zum Landschaftsgarten umgestalten. Hier findet sich heute in einem See die Grabpyramide des Fürsten. Schloss Branitz wurde als Pückler-Museum eingerichtet – ein lohnendes Ziel für einen kurzen Ausflug per Rad.

Cottbus

Café Lucie, Am Altmarkt 10, Cottbus, Tel. 0355/49450433; Di–Sa 8–19 Uhr. Café, Bäckerei und kleine Mahlzeiten. www.lucie.de

Coffeelatte, Altmarkt 13/13 A, Cottbus, Tel. 0355/3555444; Mo–Sa 9–18, So 10–18 Uhr. Selbstgerösteter Kaffee, Bagels und Panini. www.coffeelatte.de

Brandenburgisches Landesmuseum für Moderne Kunst, Am Amtsteich 15, Cottbus, Tel. 0355/49494040; Di–So 11–19 Uhr; 4/3 Euro. Kunst aus der DDR und nachfolgende Traditionslinien. www.blmk.de

Brandenburgisches Apothekenmuseum, Altmarkt 24, Tel. 0355/23997; Di–Fr 10–16 Uhr; 5/2,50 Euro. Arbeitsräume einer Apotheke von 1850 samt Ausstattung, Kräuterladen. www.brandenburgisches-apothekenmuseum.de

Fürst-Pückler-Museum, Robinienweg 5, Cottbus, Tel. 0355/75150; April–Okt. Mi–Mo 11–18 Uhr; 8/6 Euro. Ausstellung zum Leben des Weltenbummlers und Gartenliebhabers Fürst Pückler. www.pueckler-museum.de

Auf besten Pisten

Tour 27: Von Luckenwalde nach Jüterbog

Verlauf: Luckenwalde–Kolzenburg–Neuhof–Kloster Zinna–Jüterbog–Neuheim–Grüna–Kloster Zinna–Jüterbog.
Länge: 38 km.
Alternativen: bis Bhf. Jüterbog: 23 km.
Start: Bhf. Luckenwalde
Fahrstuhl: ja; Einkauf: Bäckerei und Café im Postbahnhof (Mo–Fr 6–16, Sa 7–10 Uhr).
Ziel: Bhf. Jüterbog.
Fahrstuhl: nicht notwendig; Einkauf: Edeka, Schloßstr. 92 (Mo–Sa 7–21 Uhr).
Anfahrt: ab Bhf. Südkreuz, RE 3, stdl., Fahrzeit 31 Min.
Rückfahrt: ab Bhf. Jüterbog, RE 3, stdl., Fahrzeit 47 Min.
E-Bike: uneingeschränkt tauglich.
Wegequalität: Knapp die Hälfte unserer Tour fahren wir auf separaten Radwegen des Flaeming-Skates, also auf besten Asphaltpisten. Dazu kommen noch mal rund 7 Kilometer auf wenig befahrenen Nebenstraßen, die ebenfalls sehr ruhig sind. In Luckenwalde und in Jüterbog haben wir es in der Regel mit straßenbegleitenden Radwegen zu tun. Nervig sind nur zwei kurze Kopfsteinpflaster-Passagen an der Millionenbrücke in Jüterbog von insgesamt 500 Meter Länge. Hier ermöglichen aber Fußwege ein Ausweichen.
Kurzcharakteristik: Eine Tour auf dem Flaeming-Skate heißt durch Kraftfahrzeuge ungestörtes, stressfreies Radeln durch Wald und Wiesen. Dazu gibt es noch einiges zu sehen: In Luckenwalde überraschen spannende Bauten der Moderne, ins Mittelalter dagegen führt das Kloster Zinna mit der spätromanischen Klosterkirche zurück. Einen weiteren Höhepunkt erleben wir mit Jüterbog und seinem mittelalterlichen Dammtor, der Kirche St. Nikolai und dem Mönchenkloster. Hier ist ein Stadtrundgang angesagt. Diejenigen, denen 23 Fahrradkilometer reichen, können in Jüterbog die Rückfahrt per Bahn antreten. Wer noch etwas in die Pedale treten möchte, hängt die gut 11 Kilometer auf dem Rundkurs 3 (RK 3) des Flaeming-Skates hinten an, der ebenfalls am Bahnhof Jüterbog endet.

▶ *Bhf. Luckenwalde–links Bahnhofstr.–rechts Poststr./Markt–rechts Breite Str.–links Theaterstr.–rechts Grünstr.–rechts Dahmer Str.–links Breite Str.–geradeaus Rudolf-Breitscheid-Str.–links Schieferling–rechts Industriestr.–links Dr.-Georg-Schaeffler-Str.–links Dämmchenweg–geradeaus Teichwiesenweg–rechts auf Flaeming-Skate*

Luckenwalde empfängt seine Besucher auf dem Bahnhofsvorplatz nicht nur mit bunten Farben an der Fassade der Mietshäuser Bahnhofsplatz 1–4. Das Wandbild bietet gleich auch eine Einführung in die Sehenswürdigkeiten und Gebräuche der Stadt. Links sehen wir das Stadttheater, rechts die Kirche St. Johannis und die Hutfabrik von Erich Mendelssohn – drei Highlights, die wir gleich besuchen. In der Mitte der Fassadenmalerei befinden sich Luckenwalder Kariedel-Jungs. Kariedeln, das ist ein Brauch, der in Luckenwalde, Jüterbog, Dahme und Baruth gepflegt wird. Kinder gehen mit Kariedelspießen am Donnerstag nach Aschermittwoch los und erbitten durch ein Gedicht Geschenke, die an den Spießen aufgehängt und nach Hause getragen werden.

▲ Karte S. 277

Auf dem Bahnhofsvorplatz fällt die **Skulptur Räderwerk** des Luckenwalder Künstlers Manfred Stenzel auf. Sie wurde im Juli 2016 anlässlich des 800. Geburtstags der Stadt aufgestellt. Räder, gerade auch die der Eisenbahn, haben Luckenwalde entscheidend geprägt. Schon 1841 wurde der Ort als Haltepunkt der Bahnlinie Berlin–Köthen ans deutsche Eisenbahnnetz angeschlossen. Dieses Ereignis ebnete der Stadt den Weg in die Industrialisierung. Luckenwalde war – und das überrascht hier im Fläming – erst Industriedorf, dann Industriestadt. Das Bahnhofsgebäude wurde durch den Ausbau zur **Stadtbibliothek** vor dem Ver-

Das Friedrich Ebert Gymnasium, ein hervorragendes Beispiel für die Neue Sachlichkeit

fall gerettet und zugleich mit dem Anbau für die Kinder- und Jugendbibliothek, der in der Achse gekippt ist, mit einem architektonischen Ausrufezeichen versehen. Modernes Bauen hat – und das ist schon wieder eine Überraschung – Tradition in Luckenwalde. Also machen wir eine kleine Stadtrundfahrt entlang der Zeugnisse der Architektur der Moderne, bevor wir auf den Flaeming-Skate einfädeln. Schon nach wenigen hundert Metern begegnet uns in der **Poststraße Nr. 25** ein Zeugnis der Industriekultur: Der viergeschossige Klinkerbau mit Flachdach wurde 1922 als Hutfabrik Carl Goldschmidt errichtet. Bis 1990 wurde hier in der Poststraße produziert. Tuchweberei, Klavierbau und Hutfertigung – diese drei Industriezweige waren in Luckenwalde einst stark vertreten.

Über den Fluss **Nuthe**, der eher wie ein zu groß geratener Graben aussieht, der aber in der Geschichte für verheerende Überschwemmungen im Stadtgebiet gesorgt hat, geht es auf den Marktplatz. Hier empfängt uns die **St. Johanniskirche** aus der zweiten Hälfte des 15. Jahrhunderts. Sie gehörte zum Einflussbereich des Klosters Zinna und war daher nach den Regeln der Zisterziensermönche turmlos. So wurde der **Marktturm**, dessen ursprüngliche Funktion nicht bekannt ist, 1484 erst durch Backsteinmauerwerk im Klosterformat erhöht und dann zum Glockenturm von St. Johannis umfunktioniert.

Wir passieren das Fachwerkgebäude des **Heimatmuseums Luckenwalde**, in dem es nicht nur den berühmten Ringelpulli von Studentenführer Rudi Dutschke zu sehen gibt – Dutschke verlebte seine Jugendjahre in Luckenwalde. Daneben steht das klassizistische **Rathaus** von 1844.

Über die **Breite Straße**, die schon zu DDR-Zeiten zur Fußgängerzone ausgebaut wurde und gerne mal als Boulevard bezeichnet wird, geht es in die Theaterstraße. Nicht zu übersehen ist das Gebäude **Theaterstraße 16d** mit seiner Bänderung aus gelblichen Putz- und rötlichen Klinkerbahnen. Dazu treten expressive Formen wie die Dreiecksfenster über dem stark vorgezogenen Kranzgesims. Paul Backes, Architekt im Stadtbauamt Luckenwalde, lieferte die Pläne für dieses expressionistische Gebäude von 1929.

▸ Karte S. 277

Dem Neuen Bauen verpflichtet ist die rötlich verputzte **Friedrich-Ebert-Schule** schräg gegenüber. Sie zeigt sich als sachliche, rationale Architektur, zusammengesetzt aus Gebäudekörpern mit klaren kubischen Formen. Bis 1930 wurde das Schulgebäude errichtet, dessen Aula zugleich als Stadttheater ausgebaut wurde. Der Luckenwalder Stadtbaumeister Hans Graf lieferte den Entwurf.

Warum in Luckenwalde diese moderne Architektur? Die Stadt mit ihrer Arbeiterschaft in den Metall- und Textilbetrieben wurde von 1919 bis 1933 durchgängig von der SPD regiert. Ins Stadtbauamt wurden fortschrittliche Architekten berufen.

Oberstes Ziel dieser Behörde war der forcierte Wohnungsbau. Auf unserem Weg durch die Rudolf-Breitscheid-Straße sehen wir auf der linken Straßenseite das langgestreckte Hauses Nr. 92 mit der Durchfahrt. Hier ist der Eingang zur **Wohnsiedlung Auf dem Sande**. Das ist eines dieser Wohnungsbauprojekte, die in mehreren Phasen zwischen 1919 und 1930 umgesetzt wurden. Anfangs noch der Idee der Gartenstadt verpflichtet, entstanden Reihenhäuser und kleine Einfamilienhäuser mit Gärten. Später wurden Mietshäuser errichtet. Eindrucksvoll sind die Bauten in der Straße **An den Giebeln**.

Bevor wir zu einer Ikone der modernen Architektur kommen, werfen wir noch ein Blick auf die Badeanstalt und das ehemalige Elektrizitätswerk der Stadt. Dafür biegen wir kurz vor dem Denitz Grill Döner rechts auf das Grundstück ab. Wir fahren auf das ehemalige **Stadtbad** (Rudolf-Breitscheid-Str. 72a) zu und bekommen erst mal einen Schreck. Der Treppenaufgang ist wegen Baufälligkeit gesperrt. Bereits 2018 wurde die Planung der Sicherungsmaßnahmen angegangen. Klar ist, dass hier nicht mehr gebadet wird, über eine neue Nutzung ist noch nicht entschieden. Erbaut wurde das Stadtbad 1929 mit einer Klinkerverblendung. Wieder sehen wir die für das Neue Bauen typischen klaren kubischen Formen. Der Entwurf stammt von Hans Hertlein.

Das **Elektrizitätswerk Luckenwalde** (Rudolf-Breitscheid-Str. 73) gleich daneben hat bereits einen Nutzer gefunden. Der Künstler Pablo Wendel hat 2017 das denkmalgeschützte Gebäude samt Grundstück erworben. Die gemeinnützige ›Performance Electrics gGmbH‹ (www.performance-electrics.de) hat sich

Perfekte Piste: der FlaemingSkate kurz vor Kolzenburg

Touren

die Erzeugung von ›Kunststrom‹ auf die Fahnen geschrieben. Vorerst kann man sich das Verwaltungsgebäude von 1913 mit seinem neobarocken Eingang nur von außen anschauen und an der Tankstelle Kunststrom für das E-Bike laden. Die Steckdose befindet sich in der Zapfsäule. Wer will, kann auch gleich ein bisschen Kunststrom erzeugen. Ein Fahrrad steht dafür bereit.

Höhepunkt unserer Tour in einer kleinen Stadt mit großer Bautradition ist die **Mendelsohnhalle** (Industriestraße 1 a–d). Hoch ragt das Dach der ehemaligen Färberei der Hutfabrik Friedrich Steinberg, Herrmann & Co. in den Himmel. Nicht von ungefähr erinnert es an einen Hut. Der Berliner Architekt Erich Mendelsohn baute diese Halle 1923 und schuf damit ein Schlüsselwerk expressionistischer Architektur. Das Gebäude, das mit Steuergeldern saniert wurde, befindet sich im Privatbesitz und wartet auf eine Nutzung. Traurig ist der Zustand des Zugangsbereichs der Hutfabrik.

Nach dieser letzten Station unserer Tour durch die moderne Architektur geht es auf den Flaeming-Skate. Dafür müssen wir an der Straße Jüterboger Tor am großen Hinweisschild, mit dem sich die Stadt Luckenwalde vorstellt, in den Teichwiesenweg fahren.

▶ *Flaeming-Skate-Zubringer S 1–rechts auf RK 1 Kolzenburg–weiter RK 1 Neuhof–rund 400 m hinter Neuhof rechts halten auf Wirtschaftsweg–nach rd. 1,4 km rechts Richtung Kloster Zinna–links B 101–rechts hinter Brücke auf Sandweg–Kloster Zinna*

Der Einstieg in den Flaeming-Skate ist leicht zu erkennen: Links ein Parkplatz, rechts der BMX-Trail, dazwischen beginnt die Route S 1, der Zubringer zum Flaeming-Skate.

Der **Flaeming-Skate** mit seinen insgesamt 230 Kilometer langen Rundkursen ist nicht nur etwas für Inline-Skater. Auch bei Fahrradfahrern ist diese Strecke sehr beliebt. Zwei bis drei Meter breite Bahnen aus feinstem Asphalt (0,5er Körnung), die fern ab von jedem Autolärm durch Feld, Wald und Wiesen führen – was will man mehr? An den Kreuzungen der Skatepisten finden sich Hinweisschilder mit einem stilisierten Skater auf blauem Grund. Man muss nur der feinen Asphaltpiste folgen, die in der Regel die Dörfer am äußeren Rand passiert. Rücksichtnahme ist erstes Gebot auf der Skate-Strecke. Also radelt man besser nicht nebeneinander, denn Rennradfahren wollen überholen. Und gerade in den Kurven muss man darauf gefasst sein, dass ein Trupp Inline-Skater angerauscht kommt. Im Frühjahr und Herbst, auch an Wochentagen hat man aber zumeist seine Ruhe auf der Strecke. Wer schon hier am Einstieg in den Rundkurs eine Pause braucht, kann dem Hinweis zum Gasthof Waldidyll folgen. Dafür muss man nur die Straße Teichwiesenweg ein Stück weiter hinunter fahren. Gleich hinter dem Freibad steht dann die ehemalige Jagdgaststätte.

Wir aber fahren auf dem Zubringer S 1 und dann auf dem RK 1 Richtung Kolzenburg. Unser Weg führt hinab ins **Baruther Urstromtal** vorbei an den beiden charakteristischen Elementen dieser Niederungslandschaft. Rechter Hand sehen wir die sandigen, von Kiefern bewachsenen Hügel der **Rauhen Berge**, links dagegen dehnen sich Wiesenflächen unmittelbar am Fluss Nuthe aus. Im Frühjahr steht hier trotz der Entwässerungsgräben das Wasser auf den Wiesen. Auf einer Brücke fahren wir über die Nuthe. In Kolzenburg lädt die **Gaststätte Zum Eichenkranz** zu

▲ Karte S. 277

Die beeindruckende Klosterkirche Zinna

einer Pause ein. An schönen Wochenenden wird im Biergarten gegrillt. Gegenüber, unmittelbar an der Straße, befindet sich eine Ladestation für E-Bikes.

Wir folgen der Skatestrecke und umfahren in einem großen Bogen **Neuhof**, dessen Dorfstraße wir überqueren. Wer möchte, kann hier links abbiegen und kommt zur Kirche des Ortes, die auf das späte 14. Jahrhundert datiert wird. An der Dorfstraße stehen einige schöne Bauernhäuser.

Wir aber passieren die Dorfstraße und müssen nach rund 400 Metern rechts abbiegen, um zum Kloster Zinna zu gelangen. Hier steht kein Hinweisschild. Die Stelle ist trotzdem leicht zu finden: Wir müssen unmittelbar vor der stillgelegten Bahnstrecke Zossen–Jüterbog abbiegen. Weiter geht es parallel zu den Schienen der ehemaligen Kleinbahnlinie. Nach knapp 1,5 Kilometer geht es wieder rechts ab. Wiederum gibt es keine Hinweisschilder. Und wiederum ist die Stelle leicht zu erkennen: Eine Schranke versperrt hier einen unbefestigten Weg zu einem alten Bahnhofsgebäude an der Kleinbahnstrecke. Sehen wir links das Bahnhofsgebäude, sind wir zu weit gefahren.

Nach etwa einem Kilometer erreichen wir die B 101 und damit Kloster Zinna. Ein Sandweg am Zinnaer Ostgraben bringt uns zur Westfront der Klosterkirche St. Marien. Jetzt noch hinter dem ehemaligen Westflügel der Klosteranlage links ab und schon stehen wir im ehemaligen **Zisterzienserkloster Zinna**.

Der Konvent wurde 1170 vom Erzbischof von Magdeburg gegründet und mit Zisterziensermönchen besetzt. Nach anfänglichen Schwierigkeiten wurde dieses Kloster zum Motor der Aufsiedlung und der wirtschaftlichen Entwicklung der Mark Brandenburg bis an die Grenzen der Landes Lebus. Rund 300 Quadratkilometer waren um 1300 im Besitz des Klosters, in dessen Druckerei das älteste in Brandenburg gefertigte Buch, ein Marienpsalter, entstanden ist. Im Zuge der Reformation wurde Kloster Zinna 1553 aufgelöst.

Die auf einem kreuzförmigen Grundriss errichtete **Klosterkirche St. Marien** wur-

Mit St. Nikolai liegt ein weiteres Baudenkmal am Ende der Tour

de erst 1226 geweiht, dürfte aber mit Gründung des Konvents begonnen worden sein. Der Chor aus exakt behauenen und sauber geschichteten Feldsteinen beeindruckt. Die Fenster der Nebenkapellen zeigen noch die romanischen Rundbögen, Chor und Langhaus dagegen schon die frühgotischen Spitzbögen – ein Bau der Übergangszeit.

In Innern der mönchisch schlichten Kirche ist ein Chorgestühl aus dem Jahr 1425 erhalten. Die Ausmalung in der Apsis stammt aus der Zeit um 1900.

Unmittelbar neben der Kirche steht das ehemalige Siechen- und Gästehaus aus der ersten Hälfte des 14. Jahrhunderts, in dem heute die **Klosterdestillerie** untergebracht ist. Hier wird die Herstellung von Kräuteressenzen demonstriert. Daneben befindet sich die **Neue Abtei** mit ihrem imposanten Stufengiebel mit kleinen Rosetten. Im Innern finden sich Wandmalereien aus der zweiten Hälfte des 15. Jahrhunderts, die 1961 freigelegt wurden. In der Neuen Abtei ist auch das **Klostermuseum Zinna** untergebracht, das die Geschichte der Zisterzienser und des Klosters erzählt.

An der Klosterstraße, unmittelbar neben dem Klostergelände, lädt **Ristorante Pizzeria Da Marcello** zu einer Rast ein. Sitzplätze an der Straße werden geboten.

▶ *Kloster Zinna–Jüterboger Str.–links ab Mittelstr.–rechts ab Berliner Str. (B 101)–rechts halten Luckenwalder Str./Zinnaer Vorstadt–rechts Zinnaer Str.–Marktplatz Jüterbog–rechts Wursthof/Lessingstr.–geradeaus Wilhelm-Kempff-Weg–links Beethovenstr.–rechts Weinberge/Fuchsberge–links Brückenstr.–über Millionenbrücke–links Brückenstr.–rechts Tauentzienstr.–rechts weiter Tauentzienstr.–rechts Bülowstr. auf Flaeming-Skate RK 3–RK 3 folgen über Neuheim/Grüna/Zinna /Jüterbog bis Neuheimer Weg–links Neuheimer Weg–rechts Fuchsberge–Bhf. Jüterbog*

Mit Aufhebung des Klosters 1553 verlor der Ort rapide an Bedeutung. Erst Friedrich der Große half **Zinna** wieder auf, indem er 1764 Handweber aus der Oberlausitz hier ansiedelte. 220 Einheitshäuser wurden um einen Mittelplatz anlegen. Hier steht seit 1994 wieder das Denkmal **Friedrich des Großen**. Die Geschichte des Weberortes Kloster Zinna bis zum Aus durch die Konkurrenz der Textilfabriken in Luckenwalde erzählt das **Webermuseum Kloster Zinna**, das zugleich auch als Bistro mit Kaffeegarten geführt wird. Entlang der B 101, dann der Luckenwalder Straße fahren wir nach Jüterbog. Uns empfängt das **Zinnaer Tor**, eines der drei Stadttore in der Stadtmauer aus der Zeit um 1300. Erhalten ist sowohl der Rundturm aus Feldstein als auch der eckige Turm aus der Zeit um 1500. Auf dem

▶ Karte S. 277

Weg durch die Zinnaer Straße passieren wir einen Döner Imbiss und ein asiatisches Restaurant. Am Marktplatz dann bieten Cafés, Gasthäuser und auch ein Bäcker Rastmöglichkeiten. Jüterbog entdeckt man am besten durch einen kurzen Stadtrundgang (→ S. 284). Wer das nicht möchte, sollte zumindest einen Blick auf das mittelalterliche **Rathaus** mit dem schönen Staffelgiebel über der Gerichtslaube werfen.

Wir verlassen die Stadt auf der Straße Wursthof, fahre durch die Stadtmauer und weiter neben der Kindertagespflegestelle Stadtkäfer auf den als Schönwetterweg ausgezeichneten Wilhelm-Kempff-Weg. Entlang des Entwässerungsgrabens Wasche bringt uns der gut verdichtete Sandweg bis fast zum Bahnhof Jüterbog. Wir sind jetzt rund 23 Kilometer geradelt und können hier am Bahnhof Jüterbog zurück nach Berlin fahren. Wer noch pedalieren möchte, kann jetzt eine Fahrt auf dem Rundkurs 3 (RK 3) des Flaeming-Skate ranhängen. Keine Sehenswürdigkeiten am Weg, keine Besichtigungen, sondern einfach nur radeln auf der Asphaltpiste, vorbei an den Dörfern Neuheim, Grüna, Kloster Zinna und zurück zum Bahnhof Jüterbog. Die Strecke ist rund 14 Kilometer lang.

Wir fahren ein Stück auf der Straße Fuchsberge. Links geht es in die Brückenstraße und auf der Millionenbrücke über die Bahntrasse. Die Verbindung ist heute als Fußgängerbrücke ausgebaut, war aber vor dem Zweiten Weltkrieg eine veritable Brücke, die Jüterbog mit **Jüterbog II** verband, der Militärstadt. Das war eine Garnison mit Artillerieschießplatz, dann auch Flug- und Truppenübungsplatz, Jüterbog war seit Mitte des 19. Jahrhunderts Garnisonsstadt. Zu DDR-Zeiten befand sich hier die größte Militärbasis der Roten Armee in Deutschland. Mittlerweile wurden die Plattenbauten für viele der geschätzt 40 000 sowjetischen Soldaten abgerissen. Es stehen aber noch die Backsteingebäude aus preußischer Zeit, die teilweise saniert wurden und als Wohnungen dienen.

Über Brückenstraße und Tauentzienstraße kommen wir zur Bülowstraße, an der wir auf den Flaeming-Skate RK 3 einbiegen. Es geht auf dem RK 3 in der Nuthe-Niederung durch landwirtschaftlich genutzte Flächen. Erst wieder in Jüterbog, genauer hinter der Stadtmühle, verlassen wir den Rundkurs, indem wir links auf den Neuheimer Weg abbiegen. Rechts ab auf die Straße Fuchsberge bringt uns die Strecke zurück zum **Bahnhof Jüterbog**.

Tour 27

Gasthaus Zum Eichenkranz, Unter den Eichen 1, Luckenwalde/OT Kolzenburg, Tel. 03371/610729; Mo–Fr 16–23, Sa/So 11.30–23 Uhr. Deftige Speisen. www.hoteleichenkranz.com

Ristorante Pizzeria Da Marcello, Klosterstr. 8/10, Jüterbog/OT Kloster Zinna, Tel. 03372/3999218; Di–So 12–22 Uhr.

Café Weber Museum Zinna, s. Webermuseum Kloster Zinna.

HeimatMuseum Luckenwalde, Markt 11, Luckenwalde, Tel. 03371/672550; Di–Do 10–13, 14–17 (Do 14–18), Fr–Sa 10–13, So 13–17 Uhr; 2,50/2 Euro.

Klosterkirche, St. Marien, Am Kloster 4, Jüterbog/OT Zinna; von Ostern bis zum Reformationstag tägl. 11–15 Uhr.

Museum Kloster Zinna, Am Kloster 6, Jüterbog, Tel. 03372/439505; Di–So 10–16 Uhr; Kombiticket 4,50/4 Euro. www.kloster-zinna.com

Webermuseum Kloster Zinna, Berliner Str. 72, Jüterbog/OT Kloster Zinna, Tel. 03372/432739; März–Okt. Di–So 10–19 Uhr, Nov.–Febr. 10–17 Uhr. www.webhaus-kloster-zinna.com

Jüterbog – ein Stadtrundgang

Jüterbog hat sich im Gegensatz zu vielen anderen Städten Brandenburgs innerhalb der Stadtmauern das Aussehen einer Kleinstadt des 19. Jahrhunderts bewahrt. Guter Ausgangspunkt für einen kleinen Stadtspaziergang ist der 50 mal 90 Meter messende **Marktplatz**, den immerhin 25 denkmalgeschützte Häuser einfassen. An der Südseite erhebt sich das **Rathaus** mit schönem Staffelgiebel über der ehemaligen Gerichtslaube. Es wurde vermutlich ab 1300 errichtet. An der Ostecke ist die Figur des Heiligen Mauritius auszumachen, Patron des Erzbistums Magdeburg, zu dem Jüterbog ab 1157 gehörte. Das Fenster mit Sandsteinrahmung daneben wird wie die Mauritius-Plastik auf das Jahr 1506 datiert. Wir gehen durch die **Nikolaikirchstraße**, die sich im Gegensatz zur Großen Straße kleinstädtisches Flair bewahrt hat. Sie besitzt gut sanierte zweigeschossige Bürgerhäuser, über die sich mächtig die über 60 Meter hohen Türme der **St. Nikolaikirche** erheben. Sie ist ein Symbol für den Reichtum des mittelalterlichen Jüterbog als Zentrum des Fernhandels. Das Gotteshaus wurde um 1307 erstmals erwähnt, aber erst 1488 endgültig geweiht. Dazwischen wurde immer wieder gebaut und erweitert. Entstanden ist so eine Hallenkirche mit Chorumgang. Prägend für den Gesamteindruck von Kirchenschiff und Chor sind neben den massiven Pfeilern die farbigen Rippen und Gurte des Deckengewölbes. Sie wurden nach Befunden wiederhergestellt. Dazu kommen original erhaltene Wandmalereien wie die zehn überlebensgroßen Figuren aus der Zeit nach 1400. Schön ist auch die Südkapelle mit dem bekanntesten Ausstellungsstück in

Einkehrmöglichkeit am Markt

St. Nikolai dominiert das Stadtbild

der Kirche, dem Ablasskasten des Dominikanermönches Johann Tetzel. Gegen dessen Ablasshandel veröffentlichte Martin Luther im rund 30 Kilometer entfernten Wittenberg 1517 seine 95 Thesen, die zum Ausgangspunkt der Reformation wurden.

Über die Große Straße und die Pferdestraße geht es zurück Richtung Markt und weiter zum **Dammtor** in der einst sechs Meter hohen Stadtmauer. Ein schönes Beispiel für die qualitätsvollen Fachwerkbauten der Innenstadt ist das **Haus Große Straße 53**, erbaut im 17. Jahrhundert. Das Dammtor war eines von drei Stadttoren Jüterbogs. Erhalten sind zwei runde Wehrtürme, das eigentliche Dammtor und die Mauern des Zwingers, in dem Besucher der Stadt kontrolliert wurden.

Durch die Mönchenstraße, vorbei am **Fachwerkhaus Nr. 50** aus dem Ende des 18. Jahrhunderts, geht es zur ehemaligen **Franziskaner Klosterkirche**. Sie zeigt wie üblich bei Kirchen des Bettelordens keinen Turm, sondern nur einen Dachreiter. Erbaut wurde das Gotteshaus um 1500. Die Kirche dient heute als Bibliothek und **Museum im Mönchenkloster**.

Ein Stück weiter durch die Mönchenstraße gelangen wir wieder zum Marktplatz.

Touren

Jüterbog

Markt1, Markt 1, Jüterbog, Tel. 03372/4413485; Di, Do–So 10–18 Uhr. Eiscafé, Frühstück und Mittagssnacks.

Die Förste, Markt 7, Jüterbog, Tel. 03372/4429055; Di–Fr 9.30 –19, Sa/So 10–19 Uhr. Café, Wein und kleine Mahlzeiten. www.diefoerste.de

Konrad Bäckerei und Café, Mönchenstr. 28, Jüterbog, Tel. 03372/4435377; Mo–Sa 7–18, So 7.30–18 Uhr. Bäckerei und Café.

Saigon-Bistro, Zinnaer Str. 16 A, Jüterbog, Tel 04933/724289746; tägl. 10–21 Uhr. Sushi und mehr.

Tetzelstuben, Heilig-Geist-Platz 2–4, Jüterbog, Tel. 03372/442675; Mo–Fr 11–14 und ab 17, Sa/So ab 11 Uhr. Café, Salate, Essen von Nudeln bis Steak. www.tetzelstuben.de

Kirche St. Nikolai, Nikolaikirchstr., Jüterbog; April–Okt. Di–Fr, So 13–17, Sa 10–17 Uhr.

Museum im Mönchenkloster, Mönchenkirchplatz 4, Jüterbog, Tel. 03372/463144; Di 10–17, Mi–So 13–17, erster Sa im Monat ab 10 Uhr; 4/3,50 Euro.

Drei Burgen auf einen Streich

Tour 28: Von Bad Belzig nach Bad Belzig

Verlauf: Bad Belzig-Bergholz-Kranepuhl-Lühnsdorf-Werdermühle-Niemegk-Neuendorf-Zixdorf-Garrey-Klein Marzehns-Burg Rabenstein-Raben-Grubo-Jeserig (Fläming)-Wiesenburg (Mark)-Neuehütten-Schlamau-Schmerwitz-Hagelberg-Klein Glien-Borne-Bad Belzig.
Länge: 66 km.
Alternativen: bis Bhf. Wiesenburg, 50 km.
Start/Ziel: Bhf. Bad Belzig, Fahrstuhl: ja; Einkauf: Backshop im Bahnhof.
Anfahrt: Bhf. Friedrichstr., RE 7, stdl., 1:07 Std.
Rückfahrt: Bhf. Bad Belzig, RE 7, stdl., 1:07 Std.
E-Bike: uneingeschränkt tauglich.
Tipp: Der Bahnhof Wiesenburg liegt rund 2,7 km vom Schloss Wiesenburg entfernt. Bei Rückfahrt ab Wiesenburg ca. 15 Minuten für die Anfahrt einplanen.
Wegequalität: Wir fahren rund 33 Kilometer auf asphaltierten Nebenstraßen, auf denen kaum Verkehr herrscht. Dazu kommen über 6 Kilometer separate Radwege. Auf straßenbegleitenden Radwegen sind wir 10 Kilometer unterwegs. Etwas nervig sind die 6 Kilometer, die wir auf Landesstraßen ohne Radweg fahren müssen. 5 Kilometer davon fallen auf der Strecke zwischen Grubo und Jeserig an, auf der sehr wenig Verkehr herrscht. Nicht vermeiden lassen sich die insgesamt 1000 Meter auf Kopfstein, 500 Meter davon allein in Schmerwitz. In der Regel findet sich aber ein schmaler Sandstreifen neben dem Kopfsteinpflaster, auf dem man problemlos radeln kann.
Kurzcharakteristik: Wir sind im Hohen Fläming unterwegs. Aber auch hier sind die Steigungen nicht heftiger als im Niederen Fläming. Kennzeichnend für den Hohen Fläming sind die großen, zusammenhängenden Waldgebiete mit nur kleinen Rodungsinseln. Insgesamt zeigt sich eine hügelige Landschaft mit sandigen Böden. Auf stillen Straßen radeln wir von Dorf zu Dorf und entdecken dabei drei grundlegend unterschiedliche Burgen: In Bad Belzig erwartet uns eine Festung über der Stadt, Burg Rabenstein erinnert an eine Ritterburg hoch über einer Handelsstraße, in Wiesenburg erleben wir eine Niederungsburg, die auf der Parkseite wie ein barockes Schloss aussieht.

► *Bhf. Bad Belzig-links Am Bahnhof-links halten Weg zur Brücke über Bahndamm-rechts Flämingweg-links Alte Wittenberger Str.-links Bergholzer Str.-links Teichstr./Dorfstr.-Kranepuhl, geradeaus K 6927-rechts Lühnsdorfer Weg-Lühnsdorf, geradeaus Sandberger Str./Niemegker Str.-hinter A 9, links Werderstr.-rechts Belziger Str.-links Juristenstr.-Kirchplatz*

Schon vor dem Start der Tour müssen wir uns entscheiden. Wollen wir Burg und Stadt Bad Belzig in Ruhe angucken? Wenn ja, dann sollten wir das vor der Tour machen, denn nach 66 Kilometern durch den Hohen Fläming hat man vermutlich keine Energie mehr.
Soll es dagegen gleich losgehen mit der Radelei, fahren wir kurz hinter dem Bahnhof über den Kopfsteinpflasterweg hinauf zur Brücke über die Eisenbahntrasse. Über den Flämingweg und die Alte Wittenberger Straße geht es zur Bergholzer Straße.
Wir passieren auf diesem Weg die **Skulptur Axis Mundi 2** von Jens Kanitz (Axis Mundi=die Himmelachse). Sie gehört zu den 28 Kunstobjekten, die auf ei-

▲ Karte S. 288/289

nem Rundweg um Bad Belzig zu einer Wanderung einladen (www.wandern-im-flaeming.de/kunstwanderweg). Die Verdickungen der Achse ähneln Kürbissen. Gleich gegenüber befindet sich das **Roger-Loewig-Haus**, das an den Zeichner, Maler und Schriftsteller Roger Loewig erinnert. Loewig arbeitete als Lehrer in Köpenick, wurde 1964 aber entlassen. Seine Kunstwerke entsprachen nicht der staatlichen Vorgabe des Sozialistischen Realismus. Loewig lebte und arbeitete dann als freischaffender Künstler in Wohnungen von Freunden in Belzig. Er siedelte 1972 nach West-Berlin über und kehrte nach 1990 zeitweilig nach Belzig zurück.

Auf den vier Kilometern entlang der Bergholzer Straße bewältigen wir eine moderate Steigung bis zum Abzweig nach Kranepuhl. Dabei passieren wir das **Ökokombinat**, einen Firmenverbund mit den Schwerpunkten Holz und ökologische Bauweise. Die Hohe Fläming ist Waldland, Holz einer der wichtigsten Rohstoffe. Das passt.

In Höhe des Dorfes Bergholz biegen wir links auf die Teichstraße ab und fahren entlang einer ins Unendliche gehenden Reihe von Strommasten nach Kranepuhl. Ein bisschen 1950er-Jahre-Feeling kommt angesichts dieser Versorgungsleitungen auf. Wieder geht es ein Stück bergauf, und uns wird spätestens hier klar, dass Steigungen zum Fläming genauso gehören wie die leicht gewellten Wiesen und Ackerflächen, die von Alleen durchzogen werden. Links blüht Heide, die sich neben der Kiefer auf sandigem Boden wohlfühlt.

Schon vor **Kranepuhl**, der ›Siedlung am Kranichpfuhl‹, sehen wir den Turm der **Dorfkirche**. Durch die sorgfältig bearbeiteten und akkurat geschichteten Feldsteine zeigt sich die Kirche als Bau aus der Mitte des 13. Jahrhunderts. An der Nordseite erinnern zudem die kleinen rundbogigen Fensteröffnungen an die Bauzeit.

Weiter geht es Richtung Lühnsdorf, vorbei an der ehemaligen LPG, die heute als **Produktionsgenossenschaft Flämingrind** wirtschaftet. Einige kreisrunde, bewachsene Niederungen, sogenannte **Sölle,** lockern hier das Ackerland auf. Aus Toteisblöcken wurden nach der Eiszeit kleine Seen, die heute als nasse Vertiefungen wichtige Reservat für Kleingetier darstellen.

Kranepuhl gehört zur Gemeinde Planetal. Das Tal des Flusses Plane erreichen

Am Fischteich Werdermühle

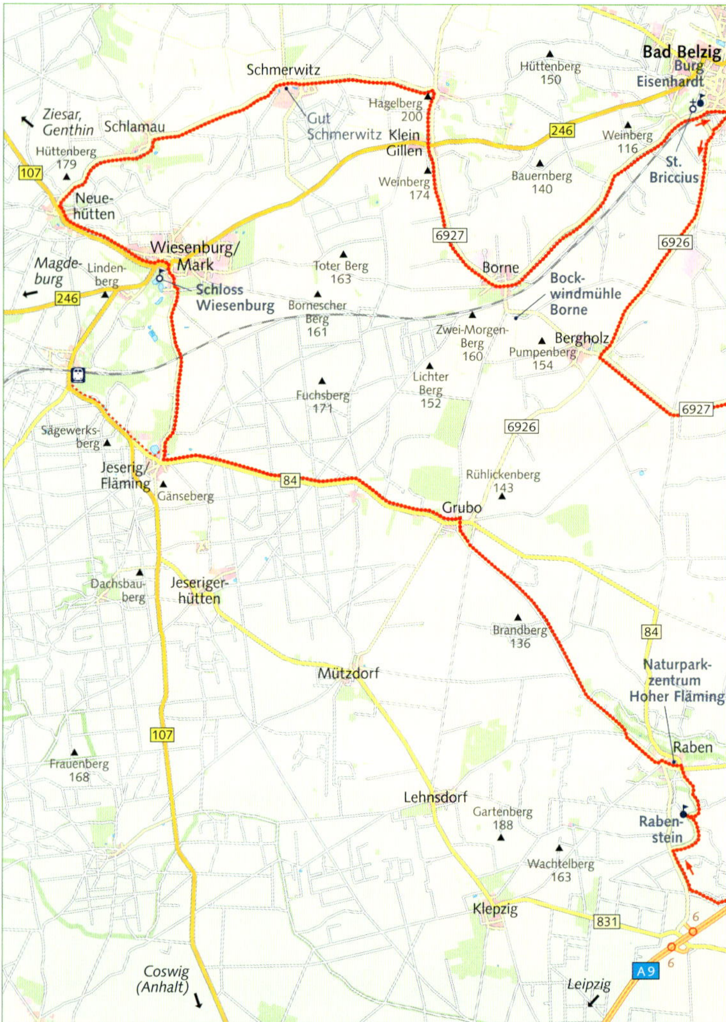

Tour 28

wir aber erst bei **Werdermühle**. Etwas störend ist hier der Lärm der nahen Autobahn A9. Der aber hält anscheinend niemanden ab, sich in der **Forellenzucht Werdermühle** in den Angelteichen mit frischem Fisch zu versorgen. Oder aber man kauft sich den geräucherten Fisch für ein Picknick im Hofladen. Schon seit 1379 gibt es hier die Fischteiche, die von Zisterziensermönchen zusammen mit der Werdermühle angelegt wurden. Zugegebenermaßen ist die **Plane** eher ein Bach als ein beeindruckender Fluss. Aber sie ist immerhin der größte von

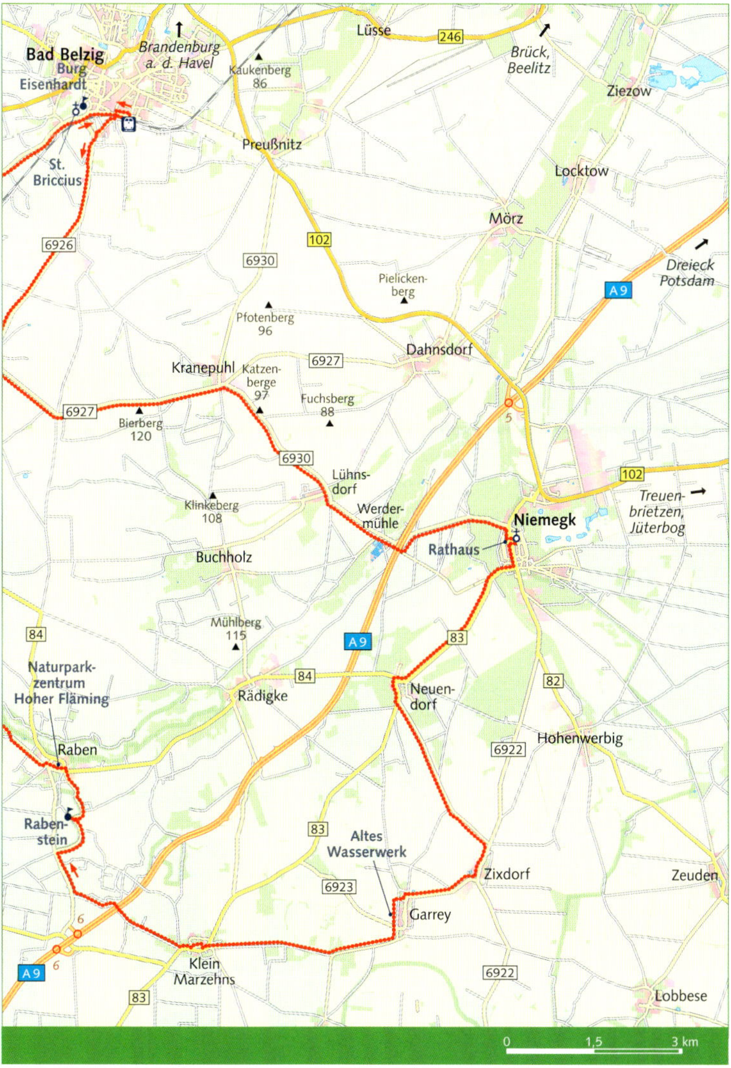

vier Wasserläufen, die die nicht gerade gewässerreiche Nordseite des Hohen Fläming entwässern. Die Plane wie auch die anderen Bäche sind sehr sauber, sodass sich hier die Bachforelle gehalten hat. Otter und Reiher setzen der Population allerdings stark zu.

Wir fahren hinter der Unterführung unter der A9 links ab und radeln rund zwei Kilometer bis in das Städtchen **Niemegk**. Durch die Juristenstraße sehen wir die **Kirche St. Johannis**. 1853 wurde sie nach Plänen von Friedrich August Stüler erbaut. Gegenüber befindet sich das **Rathaus Niemegk**, das 1570 im Stil der Spätrenaissance entstand. Typisch sind die schönen Schweifgiebel an den Längsseiten des Gebäudes und die beiden Zwerchhäuser auf der Traufseite. Dazu kommt ein hübsches Sitznischenportal am Eingang. Dieses Rathaus kann sich sehen lassen. Man muss aber auf den Kirchplatz gehen, um es ganz zu überschauen.

▶ *Niemegk Kirchpl.-links Großstr.-rechts Lindenstr. (L 83)-Neuendorf, Kreisel, links Wittenberger Str.-links Str. nach Zixdorf-Zixdorf, rechts Alte Dorfstr.-rechts Garreyer Str.-Garrey, links Dorfstraße-rechts Weg zum Alten Wasserwerk/über Dorfstr.-rechts Weg nach Klein Marzehns/Garreyer Weg-links Hauptstr.-rechts Nebenstr.-rechts Hauptstr.-rechts Rabener Weg-rechts Wittenberger Str.-rechts Weg zur Burg Rabenstein.*

In der Großstraße registrieren wir mit einigem Erstaunen das knallrote Zeltvordach des **Kulturhauses Niemegk** (Großstraße 19). Vor 1989 nutzte es das Wittenberger Theater als Spielstätte. 1990 aber drohte das Festspielhaus zwischen den Ländern Sachsen-Anhalt und Brandenburg, zu dem Niemegk neuerdings gehörte, unter die Räder zu kommen. Also wurde 2004 das Neue Volkstheater Fläming gegründet, das hier ein gut besuchtes, buntes Kulturprogramm bietet. An der Großstraße 50 sieht man links eine mittelalterliche Giebelwand aus Feldstein. Die Ruine wird zwar **Kloster** genannt, aber niemand weiß, wofür dieser Bau errichtet wurde. In der Bäckerei kurz dahinter kann man eine Rast einlegen. Oder aber man fährt bis zur alten **sächsischen Postsäule** vor und biegen rechts auf die Lindenstraße (L 83) ab. An der Ecke, gar nicht zu übersehen, bietet das Restaurant Zum Alten Brauhaus einen Innenhof zum Sitzen.

Weiter geht es bis Neuendorf, vor dem wir die Grenze zum Naturparks Hoher Fläming passieren. Hinter der einfachen Feldsteinkirche ohne Turm biegen wir in Neuendorf links auf die Wittenberger Straße ab. Aber schon nach 400 Meter folgen wir dem Hinweis ›Zixdorf 3 km‹. Während wird durch ein Waldgebiet radeln, in dem sich aber auch große Wiesen mit Pferdekoppeln öffnen, bewältigen wir wieder eine moderate Steigung. Ein Wanderhinweis macht ohne Kilometerangabe auf den Abzweig zum **Neuendorfer Rummel** aufmerksam. Der Ausdruck Rummel steht im Fläming weder für Kirmes noch für Volksfest. Vielmehr meint Rummel ein heute zumeist trockenes Tal, das während der Eiszeit entstanden ist, als Wasser auf Dauerfrostboden abfloss und sich dabei tief in das Gelände einschnitt. Die Hänge dieser Rummel können bis zu 20 Meter sehr steil abfallen. Der angezeigte Weg zum Neuendorfer Rummel ist aber nur für Wanderer geeignet. Mit dem Fahrrad bleibt man hier im feinen Pulversand stecken oder stürzt über eine der Wurzeln im Boden.

Da bewältigen wir lieber den letzten Rest der Steigung und statten der **Dorfkirche Zixdorf** einen kurzen Besuch ab. Die Feldsteinkirche könnte im Kern im 13. Jahrhundert entstanden sein, wurde aber mehrfach umgebaut. 1905 kamen die Vorhalle und der Fachwerkturm hinzu. Im Innern zeigt die Kirche ein Tonnengewölbe und eine Ausmalung im Bauernbarock, die jüngst restauriert wurde.

Es gibt Dörfer, denen sieht man an, dass hier eine intakte Gemeinschaft besteht. Zu diesen Orten gehört **Garrey**, unsere nächste Station. Schon kurz vor dem Ortseingang entdecken wir rechts einen

▶ Karte S. 288/289

renaturierten Teich. Das Kleingewässer war verlandet und wurde ab 2013 von der Naturparkverwaltung Hoher Fläming durch Entnahme von Sediment wieder zur offenen Wasserfläche entwickelt. So erfüllt der Teich heute eine doppelte Funktion: Er dient in dem weitgehend seenfreien Hohen Fläming als Wasserspeicher; und er bietet allerlei Kleingetier einen Lebensraum.

Garreyer Bürger und örtliche Handwerker bauten das **Alte Wasserwerk Garrey** aus, zu dem wir gelangen, folgen wir in der Dorfstraße dem Hinweisschild ›Aussichtsplattform Altes Wasserwerk‹. Früher wurde hier Grundwasser in einen Behälter oberhalb des Dorfes gepumpt, um dann mit dem nötigen Druck in die Haushalte zu fließen. Auf der Aussichtsplattform lässt sich wunderbar rasten. Man verzehrt seinen Proviant und schaut sich dabei die hier deutlich bewegte Landschaft des Hohen Fläming an. Die Kuppen westlich von Garrey erreichen immerhin ein Niveau von 160 bis 170 Metern über Null. Baumgruppen liegen verstreut in den Feldern, am Horizont Windräder. Genießen wir den weiten Blick, denn allzu bald verschwinden wir wieder in einem Waldgebiet.

Wer sich **Garrey** noch einen Moment anschauen möchte, muss links auf die Dorfstraße abbiegen und ist nach wenigen Metern im Dorfkern. Wir sind hier übrigens nur einen Kilometer von der Grenze zu Sachsen-Anhalt entfernt, bis zur Lutherstadt Wittenberg sind es gerade 20 Kilometer. Die **Dorfkirche Garrey** wurde nach 1300 errichtet. Die Drei-Fenster-Gruppe auf der Westseite stammt noch aus gotischer Zeit. Erstaunlich große Feldsteine wurden hier verbaut. Nur wenige Meter entfernt lädt der Gasthof Lehmann zu einer Rast ein.

Die Dorfkirche Garrey stammt im Kern aus dem 13. Jahrhundert

Im Innenhof der Burg Rabenstein

Hinter Garrey müssen wir aufpassen. In einer langen Linkskurve geht rechts die Fahrradstraße ab. Leider findet sich hier nur das Hinweisschild ›Garrey 1,5 km‹, das in die Richtung zeigt, aus der wir gekommen sind. Egal. Wir fahren auf bester Asphaltpiste Richtung Klein Marzehns in das Waldgebiet hinein. Es radelt sich angenehm auf der leicht abschüssigen Piste. In Klein Marzehns geht es auf der ›Nebenstraße‹ vorbei an der Feldsteinkirche, die um 1400 auf dem höchsten Punkt des Ortes errichtet wurde. Am Ortsausgang folgen wir dem Hinweisschild ›Raben 4,2 km‹ und biegen auf den Rabener Weg ab. Die Asphaltpiste bringt uns durch Wald und eine Unterführung unter der Autobahn A 9. Auf der Wittenberger Straße fordert uns ein Hinweisschild auf, zur ›Burg Rabenstein‹ hochzufahren. Dieser Einladung folgen wir. Keine Angst, die Steigung, die wir zu bewältigen haben, ist überraschend moderat.

► *Burg Rabenstein–links Zur Burg–links Brennereiweg–geradeaus Gruboer Weg/ Altrabener Weg–links Gruboer Hauptstr./L 84–Jeserig, rechts Wiesenburger Str./ Hermann-Boßdorf-Str.–links Schloßstr.–links Friedrich-Ebert-Str. (B 246)–Kreisel, rechts Neuehüttener Str. (B 107)–rechts Neuehütten (K 6934)/Schlamau/Schmerwitz/Hagelberg–rechts Hagelberg (K 6927)/Klein Glien/Borne, Alte Belziger Str./ Bad Belzig, Borner Str.–rechts halten Bahnhofstr./Am Bahnhof–Bhf. Bad Belzig*

Burg Rabenstein sieht aus, wie man sich als Kind eine Ritterburg vorstellt: Auf der an drei Seiten steil abfallenden Anhöhe namens Steiler Hagen beherrscht sie die Straße Wittenberg–Belzig. Beeindruckend sind der ovale Mauerring und der **Bergfried** aus Feldstein und Granitquadern, der aus dem 13. Jahrhundert stammt. Wir betreten die Burg durch das Torhaus neben dem 30 Meter hohen Bergfried aus Feldsteinen und Granitquadern. Gleich rechts befindet sich das zweigeschossige Wohnhaus aus dem 18. Jahrhundert, ein verputzter Backsteinbau. Die weiteren Bauten um den Burghof dienten als Wirtschaftsgebäude, so auch der heute als Rittersaal bezeichnete Bau gegenüber vom Torhaus. Er wurde aus Feldstein errichtet und soll im Kern ebenfalls aus dem 13. Jahrhundert stammen.

▲ Karte S. 288/289

Saniert wurde Burg Rabenstein, die zu DDR-Zeiten als Jugendherberge diente, ab 2004 vom Verein Soziale Arbeit e. V., in dem der Landkreis und die Gemeinden der Umgegend organisiert sind. Bisher aber hat sich keine durchgängige Nutzung der Anlage gefunden. Aber immerhin bietet ein Förderverein an Wochenenden Burgführungen, ein Kulturprogramm und Bogenschießen. Dazu kommt ein Imbiss auf dem Burghof. Näheres zum aktuellen Programm auf der Website.

Vor der Burg liegt die Falknerei. Hier zeigt die **Fläming-Falknerei zu Burg Rabenstein** Flugvorführungen heimischer Greifvögel, bei denen man viel über die Tiere und das jagdliche Handwerk der Falknerei erfährt.

Vorbei am Backhaus und der Falknerei fahren wir hinab zum Dorf Raben. Im Brennereiweg erreichen wir so das **Naturparkzentrum Hoher Fläming**, das in der alten Brennerei der Burg Rabenstein eingerichtet wurde. Der Naturparkverein Hoher Fläming e. V. bietet hier einer Ausstellung zum Naturpark, einen kleinen Laden mit regionalen Produkten, Informationen für Touristen und Leihfahrräder. 1997 wurde der Hohe Fläming zum Naturpark erklärt. Damit stehen der Schutz der geschichtlich gewachsenen Bau- und Kulturformen genauso im Fokus wie Natur- und Landschaftsschutz. Dazu kommt die Entwicklung nachhaltiger Landwirtschaft und des Tourismus.

Wenige Meter weiter sieht man die **Kirche Raben**, eine Feldsteinkirche aus der ersten Hälfte des 13. Jahrhunderts. Sehr gut ist hier die Gliederung des Gotteshauses in Kirchenschiff, Chor und Apsis zu erkennen. Der Dachturm aus Fachwerk ist bauzeitlich, Schweifhaube und Laterne wurden im 18. Jahrhundert aufgesetzt. Sehr schön im Innern ist die Ausmalung mit floralen Motiven, die ebenfalls aus dem 18. Jahrhundert stammt.

Wir fahren geradeaus auf den Gruboer Weg. Vorsicht, hier darf man nicht einfach dem blauen Hinweisschild mit dem Fahrrad folgen. Dann landet man irgendwann in Wittenberg. Vielmehr geht es auf die Asphaltpiste neben der Schotterbahn, die für die Autos vorgesehen ist, durch das Gruboer Holz. Erst kurz vor Grubo sehen wir wieder Felder und Wiesen. Über den Altrabener Weg gelangen wir zur **Dorfkirche Grubo**, die aus der ersten Hälfte des 13. Jahrhunderts stammt und im Innern seit der Renovierung 1904 eine schöne Jugendstilmalerei zeigt.

Das prächtige Schloss Wiesenburg

Es lässt sich nicht vermeiden: Wir müssen jetzt rund fünf Kilometer auf der L84 Richtung Jeserig radeln. Allerdings ist die Strecke nicht sehr befahren. Wer keine Lust mehr hat, kann hier rechts fahren und dann nach rund 200 Metern links auf die Bergholzer Straße abbiegen. Bis zum Bahnhof Bad Belzig sind es dann rund neun Kilometer.

Wir aber fahren links ab Richtung Jeserig. Wer noch mal eine Pause braucht, fährt in Jeserig hinter dem Haus Wiesenburger Straße 15 links zum **Jeseriger See**. Mit knapp 1,5 Hektar ist das Gewässer nicht groß und mit 2,70 Metern nicht gerade tief. Aber immerhin ist er einer der wenigen Seen in der Region, und für ein kühles Bad reicht es allemal. Von hier sind es übrigens nur 2,5 Kilometer über die Bahnhofsallee und die Straße Am Bahnhof zum **Bahnhof Wiesenburg**. Der wurde nämlich auf Jeseriger Gebiet errichtet, weil der Wiesenburger Gutsbesitzer Curt von Watzdorf nicht wollte, dass die Eisenbahnlinie durch seinen Park geführt wird. Vom Bahnhof Wiesenburg fährt wochentags stündlich, an Wochenenden alle zwei Stunden der RE7 nach Berlin.

Recht unspektakulär: der zweithöchste Berg in Brandenburg

▲ Karte S. 288/289

Wir fahren weiter durch die Niederung der Boner Nuthe nach Wiesenburg. Schon von Weitem sehen wir den spitzen Kirchturm und links daneben die Spitze des Bergfrieds auf dem Schlossareal Wiesenburg. Wir fahren an der **Alten Schule** (Hermann-Boßdorf-Straße 14) vorbei, in der man sich mit etwas Glück eine Kunstausstellung anschauen kann. Hinter dem Schulgebäude sieht man schon den Turm der **St.-Marien-Kirche** Wiesenburg, eine Feldsteinkirche auf einem kreuzförmigen Grundriss mit einem sehr schönen Sandsteinaltar des Bildhauers Georg Schröter aus Torgau von 1561. Auffällig ist der Zugang zum Gottesacker, der 1926 als Denkmal für die Gefallenen des Ersten Weltkrieges gestaltet wurde.

Schloss Wiesenburg erreichen wir über einen gepflasterten Weg, der hinter dem Parkplatz zur Schlossstraße führt. **Schloss Wiesenburg** ist ein kleines Wunderding: Nähern wir uns dem Schlossbau von der Stadtseite, gehen wir durch das **Männekentor** aus dem 16. Jahrhundert, über dem ein Ritter mit Lanze und Schild Wache hält. Dabei passieren wir das **Rathaus** der Stadt Wiesenburg mit dem prächtigen Renaissancegiebel, das ebenfalls im 16. Jahrhundert als Wohn- und Wirtschaftsgebäude des Gutsverwalters errichtet wurde. Es geht über eine Brücke durch das Torhaus mit dem prachtvollen Renaissanceportal. Leider ist der Innenhof des Schlosses heute nicht mehr zugänglich, weil im Schloss Wohnungen eingerichtet wurden. Uns bleibt daher nur der Besuch des 40 Meter hohen **Bergfrieds** mit Feldsteinmauerwerk, der auf das beginnende 13. Jahrhundert datiert wird. Hier gibt es eine kleine Ausstellung zur Geschichte des Schlosses Wiesenburg. Und vor allem bleibt uns der Weg in den öffentlich zugänglichen **Schlosspark**, den man erreicht, geht man an der Schlossbrücke links zwischen Burg und Remise hindurch. Schauen wir uns dann im Schlosspark um, sehen wir – zu unserer Überraschung – einen zweigeschossigen barocken Schlossbau.

Mittelalterlicher Bergfried, Renaissanceschloss und barock anmutende Schaufassade auf der Parkseite des Südflügels – damit sind die drei großen Phasen in der Geschichte des Schlosses Wiesenburg bezeichnet. Der mittelalterliche Bergfried erinnert daran, dass die Wiesenburg zusammen mit Burg Rabenstein und Burg Belzig den Hohen Fläming gegen Machtansprüche des Erzbischofs von Magdeburg wie auch der Markgrafen von Brandenburg sichern sollte. Die Renaissanceanlage geht auf die Familie Brand von Lindau zurück, die das Schloss ab 1550 nach Zerstörung wieder aufbaute. Ab dem 18. Jahrhundert gehörte Schloss Wiesenburg dann den von Watzdorfs, die für die barocke Parkseite sorgten.

Der Park ist für seine ausländischen Gehölze bekannt. Zypressen, Zedernarten und Ginkgobäume stehen neben einer Vielzahl von Tannen- und Fichtenarten, dazu gesellen sich Magnolien und Azaleen. Über 400 Jahre alte Baumriesen schließen die Waldflächen ab. Im Umfeld des Schlosses Wiesenburg findet sich eine ganze Reihe an gastronomischen Angeboten wie Café und Pension Landei im alten Dorfkern oder das Café am Schlosstor.

Zum Glück gibt es einen guten Radweg an der B 107, die uns nach Neuehütten bringt. Hier zeigt uns ein Hinweisschild den Weg rechts ab, Richtung Schlamau. Bis Bad Belzig sind es noch 19 Kilometer, und wir haben einige Steigungen zu bewältigen. Dabei bleiben wir einfach immer auf der Kreisstraße, fahren durch Schlamau und weiter nach Schmerzwitz.

Gut Schmerwitz arbeitet seit Jahren nach den Richtlinien des Bioland-Verbandes. Das heißt, dass chemisch hergestellter Dünger und Pflanzenschutzmittel nicht verwendet werden dürfen. Stattdessen wird mit einer sechsgliedrigen Fruchtfolge gearbeitet und mit Mist aus der gutseigenen Tierhaltung gedüngt. Schon bei Einfahrt in das Dorf sieht man die Hühner, die über große Auslaufflächen verfügen und dort nach Herzenslust scharren und picken können. Artgerechte Haltung ist auch bei den Schafen eine Selbstverständlichkeit. Gutseigene Produkte werden im Hofladen angeboten, dazu kommen die Gutsküche als Restaurant und die Töpferei ›Königsblau Keramik‹. Erhalten haben sich auf dem Gutsgelände neben den Wirtschaftsgebäuden das **Inspektorenhaus** von 1872 und das jüngst sanierte Gutshaus, im Kern von 1736.

Das Schönste kommt zuletzt – wir besuchen die zweithöchste Erhebung in Brandenburg, den **Hagelberg** mit 201 Metern. Aber keine Angst: Schmerwitz liegt schon auf einer Höhe von 180 Metern. Wir haben auf den rund 2,5 Kilometern bis Hagelberg nur 20 Höhenmeter zu bewältigen. Das schafft jeder. Bei unserem Aufstieg sehen wir rechts schon das Gipfelkreuz. In Hagelberg folgen wir dem Hinweisschild ›Hagelberg 0,1 km‹ nach rechts. Wir schieben das Fahrrad die letzten 100 Meter und kommen so zum Rastplatz am Gipfelkreuz.

Lange Jahre galt der Hagelberg als der höchste ›Berg‹ in Brandenburg. Dann aber wurde im Jahr 2000 nachgemessen, und prompt verwies der Kutschenberg im Landkreis Oberspreewald-Lausitz den Hagelberg auf Platz zwei. Der Rundblick vom Hagelberg in die Landschaft des Hohen Fläming lohnt sich trotzdem.

Eine **Infotafel** am Rastplatz erinnert an die Schlacht von Hagelberg, in der am 27. August 1813 preußische Landwehr französische Truppen besiegte. Ein denkwürdiges Ereignis, war die neuartige Landwehr aus Freiwilligen zuvor doch von den Berufssoldaten belächelt worden. Die Schlacht ging als Kolbenschlacht in die Geschichte ein, denn aufgrund von Dauerregen war an Pistolen- und Kanoneneinsatz nicht zu denken.

Wir fahren weiter Richtung Klein Glien und erhalten jetzt den Lohn für unsere Mühen beim Aufstieg: Es geht auf den folgen 800 Metern gut 30 Höhenmeter hinunter. Wer die **Bockwindmühle Borne** besichtigen möchte, muss in Borne rechts in die Gruboer Straße einbiegen. Nach gut 500 Metern gelangt man zu der Mühle aus dem Jahr 1803.

Wir aber fahren geradeaus auf der Alten Belziger Straße, die uns nach Bad Belzig bringt. Auf der Wittenberger Straße passieren wir die **Burg Eisenhardt** mit der **St.-Briccius-Kapelle**. Vorbei an der sächsischen Postsäule geht es über die Bahnhofstraße zum Bahnhof Bad Belzig. Man sollte hier nicht zu knapp zum Zug kommen. Schon mancher hat aufgrund der heftigen Steigung vor dem Bahnhof seine Rückfahrt verpasst. Wem das passiert, kann sich im Eiscafé Zur Postmeile trösten.

Tour 28

Zum Alten Brauhaus, Lindenstr. 1, Niemegk, Tel. 033843/50900; Mo–Fr ab 17, Sa/So 11–14 Uhr. Sitzplätze im Innenhof. www.brauhaus-niemegk.de

Gasthof und Pension Lehmann, Dorfstr. 24, Garrey, Tel. 033843/51290; Mi–So 14–20 Uhr. Leckeres Eis oder selbstgebackener Kuchen auf einem Vierseithof mit schönen Plätzen auf der Hoffläche. www.pension-gasthof-garrey.de

Café und Pension Landei, Hermann-Boßdorf-Str. 34, Wiesenburg, Tel. 01577/6131780; So 14-17 Uhr. Kleines Café mit Terrasse im alten Dorfkern, auch kleine Speisen. www.landei-wiesenburg.de

Café am Schlosstor, Schloßstr. 1B, Wiesenburg, Tel. 033849/560391; Mi, Fr–So 9–17 Uhr. www.café-am-schlosstor.de

Roger Loewig Museum, Flämingweg 6, Bad Belzig, Tel. 033841/42167. Museum und Gedenkstätte, aktuelle Öffnungszeiten auf der Website: www.roger-loewig.de

Burg Rabenstein, Zur Burg 49, Rabenstein, Tel. 0162/7767341; geöffnet an Wochenenden nach Ankündigung auf der Website: www.burgrabenstein.de

Fläming-Falknerei, Zur Burg 49, Rabenstein; Flugvorführungen April–15. Okt. Di–So 14.30 Uhr (45 Min.); 6/3 Euro. www.flaemingfalknerei.de

Schloss Wiesenburg, Schloßstr. 1, Wiesenburg(Mark), Tel. 033849/30980; Mo–So 11–16 Uhr. www.schlosspark-wiesenburg.de

Naturparkzentrum Hoher Fläming, Brennereiweg 45, Raben, Tel. 033848/60004; März–Okt. tägl. 9–17 Uhr, Nov.–Feb. tägl. 10–16 Uhr; Ausstellung 5/1 Euro. Informationen zum Naturpark und Regionalladen. www.hoher-flaeming-naturpark.de

Angelteich Niemegk-Werdermühle, Niemegker Str. 3, Niemegk, Tel. 033843/61916; April–Okt. Mo–Fr 8–16, Sa/So 8–18 Uhr, Nov.–März tägl. 8–16 Uhr. Geräucherter Fisch für das Picknick. www.flaemingforelle.de

Gut Schmerwitz, Schmerwitz 8, Wiesenburg (Mark), Tel. 033849/9080, Gutsküche April–Nov. Do–So 12–20 Uhr, Dez.–März Mi, Do 11.30–17, Fr/Sa 11.30–20.30, So 11.30–17 Uhr; Hofladen Mo–Fr 9–17, Sa 9–16 Uhr. www.gut-schmerwitz.de

▸ Karte S. 288/289

Bad Belzig – ein Stadtrundgang

Auf dem Bricciusberg hoch über Bad Belzig, dem Hauptort des Hohen Fläming, thront die **Burg Eisenhardt**. Das Torhaus auf der Südseite, zu dem wir auf einer Brücke über einen nur angedeuteten Wassergraben gelangen, wird von zwei halbrunden Türmen eingefasst. Mächtige Backsteinmauern schützen die Burg, die um 1477 zur modernen Festung mit fürstlicher Wohnung im Torhaus ausgebaut wurde. Hier ist heute das Museum der Burg Eisenhardt eingerichtet. Erbaut wurde die Burg um 1200. Zeugnis dieser ersten deutschen Burganlage ist der 28 Meter hohe Bergfried aus Feldstein. Er dient heute als Aussichtsturm. Dazu kommen einige ergrabene Reste der ersten Burg. Rasten kann man nach einem Rundgang entlang der sieben Bastionen im Hofladen der Choccolaterie mit schönen Plätzen auf dem Burghof.

Die **St.-Briccius-Kirche** neben der Burg geht auf das 12. Jahrhundert zurück. Sie diente als Kirche der Ansiedlung Sandberg vor der Burg (Suburbium). Im Innern der einschiffigen Feldsteinkirche findet sich ein steinerner Altaraufsatz, der auf das Jahr 1561 datiert wird. Er zeigt in

Touren

Der südliche Eingang zu Burg Eisenhardt

Das Reißiger-Haus erinnert an den gleichnamigen Komponisten

drei Feldern Verkündigung, Abendmahl und Auferstehung Christi.

Wir fahren über die Bahnhofstraße und weiter die Straße Sandberg hinunter zur Stadt Belzig, die jenseits des Belziger Baches angelegt wurde. Dabei passieren wir die **Kursächsische Postmeilensäule** von 1725. Das Eiscafé Zur Postmeile ist hier am Platz genauso beheimatet wie das Burgbräuhaus.

In Bad Belzig sollte man das Fahrrad auf dem **Marktplatz** vor dem Bürgerhaus mit Touristeninformation anschließen, um sich nicht über Kopfsteinpflaster durch die Stadt zu quälen. Eine Infotafel verrät uns, dass das **Rathaus** von 1671 mit dem geschweiften Giebel 1972 komplett abgebrannt ist. Erst 1988 wurde mit dem Wiederaufbau in der überlieferten Form begonnen. 1991 wurde es eingeweiht. Erhalten ist die ehemalige **Posthalterei** (Wiesenburger Straße 7) von 1654 gleich gegenüber. Die Säule und das Gebälk stammen aus dem Jahr 1864, das Portal aber aus dem 17. Jahrhundert. Die Sitznischen verraten sächsische Bautraditionen – Bad Belzig kam erst 1815 zu Brandenburg-Preußen. Ein Sitznischenportal findet sich auch an dem **Gebäude Wiesenburger Straße 3** etwas weiter links. Es wird auf das Jahr 1601 datiert. Über den Marktplatz, die Magdeburger Straße und wieder rechts die Reißigerstraße gelangen wir zum **Reißigerhaus**, einem Fachwerkbau von 1728. Hier wird die Erinnerung an den Dresdner Hofkapellmeister Carl Gottlieb Reißiger wachgehalten. Er wurde in dem Haus geboren. De **Stadtkirche St. Marien** gleich daneben wurde in großen Teilen aus sorgfältig behauenem Feldstein errichtet und geht auf die Zeit nach 1250 zurück. Ungewöhnlich sind die drei Anbauten an das Langhaus, an denen wir auf der Straße Kirchplatz vorbeigehen, um zum Eingang in die Kirche zu gelangen. Altar und Kanzel stammen aus der Zeit um 1660.

Zurück zum Markt geht es durch die Straße der Einheit. Auch hier sehen wir zweigeschossige Wohnbauten aus dem 17. und 18. Jahrhundert.

Bad Belzig

Burg Eisenhardt, Hofladen-Choccolaterie, Wittenberger Str. 14, Bad Belzig, Tel. 0151/42867224; April–Sept. Mi–So 11–19 Uhr, Okt.–März Do–So 12–18 Uhr. Süße Versuchung.

Eiscafé Zur Postmeile und Burgbräuhaus, Bahnhofstr. 16, Bad Belzig, Tel. 033841/449933; Eiscafé Di–So 12–19 Uhr, Bauhaus Mi–Sa 18–24 Uhr. www. eiscafe-bad-belzig.de

Museum Burg Eisenhardt, Wittenberger Str. 14, Bad Belzig, Tel. 033841/42461; Mi–Fr 13–17, Sa/So 11–16 Uhr; 2,50/1,50 Euro. Geschichte der Burg und historisches Handwerk. Eintritt gilt auch für den Bergfried mit Aussichtsplattform. www.burgeisenhardt.de

An der Schwarzen Elster

Tour 29: Von Falkenberg (Elster) nach Jüterbog

Verlauf: Falkenberg (Elster)-Kiebitz-Bomsdorf-Kleinrössen-Herzberg (Elster)-Kaxdorf-Bernsdorf-Grassau-Schönewalde-Ahlsdorf-Hohenkuhnsdorf-Wiepersdorf-Welsickendorf-Körbitz-Langenlipsdorf-Bochow-Jüterbog.
Länge: 70 km.
Alternativen: bis Bhf. Herzberg 20 km, Bhf. ca. 2,5 km vom Marktplatz Herzberg entfernt.
Start: Hbf. Berlin, RE3, zweistdl., Fahrzeit 1:30 Std.
Ziel: Bhf. Jüterbog, RE3, stdl., Fahrzeit 50 Min.
E-Bike: uneingeschränkt tauglich.
Wegequalität: Die Tour führt 38 Kilometer über separate Radwege, die gut asphaltiert sind. 16 Kilometer geht es über wenig befahrene, gut asphaltierte Nebenstraßen, die oftmals separaten Radwegen ähneln. Eine ruhige Tour, die auch durch die rund 4 km, die wir auf Landesstraßen ohne Radweg fahren müssen, nicht verliert. Nur 200 Meter müssen wir auf Kopfsteinpflaster radeln.
Kurzcharakteristik: Wir starten ganz im Südwesten Brandenburgs und radeln auf dem Deich der Schwarzen Elster nach Norden bis Herzberg. Weiter geht es Richtung Nordosten durch die Niederungen der Kremitz und des Schweinitzer Fließes. Erst hinter Ahlsdorf erreichen wir den Niederen Fläming, in dem sich Waldstücke mit Ackerflächen und Wiesen abwechseln. Wir besuchen auf unserem Weg die mittelalterliche Kirche St. Marien in Herzberg, das Familiengrab der von Siemens in Ahlsdorf und Schloss Wiepersdorf, auf dem der Schriftsteller Achim von Arnim als Gutsherr lebte.
Radeln nach Zahlen: 63-66-65-64-20-22-24-43-44-47-48-4-49 (bis Schönewalde).

▶ *Bhf. Falkenberg-rechts Bahnhofstr.-rechts Uebigauer Str. (L60)-Knoten 63, links Kiebitzer Weg-rechts Radweg Richtung Bomsdorf-links halten Straße nach Bomsdorf-Knoten 66, links Radweg an der Schwarzen Elster-Knoten, 65, links L673-geradeaus Weg Kleinrössen-Knoten 64, rechts Radweg an der Schwarzen Elster-Herzberg, hinter Elsterpark links-rechts Badstr.-rechts Rosa-Luxemburg-Str.-Markt Herzberg*

Wir starten unsere Tour im Eisenbahnknotenpunkt **Falkenberg (Elster)**. Hier kreuzen sich die West-Ost-Strecken von Halle nach Cottbus und von Roßlau nach Polen mit der Nord-Süd-Strecke Jüterbog-Röderau. Die Städte Herzberg, Uebigau und Liebenwerda wollten 1841 keine Eisenbahnlinie auf ihrem Gebiet, also machte das unbedeutende Straßendorf Falkenberg Karriere, von 1000 Einwohnern (1875) stieg die Einwohnerzahl auf über 6300 (1939). Obwohl der Turmbahnhof und die Gleisanlagen 1945 schwer beschädigt wurden, blieb Falkenberg zu DDR-Zeiten wichtiger Eisenbahnknotenpunkt. Erst mit der Wiedervereinigung ging diese Bedeutung des Ortes durch Deindustrialisierung der Region und Verlagerung des Verkehrs auf die Straße massiv zurück. Dass die Zeit der Eisenbahnerstadt Falkenberg vorbei ist, springt bei einer Fahrt durch die Friedrich-Engels-Straße Richtung Stadtzentrum ins Auge: Hier steht eine alte Eisenbahnersiedlung fast vollständig leer.

Ausstellungsstück im Eisenbahnmuseum Falkenberg

Wir aber fahren von der Bahnhofstraße rechts ab Richtung Uebigau und sehen auf der Brücke über der Bahntrasse das nach wie vor beeindruckende Gewirr der Gleise. Zu DDR Zeiten brachte es der Rangierbahnhof auf unglaubliche 160 Kilometer Gleise und 377 Weichen. Die Erinnerung an diese Zeit hält das **Eisenbahnmuseum Falkenberg** wach, das wir über den Schwarzen Weg erreichen, der kurz hinter der Brückenabfahrt links abgeht. Dort können wir uns die große Dampflokomotive, die wir schon von der Brücke aus gesehen haben, in Ruhe anschauen.

Hinter der Brücke biegen wir bei nächster Gelegenheit links auf den Kiebitzer Weg ab und lassen so die laute Landesstraße hinter uns. Das Dorf **Kiebitz** liegt am Kiebitzsee, einem Kiessee, an dem ein Erholungsgebiet entwickelt wurde. Noch vor der Ortseinfahrt fordert uns ein Schild auf, rechts Richtung Bomsdorf abzubiegen. Wir folgen diesem separaten Radweg, bis wir nach rund zwei Kilometern auf die Straße zwischen Uebigkau und Bomsdorf kommen.

Wer **Uebigau** sehen möchte, kann hier rechts abbiegen und erreicht nach rund 1,5 Kilometern diesen alten Marktort. Uebigau ist das glatte Gegenteil von Falkenberg. Nicht Eisenbahngebäude, sondern Fachwerkhäuser erwarten uns, dazu kommt ein schöner Marktplatz trotz der L60, die die Platzanlage zerschneidet. Sehenswert sind die Kirche **St. Nikolai**, die im Kern aus dem 13. Jahrhundert stammt, und das Pfarrhaus von 1782 gleich nebenan. **Schloss Uebigau** wurde 1865 errichtet und wird heute als städtische Schlossherberge genutzt.

Wir aber fahren links ab, Richtung Bomsdorf, und erreichen so die Schwarze Elster. Der Gasthof Bomsdorf mit schönen Plätzen an der Straße bietet Kaffee, Kuchen und Essen. Man kann natürlich auch einige Meter weiterfahren und dann am Knoten 66 auf dem Rastplatz an der Schwarzen Elster eine Pause einlegen.

Die **Schwarze Elster**, die in die Elbe fließt, gilt als einer der am stärksten kanalisierten Flüsse Deutschlands. Und tatsächlich fließt sie wie ein Kanal schnurgerade Richtung Nordwesten dahin. Am Ufer aber zeigen sich Schilfpartien und anschließend bis zum Deich Wiesen, auf denen Blumen blühen – ein kleines Naturparadies. Jenseits des Deiches dann erstreckt sich die schmale, fruchtbare Flussaue, die landwirtschaftlich genutzt wird. Am Horizont zeichnen sich bewaldete Anhöhen ab.

Nach knapp drei Kilometern verlassen wir am Knoten 65 für kurz den Deich der Schwarzen Elster, um durch den Ort Kleinrössen zu radeln. Ein Schild weist uns auf den **Schweinert** hin, ein Naturschutzgebiet mit wertvollen Erlenholzbeständen. Sie sind der Rest eines naturnahen Heidewaldes. Vor allem aber ist der Schweinert mit 650 sichtbaren

▶ Karte S. 301/303

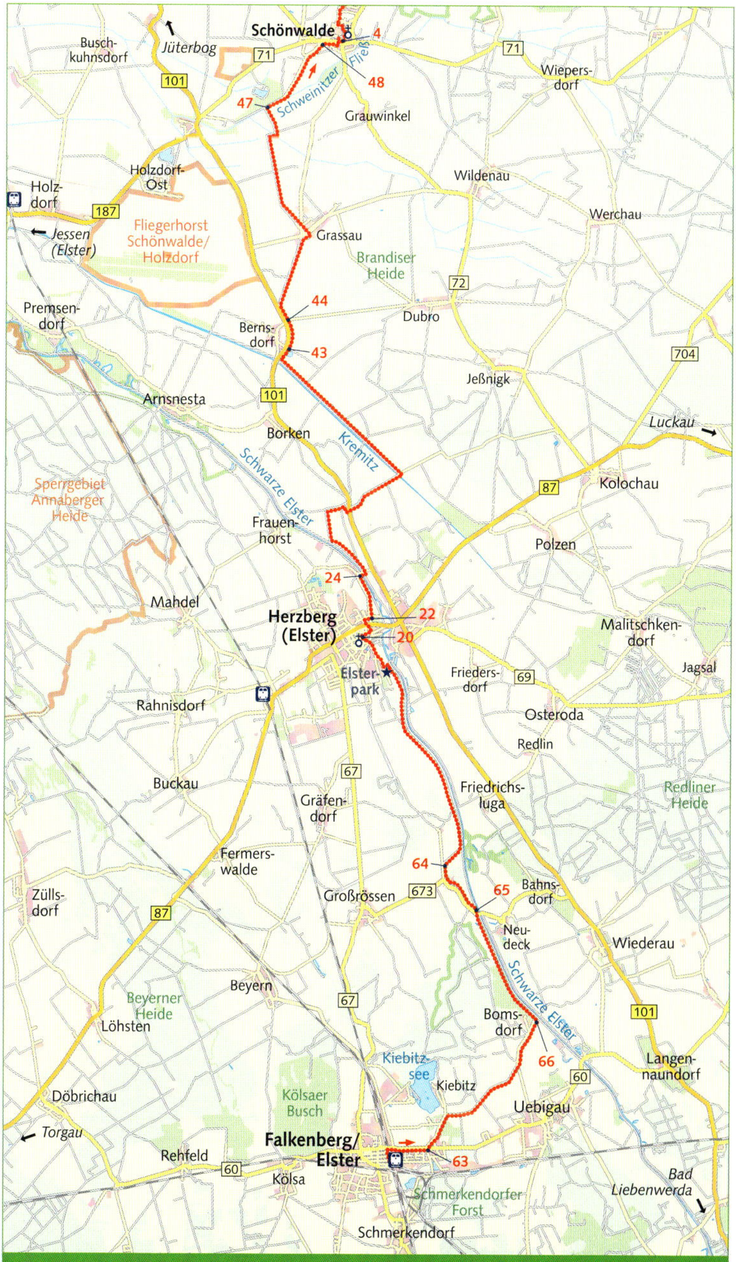

Tour 29, Teil 1

Grabhügeln auf nur 30 Hektar das größte bronzezeitliche Gräberfeld Deutschlands. Bisher wurde einzig 1934 an einem der Grabhügel eine wissenschaftliche Grabung durchgeführt. Zutage kamen Metallgegenstände, die ab 1150 vor unserer Zeitrechnung gefertigt worden sind, und Keramik aus der Zeit um 1000 vor unserer Zeitrechnung.

In **Kleinrössen** entdecken wir hinter der Kirche das **Naturschutzzentrum**. Untergebracht ist es in einem Bauernhof aus der Zeit um 1900, zu dem ein 3500 Quadratmeter großer Garten gehört. Hier ist ein Lehr- und Schaugarten mit verschiedenen Biotoparten ausgebaut. Der Garten ist öffentlich zugänglich und über einen Weg neben der Kirche zu erreichen. Jeden letzten Sonntag im Monat ist Familientag und Radlerrast. Dann ist die Gartenscheune geöffnet und werden diverse Leckereien angeboten.

In der Linkskurve der Hauptstraße, etwa in der Mitte des Ortes, fahren wir geradeaus und folgen damit dem grünen Pfeil, der uns den Weg zum Knoten 64 weist. Hier biegen wir am Hinweis ›Herzberg 6,4 km‹ rechts ab und kommen so wieder zum Radweg auf dem Deich der Schwarze Elster.

Herzberg empfängt uns in Höhe eines Wehrs in der Schwarzen Elster mit der Freizeit- und Urlaubsanlage **Elsterpark**. Neben einer Gastronomie gehört zur Anlage ein Hochseilgarten, den man vom Radweg gar nicht übersehen kann. Wir biegen hinter dem Elsterpark links ab und kommen über die Badstraße zu den ehemaligen Befestigungsanlagen der alten Kreisstadt Herzberg. Ein Fabrikant mit dem schönen Namen Carl Marx baute 1907 in den Wallanlagen eine Villa, um die er einen Jugendstilgarten anlegen ließ. Die heute als **Botanischer Garten** etwas vollmundig angekündigte Anlage lohnt einen kurzen Besuch. Man fahre über die braune Holzbrücke linker Hand.

Herzberg ist vermutlich um 1250 entstanden. Die Lage an der Schwarzen

Die Schwarze Elster, Naturparadies trotz Kanalisierung

▲ Karte S. 301/303

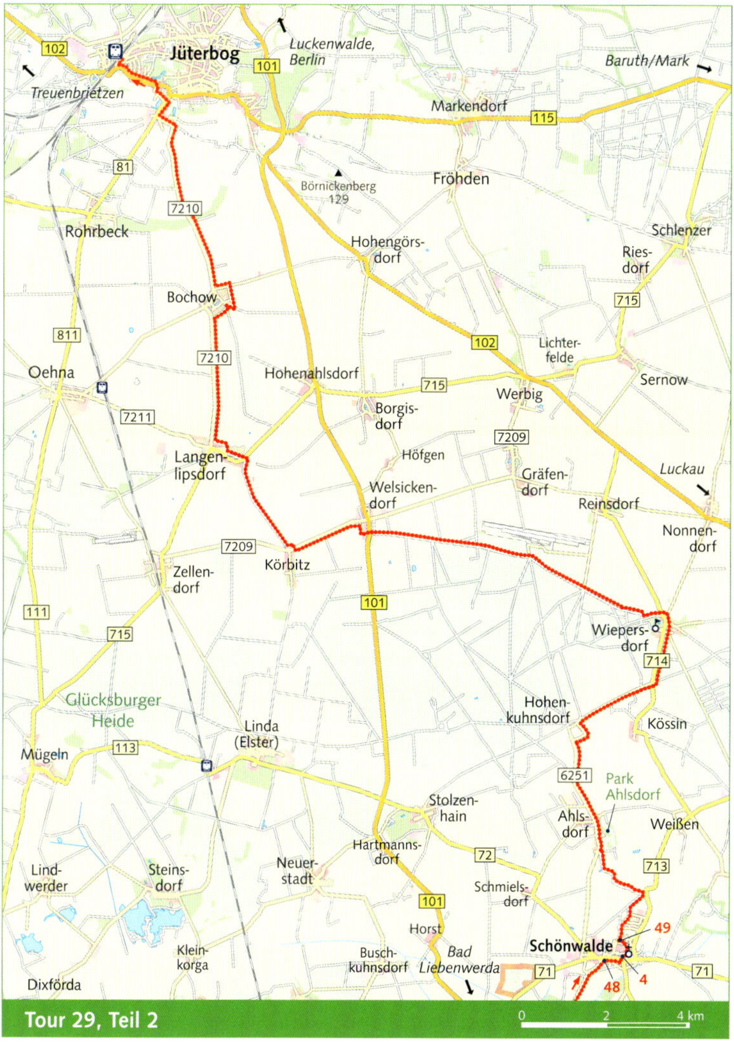

Elster und an den Handelsstraßen von Leipzig nach Frankfurt (Oder) und von Wittenberg nach Dresden sorgten für Wohlstand. Erst mit dem Wiener Kongress 1815 kam die sächsische Kleinstadt zu Brandenburg.

Der zentrale Straßenzug Torgauer und Schliebener Straße mit vielen sanierten Wohn- und Geschäftshäusern führt über den **Marktplatz**, der von Rathaus und Kirche dominiert wird. Das **Rathaus** von 1616 zeigt einen dreigeschossigen, geschwungenen Giebel im Stil der Renaissance. Die **St. Marienkirche**, die sich hoch über die Innenstadt der 12 000-Einwohner-Stadt erhebt, wird im Kern auf

An der Kremitz

die Zeit um 1350 datiert. Keinesfalls sollte man versäumen, sich in der Kirche die original erhaltenen, spätgotischen Deckenmalereien aus der Zeit um 1400 anzuschauen. Im Chor werden Szenen aus dem Themenkreis des Jüngsten Gerichts, im westlichen Teil des Mittelschiffs Themen um Maria präsentiert.

Am Markt finden sich mit der Bäckerei Buber und der Trattoria Il Fratelli Möglichkeiten zum Rasten. Wer hier nach etwa 20 Kilometern die Tour abbrechen möchte, muss durch die Torgauer Straße und die Anhalter Straße zum rund drei Kilometer entfernten Bahnhof Herzberg (Anhalter Straße 148) radeln.

▶ *Markt Herzberg-Schliebener Str.-links Ludwig-Jahn-Str. über B 87-rechts Clara-Zetkin-Str.-Knoten 22, links Kaxdorfer Weg-geradeaus Lindenstr.-Knoten 24, rechts über Schwarze Elster-links Radweg auf Deich-rechts halten weiter auf Radweg-rechts halten Radweg am Waldrand/B 101, weiter auf Radweg-links Radweg an der Kremitz-rechts Radweg an der B 101-Knoten 43, geradeaus-Knoten 44, geradeaus-rechts halten, Radweg Richtung Grassau-Grassau, rechts Hauptstr.-links Töpferweg/Radweg-Knoten 47, rechts Radweg am Schweinitzer Fließ-Knoten 48, rechts Ernst-Thälmanns-Str.-Schönewalde Markt*

Durch die Schliebener Straße mit ihren schön sanierten Häuserzeilen und den Kaxdorfer Weg kommen wir wieder an die Schwarze Elster. Gleich nach der Brücke geht es links ab, und wir fahren erneut auf dem Deich. Aber schon nach kurzer Zeit verlassen wir mit dem separaten Radweg den Fluss. Wir radeln durch Ackerland, dann in ein Waldstück und überqueren das Flüsschen Kremitz, an dem wir links abbiegen. Die **Kremitz**, der wir jetzt eine ganze Weile folgen, ist ein Nebenfluss der Schwarzen Elster, wirkt aber eher wie ein Entwässerungsgraben. Nach rund drei Kilometern erreichen wir den **Badesee Bernsdorf**, eine ehemalige

▶ Karte S. 301/303

Kiesgrube mit einem schmalen Strand. In dieser nicht gerade seenreichen Gegend bietet sie eine willkommene Gelegenheit, ein Bad zu nehmen. Hinter Bernsdorf fahren wir wieder auf einem separaten Radweg durch Felder und Wiesen, passieren Grassau und erreichen das **Schweinitzer Fließ**, das wie die Kremitz ein Nebenfluss der Schwarzen Elster ist. Über die Straße Am Park kommen wir zum Knoten 48 an der Ernst-Thälmann-Straße, der Hauptstraße der 3000-Seelen-Stadt **Schönewalde**. Wer sich eine **Paltrockmühle** anschauen möchte, muss hier links und dann halb rechts auf die Straße der Jugend fahren. An der Mühle befindet sich ein Rastplatz. Wir aber biegen rechts ab zum Markt Schönewalde. Der Ort hat sich von einem Angerdorf zu einer kleinen Ackerbürgerstadt entwickelt. Das **Fachwerkhaus Markt 20** aus dem letzten Drittel des 18. Jahrhunderts zeigt die typische Form eines Ackerbürgerhauses mit einer breiten Durchfahrt, die zu Scheune und Stallungen um den Hof führt. Sehr schön ist auch das **Wohnhaus Markt 43**, ein Fachwerkbau aus dem 18. Jahrhundert.

▶ *Schönewalde Markt–links Kirchstr.–links Grüner Weg–rechts Hörningstr./Weißener Str.–links separater Radweg/Ahlsdorf, Werftweg–rechts Thomas-Müntzer-Str./K 6251–rechts Hohenkuhnsdorf–rechts Hohenkuhnsdorf–links L 714/Bettina-von-Arnim-Str.–links Flaeming-Skate Richtung Welsickendorf–RK 6 folgen über Welsickendorf/Körbitz/Langenlipsdorf–Bochow, rechts K 7210 Richtung Jüterbog/Waldauer Weg–rechts Dennewitzer Str.–links Teichweg–links Am Spring–links Schloßstr. (B 102)–rechts Am Bahnhof.–Bhf. Jüterbog*

Wir biegen am Knoten 4 links ab und folgen hier und nur kurze Zeit später am Knoten 49 dem Hinweis ›Ahlsdorf‹, darunter befindet sich das grüne Schild ›Schlosspark Ahlsdorf 3,6 km‹, unser nächstes Ziel. Durch das Solarkraftwerk Schönewalde geht es auf einem separaten Radweg durch Niederungsland mit Entwässerungsgräben und Wehren. In Ahlsdorf halten wir uns hinter der Kirche rechts und gelangen so neben dem Gemeindehaus zum **Schlosspark Ahlsdorf** mit der **Familiengrabstätte von Siemens**. Der Rechtsanwalt Johann Georg von Siemens kaufte 1858 Rittergut und Schloss Ahlsdorf. Seinem Vetter Werner von Siemens gab er gegen eine stille Beteiligung von 20 Prozent das Startkapital für die Telegrafenbauanstalt Siemens & Halske, aus der der Siemens-Konzern wurde – eine lohnende Investition. Sein Sohn Georg von Siemens war erster Vorstandssprecher der Deutschen Bank. Erhalten ist in dem Landschaftspark das Teehaus von 1907, eine Flüsterbank und vor allem das pyramidenartige Familiengrab derer von Siemens. Es liegt am Ostrand des Parks und wird von der Abendsonne in ein sanftes Licht getaucht. Der Weg zur Familiengrabstätte ist ausgeschildert, das Schloss in Privatbesitz.

Weiter geht es nach **Hohenkuhnsdorf**, dem nördlichsten Ort des Elbe-Elster-Landes. Hier passieren wir eine Fachwerkkirche mit freistehendem, verbrettertem Turm von 1732. Am Ortsende Hohenkuhnsdorf folgen wir dem Hinweisschild ›Wiepersdorf 4 km‹ und fahren damit in den Niederen Fläming ein. Die Fahrbahn ist hier so schmal, dass man sich leicht auf einer Fahrradstraße wähnt. Erst die Ausweichbuchten für entgegenkommende Autos belehren uns eines Besseren. Leider besitzt die L 714, auf die wir dann abbiegen, keinen Radweg. Aber es herrscht hier sehr wenig Verkehr. Schnell

Lohnt unbedingt einen Besuch: Schloss Wiepersdorf

sind wir am Schloss Wiepersdorf, das links von uns gar nicht zu übersehen ist. Achim von Arnim machte sich ab 1800 als Schriftsteller der Romantik einen Namen. Nachdem der Versuch, eine Stelle im preußischen Staatsdienst zu ergattern, fehlgeschlagen war, lebte er ab 1814 mit seiner Ehefrau Bettina von Arnim auf Gut Wiepersdorf. Achim von Arnim bewirtschaftete das Gut selbst, schrieb aber weiterhin Dramen, Novellen und Erzählungen. Bettina von Arnim aber war nicht gemacht für das Landleben. Ab 1817 lebte sie zumeist wieder in Berlin. Trotzdem hatte das Paar sieben Kinder.

Das **Schloss Wiepersdorf**, so wie wir es heute sehen, wurde im Wesentlichen in den 1880er Jahren von einem Enkel des Gutsherrn geprägt, dem Maler Achim von Arnim-Bärwalde. Er ließ die Terrasse mit der breiten Freitreppe zum abgesenkten Gartenparterre anlegen. Seitlich errichtete er die Orangerie – ein bisschen Italien auf märkischem Sand. Auf ihn gehen auch die fünf im Halbrund stehenden Figuren verwachsener, zwergenhafter Menschen (Callot-Figuren) zurück. Woher er sie hat, hat er nie verraten. Das Familiengrab der von Arnims findet sich neben der Kirche. Unmittelbar neben dem Gotteshaus befinden sich die Grabstellen des dichtenden Gutsherrn und seiner Frau Bettina von Arnim.

Bis 1945 saßen die von Arnims auf Schloss Wiepersdorf. Dann wurde daraus ein Gästehaus für Schriftsteller, nach 1990 ein Künstlerhaus und das Achim und Bettina von Arnim Museum. Aktuell wird die Ausstellung im Schloss überarbeitet. Neben Geschichte und Geisteshaltung der Romantik soll in Zukunft auch das Leben im Gästehaus zwischen 1947 und 1989 thematisiert werden. Nähere Informationen finden sich auf der Website.

Wir fahren vom Schlosspark Wiepersdorf links auf die Bettina-von-Arnim-Straße, dann gleich wieder links und folgen damit dem Schild, das den Weg nach ›Welsickendorf 5 km‹ anzeigt.

▲ Karte S. 301/303

Wir sind auf dem Flaeming-Skate angekommen, wodurch beste Pisten bis Jüterbog garantiert sind. Wir fahren auf dem Rundkurs 6 (RK 6) bis Bochow und folgen dabei einfach der Asphaltbahn durch Wald, Wiesen und Felder. Es kann im Grunde nichts schiefgehen. Im Notfall helfen die Karten an den Hinweisschildern des Flaeming-Skates.

2001 wurde das Projekt Flaeming-Skate (www.flaeming-skate.de) auf der Grünen Woche in Berlin präsentiert. Heute umfasst er rund 230 Kilometer beste, zwei bis drei Meter breite Asphaltbahn. Radfahrer und Inline-Skater nutzen die 8 Rundkurse und 13 Zubringerstrecken. Der gesamte Spaß hat um die 20 Millionen Euro gekostet und verschlingt jedes Jahr 1,3 Millionen Euro an Unterhalts- und Reparaturkosten. Geschätzt 1,5 Millionen Besucher verzeichnet der Flaeming-Skate pro Jahr. Im Sommer und an Wochenenden ist es daher um Luckenwalde und Jüterbog schon mal etwas voller.

Es geht von Wiepersdorf über Welsickendorf bis Körbitz, hinter dem wir durch ein Windfeld fahren. Hier hören wir, wie die Windräder schleifen und brummen, sehen, wie sich die Rotorblätter drehen. Windräder sind für Radfahrer immer eine schlechte Nachricht, denn sie werden natürlich an Standorten aufgestellt, an denen häufig Winde wehen.

Ab Bochow fahren wir auf der K 7210 weiter nach Jüterbog. Hier gibt es keinen Radweg, aber auch kaum Autoverkehr. Wir passieren den Fluss Nuthe und entdecken dann rechts die **Kirche St. Nikolai**, die uns **Jüterbog** ankündigt. Eine Kirche mit einem 69 Meter hohen Doppelturm als Wegmarke - ein beeindruckendes Bild und eine Erinnerung daran, dass diese Gotteshäuser ungleich größer waren als alles, was die Menschen des Mittelalters in ihrer Stadt ansonsten bauten.

Über die Schlossstraße nähern wir uns schließlich dem Bahnhof Jüterbog, dem Endpunkt unserer Tour. Wer noch Proviant für die Rückfahrt braucht, kann sich in dem Lebensmittelgeschäft an der Ecke Weinberge eindecken. Gleich dahinter geht der Weg Am Bahnhof hinauf zur Bahnstation Jüterbog.

Tour 29

Gasthaus Bomsdorf, Dorfstr. 17, Uebigau-Wahrenbrück, Tel. 03565/441975; April–Aug. Mo, Mi–Fr ab 14, Küche ab 17, Sa/So ab 11 Uhr, Sept.–März Mo, Do, Fr ab 14, Sa/So ab 12 Uhr. Regionale Küche. www.gasthaus-bomsdorf.de

Bäckerei Bubner, Markt 5, Herzberg (Elster); Mo–Fr 6–18, Sa 6–12, So 6.30–17 Uhr. Mittagstisch, Plätze am Marktplatz. www.bubner.de

Trattoria Il Fratelli, Am Markt 1, Herzberg (Elster), Tel. 03535/247373; Di–So 11–23 Uhr. Trattoria im Rathaus mit Plätzen am Markt.

Eisenbahnmuseum Falkenberg, Schwarzer Weg, Falkenberg, Tel. 035365/2920; 7. Juni–17. Okt. Mo–Fr 8–15 Uhr, 18. Okt.–3. April Mo–Fr 9–12 Uhr; 2/1 Euro. Im ehemaligen Kulturraum des Bahnbetriebswerks Falkenberg mit Ausstellungsstücken auf dem Bahngelände wie der Dampflokomotive 525679. www.eisenbahnmuseum-falkenberg.de

Naturschutzzentrum Kleinrössen, Dorfstr. 14, Kleinrössen, Tel. 03535/21275; jeden letzten So im Monat. Naturkundliche Führung durch den Lehr- und Schaugarten, Kaffee und Kuchen in der Scheune. www.kleinroessen.de

Schloss Wiepersdorf, Bettina-von-Arnim-Str. 13, Wiepersdorf, Tel. 033746/6990. Schloss und Park, Museumsinformationen auf der Website: www.schloss-wiepersdorf.de

Ein Kloster und der liegende Eiffelturm

Tour 30: Von Doberlug-Kirchhain nach Senftenberg

Verlauf: Doberlug-Kirchhain–Lindena/Hammermühle–Bad Erna–Fischwasser–Drößig–Finsterwalde–Schacksdorf–Lichterfeld–F 60/Bergheider See–Klingmühl–Sallgast–Henriette–Annahütte–Herrnmühle–Klettwitz–Schipkau–Hörlitz–Senftenberg.
Länge: 53 km.
Alternative: bis Finsterwalde 39 km.
Start: Bhf. Doberlug-Kirchhain, Fahrstuhl: ja; Einkauf: Lidl, Bahnhofsallee 10 (400 m entfernt).
Ziel: Bhf. Senftenberg, Fahrstuhl: nein; Einkauf: nein.
Anfahrt: ab Hbf. Berlin, RE 5 zweistündlich, Fahrzeit 1:46 Std.
Rückfahrt: ab Bhf. Senftenberg, RB 24, Fahrzeit 1:48 Std.
Radeln nach Zahlen: 12–7–86–69–68–67–80–78–71–72–73–97–59–38–39–58.
E-Bike: bedingt tauglich. Im Bahnhof Senftenberg ist der Fahrstuhl zu eng für Fahrräder. Wer sein E-Bike nicht die Treppe hochtragen kann, muss von Sallgast zum Bahnhof Großräschen fahren. Die Strecke ist rund 4 Kilometer kürzer als der Weg nach Senftenberg.
Wegequalität: Gut 25 Kilometer fahren wir auf wenig befahrenen, gut asphaltierten Nebenstraßen, die sehr ruhig sind. Auf separaten Radwegen radeln wir noch einmal rund 9,5 km. Auf straßenbegleitenden Radwegen sind wir fast 10 Kilometer unterwegs. Entspanntes Radeln also bis auf die rund 2 km, die wir insgesamt auf Landesstraßen ohne Radweg zurücklegen müssen. Das längste Stück davon erwartet uns zu Beginn der Tour hinter Doberlug. Richtig nervig sind nur die 600 Meter Kopfsteinpflaster, mit denen uns der Ort Sallgast überrascht.
Kurzcharakteristik: Die Tour führt uns durch die Niederlausitz, den südöstlichen Teil Brandenburgs. Dabei erleben wir zwei ganz unterschiedliche Regionen. Wir starten im weitgehend landwirtschaftlich genutzten Kirchhain-Finsterwalder Becken, um dann zwischen Finsterwalde und Senftenberg durch die ehemalige Braunkohleregion zu fahren. Mit Schloss und Klosterkirche Doberlug besichtigen wir ein kulturgeschichtliches, mit dem Besucherbergwerk F 60 ein technisches Denkmal.

▸ *Bhf. Doberlug-Kirchhain, links Bahnhofstr.–links Bahnhofstr. (L 70)–rechts Tiergartenstr./Grimmerstr.–links Poststr.–rechts Hauptstr.–links Pestalozzipl. (L 622)/Rückersdorfer Str.–links Weg durch Wald nach Bad Erna–links Grube Erna/Weg durch Wald–links halten Hauptstr.–rechts ab Hauptstr.–Fischwasser*

▸ Karte S. 310/311

Wir starten am **Bahnhof Doberlug-Kirchhain**, der auf der Grenze zwischen den bis 1950 selbständigen Gemeinden Doberlug und Kirchhain liegt. Fährt man vom Bahnhofsvorplatz rechts die Bahnhofstraße hoch, gelangt man nach Kirchhain. Die traditionsreiche Handwerkerstadt war Ende des 19. Jahrhunderts Zentrum der Schaflederproduktion in Deutschland. Daher hat der Ort dem alten Handwerk des Gerbens von feinem Kalb-, Schaf- oder Ziegenleder ein **Weißgerbermuseum** gewidmet. Es wurde in einem Gerberhaus aus dem 18. Jahrhundert eingerichtet.

Wir aber fahren links auf der Bahnhofstraße nach Doberlug. Schon von der Grimmerstraße aus sehen wir den Turm der Klosterkirche Dobrilugk. 1937 änderten die Nazis den Namen der Stadt zu

Doberlug, um das sorbische Dobrilugk loszuwerden. Der Ort heißt auch heute noch Doberlug, für Kirche und Kloster finden sich beide Schreibweisen.

Bevor wir zur Klosterkirche kommen, biegen wir links ab und fahren in der Poststraße direkt auf das **Haus Rautenstock** (Hauptstraße 18) zu. Erbaut wurde das barocke Gebäude mit hohem Mansarddach im Jahr 1682 als Gästehaus des Schlosses Doberlug. Die Sandsteinrahmung von Fenstern und Portalen verrät sächsische Bautradition.

Weiter geht es Richtung Schloss. Die ungewöhnliche Breite der Hauptstraße deutet auf die planvolle Anlage der Straße als Magistrale der Stadt. Zwei Obelisken am Weg markieren den Standort des ehemaligen Stadttores von Doberlug. Schon im 12. Jahrhundert wurde das Zisterzienserkloster Doberlug gestiftet. Nach der Reformation baute die Adelsfamilie von Gersdorff um 1550 anstelle des Abthauses das **Schloss Doberlug**, eine nur zweigeschossige Vierflügelanlage, die aber mit den dreigeschossigen Zwerchhäusern mit Schweifgiebeln im Stil der Renaissance imponiert. Zu diesem Eindruck trägt auch der schöne Kontrast zwischen dem vornehmen Grau-Weiß des Gebäudekörpers und dem intensiven Rot der Dachflächen bei. Über den nur angedeuteten Wassergraben betreten wir den Innenhof. Hier führen Treppentürme, die von Zwiebelhauben mit Laterne und hoher Spitze abgeschlossen werden, in die Höhe. Für Jahrzehnte war Doberlug Nebenresidenz der Herzöge von Sachsen-Merseburg. Im Schloss ist neben dem Schlossmuseum das Besucherzentrum des Naturparks Niederlausitzer Heidelandschaft untergebracht.

Die spätromanische **Klosterkirche St. Marien** wurde ab 1184 errichtet und das schon zu diesem frühen Zeitpunkt komplett aus Backstein. Der hohe, spitze Dachreiter wurde erst 1909 aufgesetzt. Auch die Innenraumfassung und die Kanzel stammen aus dieser Zeit. Sehenswert ist der Hochaltar mit einer Mondsichelmadonna von 1510. Sie stammt wie das gesamte Altarretabel aus der Senftenberger Peter-Paul-Kirche. Von der Klosteranlage ist einzig das Refektorium (Speisesaal) erhalten, das heute für Veranstaltungen genutzt wird.

Wir fahren zurück zur Straße Pestalozziplatz und biegen am Knoten 12 Richtung ›Lindena 2 km‹ ab. Leider müssen wir jetzt rund 1,5 Kilometer auf der L 622 radeln. Aber zumindest ist hier die Geschwindigkeit für den Kraftfahrzeugverkehr begrenzt.

Wunderbares Beispiel für die Renaissancearchitektur: das Schloss in Doberlug

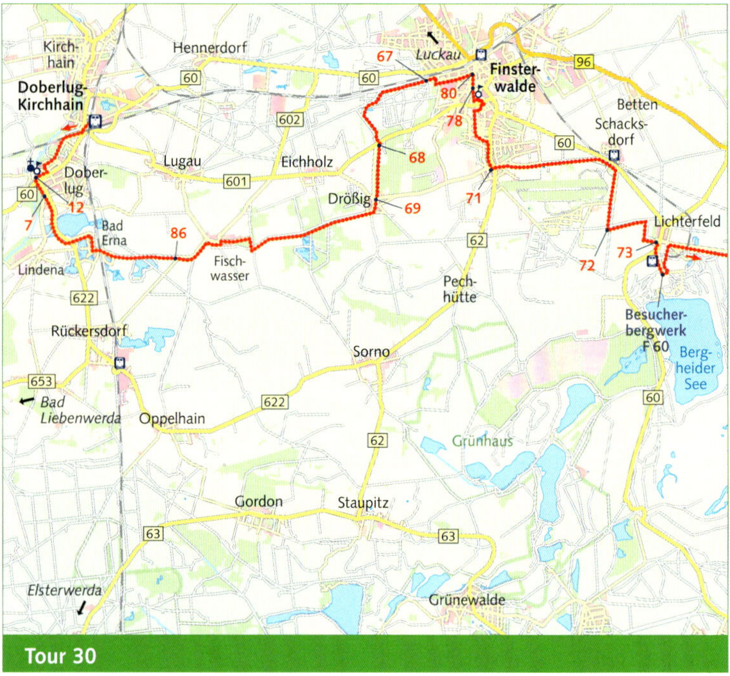

Am Knoten 7 fahren wir weiter geradeaus auf der Rückersdorfer Straße und kommen so zum Wohnplatz Hammermühle Lindena. Der **Hammerteich** links von uns wurde 1613 vom Besitzer der Herrschaft Doberlug Anselm von Promnitz angelegt. Dafür ließ er den Fluss Schacke aufstauen. Von Promnitz wollte das Raseneisen, das vor Ort gewonnen wurde, gleich hier verarbeiten. So entstanden neben dem Teich eine Schmelzhütte und ein Eisenhammer. Heute ist davon nur die Fischzucht im Hammerteich geblieben, an dem Fischer Keil die Teichwirtschaft Hammermühle mit Hofverkauf betreibt. Wir biegen beim Hinweisschild ›Waldschänke Bad Erna‹ links ab. Damit fahren wir in ein Gebiet, in dem bis um 1900 Braunkohle abgebaut wurde. 1928 kaufte die Stadt Doberlug-Kirchhain das Gelände der Gemeinde Lindena ab, um es zum Naherholungsgebiet weiterzuentwickeln. Aus Grube Erna, benannt nach der Ehefrau des Grubenbesitzers, wurde so ab 1930 **Bad Erna**. Zentrum des Gebietes mit frei zugänglicher Badestelle und Sandstrand sowie Gastronomie ist der Hauptteich, zu dem das grüne Hinweisschild ›Waldbad Bad Erna 0,1 km‹ führt. Wir aber fahren auf der Straße ›Grube Erna‹ weiter Richtung Fischwasser. Dabei passieren wir den Blauen See und den Barschteich, die reine Angelgewässer sind. Am Knoten 86 fahren wir weiter geradeaus Richtung Fischwasser und kommen so in die **Niederung der Schacke**. Der kleine Fluss entspringt östlich von Finsterwalde, fließt durch die Stadt und mündet südwestlich von Doberlug in die Kleine Elster. Die Schacke ist Teil des Schutzgebietes ›Kleine Elster und Schackeniederung‹.

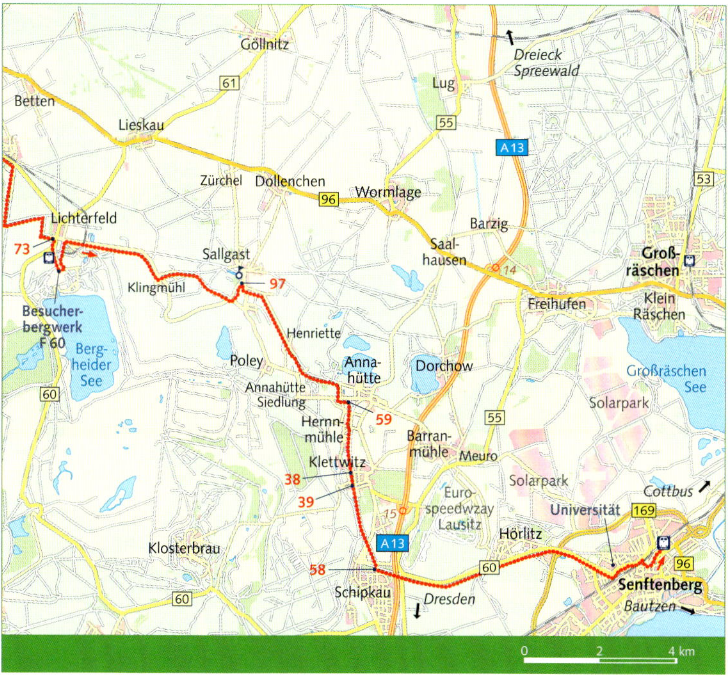

► *Fischwasser-rechts Hauptstr.-rechts Hauptstr., Richtung ›Drößig 4,7 km‹-rechts Zschiepelmühle-links Weg nach Drößig-Drößig, links Dorfstr.-Knoten 69 geradeaus, K 6225-Knoten 68, über L 601, leicht rechts versetzt Radweg in den Wald-rechts halten Richtung Finsterwalde-Knoten 67, geradeaus Forststr.-rechts An der Bürgerheide-links Friedenstr.-Knoten 80, rechts Berliner Str./Markt/Brandenburger Str.-links Weg im Schlosspark-rechts Weg im Schlosspark-Rue de Montataire*

In **Fischerwasser** fahren wir auf der Dorfstraße vorbei an einigen schönen Fachwerkbauten und der Fachwerkkirche von 1620. Einen Eindruck vom dörflichen Leben gibt das **Wohnstallgebäude** (Hauptstraße 7) in Blockbauweise mit Umgebinde von 1791. Auf dem Weg durch den Ort folgen wir dem Hinweis ›Drößig‹. Vorbei geht es an der Teichlandschaft Kleine Mühle, zu der uns eine Schautafel Informationen liefert.

In **Drößig** passieren wir einen Dorfanger, auf dem sich eine Schmiede erhalten hat. Weiter geht es durch die **Eichholzer Heide**, eine dieser trockenen, sandigen Hochflächen, auf denen Kiefern stehen. Im September findet sich hier am Weg das blühende Heidekraut mit seiner rötlich-violetten Färbung. Über die Friedensstraße und die Berliner Straße erreichen wir den großzügig bemessenen **Marktplatz Finsterwalde**. Aus der Reihe gründerzeitlicher Bauten sticht das **Gebäude Markt 6–7** mit seiner schmucken Dachlandschaft hervor. Sehenswert ist auch die **ehemalige Marktschänke** (Markt 21), deren Vorderfront bei einem Umbau 1937 mit plastisch gestal-

Der Blaue See bei Bad Erna

teten Säulen aus Ziegelstein geschmückt wurde. Aus dem Jahr 1564 stammt das **Wohnhaus Markt 26** mit Sitznischenportal, in dem heute ein griechisches Restaurant beheimatet ist.

Beherrscht wird der Marktplatz aber von dem zweigeschossigen, barocken Rathaus mit Uhrenturm von 1739. Gleich dahinter erhebt sich der Turm mit Zwiebelhaube der **Trinitatiskirche** von 1575. Auffallend an der Nordseite des Gotteshauses ist der schöne Renaissancegiebel, sehenswert im Innern die Kanzel aus Sandstein und Marmor aus dem Jahr 1615. Der fünfseitige Kanzelkorb wird von einer Mosesfigur getragen. Gestiftet wurde diese Kanzel von der Familie von Dieskau, die von 1533 bis 1625 auf Schloss Finsterwalde saß und die Stadt beherrschte. Am Markt finden sich Bäcker, die auch einen Imbiss anbieten, sowie das Eiscafé Venezia.

Schloss Finsterwalde aus der zweiten Hälfte des 16. Jahrhunderts dient heute als Sitz der Stadtverwaltung. Das Vorderschloss gruppiert sich um einen langgestreckten Hof. Ein Durchgang führt auf den fast quadratischen Hof des Hinterschlosses, wo sich rechts neben dem Eingang in den Südflügel ein Kreuzigungsrelief von 1554 findet. Beeindruckender aber ist der Nordflügel mit Arkadengang und den Galerien in den oberen Geschossen. Von der Schlosseinrichtung ist nichts geblieben, da im Vorderschloss im 19. Jahrhundert zwei Tuchfabriken eingerichtet wurden, deren Besitzer im Hinterschloss lebten.

Noch im Park geht es vorbei an den drei Würfelhäusern aus der DDR-Zeit und über die Rue de Montataire in das zentrumsnahe Plattenbaugebiet, Südkomplex genannt.

▶ Rue de Montataire–Durchgang zwischen den Wohnbauten–geradeaus Holsteiner Str.–rechts Holsteiner Str.–links Brandenburger Str.–halb links Neu-Hellas-Str.–rechts Dresdener Str.- Knoten 71, links Helenenstr./Radweg nach Schacksdorf-rechts Chausseestr.–rechts Südstr./Weg in den Wald–Knoten 72 links ab–rechts Weg nach Lichterfeld–links Dorfstr.–rechts Dorfstr (L 60)–links Bergheider Str.–Eingang Besucherbergwerk F60

▶ Karte S. 310/311

Ein Wandbild mit dem Logo der städtischen Wohnungsbaugesellschaft kennzeichnet den Durchgang in den **Wohnkomplex Süd**, der zwischen 1964 und 1990 errichtet wurde. Immerhin rund ein Fünftel der Finsterwalder leben hier, darunter viele Alte. In den vergangenen Jahren wurde in dem Wohngebiet nicht nur Farbe auf die Fassaden gebracht, sondern zurückgebaut, umstrukturiert und saniert. Vor allem aber wurden jenseits der Holsteiner Straße mit Ärztehaus und Einkaufsmöglichkeiten notwendige Versorgungseinrichtungen geschaffen.

Wir verlassen Finsterwalde durch das Wohngebiet mit Eigenheimen um die Neu-Hellas-Straße. Auf einem separaten Radweg radeln wir nach Schacksdorf und dann weiter bis Lichterfeld. Über die Bergheider Straße erreichen wir das **Besucherbergwerk F60.**

Schon von Weitem sehen wir die riesige, 80 Meter hohe Förderstraße des Braunkohletagebaues. Wegen ihrer Länge von über 500 Metern wird sie gerne als liegender Eiffelturm bezeichnet. Obwohl schon Baugruppen demontiert wurden, liegen hier immer noch 11 000 Tonnen Stahl. Die beiden Bagger dieser Förderstraße konnten Abraumschichten mit einer Mächtigkeit von 60 Metern abtragen. Gefräßige Maschinen, die ganze Dörfer haben verschwinden lassen. Die Förderanlage kann im Rahmen einer eineinhalbstündigen Führung begangen werden.

Das Besucherbergwerk liegt unmittelbar am **Bergheider See**. Erste Infrastrukturmaßnahmen wie ein Parkplatz für Wohnmobile und die Anlage eines Hafenbeckens sind bereits durchgeführt. Aber es dauert, bis sich auf dem unfruchtbaren Rohboden (Lockersyrosem), der beim Abbau der Braunkohle zurückbleibt, wieder erste Pflanzen ansiedeln. So lange ähneln die ehemaligen Baukohleabbaugebiete einer Mondlandschaft.

Mit dem Fahrrad sind die sandigen Pisten um den Bergheider See kaum zu passieren. So bleibt nur die Fahrt auf der L60, Richtung Lauchhammer, um zum **Naturparadies Grünhaus** zu gelangen. Mehrere Kilometer auf einer während des Berufsverkehrs stark befahrenen Straße ohne Radweg – nicht jedermanns Sache.

Die NABU-Stiftung Nationales Naturerbe hat am Grünhauser See westlich

Nachfolgelandschaft des Braunkohleabbaus am Bergheider See

Heide begleitet den Radweg Richtung Sallgast

der L60 ein rund 2000 Hektar großes Bergbaunachfolgegebiet erworben und entwickelt dieses seit dem Jahr 2000 als Naturparadies. Ein fünf Kilometer langer Wanderweg ist mittlerweile ausgewiesen – ein beeindruckendes Landschaftserlebnis. In diesem Gebiet leben erste Wolfsrudel.

Am Besucherbergwerk F60 haben wir zwei Möglichkeiten: Entweder fahren wir die gleiche Strecke zurück nach Finsterwalde, um hier nach rund neun Kilometern die Regionalbahn zu erreichen. Oder aber wir fahren weitere 20 Kilometer durch ehemaligen Braukohlegebiete nach Senftenberg.

▶ *Besucherbergwerk F60–Bergheider Str.–rechts Dorfstr.–rechts Forststr./Klingmühler Str./Am Sportplatz/Sallgaster Str./Lichterfelder Str./Dorfstr.–Klingmühl, links Heideweg–Sallgast, links Bahnhofstr.–Knoten 97, rechts Poleyer Str.–links Henrietter Str.–rechts halten, Richtung Henriette/Bergmannstr.–Annahütte, rechts Ernst-Thälmann-Str.–links Sallgaster Str.–Knoten 59,rechts auf Radweg nach Klettwitz/Am Familien Campus/Radweg Richtung Klettwitz/Bahnhofstr./Radweg Richtung Schipkau/Gerhart-Hauptmann-Str.–links Radweg nach Senftenberg–Senftenberg, Klettwitzer Str./Ernst-Thälmann-Str.–links Großenhainer Str.–rechts Lindenstr./Moritzstr./Bhf. Senftenberg*

Vom Besucherbergwerk radeln wir zurück nach Lichterfeld und biegen hier rechts auf die Forststraße (K6226) ab. Wir folgen den Schildern Richtung Sallgast und radeln dabei auf einem asphaltierten Weg durch den Sallgaster Wald. Wieder sehen wir am Wegesrand Heidekraut, ein Zeichen für sandige Flächen.
In Sallgast müssen wir einige hundert Meter auf Kopfsteinpflaster oder auf dem schmalen Sandstreifen am Rande der Piste fahren. Wen es tröstet: Wir radeln am Ostrand des **Schlossparks Sallgast**, der frei zugänglich ist. **Schloss Sallgast** wird heute von der Gemeinde genutzt. 1911 wurde der zweigeschossige Bau durchgreifend umgebaut. Trotzdem wirkt er durch die vier Ecktürme, die von geschweiften Hauben abgeschlossen werden, noch wehrhaft. Im Hof ist ein kleiner Wandbrunnen aus der Zeit nach 1600 erhalten.
Ab dem Knoten 97 an der Kreuzung Poleyer Straße folgen wir der Beschilderung für Radfahrer Richtung **Senftenberg**. Wer sein E-Bike in Senftenberg nicht auf den Bahnsteig tragen kann, muss hier links ab über Saalhausen, Barzig, Freihufen zum Bahnhof Großräschen fahren. Eine Strecke von rund 14 Kilometern.
Wir aber fahren zur ehemaligen **Bergarbeiter Siedlung Henriette**, die um 1900 für den Kohletagebau Bismarck II angelegt wurde. Schon um 1880 wurde hier die Brikettfabrik ›Henriette‹ in Betrieb genommen, die ihren Namen an die Bergarbeitersiedlung weitergab. 1932 wurde der Braunkohleabbau eingestellt. Über den **Wohnplatz Gotthold**, an dem 1865 die erste Braunkohlegrube angemeldet wurde, kommen wir nach Annahütte. Typisch: Der größte Arbeitgeber in Annahütte ist heute das **Seniorenpflegezentrum Annahütte**, das wir in der Ernst-Thälmann-Straße passieren. Die Industriegeschichte in **Annahütte** begann 1856 mit der Eröffnung einer Glashütte, nachdem am Ort Quarzsand gefunden worden war. Erst ab 1870 folgte der Braunkohleabbau. Zu DDR-Zeiten für die Überbaggerung vorgesehen, wurde im Ort nicht mehr investiert. Mit der Wiedervereinigung war die Zerstörung des Ortes vom Tisch, aber auch die

Glashütte schloss. So wurde die Altenpflegeeinrichtung zum größten Arbeitgeber am Ort. Annahütte besitzt mit dem Annahütter See ein Naherholungsgebiet mit Badestelle.

Weiter geht es über die Knoten 59, 38 und 39, bevor wir am Knoten 58 links Richtung Senftenberg abbiegen. Unter der Autobahn hindurch, dann entlang der L 60 gelangen wir zur **Ernst-Thälmann-Straße.**

Zwei fünfgeschossige Wohnhäuser beiderseits der Straße empfangen uns wie ein Stadttor. Ab 1952 wurden sie mit den umliegenden Gebäuden im Nationalstil der 1950er Jahre errichtet. Sie sind der Auftakt für die Bauten der **Bergingenieurschule Senftenberg**, die von 1952 bis 1959 hier und an der Großenhainer Straße errichtet wurden. Ein Kleinod ist die **Bibliothek** (Gebäude 3), die mit dem weit vorkragenden Dach auf schweren Konsolen an einen Tempel erinnert. Sie ist an der Großenhainer Straße gar nicht zu übersehen. Der Unistandort Senftenberg bildet zusammen mit Cottbus heute die Brandenburgische Technische Universität Cottbus-Senftenberg (BTU). Als vornehmlich auf mathematisch-naturwissenschaftliche Studien ausgerichtete Uni in zwei eher kleinen Städten hat die BTU mit sinkenden Studierendenzahlen zu kämpfen.

Von der Großenhainer Straße sind es nur noch wenige Minuten bis zum Bahnhof Senftenberg. Wer kurz die Stadt Senftenberg, das Schloss mit dem Museum oder den Senftenberger See besuchen möchte, muss noch rund einen Kilometer Richtung Zentrum radeln.

Tour 30

Waldschenke Bad Erna, Bad Erna 38, Doberlug-Kirchhain; Mi–Fr 11–14, 16.30–20, Sa/So 11–20 Uhr. Biergarten. www.waldschaenke-bad-erna.de

Sonnenhof, Andy's Biergarten am See, Bad Erna 2, Doberlug-Kirchhain, Tel. 035322/2113; tägl. 15–20 Uhr. Gemütlicher Garten.

Bäckerei Dreißig, Markt 17, Finsterwalde, Tel. 03531/717245; Mo–Fr 6–18, Sa 6–17, So 7–18 Uhr. Belegte Brötchen.

Bäckerei Bubner, Markt 28, Finsterwalde, Tel. 03531/7186177; Mo–Fr 6–18.30, Sa 6–17, So 7–17 Uhr. Auch kleine Speisen.

Weißgerbermuseum, Potsdamer Str. 18, Doberlug-Kirchhain, Tel. 035322/2293; Di–Do 9–12 und 14–17, Fr 10–12 und 14–16, So 14–16 Uhr. Neben Gerberei auch Ausstellung einer Schusterwerkstatt, einer Gesellenstube und von Zunftgeschirr. www.weissgerbermuseum.de

Schloss Doberlug, Schloßplatz 1, Doberlug-Kirchhain, Tel. 035322/6888520; April–Sept. Di–So 10–18, Okt.–März 10–17 Uhr; 6/3 Euro. Dauerausstellung ›Doberlug und das sächsische Brandenburg‹. www.schloss-doberlug.de

Besucherbergwerk F60, Bergheider Str. 4, Lichterfeld-Schacksdorf, Tel. 03531/60800; 16. März–31.Okt. tägl. 10–18 Uhr; 1. Nov.–15. März Mi–So 11–16 Uhr; Große Führung 14/12 Euro. Die Förderanlage kann im Rahmen einer eineinhalbstündigen Führung begangen werden. Wer einfach mal das Ungetüm aus der Nähe sehen möchte und die Infoausstellung im Besucherzentrum anschauen will, zahlt 2,50 Euro. www.f60.de

Naturparadies Grünhaus, ab Parkplatz zwischen Lichterfeld und Lauchhammer, Info und Übersichtsplan: http://naturerbe.nabu.de/naturparadiese/brandenburg/gruenhaus/index.html

Teichwirtschaft Hammermühle, Hammermühle 1, Doberlug, Tel. 035322/2231; Hofverkauf Di, Fr 9–18, Mi 9–14, Sa 9–12 Uhr. Räucherfisch, Imbiss, Salate. www.fischerkeil.de

▸Karte S. 310/311

Fahrrad und Fahrkarten

Wer Brandenburg erradeln will, ist auf die Regionalbahn angewiesen, um zum Startpunkt einer Tour und vom Zielort wieder nach Hause zu kommen. Busse nehmen grundsätzlich keine Fahrräder mit. Informationen zu Zugverbindungen und den Tickets bietet die website des Verkehrsverbundes Berlin-Brandenburg (VBB): www.vbb.de

In Brandenburg muss man – anders als zum Beispiel in Sachsen-Anhalt – für das Fahrrad eine Fahrkarte lösen.

Die **VVB-Tageskarte** für Einzelpersonen ist relativ teuer und lohnt in der Regel nur, wenn Start- und Zielort der Tour sehr weit vom Heimatort entfernt liegen. Auch die **Monatskarte** (VBB-Umweltkarte) lohnt sich nur für Pendler, nicht aber für Nutzer, die unregelmäßig Fahrten in Brandenburg unternehmen.

Anders die **Gruppenkarten**: Mit dem Brandenburg-Berlin-Ticket können bis zu fünf Personen und zusätzlich drei Kinder bis 14 Jahren auf einem Fahrschein fahren. Samstags und sonntags ist die Gruppenkarte den ganzen Tag bis 3 Uhr des folgenden Tages gültig, montags bis freitags darf man nur zwischen 9 Uhr morgens und 3 Uhr des Folgetages mit dem Gruppenticket unterwegs sein.

Inhaber der **BahnCard 25** und **BahnCard 50** können Einzelfahrausweise und Tageskarten zum Ermäßigungstarif nutzen. Das **VBB-Abo 65plus** lohnt sich, da man mit dieser Karte das VBB-Netz (Bahn, Bus, S- und U-Bahn) in ganz Brandenburg inklusive der Städte Berlin, Cottbus etc. nutzen kann. Allerdings muss man mindestens ein Jahresabo abschließen und natürlich über 65 Jahre alt sein.

Die **Tageskarte Fahrrad VBB-Gesamtnetz** lohnt sich, sobald man für Hin- und Rückfahrt die Regionalbahn benutzt.

Wer häufiger fährt, für den kann sich die **Fahrrad-Monatskarte** lohnen. Schon bei der vierten Fahrt im Monat ist man günstiger als mit Einzelfahrscheinen unterwegs.

Anhang

Weiterführende Literatur

Fontane, Theodor, Wanderungen durch die Mark Brandenburg, Ausgabe in fünf Bänden, Berlin 2012. Obwohl viele Informationen überholt sind, es macht Spaß zu lesen, was Fontane für berichtenswert hielt.

Hahn, Peter-Michael, Geschichte Brandenburgs, München 2009. Gut lesbare, konzentrierte Darstellung der Landesgeschichte Brandenburgs.

Lutze, Gerd W., Naturräume und Landschaften in Brandenburg und Berlin. Gliederung, Genese und Nutzung, Berlin-Brandenburg 2014. Darstellung zur Entstehung und Gliederung der Landschaften in Brandenburg.

Materna, Ingo/Ribbe, Wolfgang (Hrsg.), Brandenburgische Geschichte, Berlin 1995. Das Standardwerk für Leute, die es genau wissen wollen.

Internethinweise

www.vbb.de Website des Verkehrsverbundes Berlin-Brandenburg. Lädt man sich die kostenlose VBB-App ›Bus & Bahn‹ aufs Handy, kann man hier nicht nur aktuelle Fahrplanauskünfte inklusive etwaiger aktueller Zugverspätungen und -ausfälle sehen. Man kann auch Tickets mit Hilfe der App kaufen, hat man sich zuvor über die App angemeldet.

www.adfc.de Website des Allgemeinen Deutschen Fahrrad-Clubs e.V. Wer nicht allein radeln möchte, findet auch als Nichtmitglied unter www.adfc-berlin.de eine große Zahl von geführten Radtouren. Auf der website muss man sich anmelden und die Bestätigung der Anmeldung abwarten. Es wird ein geringer Teilnahmebeitrag erhoben. Kosten für Fahren, Verpflegung trägt jeder Teilnehmer selbst.

www.komoot.de Europas größte Outdoor-Plattform mit rund 20 Millionen Nutzern. Über die App lassen sich Touren planen. Während der Fahrt kann man sich per Kopfhörer auf der zuvor geplanten Tour zum Ziel führen lassen. Weitere ähnliche Apps: Naviki, AllTrails, outdooraktive.

www.opencyclemap.org OpenCycleMap ist ein kostenloser Kartendienst vom Open StreetMap. Hier findet man regionale und überregionale Radrouten und Hinweise auf Fahrradgeschäfte.

www.cycling.waymarkedtrails.org Die kostenlose Website zeigt regionale und überregionale Radrouten, dazu Informationen zu den einzelnen Routen.

www.google.de/maps Die Google-Karten lassen sich auch als Routenplaner nutzen. Dafür muss man das blaue Symbol mit dem Richtungspfeil anklicken, das Verkehrsmittel Fahrrad auswählen, Startpunkt und Reiseziel eingeben, und schon zeigt die Google-Karte mehrere Wege zwischen Start und Ziel. Die Wegbeschreibung kann per Link an das Smartphone geschickt werden.

www.reiseland-brandenburg.de Unter den Links ›Aktivitäten & Erlebnisse‹ und ›Aktiv & Natur‹ und dann ›Radfahren‹ findet sich eine Vielzahl von Touren in Brandenburg.

Der Autor

Enno Wiese, Jahrgang 1953, lebt und arbeitet als Autor und PR-Berater in Berlin. Nach Städtereiseführern zu Berlin, Moskau und Leningrad, Prag, Dresden und Hamburg schreibt er mit dem ›Radreiseführer Brandenburg‹ jetzt erstmals über die Region, die er in den vergangenen Jahren durch unzählige Ausfahrten kennen- und lieben gelernt hat, das Bundesland Brandenburg. Exkursionen mit der ›Landesgeschichtlichen Vereinigung für die Mark Brandenburg e.V.‹ wurden von vielen privaten Ausfahrten per Touren- und Rennrad abgelöst. Dieses Buch ist das Ergebnis dieser Fahrten.

Register

Bildnachweis

Alle Fotos von Enno Wiese, außer:
Spreewald Birgit/shutterstock (Umschlagrückseite),
Werner Spremberg/shutterstock (Titel)

Von Skandinavien ans Mittelmeer – Mit dem Rad durch Potsdam

Auf einer geführten Radtour geht es quer durch Europa – ganz ohne ermüdende Alpenüberquerung. Geschichten über norwegische Drachen und mediterrane Gartenträume erzählen von einer Zeit, in der Preußens Könige ihre Sehnsucht nach fernen Ländern auf märkischem Sand bauten. In ca. 3 Stunden geht es vorbei unter anderem am Holländischen Viertel, am Park Sanssouci, an der Kolonie Alexandrowka und dem Park Babelsberg.

Für Informationen rund um Potsdam sowie Buchungen von Stadtführungen, Übernachtungen und Tickets kontaktieren Sie unser Service Center – telefonisch unter +49 (0)331 2755 88 99 oder per E-Mail an info@potsdamtourismus.de.

PMSG Potsdam Marketing und Service GmbH
www.potsdamtourismus.de | www.deinpotsdam.de

Kartenlegende

- Aquarium
- Autofähre
- Bahnhof
- Bar
- Brunnen
- Burg/Festung
- Burgruine
- Busbahnhof
- Café
- Campingplatz
- Fahrradweg, -verleih
- Fährhafen
- Flughafen
- Freibad
- Hafen
- Hallenbad
- Höhle
- Hotel
- Jüdischer Friedhof
- Jugendherberge
- Kino
- Kloster
- Klosterruine
- Krankenhaus
- Leuchtturm
- Markt
- Moschee
- Museum
- Naturschutzgebiet
- Oper, Konzerthaus
- Parken
- Pension
- Post
- Restaurant
- Ruine/Ausgrabungen
- Segeln
- Seilbahn
- Strand
- Supermarkt
- Synagoge
- Theater
- Tor
- Weinbar, Weinladen
- Windsurfen
- Wildgehege
- Wohnmobilstellplatz
- Zoo
- Aussichtspunkt
- Berggipfel
- Burg
- Denkmal
- Friedhof
- Kirche
- Kirchenruine
- Kloster
- Sehenswürdigkeit
- Seilbahn
- Touristeninformation
- Turm
- Zeltplatz

- Hauptstadt
- Stadt/Ortschaft
- Grenzübergang
- E 65 Autobahn
- A 65 Schnellstraße
- 243 Bundesstraße
- Hauptstraße
- sonstige Straßen
- Eisenbahn
- Staatsgrenze
- Europastraße
- Autobahn
- Bundesstraße

- Route
- alternative Route
- 94 Route, Knotenpunkt

Zeichenlegende

- Lokale, Cafés
- Museen, Galerien
- Naturschutzeinrichtungen
- Badestellen
- Einkaufsmöglichkeiten, Hofläden